新中国新闻史丛书

新中国新闻论

Journalism of New China

Theory, History and Practice

李 彬 著

北京大学出版社
PEKING UNIVERSITY PRESS

图书在版编目(CIP)数据

新中国新闻论/李彬著. —北京:北京大学出版社,2015. 10
(新中国新闻史丛书)
ISBN 978-7-301-26312-9

Ⅰ. ①新… Ⅱ. ①李… Ⅲ. ①新闻事业史—研究—中国 Ⅳ. ①G219.29

中国版本图书馆 CIP 数据核字(2015)第 216873 号

书　　名 新中国新闻论
Xin Zhongguo Xinwen Lun
著作责任者 李　彬　著
责任编辑 周丽锦　谢佳丽
标准书号 ISBN 978-7-301-26312-9
出版发行 北京大学出版社
地　　址 北京市海淀区成府路 205 号　100871
网　　址 http://www.pup.cn
电子信箱 ss@pup.pku.edu.cn
新浪微博 @北京大学出版社
电　　话 邮购部 62752015　发行部 62750672　编辑部 62765016
印 刷 者 三河市北燕印装有限公司
经 销 者 新华书店
965 毫米×1300 毫米　16 开本　23 印张　323 千字
2015 年 10 月第 1 版　2015 年 10 月第 1 次印刷
定　　价 58.00 元

丛书弁言

这套“新中国新闻史”丛书，缘起于2009年国家哲学社会科学基金批准立项的重点项目“新中国60年新闻事业史研究”。2011年由北京大学出版社申报并获批国家十二五规划重点图书，2015年陆续付梓。丛书中所论“新闻业”，除了指涉新闻传播领域，还兼及文化思想、意识形态等。

丛书主编为清华大学新闻与传播学院教授李彬。丛书依托的国家项目展开前曾经举办研讨会，得到中央党校教授李书磊，清华大学教授郭庆光，北京大学教授杨奎松、潘维、程曼丽，中国人民大学教授萧延中、陈力丹，中国社会科学院研究员尹韵公等悉心擘画。

先后以不同方式介入这项工作的学者有：吕新雨教授、陈昌凤教授、刘海龙教授、王维佳副教授、陈彤旭副教授、林溪声副教授、王辰瑶副教授、黄卫星副教授、马学清副教授、涂鸣华副教授、王华副教授、常江博士、姚遥博士、吴风博士、关琮严博士、张垒博士、沙垚博士、张斯琦博士等。

迄今为止，项目及其丛书已经成就三篇博士论文（其中一篇获得清华大学优秀博士论文一等奖）；陆续发表数十篇专题论文，包括《南京社会科学》与《山西大学学报》两组笔谈，有的已被《新华文摘》《人大报刊复印资料》《高等学校文科学术文摘》转载；完成或汇聚了数部学术专著，除已纳入丛书出版或即将出版的，还有因其他缘故“花落他家”者，包括姚遥博士的学位论文《新中国对外宣传史——建构现代中国的国际话语权》。

作为第一套关于新中国新闻业的系列图书,丛书一方面尽量吸纳前人成果,一方面力图在多学科、新视野、全球史的视域中,审视六十多年来的新闻传播与社会变迁,希冀为中国道路的新闻传播及文化政治开辟新的理论空间,为中国特色、中国气派、中国风格的新闻传播学科建构自己的学术话语权。是所为盼,谨此告白。

目　　录

正编十论

历史与现实的十个关系

1956年中共八大前夕，毛泽东经过调查研究，集思广益，在总结新中国建设经验尤其是苏联模式及其问题的基础上，提出并阐述了中国道路的十大理论与实践命题，即1976年12月26日公开发表的《论十大关系》①。经过新中国成立六十余年来现代化进程的风风雨雨，《论十大关系》已被公认为中国特色社会主义理论体系的第一篇经典文献，其中包含的认识论与方法论更成为探究当代中国社会政治问题的思想典范。在中共十八大前夕付梓的《马克思的事业：从布鲁塞尔到北京》一书中，北京大学教授韩毓海就此写道：

> 毛泽东不但为他身后的改革开放奠定了物质和制度的基础，而且正是他发表于1956年的《论十大关系》的讲话，再次重申了社会主义社会也是一个复杂的结构，社会主义建设成败的关键也在于共产党人把握结构整体的能力，在于能否把结构中的“不利因素”转化为有利因素。
>
> 基于中国发展的不平衡，在这篇文章中，毛泽东系统地批判了苏联单一计划经济、部门垂直管理的发展模式，提出了中央与地方、沿海与内地、中国与外国、汉族与少数民族之间互相促进、彼此制约、彼此竞争的发展模式。这种互相促进、彼此制约、彼此竞争的发展模式，比简单的“市场竞争”模式要宽阔得多。②

六十余年来，新中国新闻业风雨兼程，同样交织着纷繁错综的矛盾与结构，呈现着远近高低各不同的历史景观与赤橙黄绿青蓝紫的多重色彩。换言之，新中国新闻业从来都不是，也不可能是单音部、单色调的，即使在“前十七年”“文化大革命”等高度政治化的年代，依然存在着错综复杂的多重结构性力量，相互博弈也好，彼此交织也罢，不仅构成丰富多样的媒

---

① 详见薄一波：《若干重大决策与事件的回顾》（上），北京：中共党史出版社2008年版，第329页；另见杨胜群、陈晋主编：《五十年的回望：中共八大纪实》，北京：生活·读书·新知三联书店2006年版。

② 韩毓海：《马克思的事业：从布鲁塞尔到北京》，北京：中国人民大学出版社2012年版，第292—293页。

体景观与社会现实,而且时刻处于能动的、流变不居的运动过程中。对于如此嘈嘈切切、众声喧哗的历史图景,任何简单化或单一化、静态化或凝固化的思路都难免削足适履,刻舟求剑。

这里,首先得洞悉六十余年来新闻业的历史,而要把握庞杂的新闻实践与历史对象,一方面需要尽可能开掘史实,爬梳史料,辨析事实,一方面更需要以唯物史观探究其总体联系与内在规律,由此及彼,由表及里,庶几避免列宁在《帝国主义是资本主义的最高阶段》法文版和德文版序言中提示的问题:"社会生活现象极其复杂,随时都可以找到任何数量的例子或个别的材料来证实任何一个论点。"[①]本编试以毛泽东《论十大关系》的思路与方法,对新中国新闻业及其研究所涉的"十个关系"进行初步分析,其中包括变革与延续、新闻与社会、现代与传统、中国与世界、政治与业务、新闻与宣传、内宣与外宣、中央与地方、内地与边疆、史实与史观。这里需要说明三点:第一,这些关系往往彼此交集,相互叠加,而非各行其是,互不相干;第二,实际情况不限于更不见得就是这些关系,站在不同角度、关注不同侧面都难免有不尽相同的分析[②],当然总体上应该出入不大;第三,"十个关系"或十个矛盾也非等量齐观,其中必有一些关系或关系的某一方面是主要的,是居于主导地位的。另外,所谓"新中国",乃指1949年后的中华人民共和国,而非梁启超的《新中国未来记》(1902)、陆士谔的《新中国》(1910)等现代想象;至于"新闻业",则包括现在所谓"新闻与传播"的主要方面,如技术、制度、媒体、教育、研究等,其中新闻无疑居于核心。不管时下"大数据""大融合""大传播"如何一惊一乍,严肃的新闻传播依然是并始终是传播领域的主力部队,而不可能沦为地方

---

① 中共中央编译局编:《列宁专题文集·论资本主义》,北京:人民出版社2009年版,第101页。

② 比如新闻与文化,就是一对普遍而重要的关系。只是由于笔者已在《新闻爱好者》杂志开设专栏"新闻与文化书谭",加之这个问题既重要又复杂,而笔者自忖水平有限,故暂时付之阙如。再如技术与传播,也同样如此。坦率说,笔者对技术既不怎么在行,又不以当下盛行的技术论为然。因为,技术虽在广泛的层面影响人类,但毕竟作为工具而从属于人,正如美国尽管拥有核武航母,但没有谁认为美国之所以为美国是因为其核武航母。同样道理,没有谁会以为美国新闻之所以如此,是因为其发明推广的广播、电视、网络等不同时代的"新媒体"。

部队。

分析这些关系貌似有凑数之嫌，但立意当然不在于此，而是期冀更开放、更多元的视角与思路，全面审视社会主义中国的新闻业以及新闻学。具体说来，一方面“清点”前人留下的庞杂遗产，将其置于六十余年来中国社会主义现代化的脉络与数百年来世界政治经济体系的时空，提要钩玄，辨伪存真；一方面，在批判与反思的基础上，开掘蕴含着生命力、想象力与创造力的历史资源，借以激活在当下学科建制化中，比如在项目、课题、经费、量化、评奖、文献、博士、海归、核心期刊、权威期刊、统计方法等万花筒中，显得形销骨立、苍白贫血的新闻传播之学。借用海外批判传播学者赵月枝教授的说法：

> 我们更愿意强调的是将传播的研究放回到中国人探寻其独特现代化道路的漫长历史中来加以审视的一种思路。这是一种更宏大的历史观，它一方面排斥媒介中心主义的局限，强调在传播与社会的互动中来分析问题，另一方面也强调在内外互动中来理解中国革命与发展的历史，将中国传播问题看作是世界体系结构与意识形态变迁的一个组成部分。①

---

① 王维佳、〔加〕赵月枝：《重现乌托邦：中国传播研究的想象力》，载《现代传播》2010 年第 5 期。

一、变革与延续

新中国成立六十余年来的新闻业，既有变革，又有延续，一阴一阳，一动一静，变革中体现延续的逻辑，延续中不乏变革的轨迹。也可谓自其变者而观之，则天地曾不能以一瞬；自其不变者而观之，则物与我皆无尽也。特别是，种种变革与延续都不能不置身于中国道路及其路径依赖与社会主义价值谱系及其演进脉络，新中国新闻业的光荣与梦想、曲折与顿挫无不同社会主义以及中国特色社会主义休戚与共，也就是伦敦政治经济学院马克思主义学者林春揭示的历史大势：

> 社会主义运动，其错误、失败乃至罪行或者半途而废都仍然不能掩盖一个重大的史实，即它曾在广阔地域和几代人的时间里，在经济建设、公共福利、劳工权利、两性平等、民族团结等方面取得过诸多有着世界历史意义的成功。
>
> 以中国为例，也许唯一面向普遍主义的立场，是在中国革命和社会主义的探索中确立真正普适的价值。这些价值并且需要在自由主义和社会主义有关自由解放的论说中得到规范性的表述。①

就新闻业的变革而言，新中国的成立无疑带来现代史上最大的转机，这一转机的要义被毛泽东概括为："在社会主义国家，报纸是社会主义经济即在公有制基础上的计划经济通过新闻手段的反映，和资本主义国家报纸是无政府状态的和集团竞争的经济通过新闻手段的反映不相同。"②尽管对什么是社会主义、如何建设社会主义等问题，六十余年来上上下下一直不断求索，但社会主义的大方向、大原则始终如一。邓小平在《旗帜鲜明地反对资产阶级自由化》的讲话中明确指出：

---

① 林春：《马克思主义与中国在世界历史中定位的政治》，载《领导者》2010 年第 8 期（总第 35 期）。

② 参见经毛泽东定稿的《人民日报》编辑部文章《文汇报在一个时间内的资产阶级方向》，1957 年 6 月 14 日。

> 中国没有共产党的领导、不搞社会主义是没有前途的。这个道理已经得到证明，将来还会得到证明。如果我们达到人均国民生产总值四千美元，而且是共同富裕的，到那时就能够更好地显示社会主义制度优于资本主义制度，就为世界四分之三的人口指出了奋斗方向，更加证明了马克思主义的正确性。所以，我们要理直气壮地坚持社会主义道路，坚持四项基本原则。①

在中国共产党十八届三中全会上，习近平就《中共中央关于全面深化改革若干重大问题的决定》向全会作说明时也特别谈道：

> 1992 年，邓小平同志在南方谈话中说："不坚持社会主义，不改革开放，不发展经济，不改善人民生活，只能是死路一条。"回过头来看，我们对邓小平同志这番话就有更深的理解了。所以，我们讲，只有社会主义才能救中国，只有改革开放才能发展中国、发展社会主义、发展马克思主义。
>
> 改革开放的旗帜必须继续高高举起，中国特色社会主义道路的正确方向必须牢牢坚持。②

在探索中国特色社会主义道路的历程上，新中国几代人都付出了巨大努力，第一代更是厥功至伟，因为他们不得不在一穷二白且一片混沌中，披荆斩棘寻求新路径，流血流汗开辟新天地。仅看一点，即知大概：中国现代钢铁产业清末民初搞了约四十年，国民党政府二十一年，加起来约六十年，到人民共和国成立时钢产量才达到年均五万吨，又过六十年到 2009 年达到五亿多吨，增加一万倍。故而，十七大与十八大政治报告几乎以相同的语句写道："以毛泽东同志为核心的党的第一代中央领导集体带领全党全国各族人民完成了新民主主义革命，进行了社会主义改造，确立了社会主义基本制度，成功实现了中国历史上最深刻最伟大的社会变

---

① 《邓小平文选》第三卷，北京：人民出版社 1993 年版，第 195—196 页。

② 习近平：《关于〈中共中央关于全面深化改革若干重大问题的决定〉的说明》，载《人民日报》2013 年 11 月 16 日。

革,为当代中国一切发展进步奠定了根本政治前提和制度基础。”而这一“中国历史上最深刻最伟大的社会变革”,既真正实现了近代无数仁人志士前赴后继的梦想——“把中国建设成为一个独立、自由、民主、统一、富强的新中国”,也彻底改变了中国新闻业的整体格局与专业风貌,以马克思主义及其新闻观为理论指导,在中国共产党领导下引导各族人民走社会主义道路,以“为人民服务、为社会主义服务”为安身立命的价值皈依等。由此一来,新闻业不仅诀别了私有制基础上的“私人办报”的历史,更为新中国开辟了前所未有的精神气象和心理空间,并同工农商学兵各业一道做出了历史性贡献。今天反思与扬弃过去一些极“左”倾向与教条主义,包括刘少奇说的“大跃进”责任中央与《人民日报》各负一半等突出问题,并不意味着全盘否定,相反,若以一百年、一千年的历史时段审视,共和国前三十年的人民新闻业与后三十年的专业新闻业都功不可没。对此,既不必妄自尊大,更不必妄自菲薄,否则也无法面对一批批穆青式的人民记者及其心血,如同无法面对焦裕禄、王进喜、陈永贵、袁隆平、红旗渠、大三线、两弹一星、青藏铁路等千百万新中国建设者奉献的汗水与生命。中国艺术研究院研究员祝东力,在接受美国政治学博士、《凤凰周刊》记者玛雅的采访时,特别谈到内含新闻传播的“革命文化”及其四点历史意义:

> 这种革命文化作为一种强大的精神动力和资源,长期支撑着现代中国,先后完成了几件大事:第一,走出近代陷阱,实现了民族独立和国家统一,重建了强大的中央政权。第二,快速工业化,在短短二十多年时间里,建立了现代工业体系,可以说,这是在长城和大运河之后,中国历史上的第三个千年工程。第三,从抗美援朝到援越抗美,经过二十多年,打破了以美国为首的西方阵营对中国的战略包围。第四,进行了一系列制度探索和实验……①

① 转引自玛雅:《战略高度:中国思想界访谈录》,北京:生活·读书·新知三联书店2008年版,第341—342页。

改革开放以来，新闻业又经过一次巨变，伴随社会主义市场经济体制的逐步确立与不断完善，新闻的商品性作为“党性与人民性”的补充而构成变革的一大枢纽，促使广告、效益、融资、媒介经营、媒介集团、文化产业等风生水起一步步渗入新闻与文化领域，日渐影响甚至相当程度上主导了新闻业的发展趋势。市场逻辑下的新闻商品性，一方面消解了一些显得陈旧沉闷的体制机制，一度激发了新闻业的生机以及新闻学的活力，一方面也促成某些不良的，甚至瓦解社会主义核心价值、危及国家和平发展与长治久安的隐患，且不说虚假报道、有偿新闻、作风浮夸等常见现象。其间，又可分为两次渐变过程，一是20世纪80年代以“新启蒙”为标志的去政治化，一是90年代以来市场化浪潮不断推涌的产业化。所谓去政治化，表面看属于一种社会思潮与社会运动，往往呈现为技术化、管理化等态势，并对政治敬而远之，而实际上不仅丧失了政治立场、政治价值与政治灵魂，而且犬儒似地漠视社会主义政治及其灵魂。去政治化在特定历史时期，如反思“文化大革命”的经验教训时期，虽然不无摈弃某些与时代不适应的政治的意味，“报纸是阶级斗争的工具”等专业理念在以经济建设为中心的潮流下渐行渐远即为一例，但在倒脏水的时候一不小心也可能去了“无产阶级政治”，就像共产主义的理想、亿万各族人民共同参与并具有广阔历史视野与丰富社会蕴含的社会主义实践等，也在反思乌托邦的新启蒙思潮中不断消退甚或被抹杀。为此，邓小平不得不以四项基本原则划出一条政治底线，从而形成一个中心（经济建设）、两个基本点（四项基本原则与改革开放）的基本路线：

> 主张“猫论”的邓小平也常常被人们看作是实用主义者。这其实是对邓小平的巨大误解，更是对中国共产党人的误解。中国共产党人从一开始就将政治建立在正义基础上，因此对政治正当性的理论阐述和不断创建被看作是党的生命所在。曾经参与中苏论战的邓小平深知政治原则的重要性，因为它是政治正当性的源泉。市场和计划作为手段，完全可以采用实用主义的立场，但四项基本原则和中

国特色的社会主义对于邓小平来说,则是不可动摇的政治原则。[①]

如果说80年代的去政治化尚属观念层面的变革,那么90年代以来日渐兴起的产业化潮流,以及相应的资本、利润、投资、兼并重组、市场运作、计件工资、末位淘汰等一波未平一波又起的浪潮,就越来越成为新闻业感同身受的现实了。某效益突出的媒介集团董事长用一句大白话表达了产业化的精髓:不留一个创收死角。当此时,汪晖所谓"去政治化的政治"也渐成气候,如时下学界"把市场等同于自由('自由市场'),把'自由市场'等同于民主圭臬,把消费者等同于'人民',把'中产阶级'等同于民主主体,把国家等同于压制,把媒体规制等同于威权,把'新闻自由'等同于'私人办报',把批判知识分子等同于国家主义者,把反帝立场等同于民族主义"[②]。

变革的轨迹有目共睹,延续的逻辑无所不在。变革犹如人的成长,相貌、个头、言谈举止将在岁月中日渐变化,而延续好比人的生命基因以及性格特征,仿佛俗话说的"三岁看老"。面对新中国六十余年新闻业的发展状况,既需要关注变革及其时代背景,又不能忽略延续及其内在基因,只有将变革与延续作为有机整体统一观照,才可能切实认识我们从哪里来,往哪里去,才可能完整、准确、深刻地把握新中国六十余年来大起大落的媒介潮流与大开大合的社会图景。否则,便难免只知其一,不知其二,更不用说其三、其四,甚至一叶障目,不见泰山。比如,一事当前不先追问事实本相及其来龙去脉,不去探究事物之间的内在关联与多重动因,而动不动喜欢左右画线,好像大千世界的真与伪、是与非、美与丑都可归于所谓左与右。其实,即使论左谈右,也正如经济学家、中国社会科学院学部委员刘国光指出的:

> 邓小平同志提出反"左"防右。"左"是带引号的,是极"左"……

---

① 强世功:《中国香港:政治与文化的视野》,北京:生活·读书·新知三联书店2010年版,第136页。

② 〔加〕赵月枝:《传播与社会:政治经济与文化分析》,北京:中国传媒大学出版社2011年版,第4页。

> 不带引号的左，邓小平同志是从来都不反对的。马克思主义、科学社会主义在世界思想潮流中就是左派理论，共产党是左派政党，邓小平也是左派，不能说邓小平是右派、中派。如果不带引号的左也要反，那还有什么马克思主义？那还有什么共产党领导？见左就避之唯恐不及，是极不正常的现象。……共产党事实上执行的是中左路线，团结中右，反对极右，防止极“左”。①

六十余年来无论现实与新闻怎样变革，不管各种理论观点如何抵牾，党的领导与社会主义道路则一脉相承，并处于不断完善与发展的动态之中，邓小平称之为“社会主义制度的自我完善”。1987 年 4 月 16 日，他在《会见香港特别行政区基本法起草委员会委员时的讲话》中就说道：

> 中国的政策基本上是两个方面，说不变不是一个方面不变，而是两个方面不变。人们忽略的另一个方面，就是坚持四项基本原则，坚持社会主义制度，坚持共产党领导。人们只是说中国的开放政策是不是变了，但从来不提社会主义制度是不是变了，这也是不变的嘛！②

就新闻而言，社会主义新闻业的灵魂——实事求是、党性原则、为人民服务等，不仅延续至今，而且同样不断完善和发展，包括批评报道、舆论监督、新闻发言人制度等。

关于新中国的变革与延续，不少学者都进行了别具一格的阐发，提出了既实事求是又启人心智的思路，于新闻业与新闻学也颇有借鉴。中国社会科学院研究员黄平的“三段论”言简意赅：毛泽东时代解决挨打问题，邓小平时代解决挨饿问题，当今时代解决挨骂问题，即政治正当性与合法性问题。中山大学人文高等研究院院长甘阳教授在清华大学的演讲中提出新时代的“通三统”：孔夫子的传统、毛泽东的传统、邓小平的传

---

① 刘国光：《试用马克思主义哲学方法总结改革开放三十年》，见《刘国光经济文选》，北京：中国时代经济出版社 2010 年版，第 279 页。

② 《邓小平文选》第三卷，北京：人民出版社 1993 年版，第 217 页。

统,是同一历史文明的连续统;数千年中华文明传统如仁义、新中国前三十年社会主义传统如平等、改革开放年代的传统如自由应该一脉贯通,共同铸就民族复兴的道统与政统。[①] 北京大学教授关海庭在《中国社会主义核心价值体系与政治发展》一文中,将"阶级"取向、"平等"取向和"发展"取向视为人民主权思想的三个阶段,是革命、建设和改革时期社会主义核心价值体系不断发展的结果。十八届三中全会开幕前,《人民日报》发表整版文章,更是对此作了专门论述:

> 改革开放前后两个历史时期是两个相互联系又有重大区别的时期。看到相互联系,就是说这种联系并不只是时间上的顺延和承续,而是在坚持社会主义发展方向、基本制度、根本任务、奋斗目标基础上的联系,两个历史时期之间决不是彼此割裂的,更不是根本对立的;看到重大区别,主要是指在进行社会主义建设的思想指导、方针政策、实际工作上有着很大差别,也包括进行社会主义实践探索的内外条件、实践基础等方面存在很大差别。其中,有的差别是具有转折意义的,比如,从"以阶级斗争为纲"到"以经济建设为中心",从高度集中的计划经济体制到社会主义市场经济。而前后两个时期的联系则大多是本质的、内在的,都是党领导人民进行社会主义建设的实践探索。[②]

习近平"两个不能否定"的论断不仅符合新中国及其新闻业的历史事实,也得到诸多科学实证研究的支持。清华大学胡鞍钢教授采用国际公认的比 GDP 更综合、更开放的衡量指标 HDI,即人类发展指标,对新中国成立六十余年来社会发展总体状况进行考察后就得出类似结论——1949 年之后中国经历了两个重要阶段:

> 第一个阶段是毛泽东时代。我们通过计算和分析发现,毛泽东

---

① 见甘阳:《通三统》,北京:生活·读书·新知三联书店 2007 年版。

② 中共中央党史研究室:《正确看待改革开放前后两个历史时期——学习习近平总书记关于"两个不能否定"的重要论述》,载《人民日报》2013 年 11 月 8 日。

时代中国的HDI(人类发展指标)取得了明显进步,从极低人类发展国上升为下中等人类发展国。1950年中国是世界上HDI最低的国家,仅为0.225,低于当时的印度(0.247),大大低于美国(0.866)。到1975年,中国的HDI达到0.521,也就是达到了我们界定的下中等人类发展水平。

第二个阶段是改革开放三十年。……中国的HDI从1975年的0.521,到2006年的0.762,达到了上中等人类发展水平,离0.8以上的高人类发展水平只有一步之遥。①

另外,他与清华大学博士后鄢一龙依据实证研究与统计资料,对新中国已经执行的十一个五年计划(规划)进行系统分析,也得出同样令人信服的科学结论:

"一五"是计划经济时期最成功的,顺利发动工业化并推进社会主义改造;"二五"是个失败的五年计划,"大跃进"后出现"大跃退";"三五""四五""五五"是完成情况中等的五年计划,虽然受到"文化大革命"的冲击,但是总体实现了基本建成独立完整的工业体系和国民经济体系的战略目标;"六五"计划顺利完成,成为又一个黄金建设期;"七五"计划改革闯关,完成情况喜忧参半;"八五"提前实现了翻两番的目标;"九五"顺利推进了经济体制与经济发展方式的"两个转变";"十五"计划大部分目标得以实现,同时发展模式出现逆转;"十一五"是完成最好的一个五年计划,国民经济和社会发展初

---

① 转引自潘维、玛雅主编:《人民共和国六十年与中国模式》,北京:生活·读书·新知三联书店2010年版,第3—4页。另,胡鞍钢等在《中国各地区人类发展:大进步与大趋同(1980—2010)》一文中,采用类似的思路与方法更细致地分析了新中国人类发展指标,得出三个"奇迹"的结论:"1949年之后,中国创造了三次人类发展提高的奇迹。1949—1977年期间,中国创造了第一个人类发展提高的奇迹,即在人均收入极低的条件下实现了教育、健康、人类发展相对较快的进步;1978—2000年期间,中国又创造了第二个人类发展提高的奇迹,即在人均收入快速增长的同时,实现各地区教育、健康、人类发展水平的协调发展;2000—2010年期间,中国又创造了第三个人类发展提高的奇迹,即在人均GDP达到中等收入水平国家的情况下,中国人类发展进入世界高人类发展水平国家行列,人均受教育年限达到极高人类国家平均水平"(参见《清华大学学报》2013年第5期)。

步纳入科学发展轨道。①

此类唯物史观的认识论与方法论,同样适用于六十余年来新闻业的历史及其叙事,其间利弊得失也应置于这一联系的框架与总体的视角才能得到科学的认知或认同。从变革的角度看,前后三十年的新闻业可谓天翻地覆,有目共睹,仅看新闻文体或播音语态就可以鲜明地感觉到这一点,从穆青的《县委书记的榜样——焦裕禄》到张严平的《索玛花儿为什么这样红》,从齐越的激越澎湃气壮山河到其弟子敬一丹的春风和煦娓娓道来,无不显示着这一变革的蛛丝马迹。而从延续的角度看同样显著的是,形成于新中国成立前、确立于新中国成立后的社会主义新闻业,其总体格局、本质属性与基本功能不仅依然如故,而且在变革与延续的有机运动中不断调整与完善、加强与巩固,其中包括一直作为新中国新闻业核心理念的党性、人民性、实事求是、调查研究等精神,从五四到延安、从前三十年到后三十年始终尊崇的"群众路线(工人报刊、记者下乡、通讯员制度、群众办报)"②传统,新世纪以来新闻界大力开展的"三贴近"(贴近实际、贴近生活、贴近群众)、"三项学习教育"(中国特色社会主义理论体系、马克思主义新闻观、职业精神职业道德)、"走转改"(走基层、转作风、改文风)等活动。毋庸讳言,随着市场化、产业化、全球化的潮起潮涌,新闻业也不免或痛苦或欢欣地沦落为财富、资本、市场等的奴婢,乃至失魂落魄,六神无主。然而,无论如何,社会主义始终是面旗帜,并伴随着新世纪以来文化自觉的新风以及道路自信、理论自信、制度自信的觉醒而愈发高扬。

关注变革与延续的关系,既是为了辩证认识新中国新闻业,明白我们从哪里来,往哪里去,更是为了懂得坚守什么,扬弃什么,警醒什么,从而在变革中不失主心骨,在延续中明确大方向。

① 鄢一龙、胡鞍钢:《中国十一个五年计划实施情况回顾》,载《清华大学学报》2012 年第 4 期。

② 王维佳、〔加〕赵月枝:《重现乌托邦:中国传播研究的想象力》,载《现代传播》2010 年第 5 期。

二、新闻与社会

古今中外的新闻实践无不表明,现实世界中没有一个独立的、纯粹的、自行其是的新闻传播独立王国,所谓"无冕之王""社会公器""(资产阶级)公共领域"等往往是自欺欺人的"皇帝的新衣"。迄今为止,人类历史只见空气般弥漫于、渗透于、浸淫于社会历史以及权力关系的新闻活动,这些新闻活动始终同特定的政治经济、历史文化、日常生活、天下风云、世界格局等水乳交融。简言之,新闻与社会乃是血脉相连的生命有机体,彼此的关系恰如抽刀断水水更流。所以,论及新闻实践就不能不关涉社会人生,新闻传播及其历史实际上对应着全部的社会人生而非专业领域。仅看新中国成立六十余年来一系列新闻动向,无不丝丝入扣地应和着、交融着、影响着风云变幻的社会政治与悲欢离合的日常生活。从新中国成立初公有制新闻业一整套机制的建立与推进,到私营新闻业的改造与消亡;从冷战背景下两大阵营的分庭抗礼以及新中国初期对社会主义阵营的"一边倒",到新闻界学习塔斯社、《真理报》;从50年代中期摆脱苏联模式、寻求中国道路,到新闻界的改革探索;从超英赶美的"大跃进",到新闻界的"浮夸风";从反帝反殖运动,到中苏论战的"九评"与"世界新闻新秩序运动";从"文化大革命",到真理标准大讨论;从《关于建国以来党的若干历史问题的决议》,到80年代新闻界的拨乱反正以及"新启蒙";从邓小平"南方谈话"以及社会主义市场经济体制的确立与完善,到新闻传播的专业主义潮流滥觞;从新世纪凸显的三重危机——生态危机、社会危机、精神危机,到新闻界的纷纭乱象……六十余年来新闻业的点点滴滴无不同新中国的社会政治与生活百态息息相关。所以,新闻与社会的关系也是透视新中国新闻业的主要维度之一。

探究新中国新闻业不仅需要回到历史,重建历史唯物主义的历史观与价值观,而且需要深刻检讨中国革命与社会主义实践的丰富政治内涵,而不是仅仅围绕新闻界与新闻学自身的"成功经验"与"失败教训"。对此，汪晖的阐发令人深思：

> 我们必须要回头审视中国社会自从1949年以来的历史和变化，这段历史的丰富性并不能简单归纳为阶级斗争或计划经济的失败，它同时也包含了许多其他内容——很多人仍然珍视的东西。……今天的中国仍然存在着很多社会主义优越因素，而我们却很少对之进行严肃思考。
>
> 正是在这个意义上，中国的社会主义遗产需要在新的民主参与的条件下被重新激发，其中的关键在于真正赋予劳动者以主人翁地位，让他们参与到国家的政治生活之中，从而改变少数利益集团在市场化过程中操控国家并促使国家向右转变的态势。[①]

若以清末民初作为中国现代新闻业的起点，那么一百年来的社会历史与沧桑巨变，无时无刻不伴随着或惊涛拍岸，或润物无声的新闻活动，而新闻业所作所为又无时无刻不处于活生生的社会情境之中。由此说来，怎么看待社会历史的进程，也就怎么看待新闻传播的实践，反之亦然。那么，怎么看待现代中国的社会历史进程以及新闻实践呢？这个问题以前比较清楚，无论是知识阶层还是普罗大众，对近代中国的命运与前途、道路与方向都有基本共识，即毛泽东《新民主主义论》阐发的思想，借用社会学家曹锦清教授对当代中国历史观及其变化的分析：

> 共产党对其政权合法性进行意识形态表述的一个重要方面，是它建立起来的关于中国历史的叙事。这个建构过程的完成，以毛泽东1940年的《新民主主义论》为标志……它回答了这样一个问题：中国从何处来，现处何处，将欲何往。用马克思主义的语言就是，中国曾经经历了和人类其他社会一样的原始社会、奴隶社会、封建社会，近代以来，如果没有帝国主义入侵，中国也将一步一步地走向资本主义社会。鸦片战争中断了中国历史自身的发展，导入了半殖民地半

---

① 汪晖：《别求新声：汪晖访谈录》，北京：北京大学出版社2009年版，第16、370页。

封建社会。中国当下在哪里?积贫积弱的根源在哪里?在帝国主义、封建主义的压迫。中华民族的首要任务是什么?是反帝反封建。我们未来要走向哪里?经过新民主主义社会,走向社会主义社会、共产主义社会。

这样一个回答就给我们民族的历史境遇重新定位,一个完整的历史观就建立起来了……它满足了当时中国知识分子的精神需求,就把那么多苦闷的、彷徨无告的知识分子都吸引到延安去,黄河之滨就集合起一群中华民族优秀的子孙。①

显然这个史观作为主流叙事至今丝毫未变,包括宪法、党章、党代会政治报告、领导人重要讲话以及社论文件等,但同样明显的是随着20世纪80年代以来新启蒙的波涌浪翻,一种"现代化"思潮渐有取而代之之势,李泽厚的救亡启蒙变奏说即为代表。依据这一似新实旧的叙事,近代中国的一切社会变革无非是一个因应西方现代化冲击的反应过程,也就是一个不断走向西方、走向现代化的过程。这个过程又分为三个步骤,一是器物层面的现代化如洋务运动,二是制度层面的现代化如戊戌变法,三是观念层面的现代化如五四新文化运动。其间每一步都难免遭遇种种保守的、反现代化势力的阻挠,甚至中国革命以及新中国的社会主义实践,都俨然干扰了或破坏了这一社会进程,而改革开放则被视为重归现代化的历史逻辑。沿着这套叙事及其逻辑,便有了李泽厚与刘再复的海外对谈——"告别革命",而"全盘西化"之象征的胡适也一步步登上神坛,作为"现代化"先导的晚清新政以及所谓"民国范儿"更貌似成为人心所向、大势所趋的新潮与新宠。与此同时,改革开放的进程在经济学、法学、政治学乃至新闻学等学科看来,俨然成为复制西方现代化道路的又一成功范例,而未来的发展自然也将沿着这条"人间正道"继续前行。一句话,革命化与现代化既是非此即彼的历史叙事,又是南辕北辙的现实路径。

---

① 转引自玛雅:《道路自信:中国为什么能》,北京:北京联合出版公司2013年版,第338页。

问题是数亿或十数亿中国人一百多年来投身的革命、建设与改革，怎么可能一一挤进这一逼仄的逻辑空间与历史语法？单就国强民富的现代化蕴含而言，这一牵连广泛的社会运动既是近代中国的历史宿命，也是一代代仁人志士前赴后继的共同愿景，共产党的诞生与共和国的成立，更使这一宏图远虑不可逆转地成为现实："共产党领导的人民革命是世界史中从根本上改变了中国及其国际地位的最重大事件，是社会主义现代性的宏伟实例。新中国走过很多弯路，付出昂贵代价，但也通过一个有效提供公共产品的'公善政权'(public good regime)，大规模群众参与，以阶级、性别、民族和地区平等为目标的激进社会政策，实现了社会发展和民族崛起。"①在1975年第四届全国人民代表大会第一次会议上，周恩来总理抱病宣读《政府工作报告》，重申1964年三届人大一次会议《政府工作报告》里提出的"两步设想"，进一步勾画了"四个现代化"的蓝图，在亿万中国人心中留下荡气回肠的深刻印记：

> 遵照毛主席的指示，三届人大的政府工作报告曾经指出，从第三个五年计划开始，我国国民经济的发展，可以按两步来设想：第一步，用十五年时间，即在一九八零年以前，建成一个独立的比较完整的工业体系和国民经济体系；第二步，在本世纪内，全面实现农业、工业、国防和科学技术的现代化，使我国国民经济走在世界的前列。
>
> ……
>
> 在毛主席为首的党中央领导下，我国人民奋发图强，战胜种种艰难险阻，只用了二十多年的时间，就把一个贫穷落后的国家变成了初步繁荣昌盛的社会主义国家。我们再用二十多年的时间，一定能够在本世纪内把我国建设成为社会主义的现代化强国。

一百多年来的近现代史与六十多年的新中国史都表明，中国革命与中国共产党、马克思主义与社会主义实践，不仅不是现代化的"阻碍"，而

---

① 林春：《马克思主义与中国在世界历史中定位的政治》，载《领导者》2010年第8期(总第35期)。

且恰恰是推动中国现代化的强有力助推器,如马克思所谓历史前进的火车头。中国革命与社会主义实践通过暴风骤雨的革命化运动,荡涤了妨害中国现代化的帝国列强与封建军阀,推翻了压抑中国现代化的三座大山,同时通过一系列深刻的政治、经济、文化、教育、社会管理、国家治理、国际政治等变革,为现代国家建设、为中国现代化的进程铲平了地基,开通了道路,廓清了方向。事实上,“许多权威性研究指出,革命后相对于未经革命的国家有大得多的能力改造落后、文盲和专制的穷国”,“革命为中国挣脱资本主义的发展‘铁律’奠定了基础;新中国的现代化也确实证明社会主义是克服落后的捷径”①。原中国史学会会长、中国社会科学院近代史所所长、学部委员张海鹏,在新中国成立六十年之际撰文写道:

> 从1840年到1949年,中国的现代化屡遭挫折失败、屡次失去发展机遇。现代工业只是星星点点地分布在若干城市,工业产值只占国民经济总产值很小的比例,中国仍然是一个传统的农业国家。中国真正走上现代化的发展道路,并且改变中国传统农业国家的地位,是在1949年新中国成立之后。历史已经证明,中国的现代化是在1949年以后大规模开启的。1978年以后,中国现代化的进程进一步加快了。②

香港中文大学政治学教授、清华大学长江学者王绍光2012年在美国康奈尔大学演讲时分析了两百年来中国治国的三个递进阶段。③ 按照他的分析,第一个阶段是从1800年到1956年,第二个阶段是从1956年到1990年前后,第三个阶段是从20世纪90年代至今,三个阶段分别对应三个关键词:治国能力、政府管理和国家治理。第一个阶段的核心问题是内

---

① 林春:《马克思主义与中国在世界历史中定位的政治》,载《领导者》2010年第8期(总第35期)。

② 中国史学会:《中华人民共和国成立的伟大历史意义》(张海鹏执笔),载《人民日报》2009年9月1日。

③ 转引自玛雅:《道路自信:中国为什么能》,北京:北京联合出版公司2013年版,第312页。

忧外患,国将不国,一百多年间没有人能够治国:

> 治理这个大国,就得有一个权力高度集中的政府。……你认可也罢,不认可也罢,它确实解决了中国的第一个问题,就是治国能力。到1956年几乎没有人再怀疑,中国共产党建立的这套体制,可以治理这么一片国土。①

治国能力的问题解决后,政府便开始发挥关键作用,在经济、政治、文化以及社会生活中无不扮演最重要的角色。这就是常说的计划经济阶段。集中统一的政府管理,至少有三个好处。第一,集中非常有限的资源办大事,如独立完整的工业体系、大规模的水利和农田基本建设、基本的公共健康医疗与普及全民教育等,而这些都是国家现代化必不可少的基础,没有这个基础,后三十年的起飞是绝无可能的。第二,节约成本与提高效率,如果没有公有制与集体化所形成的全民动员体系,任何基础建设如修路征地都将付出难以想象的代价。第三,也许更重要的是有助于形成国家统一与社会稳定的基本格局,北京大学原法学院院长朱苏力教授在论及毛泽东的"纵向分权"思想时也指出:

> 保证党的统一,国家的统一,权力的集中,消除任何可能危及政权的危险,这是当时的中国共产党的最高层必须注意的一个大问题。从这个维度,我们甚至可以重新理解实行计划经济以及其他强化意识形态的控制所具有的政治意义。
>
> 从后来的历史发展看,这一思路应该说大致是成功的。一方面,中国保持了国家的统一、政权的和平转移,各地经济逐渐形成整体,地域观念和地域经济的独立性大大削弱;另一方面,地方的自主性、积极性也增强了。中国已经形成统一的现代民族国家。②

---

① 转引自玛雅:《道路自信:中国为什么能》,北京:北京联合出版公司2013年版,第312页。

② 朱苏力:《当代中国的中央与地方分权——重读毛泽东〈论十大关系〉第五节》,载《中国社会科学》2004年第2期。

有了统一的国家，有了相对完备的国民经济体系和相当可观的综合国力，国家治理自然就提上议事日程，这就是王绍光说的第三个阶段的核心问题，同样也是十八届三中全会确立的战略目标："全面深化改革的总目标是完善和发展中国特色社会主义制度，推进国家治理体系和治理能力现代化。"①

比照上述历史脉络与认识理路，新中国新闻业的地位、功能、角色可谓虽不中，亦不远。新中国立国前，国家分崩离析，社会一盘散沙，人世苦难深重，人心悲苦绝望，从英法联军到八国联军，从北京失守到南京沦陷，中国屡屡深陷亡国灭种之境。当是时，不甘沉沦的新闻人奔走呼号，大声疾呼，表现了家事国事天下事事事关心的担当，同千千万万不愿做奴隶的中国人齐心协力，为独立、自由、解放的新中国奉献心血、汗水、眼泪乃至生命，难酬蹈海亦英雄的陈天华与萍水相逢百日间的邵飘萍、林白水均为新闻报国的象征。同时，以王韬、梁启超等开其端绪，以张季鸾、储安平等总其大成的"文人论政"传统，也应置于这种时代背景下，才有可能把握其社会政治蕴含。学者李金铨教授这样概括：这个时期，"中国报业的第一要义是救亡图存，反抗西方和日本帝国主义的侵略；这是新文化运动场景的一环，旨在启蒙和宣传，提供资讯反而次要"②。

新中国成立后，旧邦新造，万象更新，包括新闻工作者在内的亿万中国人为之欢欣，并以主人翁意识和集体主义精神投身新中国建设，在一穷二白的基础上取得了有目共睹的现代化成就。反思与扬弃当年在一片混沌中探索中国道路所出现的偏差，特别是教条式的极"左"思想与错误，并不意味着曾经做的事、走的路都一无是处，正如反思当下新教条式的偏颇与问题，如私有化、市场化、全球化与自由化的"新自由主义"与教育产业化、医疗产业化、住房产业化的"新三座大山"，并不意味着改革开放一

---

① 《中国共产党第十八届中央委员会第三次全体会议公报》(2013 年 11 月 12 日中国共产党第十八届中央委员会第三次全体会议通过)。

② 李金铨：《超越西方霸权：传媒与文化中国的现代性》，香港：牛津大学出版社 2004 年版，第 62 页。

塌糊涂。此类反思与批判即便有理可据，哪怕精神可嘉，但也明显暴露了一些知识人的自大，同时无异于对千千万万普通人翻身解放的漠视和许许多多新闻人敬职敬业的忽略，且不说一大批新中国新闻业的名家名作：魏巍的《谁是最可爱的人》，王石与房树民的《为了六十一个阶级弟兄》，范荣康与袁木的《大庆精神大庆人》，郭超人的《红旗插上了珠穆朗玛峰》，穆青、冯健与周原的《县委书记的榜样——焦裕禄》，南振中的《鱼水新篇——沂蒙山纪事》，范敬宜的《分清主流与支流，莫把"开头"当"过头"》，郭梅尼与徐家良的《生命的支柱——张海迪之歌》，罗开富的《来自长征路上的报告》，李克林的《今日大寨》，段连城的《阳光·阴影·希望——南游百日记》，解海龙的《我要上学》，胡占凡的《拜金主义要不得》，以及中央三大台诸多可圈可点的经典之作，如《新闻和报纸摘要》《新闻联播》《焦点访谈》《新闻调查》等。20世纪80年代初，笔者作为走出校门的大学生结识了新华社国际部副主任赵慎应，从他身上领略了一代新闻人的气度，后来知道他是随十八军入藏的第一位记者，第一时间发出西藏和平解放消息的见证人。遗憾的是，直到他离去才觉察这位普通记者的一生融汇着怎样丰富而生动的新中国新闻史，而这样的人与事岂止成千上万。

20世纪90年代以来，新自由主义即跨国垄断资本主义的意识形态与政治经济纲领，乘苏联解体与冷战落幕之势在全球攻城略地，欢呼资本主义凯旋的"历史终结论"甚嚣一时。国内由于市场经济突飞猛进，新闻与社会也均面临所谓"转型"，狄更斯《双城记》的开篇名言几乎成为转型期的经典概括：那是一个最好的时代，那是一个最糟的时代……正是在这一"市场"吞噬"社会"的历史大背景下，马克思主义思想家卡尔·波兰尼(Karl Polanyi)的名著《大转型：我们时代的政治与经济起源》(1944)，由于深刻的思想洞察与理论分析在国内外学界声名鹊起，成为剖析当代社会的思想利器。王绍光教授曾以波兰尼的视角对新自由主义影响下的中国改革进行了专题研究，并撰文写道：

> 波兰尼指出一个"脱嵌"的完全自我调节的市场力量是十分野

> 蛮的力量,因为当它试图把人类与自然环境转变为纯粹的商品时,它必然导致社会与自然环境的毁灭。虽然中国经济在过去四分之一个世纪高速增长,但一味追求 GDP 高增长率也带来一系列严重的问题。……到 20 世纪 90 年代末,有些问题已变得触目惊心,包括日益恶化的生态环境和贫富悬殊。人们开始体会到经济增长不等于社会进步。更重要的是,在市场社会里,人们的生计完全依靠市场。由于市场只为有支付能力的人服务,人们的福祉取决于其支付能力。因此,普通工农大众享有的保障和救助越来越少。大规模下岗失业、就学难、就医难、各类事故频发,让千千万万的人痛感经济与社会安全的缺乏。在他们看来,市场社会强加给自己的负担过于沉重,难以忍受。①

就在市场逐利性日益凸显以及去政治化的政治日益弥散之际,治理也逐渐取代管理而成为新闻领域的主导性思路,20 世纪 90 年代末做大做强的媒介集团、当下大发展大繁荣的文化产业等均属这一转型的象征。与此同时,由于革命党逐渐转向执政党,国家治理面临一系列前所未有的难题与困境,包括思想文化阵地的变异、精神价值在多元化潮流中的失序与紊乱等,而新闻业以及新闻学也同样陷入作家张炜所谓“全民性精神恍惚”的境地。对此,方家论略,策士画筹,一波未平,一波又起,其中最盛行、最火热也最似是而非的,莫过于世纪之交以迄当下的新媒体说辞:从 1.0 到 2.0,从电邮到电商,从推出到拉进,从微博到微信,从大数据到大融合,从客户端到云计算,好似密匝匝蚁排兵,乱纷纷蜂酿蜜。这一新媒体的乌托邦被批判传播学者莫斯可(Vincent Mosco)称为“数字化崇拜”,这是其 2004 年一部力作的书名(*The Digital Sublime*)。他在名著《传播政治经济学》2009 年新版中也谈及这个问题:“不仅是资本主义社会关系保持连续性毫无新意,伴随今日媒介的夸张或者迷思也没有任何新鲜之处。……《数字化崇拜》揭示了关于因特网做出的就像电报、电话和电视

---

① 王绍光:《大转型:1980 年代以来中国的双向运动》,载《中国社会科学》2008 年第 1 期。

还是新的时所做出的一样的承诺。世界和平，性别平等，在线教育，种族和谐——所有这一切都曾经被看作是这些曾经新过的东西不可避免的后果。”①在这一片喧腾声浪之中，新闻业被“自媒体”“公民记者”“两个舆论场”“报纸消亡论”等弄得一惊一乍，起坐彷徨。而在这一切新词新说后面，都隐含着一个经不起推敲的假定——新媒体决定一切或主导一切。按照这个逻辑，最早发展新媒体，迄今也最发达的美国应该最早陷入混乱，而且现在也最乱。可惜恰恰相反。美国不仅依然如故，而且由于网络、手机等新技术——新媒体不过是又一种新技术，美国的社会凝聚力、国际影响力、文化软实力等貌似得到进一步提升。仅此一端，就足以说明问题不在新媒体。所以，与其将无数精力注意力，更不用说大量财力物力投入冷冰冰的技术，孰若透过现象看本质，更多关注技术之外的世道人心，如历史虚无、价值混乱、精神失范等。说白了，看上去沸沸扬扬的网络舆论与舆情，根源不在新媒体而在现实社会以及关乎人心所向的文化政治与文化领导权，不是新媒体等新技术决定一切，而是现代社会的文化政治与文化领导权决定一切，新媒体问题归根结底不是技术而是社会与人。就此而言，批评家李陀揭示的思想话题，才更值得格外关注与认真反思：

> 中国的“改革”不但养出来一批富豪、富商和富官，还养出了一批小资精英，他们占领了文化领域各个层面的领导位置，诸如刊物和报纸的编辑，商业电影和流行歌曲的制作人，各类广告和视频的直接或间接的生产者，网络世界里各个板块的操盘手，形形色色的文化企业和产业中的策划人、执行人，新媒体所催生的新写作空间中做文字买卖的各类写手，还有在学校、学院和五花八门的准教育机构中握有“育人”权的老师、学者——一句话，身居要津，小资精英们占据了文化领域的所有高地，所有咽喉要道。这个情况带来了一个非常奇特的形势：尽管国家和资本非常强大，在中国当代文化的生产中颇为自

① 〔加〕文森特·莫斯可：《传播政治经济学》，胡春阳等译，上海：上海译文出版社 2013 年版，第 156—157 页。

信地扮演着主导者的角色,并且也都以政策和金钱的直接调控力或间接影响力,按照各自的需要试图控制文化之河的流向,但是,实际上,由于文化生产的上游下游所有环节都在小资精英的控制之下,不管国家和资本情愿不情愿,承认不承认,在今天,文化领导权在很大程度上已经转移到新兴小资产阶级的手中。这个文化领导权的转移当然带来很多严重的后果,可以预料,这些后果将对中国的今天和未来的改革产生深远的影响。①

新闻与社会密不可分,离开具体的社会历史语境而专注新闻专业话题、建构专业主义话语都难免成为空中楼阁。当然,如何在风云流转变幻不居的社会历史语境中,缕清新闻传播的经络,把握新闻传播的脉搏,揭示新闻传播的规律,特别是如甘惜分先生所言"立足中国土,回到马克思",也是不可等闲视之的。

① 李陀:《"新小资"和文化领导权的转移》,载《天下》2012 年第 3 期。

三、现代与传统

1902年,梁启超流亡日本之际,创作了一部“政治幻想小说”《新中国未来记》。事实上,“新中国”乃是现代先知先觉者共同怀抱的幻想、梦想或理想,也是亿万民众身家性命之所系。因为,不使中国从一个旧中国变为新中国,没有一个摆脱皇权体制、宗法传统以及臣民心态的新中国,即主权独立、金瓯无缺和心理认同的现代国家,那么中国既无法庇佑自己的人民,也无法自立于世界民族之林,更何况中国进入现代之际正值列强扩张如狼似虎之世。青年学者郭绍敏针对现代国家建设问题撰文道:

> 就20世纪中国的长期发展趋势来看,国家建设成为最核心的政治主题,无论是改革抑或革命均以独立富强的现代国家为目标追求。……清末宪政改革、辛亥革命、国民革命虽然在国家建设上取得一定成效,但它们均没有取得最终的成功。近代中国的全面危机直到作为全能型政党的中国共产党的出现并以彻底革命的方式才得以最终克服。……一九四九年后,新中国在制度建设方面固然还有很长的路要走,但一个主权独立、基本上统一的国家已经呈现在世界面前,这成为此后中国国家建设的基本前提。……如何建设一个富强、民主、文明的社会主义国家,仍然需要中国人民不断探索。①

近现代中国历史上,面对内忧外患、积贫积弱、民不聊生、国将不国的日益严酷局面,为了探求新中国或现代国家的出路和道路,一批批的觅火者、寻灯者在黑暗中前赴后继、左冲右突,寻觅拯世济民的真理,其间此起彼伏的各路探索与尝试,基本上凝聚于三种颇具代表性和影响力的现代思潮,一是自由主义,一是保守主义,一是社会主义。与此相应,也就有三种姿态各异的现代新闻业:相应于自由主义的民间报业、相应于保守主义的党国报业和相应于社会主义的革命报业。1949年中华人民共和国的

---

① 郭绍敏:《清末宪政改革与现代国家建设》,载《读书》2011年第5期。

成立,既宣告了“只有社会主义才能救中国”,也见证了自由主义与保守主义的落寞,正如思想史学者所言:

在近代中国流行的三大思潮中,激进主义以其昂扬的气势、痛快彻底的解决问题方式以及英雄主义的精神感召力量,比较容易赢得苦难民众的认可。保守主义则因为迎合了一般社会大众既想改变现状,又害怕打破坛坛罐罐的普遍心理,从而在历史遗产格外丰厚的中国拥有宽广的社会基础。唯独自由主义,先天不足,后天失调,既缺乏与中国传统文化的接榫机理,又生不逢时,加之自由主义知识分子一贯的精英做派和鄙视民众的贵族心理,与几万万中国民众的“悲惨经验之间几乎存在着无限的差距”,自然与大众相疏远、隔膜,他们的主张无法得到历史的青睐和社会的采纳,也就是再合逻辑不过的事情了。“胡适的价值标准和思想抱负表明,他对于他的人民的‘社会愿望’或他们生活的‘实际条件’几乎完全没有什么真正的认识。”美国学者对胡适的这一总括性评判,同样适用于近代中国所有的自由主义思想家。[①]

尽管保守主义与自由主义及其报业在现代社会各有其存在的意义与价值,都曾显示不可忽略的历史作为,但是,在风云激荡的现代思潮及其报业中,为什么唯独社会主义及其革命报业把握了历史,并最终赢得了天下人心呢?除了众所周知的主客观因素,其间也自有“殆天数,非人力”的深刻背景与内在逻辑。而对这脉至今延续的新闻传统以及其中蕴含的思想脉络与社会动因,新闻界也好,新闻学也罢,如今不少人要么麻木不仁,要么不以为然,而似乎更热衷于赓续“文人论政”的一脉血统,在煞有介事的“民国范儿”中把自由主义及其报业捧上神坛,而无视清华大学哲学系教授胡伟希如下所言的基本事实:

在近代中国,摆脱外来侵略压迫以及追求国家富强固然是时代

① 何晓明:《近代中国自由主义:不结果实的精神之花》,载《光明日报》2008年1月13日。

面临的基本课题，而对于广大劳苦大众来说，它的内容并不深奥，相反，十分浅显，它其实就是人们的生存权利与基本温饱问题。在这种社会上下严重离心、无法实现社会整合的情况下，中国自由主义者希图采取与当权者合作或与之宣讲“道理”的方式来改革中国的种种“弊政”，这不仅没有发生效果，而且使他们失却了广大的基本群众。自由主义在近代中国终究只能在部分知识分子中流行，却无法成为激励社会各阶层，尤其是广大劳苦大众为争取自身解放的思想旗帜。①

针对自由派报业及其文人论政，传播学者李金铨教授倒是颇富洞见地指出：

他们凭借良心和理念讲话，针砭时弊，徒有抽象的想法，没有具体的主张或运动的策略。尽管风骨嶙峋，然社会地位高高在上，他们所关注的民主宪政和言论自由，对那些为温饱挣扎的广大人民，未免陈义过高。我不是说中国不需要民主自由，而是说自由派文人的确和他们所捍卫的“人民”“百姓”脱节。②

与新闻学相对，政治学、社会学、历史学、思想史等学科的研究如今不断揭示，马克思主义及其革命报业同中国社会与各族人民之间存在着一种天然的、内在的精神契合。正如北京大学教授关海庭所言：“中国传统文化中的斗争理论、兼爱、大同思想等，同马克思主义和社会主义的原则是兼容的，因而中国人比较容易接受马克思主义和社会主义原则。”③耄耋之年的政治学耆宿徐大同先生于2012年撰文，从思想文化的脉络上细致剖析了为何马克思主义而非其他主义能在中国深入人心：

① 胡伟希：《中国近现代思想与哲学传统》，杭州：浙江工商大学出版社2009年版，第59页。

② 李金铨：《超越西方霸权：传媒与文化中国的现代性》，香港：牛津大学出版社2004年版，第72页。

③ 关海庭：《中国社会主义核心价值体系与政治发展》，载《太平洋学报》2012年第5期。

近代中国人民拒绝西方自由主义、接受共产主义有着多种原因。从中国传统文化基因的角度来看,中国传统自由观强调的是一种我行我素、不要任何公权力干涉的自由,它和西方自由主义政治观有着根本的差异。同时,由于西方自由主义政治观在中国缺乏文化基因,因而从来没有作为建构国家制度的方案被中国人民接受而破产。相反,大同思想在中国源远流长,成为中国人民接受共产主义的思想文化基因。①

也就是说,单看文化基因,中国自古及今的自由观一直注重的是个人的超然物外、悠然自得,就像上古歌谣《击壤歌》咏唱的:"日出而作,日入而息。凿井而饮,耕田而食。帝力于我何有哉!"历史上代为不绝的田园诗、山水画,也可被视为这一民族文化心理的折射。这一精神传统固然可以导向不以物喜、不以己悲的人生境界,恰似李太白、苏东坡的高蹈超迈,飘逸洒脱,"人生在世不称意,明朝散发弄扁舟","一蓑烟雨任平生,也无风雨也无晴"……同时也容易形成各人自扫门前雪,莫管他人瓦上霜,各行其是,一盘散沙。对此,孙中山、鲁迅等都痛心疾首,并大声疾呼,希望从一己之"私利"转为天下之"公德"。在这种状况下,中国固有的自行其是的自由观再与西方自由主义合流,只能使社会危机进一步恶化,内忧外患进一步加剧。相反,中国文化基因中的大同意识不仅源远流长,而且与社会主义、共产主义追求的人人平等、财产公有、公平正义、自由尊严等理想如出一辙,遥相呼应。汉代儒家经典《礼记·礼运》篇对大同思想的有名阐发即为典型:

大道之行也,天下为公。选贤与能,讲信修睦,故人不独亲其亲,不独子其子,使老有所终,壮有所用,幼有所长;矜寡孤独废疾者皆有所养;男有分,女有归。货恶其弃于地也,不必藏于己;力恶其不出于身也,不必为己。是故谋闭而不兴,盗窃乱贼而不作,故外户而不闭,是谓大同。

① 徐大同:《中国人民拒绝自由主义接受共产主义的文化基因》,载《政治学研究》2012年第3期。

作为重要的政治文化传统，对大同盛世的向往不但成为一代代民众根深蒂固的梦想，如黄巢自称“天补均平大将军”，王小波、钟相提出“均贫富”“等贵贱”等口号，太平天国《天朝田亩制度》更主张“有田同耕，有饭同食，有衣同穿，有钱同使，无处不均匀，无人不饱暖”等，也深刻影响了近代一批批思想家与先驱者。康有为的《大同书》、孙中山的“天下为公”等，都深受大同思想的影响。孙中山甚至说过：“民生主义就是社会主义，又名共产主义，即是大同主义。”①现代新儒家的代表也认识到大同思想与共产主义的契合，如梁漱溟提出的“儒家社会主义”、熊十力指出社会主义价值与儒家价值具有内在的亲和性等。② 1933 年元旦，《东方杂志》第一期以“新年的梦想”为题，发表了 142 位学者、作家、编辑、记者等社会名流的答案，进一步显现了这一世道人心：

张申府：我理想中的中国是能实现孔子仁的理想、罗素科学的理想与列宁共产主义的理想的。

柳亚子：我梦想中的未来世界是一个社会主义的大同世界，打破一切民族和阶级的区别。

郁达夫：将来的中国，可以没有阶级，没有争夺，没有物质的压迫，人人都没有，而且可以不要“私有财产”。

谢冰莹：我梦见一个没有国界、没有民族、没有阶级区别的大同世界……共同生产、共同消费的社会主义国家。

……

总之，中国传统的大同意识与社会主义价值存在着深刻的精神契合，

---

① 孙中山：《孙中山选集》，北京：人民出版社 1981 年版，第 802 页。

② 2014 年第 1 期《文化纵横》刊发专稿《我们今天应该如何面对传统文化》（修远基金会），其中写道：“儒家传统历来将社会稳定建立在土地资源供给相对平均、稳定的基础上，指向的是多数人的共同生活，而不是资本主义式恃强凌弱。这与社会主义思想的精神气质是高度一致的。在社会生活领域，儒家传统思想也往往强调协调，强调休戚与共，强调社会是一个有机整体。每一个人都对其他人承担责任，这正符合广义上的社会主义。”

至于儒家哲学的唯物论和辩证法、政治上的以民为本、经济上的平均主义等,也同样无不含有社会主义成分,而这些均构成近代中国人接受马克思主义的文化基因:

> 作为文化基因,大同思想使得中国人更易于接受马克思主义。近代中国最早引进马克思主义的知识分子几乎无一不批判资本主义的残酷,对社会公正的热切期望,使得他们在接受科学共产主义思想时,开始学会运用唯物史观观察人类社会和历史,并与中国传统的大同思想紧密地连接在一起。如吴玉章在回忆自己接受社会主义时所说:"社会主义书籍中所描绘的人人平等、消灭贫穷的远大理想大大地鼓舞了我,我联想起孙中山先生倡导的三民主义和中国古代世界大同的学说。所有这些,在我脑子里交织成了一幅未来社会的美好远景。"实际上,中国古代这种包含了原始社会公正的大同思想,极大地影响过陈独秀、李大钊等第一批共产党人,其中,毛泽东更是突出的代表。①

日本学者、东京大学教授沟口雄三,在其名作《作为方法的中国》里以同样的分析思路解读"文化大革命":"促使毛泽东发动'文化大革命'的契机当中存在路线问题和权力问题的确是事实,但这并不是'文化大革命'的本质,仅仅是'文化大革命'的现象。毋宁说,造成这些现象的、中国固有的大同式的近代在历史结构上的种种矛盾才是我们必须透视的。而我认为这才是'文化大革命'的本质所在。"②韩毓海从理想与现实的统一角度,对中国选择社会主义提出更有实际意义的思路:

> 近代以来,中国的先觉者就一直讲天下大同、天下为公,讲共产主义。康有为讲,孙中山也讲,当然是中国共产党讲得最好。爱国主

---

① 徐大同:《中国人民拒绝自由主义接受共产主义的文化基因》,载《政治学研究》2012 年第 3 期。

② 〔日〕沟口雄三:《作为方法的中国》,孙军悦译,北京:生活 · 读书 · 新知三联书店 2011 年版,第 30 页。

> 义、共产主义似乎很抽象，是非常高远的理想，但实际上是非常现实的……社会主义、共产主义则是针对中国人口多、资源少的特点。这点孙中山讲，毛泽东讲，邓小平后来也讲这个问题。孙中山的话说人口很多，资源有限，因此只能搞天下为公；毛泽东讲我们人口多、底子薄，要保证发展平衡；邓小平讲我们让一亿人先富起来，但不能忘记，如果九亿人在贫困中那就不能不革命，所以他说要搞社会主义，要共同富裕，不能搞两极分化。①

秉承社会主义与革命报业传统的新中国新闻业，一如既往地以马克思主义及其新闻观为核心理念，坚持唯物史观的科学与价值，也就是实事求是（尊重事实、尊重真理）与群众路线（为社会主义服务、为人民服务），从而开辟了中国新闻业的新局面，也谱写了世界新闻业的新篇章。这一局面与篇章既源于中国革命与中国共产党的历史性实践，包括丰富的革命报业实践如《新青年》之传播马克思主义，《向导》《热血日报》《红星报》、"红中社"等作为集体的"宣传者、鼓动者、组织者"，延安《解放日报》改版等，也若合一契地应和着、传承着数千年中国文化与中国社会的内在基因，包括梁启超的"去塞求通"、谭嗣同的"民史"与"民口"、邵飘萍的"铁肩担道义，辣手著文章"等。可以说，上溯古代的"绝地天通"，中经梁启超"去塞求通"，下逮全党办报、群众办报，均属同一历史文化脉络的新闻传播实践，具有自然而然的中国特色、中国气派、中国风格。在注重新闻业的现代面向、新闻学的舶来意味之际，不能忽略诸如此类而无所不在的文化传统与思想底色，如同仰望珠穆朗玛峰不能不关注浩浩莽莽的青藏高原。

把握现代与传统的辩证关系，理解源远流长的文化传统，才有望对新中国新闻业的"人民性""正面宣传""政治家办报"等持更深切洞明的体悟。而一旦突破新旧意识形态框框，则不难理解雷锋、王杰、焦裕禄、王进喜、李素丽、郭明义以及最可爱的人、南京路上好八连、草原英雄小姐妹、

① 韩毓海：《社会主义与文化中国的新概念》，载《新华月报》2012年第10期。

两弹一星元勋等新中国英雄谱,也同大禹治水三过家门而不入的精神血脉息息相通。同时,中国新闻的“喜鹊”意象也同哲人论及的中国文化气质,如李泽厚解析的实用理性、乐感文化等丝丝相扣,而与西方新闻的“乌鸦”角色及其罪感文化迥异其趣:

> 中国实用理性的传统既阻止了思辨理性的发展,也排除了反理性主义的泛滥。它以儒家思想为基础构成了一种性格——思想模式,使中国民族获得和承续着一种清醒冷静而又温情脉脉的中庸心理:不狂暴,不玄想,贵领悟,轻逻辑,重经验,好历史,以服务于现实生活、保持现有的有机系统的和谐稳定为目标,珍惜人际,讲究关系,反对冒险,轻视创新……所有这些,给这个民族的科学、文化、观念形态、行为模式带来了许多优点和缺点。①

同样,这种文化传统与精神气质也给新中国新闻业带来自身的优点或缺憾。正如李泽厚以及许多学者所言,由于乐感文化立足“此岸”一个世界,故而更强调人的主体性存在,并赋予人一种参化天地万物的本体地位,从而培育了中国人自强不息、乐观积极的精神状态,就像民间很多时候即便丧事也当作喜事办,即所谓“喜丧”。于是,长期积淀的乐感文化在社会心理中便自然形成“乐于报喜,不乐报忧”的习俗与习惯,最典型的就是文艺作品的大团圆结局。我们不妨自忖,平时交往中是不是也很少愿意公开批评或指责他人,而更多是肯定、褒奖、赞誉,哪怕虚言浮词,即便言不由衷,一张口也总是说好不说坏。不仅如此,按照李泽厚的分析:“乐感文化所追求的‘乐’并非动物式的自然产物,而是后天修养的某种成果。它作为所谓人生最高境界,乃是教育的功效,所以儒家无论孟荀都主学习、重教育;或用以发现先验的善(孟),或用以克制自然的恶(荀)。”②由此,我们也就不难领悟新中国及其新闻业为什么一向注重“社会教化”功能,向往六亿神州尽舜尧,讴歌遍地英雄下夕烟,从而与欧美新

① 李泽厚:《中国古代思想史论》,北京:生活·读书·新知三联书店2009年版,第306页。
② 同上书,第312—313页。

闻重视反常、丑闻、揭秘、监督等取向大相径庭。

应该承认，由于变革与延续、社会与新闻、中国与世界等多重关系的复杂交织与综合作用，自由主义及其新闻观并未销声匿迹。相反，如果说在前三十年自由主义只如草蛇灰线，甚至气若游丝的话，那么后三十年来则伴随市场化进程不断深入以及社会阶层严重分化、利益诉求日渐凸显、权利意识不断强化，特别是20世纪80年代欧美新自由主义的全球蔓延而东山再起，并名列清华大学国学院院长陈来教授所说的民族主义、自由主义、社会主义三种"当今世界最有影响的意识形态"①。对此，"修远基金会"的最新研究报告作了翔实论述：

> 自由主义的回归是与马克思主义历史叙述的衰落并行的，而中国的自由主义又与市场经济的发展相伴。改革需要社会释放空间，限制国家的过度干预，激发经济活力。自由主义的传统理论，尤其是经济自由主义恰恰可以为这些目标提供助力。经济自由主义以个体为本位，主张以权利限制权力，提出市场化。20世纪80年代以来，这种主张事实上得到了官方的默许，因为经济自由主义可以为官方的改革开路。
>
> 20世纪90年代以后，自由主义思潮进一步发展，逐步形成政治自由主义。与经济自由主义相比，政治自由主义主张限制公权力的滥用，要求不仅要保障民众的物质权利也保障民众的政治参与权。政治自由主义，提出以权力平衡和权利制衡的模式来维系共同体，这对于权力的制度化运行无疑是有积极作用的，也是中国传统中所欠缺的。但如果将政治自由主义的主张上升为一种普遍的历史叙事，政治自由主义就可能激进化。②

在这种背景下，自由主义及其新闻观成为"中产""白领""精英"以及不少媒体与记者、学子与学人的专业"核心价值体系"也就不足为奇了，

① 陈来：《民族文化与马克思主义中国化》，载《中华读书报》2014年1月15日。

② 修远基金会：《我们今天应该如何面对传统文化》，载《文化纵横》2014年第1期。

即使温和点儿也服膺丹尼尔·贝尔的多元模式,即经济上的社会主义、政治上的自由主义和文化上的保守主义。于是,《中国青年报》"冰点周刊"重新政治化的意味,《南方周末》自奉《大公报》一脉文人论政传统,"新闻自由""公共领域""社会公器"等理论话语的此起彼伏,以及貌似去政治化的传播研究日渐构成学界主流等,也俨然与人民新闻传统形成日甚一日的分庭抗礼之势。颇为吊诡的是,这一新潮似与党报体系形成某种"合流"与"合谋",各路批判学者对此的反思颇有历史感与思想性,如赵月枝教授关于"主权的中国"与"主体的中国"的分析:

> 在现实的传播领域中,各种关涉文化领导权的行动远没有停滞,问题是传播研究者是正视和关注这些现象,还是也深陷在主流媒体构造的以都市中产阶级为主体的文化世界当中,不断忽视那些"被沉默"的大多数。如果在一个所谓"中国的时代",国际化了的中国传播研究不想再局限于为西方的全球媒体和高等教育产业提供智力补充和合法性基础,而是希冀从"主权的中国"迈向"主体的中国",那么研究者们就急需超越他们的精英意识和阶级局限,不囿于在全球市场的自由主义话语体系中关注那些作为消费者和"公民"的新崛起的中产阶级,而是重新将目光聚焦在作为社会主义国家大多数群体的工人和农民身上,将他们作为社会变革的主体,而非接受"人文关怀"的"他者"和"弱势群体"。①

林春在新中国成立六十周年之际撰文,从更为广阔的世界历史与人类解放的视野阐发了社会主义道路之于当代中国的正当性与正义性:

> 如果中国的政治和知识精英继续在资本主义整合的方向上,对真正宝贵的社会主义遗产嗤之以鼻或束之高阁,中国就会萎缩成一个平庸的依附性次等国家,全球市场中的二流成员,一个被剥削、受欺侮、群体事件频发、不满和反抗涌动、官员腐化、风气堕落,乃至精

---

① 王维佳、〔加〕赵月枝:《重现乌托邦:中国传播研究的想象力》,载《现代传播》2010年第5期。

神颓败、反动倒退的弱国……人民共和国就会失去其自我认同和立国的合法性，丧失其历经艰险、用万千烈士鲜血换来的独立自强地位而变成世界史中无足轻重、有名无实的“虚位主体”(马克思)。

自由解放的社会主义正是一个能动的中国要影响21世纪的世界历史所必须坚持的理想。①

① 林春:《马克思主义与中国在世界历史中定位的政治》,载《领导者》2010年第8期(总第35期)。

四、中国与世界

无论一百多年的近现代史,还是六十余年来的当代史,中国与世界始终处于潮起潮落的互动之中。换言之,中国无时无刻不处于世界之中,世界也无时无刻不嵌入中国之内。恰似钱锺书为钟叔河主编的丛书"走向世界"作序时所说的:

> 中国"走向世界",事实上也是"世界走向"中国……"闭关自守""门户开放"那种简洁利落的公式语言,很便于记忆,作为标题之类,大有用处。但是,历史过程似乎不为历史编写者的方便着想,不肯直截了当地、按部就班地推进。

而在哲学家赵汀阳看来,西方的"世界"只是一个单薄的概念,中国的"天下"才是一个饱满的世界概念,因为天下乃是自然地理、社会心理和政治制度三位一体的"世界","天下理念创造了一个容量最大的政治分析框架"[①]。北京大学政治学教授强世功更是有力阐述了新中国的天下情怀与世界视野:

> 从一开始,中国共产党就没有把自己的视野局限在民族国家的领土范围之内,而是以全球视野来思考全人类的命运以及自己对天下的使命和责任。
>
> 中国共产党最深层的思考实际上延续了儒家传统的天下观念。这种"天下"观念超越了阶级和民族,也超越了主权国家概念……[②]

也就是说,尊奉人民主体与人民主权的新中国新政治,并不单纯属于民族解放叙事与民族国家范畴,而同时蕴涵着马克思主义的国际情怀,延

---

① 赵汀阳:《坏世界研究:作为第一哲学的政治哲学》,北京:中国人民大学出版社 2009 年版,第 83、120 页。

② 强世功:《中国香港:政治与文化的视野》,北京:生活·读书·新知三联书店 2010 年版,第 106、117 页。

续着中华文明的正心、诚意、修身、齐家、治国、平天下的天下意识。国际共产主义运动的经典，如马克思恩格斯的《共产党宣言》、列宁的《欧仁·鲍狄埃》、毛泽东的《纪念白求恩》等展现的国际主义情怀，正是人民共和国“胸怀祖国，放眼世界”的精神源泉。马克思恩格斯曾经明确写道：“无产阶级只有**在世界历史意义上**才能存在，就像共产主义——它的事业——只有作为‘世界历史性的’存在才有可能实现一样。”[①]20世纪80年代畅销至今的《将军决战岂止在战场》一书中有个细节：作为1959年首批特赦的国民党高级将领，青年军整编206师师长邱行湘多年后终于明白了洛阳战役被俘时，陈赓送他的临别赠言，真正懂得了“解放”的含义：“如今我们解放了洛阳，解放了这里的人民，也解放了你。共产党的宗旨就是这样：只有解放全人类，才能最终解放自己。”[②]1969年，毛泽东在审阅九大政治报告时还特别加了一段文字：“按照列宁主义的观点，一个社会主义国家的最后胜利，不但需要本国无产阶级和广大人民群众的努力，而且有待于世界革命的胜利，有待于在整个地球上消灭人剥削人的制度，使整个人类都得到解放。”[③]总之，无产阶级只有解放全人类，才能最后解放无产阶级自己——从建党到建国一直构成人民主权的思想逻辑：

> 毛泽东及其领导的中国共产党人之所以坚定地信仰马克思主义，不仅是因为“十月革命一声炮响给中国送来了马列主义”使得他们看到了拯救中国的道路，而且更重要的是，他们看到了马克思主义开辟了拯救全人类的途径。因此，中国选择马克思主义与其说是出于民族主义或者国家主义的现实动机，不如说是基于国际主义和“天下大同”的古典理想。这是共产党与国民党、“旧中国”与“新中国”的根本区别。[④]

---

① 《马克思恩格斯文集》第1卷，北京：人民出版社2009年版，第539页。

② 黄济人：《将军决战岂止在战场：国民党将领大陆新生始末》（完全本），北京：中国青年出版社/重庆出版社2013年版，第282—283页。

③ 中共中央文献研究室编：《毛泽东年谱（一九四九——一九七六）》第六卷，北京：中央文献出版社2013年版，第236页。

④ 强世功：《中国香港：政治与文化的视野》，北京：生活·读书·新知三联书店2010年版，第104—105页。

站在文化自觉方兴未艾的21世纪回望,可以更清晰地看到,无论是千万年的人类文明史,还是数百年的世界近代史,中国与世界总是相互关联,彼此渗透,从来没有也不可能脱节,中国影响世界,世界作用中国,一直是人类社会与世界历史的常态。当然,随着世界历史沿着意大利思想家维科所勾画的“神的时代、英雄时代和人的时代”逐次展开,中国历史也如梁启超概括的呈现为“中国之中国、亚洲之中国和世界之中国”。从徐福的乘槎出海到张骞的凿空西域,从纵贯欧亚的丝绸之路到波涛万里的海上丝路,从唐代玄奘的西天取经到现代中国的海外留学,包括新中国前期面向苏东与近期面向欧美的留学潮,从中国共产党早期隶属共产国际的一个支部,到新中国与世界民主阵营以及亚非拉独立解放运动的普遍联系,从20世纪70年代与欧美日国家广泛建交,到80年代后全面开放,世界对中国可谓总在身边,总在心里,而且一点点清晰,一步步密切。“中国是一个有开放传统的国家,与世界各国平等交往,共享世界共同发展的成果是中国历史的主流。唐、元、明各朝代都很重视国家间的贸易和各民族的交流,并以自己的高度发展的文明成果为世界历史的进步做出过杰出贡献。”[①]即使在一向被视为“闭关锁国”的清代,中国与世界同样保持着广泛而密切的交往,德国学者贡德·弗兰克的力作《白银资本:重视经济全球化中的东方》,对此所做的生动有力的阐述令人印象深刻。清华大学仲伟民教授的博士学位论文《茶叶与鸦片:十九世纪经济全球化中的中国》,也就所谓清代“闭关锁国”问题提出四点看法:历朝历代很少执行绝对的“闭关自守”,清代也只有开国之初为了解决台湾问题而实行了40年海禁(1644—1684);闭关自守不可简单归纳为“保守”,更谈不上“反动”,世界各国都曾程度不同地实行闭关自守的垄断政策;几千年来,甚至在鸦片战争后很长一段时间,中国人几乎在所有的日用必需品方面都能自给自足;中国历史上经常遭受北

① 张奎良:《马克思世界历史思想的深远意义》,载《哲学动态》2013年第10期。

方游牧民族的入侵和威胁，为此对外来势力本能地保持警惕。由此，仲伟民教授得出结论：对清政府一味指责没有意义，应从历史主义出发，抱“了解之同情”的态度。[①] 事实上，对一切历史都应如是看待，才可能趋向陈寅恪所说的“我民族独立之思想，自由之精神”（《柳如是别传》）。

相应于过去“闭关锁国”与当下“国际接轨”的二元思路，关于新闻业的流行意识也好像不是开放，就是封闭，而忽略中国与世界剪不断、理还乱的丰富而复杂的联系。相看两不厌，只有敬亭山。只要摈弃意识形态的标签，脚踏实地地探究事物的来龙去脉与前因后果，那么不难看到无论前三十年，还是后三十年，新中国及其新闻业都没有哪个时期可用单一尺度衡量，而只有面临不断变化的内外环境，基于实际条件而做出或主动或被动的应对而已。回到历史，审视事实，诸如此类的情形比比皆是。从新中国成立之际所处的别无选择的冷战格局到“一边倒”的外交战略；从朝鲜战争爆发后美国封锁台湾海峡，进而越过三八线，兵逼鸭绿江，到中国人民志愿军不得不“抗美援朝，保家卫国”；从苏共二十大及其触发的匈牙利、波兰事件促使中共“整风”并转向“反右”，到中苏分裂以及有名的“九评”；从 50 年代创办的《参考消息》，到六七十年代相继发行一系列内部参考的“皮书”；从风起云涌的亚非拉殖民地人民争取独立解放运动，到中国首倡力行的和平共处五项原则以及三个世界理论；从美苏争霸愈演愈烈以及苏联对中国日益明显的战略威胁，到横跨太平洋的握手；从 20 世纪 70 年代世界石油危机与西方经济滞涨，到中国抓住良机推行“四三方案”——从苏联引进 156 项重点工程后的第二次大规模技术引进计划；从苏联解体、东欧剧变对中国的冲击与挑战，到邓小平“南方谈话”启动新一轮自我完善的改革；从肆虐世界的新自由主义，到中国的三农、下岗、新“三座大山”、血汗工厂、环境危机……新中国在社会主义道路上风雨兼程，无时无处不与世界风云交相呼应。与此同时，新中国新闻业的一

① 仲伟民：《茶叶与鸦片：十九世纪经济全球化中的中国》，北京：生活·读书·新知三联书店 2010 年版，第 325—332 页。

举一动也往往同包括广大发展中国家在内的国际社会的不断交融、碰撞、对话密不可分。仅以当今如火如荼的新闻发言人现象为例,新中国成立之初就建立了一套相关的制度与机制[①],虽然具体环节如今看来显得简陋粗疏,但在百废待兴之际也足以令人刮目相看了。

当然,同样明显而难以回避的是,新中国成立六十余年同外部世界的关系也经历了深刻变化,这种变化与其归因为从封闭到开放、从计划到市场等新意识形态的二元逻辑,不如视之为近代持续不断的"全球范围的不平等、不正义及生态环境灾难"[②]的不断激化在冷战与后冷战时代的体现。其间,社会政治及其修辞的语境转换尤其耐人寻味,比如从"胸怀祖国,放眼世界"转换为"国际接轨""普世价值"。如果说"放眼世界"是基于共产主义大同理想而对面积人口无不占据世界绝大比例的广大"亚非拉"的想象,那么"国际接轨"则是依循新自由主义理路而对欧美日特别是美国的心仪。换句话说,国际主义是基于共产主义的世界观,也是世界绝大多数地区人民追求自由、独立与解放的社会历史运动;而国际化则是以现代化、现代性、现代主义为旗号,以经济市场化、政治民主化、财产私有化等中产阶级诉求为核心的价值观,其中尤以欧美日为典范,用李金铨教授的话说全球化"未始不是扩张美国霸权的饰词"[③]。以当下新闻院系心仪的"国际化"为例,无非是聘用欧美背景的学者、采用欧美的教科书、推行欧美的学术体系与人才培养模式、引进或照搬欧美业界学界的经验,等等。

不言而喻,在"国际化"的新潮中,看不到"国际主义"的亚非拉身影。虽说在不同的想象中,中国与世界从不曾分离,新中国及其新闻业也从无所谓"闭关锁国",但如此促狭的面向还是不能不让人想起哲学家阿

---

① 参见周庆安等:《新中国成立初期新闻发布活动的历史考察》,载《新闻与传播研究》2009 年第 4 期。

② 林春:《马克思主义与中国在世界历史中定位的政治》,载《领导者》2010 年第 8 期(总第 35 期)。

③ 李金铨:《超越西方霸权:传媒与文化中国的现代性》,香港:牛津大学出版社 2004 年版,第 1 页。

兰·巴丢(Alan Badiou)对当今之世的深刻反思:“我们现在和20世纪最大的区别,倒不在于我们没有了苏联、毛泽东、世界革命、乌托邦……真正的不同是:我们这个世界是一个不能想象另一个世界的世界,是一个不能想象这个世界之外的世界的世界。”①也就是说,不管今天人们想象的世界多么“激进”,多么“另类”,都只不过是这个现实的世界本身而已。

林黛玉说过一句有名的话:不是东风压了西风,就是西风压了东风。这句话倒是非常恰当地表露了新中国前后两个三十年的不同文化政治风貌。对新闻而言,五六十年代颇受苏联东欧社会主义阵营以及亚非拉“东方世界”的影响,新闻界一度效法苏联的《真理报》《消息报》,新闻学借鉴苏东的新闻理论,就像人们引述马恩列斯的著作,朗诵普希金、莱蒙托夫的诗歌,阅读托尔斯泰、果戈理、高尔基的小说,欣赏格林卡、柴可夫斯基的交响乐,观看芭蕾舞剧《天鹅湖》等。而后三十年“西方世界”开始一支独大,占尽风光,“国际社会”更成为西方世界的代名词,国际接轨、普世价值一类修辞也显然不包含巴布亚新几内亚、埃塞俄比亚、乌拉圭、乌兹别克斯坦等。无论承认与否,认可与否,近些年新闻学基本上成为西方话语的禁脔,以至于仿佛离开所谓“社会公器”“(资产阶级)公共领域”“专业主义”“无冕之王”等,新闻业就好像无法表述自己的所作所为,所思所想,更不用说追求自己的价值理想了。强世功教授关于新中国文化领导权变异的论述,对理解与反思这一趋势可谓入木三分:

> 改革开放以来,与西方世界努力争夺“民主”话语的主导权不同,我们在政治意识形态上首先采取了“硬着陆”,彻底否定了“文化大革命”中的“大民主”,在倒脏水的时候不小心连孩子也倒了出去,丧失了对“民主”概念的解释权;接着又以“不争论”的方式处理政治正当性问题,致使中国政治丧失了政治正当性原则的是非辩论,窒息了中国政治思想的生命力和意识形态的活力,陷入了庸俗的市侩主义;而中国的知识精英又迅速地在“告别革命”中拥抱了英美自由主

① 转引自汪晖:《别求新声:汪晖访谈录》,北京:北京大学出版社2009年版,第51页。

> 义。正因为如此，新中国努力奠基的人民民主、社会平等这些政治正当性原则由于缺乏文化思想和意识形态的支撑，在口是心非的政治实用主义中丧失了生命力；而社会主义传统所树立起来的集体主义、团结友爱和无私奉献的伦理思想，也在自由主义和商业社会的冲击下所剩无几。我们由此陷入前所未有的思想迷茫和精神空虚。……只能以尾随者的心态努力追求被西方世界承认。①

由于丧失了共产主义理想所支撑的天下情怀与政治视野，仅剩尾随者的国际化实即欧美化意识，加之自由化、私有化、市场化、全球化等新自由主义“新四化”尘土飞扬，新闻业以及新闻学同样可见“新中国努力奠基的人民民主、社会平等”与“社会主义传统所树立起来的集体主义、团结友爱和无私奉献的伦理思想”江河日下之势，其中典型征候莫过于群众办报风光不再而专业主义风头日炽。清华大学新闻学院研究生杨丽娟，以陕西淳化县通讯员体制的兴废为题撰写的学位论文②，发现诸多值得深思与探究的问题。比如，论文中列举的一些事实与数据：1984—1985年，陕西电台收到通讯员来稿超过37000篇，差不多一日一百篇；《湖南日报》1980—1984年评出的266篇好新闻，通讯员来稿占200篇（包括通讯员与记者合写）；1982年淳化县通讯员发展至150余人，1982—1990年县广播站播出的通讯员稿件每年都在千余条，占全年播出稿件的50%以上。有一则更耐人寻味的个案，现为《重庆日报》首席记者、曾获范长江新闻奖的罗成友，原本就是一位农村基层通讯员，而他当年业余的新闻报道也离不开《重庆日报》记者、编辑的耐心培养，他曾深怀感激之情地回忆道：“我为《重庆日报》当通讯员的十余年间，《重庆日报》的唐明恒、熊庆元等老师，专程到青木关来指导我。当时在《重庆农村报》当编辑的张

---

① 强世功：《中国香港：政治与文化的视野》，北京：生活·读书·新知三联书店2010年版，第358—361页。

② 杨丽娟：《1980年代基层通讯员制度研究——以陕西省淳化县为例》，清华大学硕士学位论文，2013年。

小良、康仁明，每年都数次到青木关来……同时指导我写稿。”[①]罗成友自是基层通讯员的佼佼者，但其专业之路绝非零星个案，而是曾经具有代表性与普遍性的历史景观。这一景观的大范围消散，在微观层面自然同专业事项有关，而在宏观层面又何尝不体现着中国与世界的诸多变局？亚非拉或第三世界的国际想象渐行渐远，同三农、下岗问题一度凸显之间难道没有一种深刻的同构关系吗？赤脚医生的终结与群众办报的落寞不是相伴相生吗？随着通讯员退场而登台的新闻专业主义，同显豁的基尼系数不是属于同一历史进程吗？

① 罗成友：《值得珍惜的荣誉——回忆我从一个农民到党的十八大代表的历程》，载《新闻研究导刊》2012 年第 8 期。

五、政治与业务

政治与业务的关系,既是新中国特别是前三十年的“重要关切”,如“又红又专”“白专道路”等话语所示,也是新闻业与新闻学相伴相生的核心命题。周恩来要求记者尊重事实(业务)、尊重真理(政治),也可谓政治与业务的有机统一。一方面,社会政治自始至终深刻左右着新闻业,讲政治、政治意识、政治家办报等早已成为业界学界耳熟能详的座右铭;一方面,新闻业务也从来不仅仅是纯粹的“技术活儿”,选择什么样的新闻、策划什么样的选题、提炼什么样的导语及其角度、安排什么样的版面及其字体、配发什么样的评论与社论、呈现什么样的场景与镜头等,新闻工作的点点滴滴无不体现着特定的政治关怀与价值取向。曾获韬奋新闻奖的中国记协党组书记翟惠生以新闻人与领导者的经验一语归结:新闻是政治性很强的业务工作,又是业务性很强的政治工作。

在清华大学政治学者景跃进教授看来,新中国六十年有条一波三折的历史线索:从高度政治化到去政治化,再到重新政治化。[①] 不管如何界定政治——赵汀阳称之为“利益、权利和权力的界定和分配”[②],这个“三段论”显然都围绕着政治而展开。理论上讲,新中国新政治均属社会主义与共产主义的范畴,《中华人民共和国宪法》确立的一整套政治理念与政治制度堪称标志。这一政治格局既延续着中华文明古往今来的民本传统,包括古代“政者,正也”的政治伦理、近代孙中山的三民主义及其政治哲学,更在共产党领导的革命、建设与改革中发展出一系列现代内涵,特别是党的领导、依法治国、人民当家做主的体制。这里同样不可忽略的一点是,这一现代政制是在国际主义的世界范畴中发生的,“十月革命一声炮响”、亚非拉反帝反殖斗争以及全世界民主正义力量崛起的时代背景等,都历史性地规定了新中国的政治格局与价值取向。在南非白人种族

---

① 参见浙江人民出版社“政治与社会译丛”序。

② 赵汀阳:《每个人的政治》,北京:社会科学文献出版社 2010 年版,第 11 页。

监狱坐牢期间，每逢新中国的国庆节，曼德拉和狱友都会举行庆祝活动，他们觉得新中国是独立解放的象征，他后来对中国驻南非大使说："中国的国庆是我们被压迫民族的希望……我二十多年在罗本岛狱中生活的精神支柱来自中国！"如果离开这些国内国际的背景，不从上述意义把握新中国的政治制度及其政治哲学，那么既无法切实理解新中国，也难以透彻解析新闻业，当然更无法确立立足实践、面向世界、服务人民的新闻学。

1949年9月，毛泽东在中国人民政治协商会议第一届全体会议的开幕式上曾经满怀激情地说道："诸位代表先生们，我们有一个共同的感觉，这就是我们的工作将写在人类的历史上，它将表明：占人类总数四分之一的中国人从此站立起来了。"中国人民从此站立起来了不仅仅是一种诗意的表达，同时更蕴含着新中国新政治的第一要义——人民主体，体现着人民共和国宪政的核心所在——人民当家做主。换言之，新中国不仅结束了近代以来内忧外患、积贫积弱、"东亚病夫"、任人宰割的苦难历史，"翻身解放"一语形象展现了这一天翻地覆慨而慷的社会巨变与心理激荡，而且在五千年历史上第一次创造了全新的政治主体——人民，开启了全新的政治理念——为人民服务："人民主权取代了王朝皇权，自主的公民取代了帝国的臣民。这个兼有伟大象征意义的开天辟地的成就，规范性地定义了人民共和国国家权力的来源和政权合法性的基础。"[①]六十余年来，一切为了人民，一切服务人民，一切依靠人民，早已成为新中国的核心政治价值，人民领袖毛泽东更以"人民万岁"铸就了新中国新政治的灵魂。

所谓"人民"，乃属政治意义而非人口意义的概念，国际政治专家张文木教授指出："'人民'是一个主体的概念，它在中国的主体部分具体说就是占国内居民绝大多数的工农兵劳动者，而非少数'精英'。"[②]王绍光

---

① 林春：《马克思主义与中国在世界历史中定位的政治》，载《领导者》2010年第8期（总第35期）。

② 张文木：《国家战略能力提升要有历史唯物主义世界观的支撑》，载《世界经济与政治》2012年第10期。

也明确说道："改革开放以来，虽然'人民'这个概念的内涵与外延发生了重大变化，其主体仍然是广大劳动群众，同时也包括一切拥护社会主义的爱国者和拥护祖国统一的爱国者。"[①]中共十八大政治报告中，论及新的历史条件下夺取中国特色社会主义新胜利必须牢牢把握八个基本要求，其中第一条就是"必须坚持人民主体地位"。十八届中央政治局常委首次集体亮相时，习近平在18分钟的讲话中，19次提到"人民"，称赞"伟大的人民"，强调"人民是历史的创造者"，表示"每个人的工作时间是有限的，但全心全意为人民服务是无限的"。时隔一年许，他又在毛泽东诞辰一百二十周年的讲话里谈到，"中华民族5000多年的文明史，中国人民近代以来170多年的斗争史，中国共产党90多年的奋斗史，中华人民共和国60多年的发展史，都是人民书写的历史"。六十余年来，各族人民之所以相信共产党，矢志不渝地走社会主义道路，也正因为新中国的核心是人民，根基在人民，人民构成新中国最鲜明的社会本色与政治底色："我们的国家叫'人民共和国'，共产党的哲学基础是人民群众创造历史的历史唯物主义，党的政治哲学基础是人民主权。中国共产党的人民性恰恰构成了新中国的道义基础，或者说道统。"[②]

如果说人民主权及其制度设计构成新中国的最大政治，那么为人民服务、为社会主义服务就是新闻业的最高宗旨，所谓政治家办报、政治家办台、政治家办网等，归根结底均源于这个新中国的第一政治要义。具体说来，新闻业的所作所为都应致力于成为马克思所谓人民"千呼万应的喉舌"，从而使人民共和国的一切新闻工作切实反映人民的意愿，表达人民的心声，体现人民的意志，尤为重要的一点是不断推进、落实和完善人民参与管理一切国家事务的权利，以确保人民当家做主的主人翁地位及其意识，如1959年毛泽东读苏联《政治经济学教科书》时批阅的："这里讲到苏联劳动者享受的各种权利时，没有讲劳动者管理国家、管理军队、管

① 王绍光：《中国的治国理念与制度选择（下）》，载《经济导刊》2014年7月号。

② 参见潘维、玛雅主编：《人民共和国六十年与中国模式》，北京：生活·读书·新知三联书店2010年版，第131页。

理各种企业、管理文化教育的权利。实际上,这是社会主义制度下劳动者最大的权利,最根本的权利。没有这种权利,劳动者的工作权、休息权、受教育权等等权利,就没有保证。"[①]所以"最大的权利是管理国家……人民自己必须管理上层建筑,不管理上层建筑是不行的。我们不能够把人民的权利问题,了解为国家只由一部分人管理,人民在这些人的管理下享受劳动、教育、社会保险等等权利"[②]。至于新闻业如何履行人民当家做主的责任与使命,中国传媒大学传播研究院院长雷跃捷教授概括了两点:

> 坚持人民主体地位,就是要坚持人民建设国家、依法管理国家的主人翁地位。落实在新闻宣传方面,就是要坚持"三贴近",运用新闻手段,充分反映人民群众在建设国家、管理国家事务和社会公共事务的伟大实践中焕发出来的巨大热情和取得的巨大成就。
>
> 坚持人民主体地位,还必须坚持依法保障人民的权益,依法保障人民的主体地位。落实在新闻宣传方面,就是要运用舆论引导和舆论监督的方式,引导人民群众认识自己的权益,依法保护自己的权益,监察损害人民权益的行为,督促纠正和惩办损害人民权益的行为。[③]

基于波诡云谲的全球景观与风云激荡的历史实践,讲政治自然成为新中国的突出特质,前三十年更与"高天滚滚寒流急,大地微微暖气吹"的世界冷战格局密不可分。与此相应,新闻业与新闻学也自然形成"高度政治化"的取向,如"四性一统"(党性、群众性、战斗性与组织性,统一于党性)、"政治挂帅""报刊是阶级斗争的工具"、积极参与第三世界争取世界新闻新秩序运动等。

---

① 毛泽东:《毛泽东读社会主义政治经济学批注和谈话》(上),北京:中华人民共和国国史学会,1998年,第275页。

② 中共中央文献研究室编:《毛泽东年谱(一九四九——一九七六)》第四卷,北京:中央文献出版社2013年版,第266—267页。

③ 雷跃捷:《科学认识和把握新闻宣传工作的几个重大关系》,载《中国广播电视学刊》2013年第1期。

尽管讲政治一度堕入僵化教条的极“左”泥潭,在政治运动尤其是“文化大革命”内乱中,给不少知识分子造成身心伤害,酿成令人扼腕的一批冤假错案,但讲政治的基本立意特别是人民主权、平等原则、共产主义理想则一直属于人民共和国的题中之义与社会主义新闻业的恒定命题。另外,这里说的政治无论中国还是世界,都具有不同于以往任何社会历史的突出蕴含,这就是现代政治归根结底均属文化政治,而核心都是与之相关的文化领导权问题。对于文化政治与文化领导权,从经典马克思主义到西方马克思主义或新马克思主义无不高度重视,并留下诸多经典的理论与实践命题,如马克思的意识形态理论、葛兰西的文化领导权(hegemony)思想、法兰克福学派如其当代翘楚哈贝马斯的批判理论、福柯的话语理论、阿尔都塞的意识形态国家机器理论等。内含新闻业的新中国新文化,也同样致力于社会主义的文化政治与文化领导权。对此,韩毓海作了精辟论述:

> 一切“现代”政治都不能不是“文化政治”,一切“现代”统治都不能不是文化统治,具体而言,现代政治合法性的来源,是由启蒙运动和法国革命、美国革命、俄国革命,特别是中国革命所追求和诉诸的文化价值体系奠定的,并以此区别于传统政治的合法性(血亲的、天授的、宗教的和武力的)。因此,现代政治斗争的关键方式就是争夺“文化领导权”。[1]

“文化大革命”后拨乱反正、解放思想、纠正冤假错案等,在邓小平看来既是遵循实事求是原则,破除僵化教条的极“左”政治,又是进一步发展与完善而非抛弃与淡化新中国的文化政治与文化领导权。从邓小平20世纪80年代的一系列讲话,特别是“坚持四项基本原则”“清除精神污染”“反对资产阶级自由化”“物质文明与精神文明”“两手抓、两手硬”等论述中,都可以清楚看到这一点,他在平生最后一次公开讲话,即南方谈

---

① 韩毓海:《漫长的革命——毛泽东与文化领导权问题》,载《文艺理论与批评》2008年第1—2期。

话的结尾处还谈道："我的入门老师是《共产党宣言》和《共产主义 ABC》。最近，有的外国人议论，马克思主义是打不倒的。打不倒，并不是因为大本子多，而是因为马克思主义的真理颠扑不破。实事求是是马克思主义的精髓。"①

然而，20 世纪 80 年代"去政治化"的新启蒙，以及乱花迷眼的精英、中产、白领、小资、公民社会、普世价值、民国范儿等政治想象与现实诉求，一路高扬中产阶级与知识精英的政治价值之际，也在不断贬斥普罗大众的生活经验与历史实践，类似"戾气""草根""草民""多数人的暴政""民粹主义"等充满傲慢与偏见的说辞触目皆是，就像一位文学学者批评的：

> 言论自由和参政权利是知识分子有关"人性"的合理诉求，而压制个性、为生存权而形成战斗的"集体"更是下层民众争取"人"的尊严的重要条件。……当前研究者很少意识到革命、社会主义文学（新闻亦然——引者注）与（下层）自由的关系，基本上抹杀了它们内含的"人民的政治"。
>
> 社会主义文学在源起上是下层"战斗"的一个部分（"文化战线"），但遗憾的是，启蒙研究者只承认知识分子的"人性"，并以之为"普遍性的法则"，将社会主义文学（报刊）的"集体"叙述裁定为"统治"性的、"非人性"的。②

因此，所谓"去政治化的政治"，表面看是以所谓普遍人性替代阶级性，用技术化掩盖政治化，而要害则在于无视人民及其生产生活实践创造一切历史的主体地位，背离人民共和国这一政治共同体的核心政治价值，包括五十六个民族的人民共同创立新中国、建设社会主义的历史实践，一边神化市场，高扬资本，一边淡化劳动，鄙弃人民。正如林春指出的，"激进改革之后的资本优先劳动、权贵统治民众、富人压制穷人等现象的确从

---

① 《邓小平文选》第三卷，北京：人民出版社 1993 年版，第 382 页。

② 张均：《"十七年"文学报刊研究的方法论反思》，载《文艺研究》2013 第 7 期。

反面演绎着‘人民’地位的失落”[1]。汪晖更是明确指出:“中华民族是以人民为主体的政治共同体,它的制度建设、社会政策和民族政策都必须考虑这一政治共同体的基本原则,即人民主体原则。任何与这一原则相违背的制度安排、社会政策和民族政策都可以被视为‘去政治化的政治’。”[2]

针对日渐汹涌的“去政治化”潮流,世纪之交伴随生态危机、社会危机与精神危机的三重叠加,“再政治化”趋势开始凸显。近年来诸多耸动视听、触发激辩的文化政治话题,不仅无所不在地彰显了“去政治化”与“再政治化”的问题,也印证了赵汀阳提示的世界性现象:

> 许多在当代有着广泛社会影响的理论都是政治意识很强的,例如施密特的敌友理论、柏林和海耶克对积极自由和专制的批评、福柯的知识/权力分析、亨廷顿关于文明冲突、福山关于历史终结、萨伊德关于东方学、列奥·斯特劳斯理解的古今之争、罗尔斯的公正理论、哈贝马斯的交往理论、沃勒斯坦的世界体系理论、哈特和内格瑞的新帝国理论、约瑟夫·奈的软实力理论,等等。尤其从当今世界上最有影响力的那些大众观念或大众话语去看,比如说人权、法治、自由、平等、民主、技术、进步、发展、环境、气候、开放社会、多元社会、文化身份等,加上一些自称处于“边缘”而实际上已经成为另一种强势权力话语的观念,比如女权主义、动物保护、同性恋、小族群等,就更加可以看出,几乎所有问题都已经被政治化了。[3]

至于赵月枝教授分析的“政治经济和媒体精英已经在钳制来自底层社会压力的共同事业中结成了联盟”,更为这一政治化与重新政治化提供了现实媒介样本:

---

① 林春:《马克思主义与中国在世界历史中定位的政治》,载《领导者》2010 年第 8 期(总第 35 期)。

② 汪晖:《东西之间的“西藏问题”(外二篇)》,北京:生活·读书·新知三联书店 2011 年版,第 104 页。

③ 赵汀阳:《每个人的政治》,北京:社会科学文献出版社 2010 年版,第 9—10 页。

国家为了维护官僚集团的自身利益或者迎合内外资本利益和促进出口,可能会限制下层劳工和农民的话语权力,以保持“社会稳定”。……与此同时,在商业逻辑的驱动下,传媒可能因下层劳工与农民这两个社会阶层不是广告商的目标受众而忽略他们的话语表达和社会传播需求。①

面对社会政治与新闻传播的重大变局,新闻学流行叙事不仅缺乏这种政治意识与批判意识,而且在“国际化”大纛下也日渐丧失国际主义的政治视野,往往或不由自主或心甘情愿地被嵌入后冷战的思想硬盘,包括或明或暗的“意识形态终结论”“(政治)历史终结论”。遵循这种思维逻辑,新闻业与新闻学一方面难免六神无主,因为去政治化说到底失去的是一种独立自主的政治意志,就像某位当红电视节目主持人索性将新闻的核心归结为一个所谓“知”字,放弃了中国记者的历史使命感、社会责任感与职业荣誉感;一方面也就自然导向但问专业、不问政治的路径,乃至干脆堕入功利化、庸俗化之途,包括汪晖批评的“政党国家化、政府公司化、媒体政党化、政客媒体化”。针对当下中国媒体缺乏公共性即中国语境的政治性与人民性,他在《大众传媒的公共性与“去政治化的政治”》一文中写道:

绝不是什么声音都能在新闻报道和媒体中出现——什么声音能出现,什么事情不能出现,即使不能简单地归结为阶级问题(我这里指的是古典意义上的阶级概念,即与财产权和门第直接相关的阶级概念),也总是和社会等级、权力关系相关的。因此,一种更具弹性的阶级视野——也许更准确地说是政治视野——能够帮助我们理解媒体背后的支配权力。媒体是各种社会力量斗争的场域,从认识论的角度说,透明性、自由等概念无法概括和分析媒体实践,恰恰相反,只有建立一种政治的视野才能理解媒体实践——无论是媒体的公共

① 〔加〕赵月枝:《传播与社会:政治经济与文化分析》,北京:中国传媒大学出版社2011年版,第36页。

性,还是媒体的遮蔽性。[①]

应该承认,方兴未艾的新闻专业主义固属专业而高明的业务,对提升记者的专业水平和业务能力不无参考与借鉴,但同时也需要清醒地意识到,专业主义原本发端于市场化环境与全球化语境引发的政治价值与媒介生态的变异,如前述人民主体及其价值的日渐漫漶,而其内涵诸如客观、中立、独立、超政治、超党派等,不仅在西方遭遇种种理论与实践的悖论与质疑,更与中国特色社会主义与马克思主义新闻观形成理论与实践的张力。也许正因如此,新世纪以来新闻界的"三贴近""三项学习教育""走转改"等实践活动,无不锲而不舍地重申人民共和国的政治伦理,我是谁、为了谁、依靠谁的追问更是围绕新中国新闻业的核心价值。获得中国新闻奖2012年一等奖的作品《新疆塔县皮里村蹲点日记》的作者何盈,用一句诗意的语言表达了似已遥远的新中国新闻人的心声——"做一个裤腿上永远沾着泥巴的记者"。这一朴素心声既呼应着1942年《解放日报》改版,1948年毛泽东、刘少奇著名新闻谈话以及一代代人民记者"勿忘人民"(穆青语)的新闻理想,也仿佛应和着张承志世纪之交满含深意的呼唤:"旧的时代该结束了,泥巴汗水的学问刚刚登场。我们只是呼唤真知实学,我们只是呼吁,一种不同的知识分子的出现。"[②]

---

① 汪晖:《别求新声:汪晖访谈录》,北京:北京大学出版社2009年版,第346页。

② 张承志:《常识的求知:张承志学术散文集》,北京:生活·读书·新知三联书店2012年版,第7—8页。

六、新闻与宣传

新中国六十余年来的新闻史上,新闻与宣传犹如一对“欢喜冤家”,理论界的笔墨讨论也连绵不断,核心思想无非是说:车走车路,马走马路;或者说上帝的事情归上帝,恺撒的事情归恺撒。而在实际工作中,新闻与宣传从未有也难有真正的分离,这一点仅看新闻媒体一直归属各级宣传部门、新闻工作在正式文献里一直被统称新闻宣传而非学界习用的新闻传播等就可略见一斑。如果说变化的话,那就是新闻与宣传的关系在不同时期时近时远,如同欧美新闻界时隐时现。比照前述政治与业务的关系,在高度政治化的前三十年,新闻与宣传相交甚欢,亲密无间,乃至“文化大革命”时期新闻一度几乎等同于宣传。无怪乎 20 世纪 80 年代的新闻改革以及“新启蒙”,在新闻界就直接体现为去宣传化,回归新闻本位,如种种关于新闻的热议与践行(真实性、短新闻、抓活鱼等),不妨说 20 世纪 90 年代的新闻专业主义也处于这一脉络的延长线上。不过,在回归新闻、突出专业时,引人注目的另一路宣传俨然风生水起,包括全方位解构共产主义信仰、社会主义传统、国际主义精神等,同时乐此不疲地将欧美及其现代性一步步捧上圣坛。在这一趋势下,涌现出一批影响广泛的作品或宣传品,诸如《中国青年》的《人生的路呵,怎么越走越窄……》、《人民日报》的《中国改革的历史方位》、中央电视台的《河殇》以及《人民日报》一度对其非同寻常的宣传报道。2008 年《读书》杂志发表文章《只谈风月,不谈风云?》,围绕电影《色 · 戒》以及媒体大张旗鼓的宣传报道展开论述,更是深刻揭示了这一去政治化的政治及其时代背景:

> 从思想层面来讲,《色 · 戒》巧妙地呼应了当前中国由来已久的主流话语——用个体生命消解宏大叙事,并视之为人的解放。
>
> 这种“只谈风月,不谈风云”的取向,这种“不讲政治的政治”,恐怕已经成了当代中国真正主流的政治。《色 · 戒》不过是个小小的例证。这股潮流的形成,或许在某些具体情境或具体作品中包含着

应对舆论监管的现实策略,但我觉得主要还是与20世纪80年代以来重新解读中国历史(特别是20世纪革命史),以及当前全球化、资本主义化的消费社会有关。

其实,没有人能做到纯粹的"不讲政治",无非是有选择地讲,讲什么,怎么讲,判然有别。所谓"人性",不过是另一种形式的政治和历史批判。在当代中国的文化语境中,它往往指向20世纪乃至近代以来的革命史,通过批判革命的暴力,表达个体的悲剧,来否认革命这个所谓"宏大叙事"的合法性,并为今日形形色色的利益阶层铺路。①

从逻辑上讲,新闻与宣传固然属于不同领域,具有各自的特征与规律,如新闻重事实而宣传重观点、新闻重新异而宣传重反复等。但在现实中,新闻与宣传又如影随形,不离不弃。一方面,新闻具有马克思所说的连植物也具有的内在规律性。按照郑保卫教授的概括,马克思主义经典作家关于新闻基本规律的思想包括:

1. 要根据事实来描写事实,不能根据希望来描写事实。
2. 报纸是社会舆论的纸币,具有流通和中介作用。
3. 报纸是社会的耳目和社会的捍卫者。
4. 报纸是对当权者的孜孜不倦的揭露者。
5. 报纸是人民日常思想和感情的表达者,是人民千呼万应的喉舌。
6. 报纸具有连植物也具有的内在规律性。
7. 报纸作为一个整体处在一种有机的运动过程之中。
8. 出版自由是一种基本的自由,是实现其他自由的保证。②

六十余年来,新中国新闻业积累了如山似海的经验和教训,对此业界学界无论如何见仁见智,都认同一点——新闻规律,即凡是卓有成效事半

① 所思:《只谈风月,不谈风云?》,载《读书》2008年第4期。
② 郑保卫:《马克思主义新闻观的发展与创新》,载《新闻前哨》2002年第1—2期。

功倍的新闻传播大多遵循新闻规律，相反，凡是事与愿违事倍功半的新闻工作则往往背离新闻规律。以改革开放三十多年来的新闻实践为例，在解放思想、实事求是、与时俱进之际，新闻界空前活跃，创造力不断激发，新闻业务能力也同综合国力一样接近或达到国际水平，记者发掘事实的能力、核实细节的工夫、采访报道的技巧、策划选题的意识等，均有显著改观，讲故事的手法更是焕然一新，无论平面媒体还是广播电视媒体都不输世界同行，涌现出一批出类拔萃之作，仅新世纪以来就有不少可圈可点之作，如《人民日报》王慧敏的《热血铸雄关——新疆克孜勒苏柯尔克孜自治州军民戍边纪实》、新华社张严平与田刚的《索玛花儿为什么这样红》、《北京日报》李砚洪的《赤脚医生——20 世纪中国的温暖记忆》、《中国青年报》欧耶的《新教条主义的光荣孤立》、《科学时报》王中宇的《社会系统与生态系统——观察生态问题的另类视角》、中央电视台何盈的《新疆塔县皮里村蹲点日记》……

另一方面，不管认同与否，承认与否，新闻又具有难以规避的宣传意味，可以说宣传是古今中外新闻业的天然属性之一。中国人民大学新闻学院刘海龙教授的博士论文《宣传：观念、话语及其正当化》，对此进行了专题研究与系统论述，其中将 20 世纪中国的新闻宣传及其发生发展概括为两种模式的前后嬗替，即从苏俄模式到美国模式，前者属于“一体化宣传模式”，后者被称为“科学的宣传模式”，包括政府公关、危机管理、新闻发言人等。[1] 仅看社会实践与历史事实，无论以公有制为基础的社会主义新闻业，还是以私有制为基础的资本主义新闻业，社会耗费移山倒海的人力、物力、财力开展新闻传播，发展新闻事业，培养新闻人才，从事新闻研究，从来不是仅仅满足“言论自由”“新闻自由”之类表达欲，也不只是通报信息、提供服务、便利生活那么简单，而是必然地具有弘扬、传播或宣传一整套价值信仰与政治理念的天然功能，包括福柯等思想家大谈特谈的政治规训：

---

① 刘海龙：《宣传：观念、话语及其正当化》，北京：中国大百科全书出版社 2013 年版，第 5 页。

> 话语世界必定是个政治世界。甚至,语言本身就是一种政治,当使用这样而不是那样的语言去命名、定义和描述世界,就同时是在重新安排甚至虚构事物(福柯指出语言安排了事物秩序)……把某种事物定义和描述成这样而不是那样,制造出这样而不是那样的事物,赋予事物这样而不是那样的价值,这是支配心灵的最有力的政治……①

新闻与宣传之所以剪不断,理还乱,山水相望,唇齿相依,始终不肯遵从或就范学界的良苦用心,除了公共性即政治性的缘故,还至少存在思想与行为两方面的内在制约及其相互制约。赵汀阳在《每个人的政治》一书中,论述了基督教文化在精神政治领域的四大发明:心灵管理、宣传、群众和绝对敌人。而所有这些发明,都是为了"再造心灵"。拿基督教最奇妙的发明——宣传来说,基督教之前没有真正的政治宣传而只有煽动,比如古希腊广场上的诡辩、煽情、炒作等动员手段。宣传的发明是由基督教完成的,并涉及四种重要因素:(1) 超现实的美好许诺;(2) 简单而完整的历史观(同时也是世界观);(3) 具有道德优势的形象设计;(4) 话语的无限重复。

不言而喻,肇始于基督教文明的现代化及现代性由于日渐发达的新闻业,又在宣传方面获得广阔天地与用武空间。一战后美国传播研究先驱拉斯韦尔的博士论文《世界大战的宣传技巧》(1927),两次世界大战中配合所谓总体战的大规模宣传战,冷战期间两大阵营的意识形态对峙,乃至21世纪以来美国发起的"软实力""文明的冲突"等,都是现代宣传的突出标志。考稽历史与现实,纵览中国与世界,新闻与宣传始终都是一对矛盾统一体,貌离而神合,异床而同梦。一方面,新闻是对事实的报道,宣传是对观念的传播;而另一方面,现实世界已经找不到离开观念的纯粹事实,当然也不可能有脱离事实的纯粹观念。对此,哲学以及史学等都有丰富的、深入细致的理论阐述。比如,无论东方,还是西方,无不将事实作为

① 赵汀阳:《每个人的政治》,北京:社会科学文献出版社2010年版,第35—36页。

新闻的第一要义，新闻的来源是事实，新闻的生命是事实，没有事实就没有新闻，离开事实就没有新闻，而只有传说、传闻、流言、谣言等。当代中国新闻业，更是奉行“用事实说话”。然而，问题是何谓事实？撇开林林总总的学理定义，至少人们面对的事实并非一种而是两种，一是实际发生的唯一性事件或过程如滑铁卢战役，一是后人对事件与过程的多样性表述。显而易见，唯一性事件与过程即生即灭，即使当事人也不可能将已经发生的事情重演一遍，就像拿破仑不可能再打一次滑铁卢战役，中国人不可能再搞一场“文化大革命”，即使再打再搞也只能是第二次而非已经发生的本原事件。与此同时，同样明显的是各种历史事件与过程也不可能自我呈现，而不得不通过当事人或后来人的表述才能为人所知。于是，所谓事实就不可能是原发意义上的事实，而只能是表述意义上的事实。所以，作为历史初稿的新闻报道，就只能是“讲”故事或讲“故”事。一句话，我们所知所论的事实都是观念形态的东西。当然，观念形态的事实并不能也不应随心所欲，而必须尊重与遵从原生态事实及其逻辑关系。承认且严守这一点就是唯物论，否则就是唯心论；在此基础上将东鳞西爪的事实加以系统的、联系的、全面的观照就是辩证唯物论，否则就是机械唯物论。新闻报道中，对应唯物论的是“现象真实”，对应辩证唯物论的是“本质真实”，而现象真实与本质真实又构成一对理论与实践的命题，有关讨论与激辩同样不绝如缕，见仁见智。对于事实与观念以及相应的新闻与宣传，赵汀阳的概括最直截了当，切中要害：“关于生活的知识，即人文与社会科学，远远不是也做不到客观描述和分析，而必定是包含价值观的解释，可以说，关于生活的知识根本就不是客观知识，而是主观互动知识……因此，关于人的知识不可能是客观的，而必定是博弈性的。”[①]这也是马克思恩格斯《德意志意识形态》等经典著作以及福柯等现代思想家的思路。

具体到新闻实践，新闻可以也应该遵循自身的规律，但又无法规避宣

① 赵汀阳：《每个人的政治》，北京：社会科学文献出版社 2010 年版，第 4 页。

传的命意与旨归。即使“纯粹”的新闻操作与新闻规律,也无不交织着政治与业务、新闻与宣传、话语与规训等关系,无法纯粹地就新闻谈新闻,就事实论事实。如西方学者概括的新闻专业主义十大原则:

1. 新闻工作首先必须做到对真相负责。
2. 新闻工作首先必须忠于公民。
3. 新闻工作的本质是用核实加以约束。
4. 新闻从业人员必须独立于报道对象。
5. 新闻必须成为权力的独立监督者。
6. 新闻必须成为公众批评和妥协的论坛。
7. 新闻必须努力使重要的信息有趣并且和公众息息相关。
8. 新闻应该做到全面均衡。
9. 新闻从业人员有义务根据个人良心行事。
10. 公民对新闻也享有权利和承担义务。①

表面看,这些条条道道无疑均属新闻业务的一般原则或老生常谈,但稍加深究即可发现其中隐含的政治语境与价值取向。比如,拿“真相”来说,先不纠缠学理或哲理,仅看萨达姆有没有“大规模杀伤性武器”,就知道美国媒体的伊拉克报道有多少真相。谁之真相,如何负责?诸如此类“深奥的哲学问题……都可以十分简单地归结为某种经验的事实”②。再如,“忠于公民”固然动听,义正词严,可如果1%的公民贪得无厌,攫取无度,而99%的公民贫困潦倒,每况愈下(1%对99%正是2011年占领华尔街运动的口号),那么新闻又该如何忠于公民呢,是集体失声就像占领华尔街期间的美国媒体吗?可见漂亮的言辞、抽象的原理,一旦落入政治经济的现实语境就“歪七扭八”,甚至成为保守主义的遁词,正如马克思理论揭示的一系列资产阶级法权体系:“赋予自己的思想以普遍性的形式,

① 〔美〕比尔·科瓦齐等:《新闻的十大基本原则》,刘海龙等译,北京:北京大学出版社2011年版。

② 《马克思恩格斯文集》第1卷,北京:人民出版社2009年版,第528页。

把它们描绘成唯一合乎理性的、有普遍意义的思想。”[①]加拿大传播政治经济学者莫斯可，更是结合资本主义新闻生产及其商品化过程具体揭示了这一本质问题：

> 资本主义社会的报纸生产史涉及众多过程，包括商品化——它将新闻报道者变成了一名工资劳动者，靠出售其劳动力或者撰写新闻报道的技能来换取工资。资本将那种劳动力转化为一篇报纸文章或者一个专栏，它们和其他新闻报道与广告一起形成了一个套装产品。它在市场上销售套装的报纸，如果成功的话，赚取利润或者剩余价值，接着又投资以扩展报纸业务或者投资到任何其他有希望增加资本的经营项目。马克思主义政治经济学将此视为剩余价值的实现，因为资本对生产资料的控制（拥有印刷厂和办公室等）使它在利润中赚取的钱比它在工资中付出的更多。
>
> 资本主义社会的大众媒介已经通过制造反映了资本利益的信息等手段，扩展了商品生产的过程。不管这个过程多么迂回曲折、自相矛盾和备受争议，这些信息增加了对于资本全体和资本特定部分的利益的支持（Bettig and Hall，2003；McChesney，2004；Meyer，2006；Murdock and Wasko，2007）。[②]

20世纪90年代以来，伴随着市场经济以及席卷全球的新自由主义潮流，新闻专业主义也渐成中国学界与业界的新潮。这种新潮无论理论还是实践，都不仅仅是“专业”问题、“业务”问题，而是同“公共领域”“公民记者”等热门话题一样体现着鲜明的政治意味与特定的价值取向。拿“公共领域”来说，按照这套理论及其逻辑，报纸、杂志、通讯社、电台、电视台等均属“公共媒介”，既不充任党和人民的耳目喉舌，也不扮演利益集团的专属工具，而应当由一批“公共知识分子”与“公民记者”承担独立

---

① 《马克思恩格斯文集》第1卷，北京：人民出版社2009年版，第552页。

② 〔加〕文森特·莫斯可：《传播政治经济学》，胡春阳等译，上海：上海译文出版社2013年版，第170—172页。

的、不偏不倚的传播使命与社会责任。且不说这种"公媒"或"公知"现实中是否存在,即使业界学界一些人推许的专业主义的"新两报一刊",恰恰彰显着一种旗帜鲜明的政治价值与不遗余力的宣传意味。就像20世纪80年代以来日渐通行的美国实证传播理论,"公共领域"在现实中国语境下也已成为一套典型的不讲政治的政治,避谈宣传的宣传。比如,哈贝马斯论述的资产阶级公共领域本有两层含义:一是反抗上层封建贵族,二是钳制底层民众。就是说,所谓公共领域不仅反对政治权威的干涉,同时也压制下层民众的反抗。而当下流行的公共领域只剩对上的抵制,而略去对下的压制,20世纪90年代末,中国媒体对"入世"大张旗鼓的宣传报道即为一例。在一项研究中,赵月枝教授曾就世纪末的"入世"报道进行了专题研究,并揭示了其中的权力关系与宣传意味:

> 媒介使新自由主义的全球化观念得以张扬,跨国企业享有话语权,新闻报道同时给予美国主导的跨国资本主义以足够的重视。中国媒介不仅依赖美国使馆和美国媒介为其提供WTO协议的内容和对协议的诠释,甚至成为跨国公司及其代言人的宣传工具。与此同时,在我分析的近500篇相关新闻报道和评论中,没有一篇文章有中国工人和农民的声音,就连礼节性的引语也没有。用汪晖的话来说,中国媒介对WTO协议进行了一次漫长而一厢情愿的宣传活动,与美国媒介对这一相同主题的报道相互呼应。①

总之,应既明确肯定新闻活动的自身规律,充分尊重新闻实践的专业操作,同时也不回避宣传的存在,更不否认宣传的意义。因为,一切新闻归根结底都不离宣传,当然并非所有宣传都属新闻。关键在于为何宣传,如何宣传,事实判断与价值判断总是相辅相成,形同一体,正如马克思主义是科学与价值的有机统一。费孝通曾经说过:"自从人类形成群体以来,'美好社会'总是群体生活不可缺少的意念。它是表现为诸如神话、

---

① 〔加〕赵月枝:《中国与全球资本:文化视野中的考量》,载《新闻与传播评论》(2005年卷),武汉:武汉大学出版社2006年版,第140页。

传说、宗教、祖训、哲学和学说等多种形式的价值信念。”[①]而如今，这种对“美好社会”的意念，也更体现于日复一日的新闻报道及其宣传、传播、弘扬的价值之中。与其汲汲于新闻与宣传的分庭抗礼，分道扬镳，不如超越新闻与宣传的现实分野，而瞩目一种更有价值的传播境界，更有意义的美好生活。因为，新闻也好，宣传也罢，都不是社会生活的最高鹄的，美好社会的目标在更高的地方——生活在别处，也就是刘少奇在1948年《对华北记者团的谈话》里指出的：“报纸办得好，就能引导人民向好的方面走，引导人民前进，引导人民团结，引导人民走向真理。如果办得不好，就存在着很大的危险性，会散布落后的错误的东西，而且会导致人民分裂，导致他们互相磨擦。”[②]

① 费孝通：《费孝通谈人生：当文化走向自觉》，北京：生活·读书·新知三联书店2013年版，第203页。

② 《刘少奇选集》上卷，北京：人民出版社1981年版，第396页。

七、内宣与外宣

新中国成立时,内外环境好似冰火两重天。内部一片天下归心的新天地,喜气洋洋的新气象;外部则以丘吉尔在美发表“铁幕演说”为标志,冷战阴云日渐浓重,社会主义与资本主义两大阵营壁垒分明,剑拔弩张。随着占世界人口四分之一的中国人站起来,人类社会正在或即将发生改观,几百年来列强对亚非拉的征服、奴役和殖民的历史已是西风残照,秋风落叶。正如汪晖教授在新作《二十世纪中国历史视野下的抗美援朝战争》中所言:“新中国的建立,世界人民的团结,东方集团的出现,以及在此背景下爆发的民族解放运动,打破了整个近代以来的历史格局。反帝的战争逻辑已经把抗美援朝战争与此后亚洲、拉丁美洲、非洲反对殖民主义和帝国主义霸权的解殖民运动联系起来了。这是前所未有的政治主体的出现才能造成的格局。”①中国人民志愿军司令员彭德怀的话更是掷地有声:“西方侵略者几百年来只要在东方一个海岸上架起几尊大炮就可以霸占一个国家的时代一去不复返了;一个觉醒了的,敢于为祖国光荣、独立和安全而奋起战斗的民族是不可战胜的。”②

鉴于新中国成立后面临的内外环境,新闻传播自然形成两种既有联系,又有区别的领域,即通常所说的内宣与外宣。顾名思义,内宣是指对国内的新闻宣传活动,而外宣是指对境外的新闻宣传活动;前者的主体是中国人民,后者的主体是世界人民,包括亚非拉地区、欧美国家以及海外各地的侨胞同胞等。于是,“内外有别”从此成为主导新中国新闻业的核心理念之一,日积月累渗入新闻人的自觉意识与潜意识。新华通讯社与中国新闻社、《人民日报》与《人民日报》海外版、中央人民广播电台与中国国际广播电台以及各地各部门的宣传部与外宣办等,都一目了然地标

① 汪晖:《二十世纪中国历史视野下的抗美援朝战争》,载《文化纵横》2013 年第 6 期。

② 彭德怀:《关于中国人民志愿军抗美援朝工作报告》(1953 年 9 月 12 日),见《彭德怀军事文选》,北京:中央文献出版社 1988 年版,第 440—462 页。

明这一内外有别的分野。

进而言之,内外有别的内宣外宣不仅源于新中国的现实环境,而且来自数千年中华文明的悠远传统。九天阊阖开宫殿,万国衣冠拜冕旒。中华文明自古尊奉和而不同的"天下"理念,谐和万邦始终是中国人的大同理想,修身、齐家、治国、平天下的自我期许,"溥天之下、莫非王土,率土之滨、莫非王臣"的大一统体系,均为这一境界的体现。天下理念施于治国理政,则有王绍光教授所论三个层次的"政道"——本体意义的天道、伦理意义的仁道与行政意义的治道[1];形于精神文化,则有不拘一格、因地制宜等传播思想与模式,"一种话,千种说""见什么人,说什么话"之类的习俗背后,何尝不是对他人设身处地的理解与发自内心的尊重呢?由此说来,内宣外宣以及内外有别、外外有别等不仅契合着实事求是的精神传统,也彰显着中华文明海纳百川的胸襟气度。

1954年,中华人民共和国代表首次参加日内瓦会议,参与磋商朝鲜问题和印度支那问题。在这次有名的国际会议上,熊向晖奉派担任新闻联络官,负责中国代表团新闻办公室的工作。会议期间,针对外国记者希望了解新中国人民生活的情况,代表团团长周恩来指示举行一场电影招待会,放映纪录片《1952年国庆节》。事后周总理听取汇报,问有没有批评意见。熊向晖答道,有个美国记者认为,这部影片说明中国在搞军国主义,因为其中有阅兵镜头。总理说,即使是个别人的看法,也值得注意,再给他们放一部《梁祝哀史》——根据越剧《梁山伯与祝英台》拍摄的彩色戏曲片。为了取得更好的效果,他们先在旅馆试映,一些瑞士人闻讯而来,但开映不久就一个个走掉了。其实,熊向晖不看字幕也听不懂,让外宾看更是"对牛弹琴"。但为了完成总理交代的工作,他们还是尽力而为,洋洋洒洒写了十几页剧情说明。不料,总理批评他们搞"党八股":十几页说明书谁看,我是记者就不看。然后,总理说:只要在请柬上写一句"请你欣赏一部彩色歌剧电影——中国的《罗密欧与朱丽叶》",放映前用

---

① 王绍光主编:《理想政治秩序:中西古今的探求》,北京:生活·读书·新知三联书店2012年版,"序",第10—20页。

三分钟概括一下剧情,用词有点诗意,带些悲剧气氛,保证不会失败。总理还和熊向晖打赌,失败了,送你一瓶茅台酒,我出钱。果然,按照熊向晖的记述:

> 放映过程中,和上次不同,全场肃静。我举目四顾,都在聚精会神地观看。演到"哭坟""化蝶",我听到啜泣声。放映结束,电灯复明,观众还如醉如痴地坐着,沉默了大约一分钟,才突然爆发出热烈的掌声。他们久久不肯离去,纷纷发表观感。普遍认为:太美了,比莎士比亚的《罗密欧与朱丽叶》更感人。
>
> 我向总理汇报演出获得的巨大成功时,谈了自己的感受。我说:这使我进一步懂得对外宣传的重要。总理说:问题在于宣传什么,怎么宣传。——他告诉服务员,给我一瓶茅台酒,记他的账。[①]

内宣外宣、内外有别的新闻传播态势,不仅受制于新中国社会政治的现实格局以及源远流长的文明传统,更与"中国革命与中国共产党"的新闻宣传及其历史流变息息相关。比如,新中国成立后,解放区与国统区的两支新闻队伍会师,前者带着来自乡野的"土气"而后者显出源于都市的"洋气",由于不同的教育背景、工作环境、成长阅历以及个性差异等,他们在内宣外宣的分工上自然有所侧重,同时不免发生一些龃龉、摩擦或矛盾冲突。"新四军的系统的文人就与延安文人不同"[②],甘惜分与王中的新闻论争以及同时期思想文化界的类似情形也大抵与此相关。就是说,外宣内宣的分殊同革命报业的历史传统同样息息相关。中国社会科学院研究员李洁非考察新中国文坛与文人时就发现:

> 新中国成立前,从中共领导下的红色文艺角度来说,客观上存在两大板块,即"国统区文艺"和"解放区文艺"。这两个板块,虽然政治背景相同,可是由于环境和文化的差异,具体的创作实践乃至思想

---

① 熊向晖:《我的情报与外交生涯》(增订新版),北京:中共党史出版社2006年版,第113—116页。

② 张均:《"十七年"文学报刊研究的方法论反思》,载《文艺研究》2013年第7期。

> 观念，并不一致一律。毋如说，存在明显分野。胡风文艺思想与延安之间的不协和，即为典型一例。胡风在坚持自己的思想时，经常谈到的理由就是在“国统区”环境不一样，服务对象也不一样。这种差异，在“延安文艺座谈会”后，拉得更大。延安文艺家经历的“改造”，在“国统区”无法进行。等到中共取得全国统治权时，它的文艺队伍也就分成两个明显的部分。所以，一九四九年七月第一次文代会上，对于党领导下的文艺工作，不得不由两个单独的报告进行表述。周扬作了关于“解放区文艺”的报告，茅盾作了关于“国统区文艺”的报告。而新中国成立后不久，很快就开始了以毛泽东为最高权威的延安传统对“国统区”文艺知识分子的“改造运动”，以结束第一次文代会出现周扬和茅盾的两个报告的尴尬局面。[①]

无独有偶，清华大学新闻与传播学院博士姚遥的学位论文也发现类似现象，新中国初期外宣口骨干大多来自国统区，同来自解放区的新闻工作者在专业理念与行为方式上存在微妙差异。诸如此类习焉不察的因素，都不免影响和制约内宣与外宣的风格。当然，不同风格主要还取决于不同的传播对象与传播功能，同时应和着新中国及其新闻业诸多关系的辩证运动与综合作用。这一格局以 20 世纪 80 年代为界，形成两个不尽相同的历史时段，前一时段内宣外宣壁垒森严，界限分明，后一时段内外有别的畛域逐渐模糊，特别是随着改革开放全面展开以及网络新媒体的兴起，内宣外宣甚至一度貌似有合流之势。不过，总体上内宣外宣依然划江而治，各领风骚，就像南北差异虽然随着经济文化的交融不断而淡化，但北方人与南方人还是一望而知。其间，内外环境尽管发生变化，新闻领域也出现一系列相应调整，包括内宣外宣互相融通，但历史传统与现实状况还是难免画出一条“内外有别”的楚河汉界，如宣传部与外宣办不尽相同的职能。说到底，内宣外宣的区分非传播主体及其意愿，而在不同的传播对象及其需求。虽说同一个世界、同一个梦想令人神往，可现实世界毕

① 李洁非：《典型文案》，北京：人民文学出版社 2010 年版，第 298—299 页。

竟千差万别，中外以及外外读者、听众与观众在社会政治、生活习俗、文化观念上更是迥异其趣，对拉斯维加斯的赌徒讲中国的脱贫故事，就像对帕米尔高原的牧民讲纽约的灯红酒绿，都同样圆凿方枘，格格不入。其实，即便被一些人奉为圭臬的美国新闻也从来没有内外无别，如美国媒体的国际新闻并不为普通人所关注——而这也是美国新闻业与新闻学一向头疼的问题，而美国老百姓在意的家长里短同样不是世界上什么人都乐意操心的。因此，外宣内宣迄今还不可能也没必要完全打通，不可能更无必要事事混为一谈。与其汲汲于泯灭内宣外宣的界限，不如一方面专心致志地推进国内新闻工作，同时借鉴世界各国包括美国的有益经验；一方面集中精力开展外宣或对外传播，不仅注重内外有别，而且考虑外外有别，从而使内宣外宣各司其职，相得益彰，各尽所能，相映成趣。

如同新中国内宣领域已经堆积了丰厚遗产，尚待更多有识之士、有为之人从中开辟历史与逻辑、理论与实践有机统一的学术研究，外宣方面也积累了值得检视的宝贵库藏，同样需要后人认真清理、整理，从中提炼既切中实际又符合规律的、有益于对外传播与国际传播的科学理论。别的且不论，外宣领域同样也是名家辈出，爱泼斯坦、熊向晖、乔冠华、刘尊棋、段连城、赵启正等，均为中外交流做出突出贡献，在中国与世界之间搭起一座座精神交往的桥梁，在新中国外宣史上刻下一道道鲜明的烙印。拿已故外宣专家、国家外文局局长段连城来说，他在 20 世纪 80 年代为北京大学国际交流专业研究生开设课程的基础上，撰写的《对外传播学初探》不仅开外宣研究之先河，而且理论上启人心智，实践上切实可行。举例来说，当下国家形象、文化软实力等话题如火如荼，而二十多年前段连城就提出了塑造国家形象的两个要点：

> **首先，树立的形象必须真实。**对外宣传无非是为国家画像，美丑根本上取决于国家本身。我们当然应该善于发掘和表现本质上的美，但不能夸张和“创作”。
>
> **其次，树立的形象必须独特。**由于我们在改革中吸收西方的各种长处（这是必要的），宣传上曾有过一些对西方过分“认同”的现

象。有些西方朋友说:“如果你们总是讲些同西方社会一样的事,你们就失去了吸引力。”……我国形象的独特之处,就在于它一是社会主义,二是具有中国特色的社会主义,它正在建设一个新的世界,培育着一代新人。①

这两点看似寻常,却构成新闻传播包括对外传播的支点与命脉。如果说第一点“真实”是古今中外一切新闻传播的基石,用唐代史学家刘知几的话说“不虚美,不掩恶”,那么第二点蕴含的社会主义价值则属于外宣的灵魂。实际上,一切传播都是科学与价值的统一,如同信达雅、真善美的统一。秉承马克思主义科学精神与价值谱系的新中国新闻业包括内宣外宣,一方面注重“根据事实来描写事实”(马克思)、“请看事实”(毛泽东)、“拿事实来”(邓小平),一方面则俯首甘为孺子牛地始终高扬“为人民服务、为社会主义服务”的旗帜。新中国的外宣之所以曾经发生世界性反响,与和平共处五项原则的外交一道赢得“我们的朋友遍天下”的全新局面,就在于既遵循实事求是的原则,又蕴含这一社会主义的价值,即祝东力教授所说的“中国革命反抗一切剥削和奴役的理想包含了人类的普适价值”:

20 世纪 50 至 70 年代,中国一直处于以美国为首的西方阵营的战略包围当中。但是,当时中国的核心价值观和意识形态却在不少亚非拉国家产生了很大影响,这种影响到六七十年代达到高峰,甚至波及西方国家。后来在八九十年代的中国思想界成为偶像的萨特、德里达、克里斯蒂娃等闻名世界的巴黎思想家,当时都在读北京外文出版社出版的《毛泽东选集》。同样,中国当时的政治思潮也影响了美欧日青年学生群体的反资本、反官僚、反体制的无政府主义立场,所以曾经风靡一时。今天,无论怎样评价这段历史的是非功过,但当时中国在核心价值观和思想观念方面处于“出超”的地位,应该是一个基本事实。②

---

① 段连城:《对外传播学初探》(增订版),北京:五洲传播出版社 2004 年版,第 69 页。

② 转引自玛雅:《战略高度:中国思想界访谈录》,北京:生活·读书·新知三联书店 2008 年版,第 342、348 页。

如今,外宣或对外传播得到各方面的高度重视,经费投入与人才培养尤为突出,中国人民大学新闻学院、清华大学新闻与传播学院和中国传媒大学新闻学院三校承办的国际新闻传播硕士专业即为一例。不过,相较"硬件"水平的大幅度提升,"软件"的薄弱形成反差,特别是技术化或去政治化倾向尤为突出,从上到下似乎觉得,外宣成效更多取决于新闻发言人的一招一式、大力扩充国际化媒体及其人员设备、加速书报期刊的市场覆盖等。这些技术化事项无疑都是必要的,也大多符合传播或宣传规律,但不能忽略更必要,也更核心的精神价值——世界观、历史观、人生观。因为,一切传播的内核均在价值,看看好莱坞大片如何无所不在地隐含"美国梦",点点滴滴彰显其意识形态与价值体系就清楚了。无怪乎,好莱坞又称美国的宣传部。2013 年研究生答辩时节,一位来自中央外宣媒体的在职研究生在解释外宣投入巨大而结果不甚理想的原因时,竟然答以"我们是共产党国家,共产主义意识形态制约外宣效果"云云,一时令人瞠目。殊不知,这种价值混乱与价值虚无却正是问题关键之所在,而共产主义既为古往今来一切先知共同祈盼的理想,用韦君宜的话说,"世界一切美好的东西都包含在共产主义里面了,包括自由与民主",也属于段连城所言外宣或对外传播的价值所在、命脉所系。怎能一提共产主义,就兀自矮人三分?内心不自信,怎么让人信?而没有高远的、超越现实功利的精神价值,外宣或对外传播岂不沦为巧言令色或婆婆妈妈,又如何赢得天下归心?所谓"软实力",其实一刻也离不开硬内核——精神价值。提出"软实力"理论的哈佛大学教授约瑟夫·奈,2013 年在北京的一次论坛上就强调,软实力取决于三个重要资源,而首屈一指的是政治价值。[①] 一旦熔铸令人向往的精神价值或政治价值,那么即便传播技巧糙一些,纵然宣传方式拙一点,美丽中国也能不胫而走,风行八方。当年外交部副部长乔冠华第一次登上联合国讲台,代表新中国发表激荡人心的演讲——"国

① 〔美〕约瑟夫·奈:《信息时代:比谁讲的故事更动听》,曹磊整理,载《环球时报》2013 年 12 月 19 日。

家要独立,民族要解放,人民要革命",既道出了一个时代的人类心声,也成为新中国主导世界话语权的一个里程碑。相反,如果缺乏精神价值或政治价值,那么就像一个人打不起精神,软实力便真的成为软塌塌的东西,哪怕花里胡哨,貌似眼花缭乱,也终究难有深入人心的传播效果,2011年纽约时报广场播放的"成功人士"中国形象片就是一例。现在,外宣内宣都意识到"讲故事"的作用,都强调讲好中国故事的意义,而且讲故事的技巧也越来越高明,可什么是中国故事及其要义却似乎语焉不详。如果以为故事只是新奇性、趣味性、生动性等,那么这样的故事讲得再多再好也难得要领,更不用说打动人心,天下归心,因为其中没有魂儿。那么什么是魂儿?魂儿就是精神价值,或者说中国人对人生、对社会、对世界的基本信念,即青年学者李云雷所言:

> "五四"时期,即使讲述个人故事其实也是在感时忧国,比如郁达夫的《沉沦》,主人公自杀之前还问祖国为什么不强起来,郭沫若的《女神》,更是以个人的激情在呼唤祖国的"凤凰涅槃";而在上世纪50到70年代,即使讲述一个村子的故事,其实也是在讲述中国的故事,比如《创业史》中蛤蟆滩的故事、《艳阳天》中芳草地的故事,都有一种整体性的宏阔视野。讲述中国故事这一视野的消失可以说是80年代末90年代初的事情,而其消失的原因一则在于"宏大叙述"的消解,个人故事的盛行,二则在于中国视野的消失,以西方文学为规范。在这个意义上说,我们今天重提"中国故事",也是重建一种新的历史与理论视野。①

2013年岁末,针对曼德拉逝世的大规模新闻报道或新闻宣传,清华大学新闻与传播学院王维佳副教授禁不住写下一篇文章,特别谈及中国媒体越来越会讲故事,遗憾的是其中恰恰缺乏"一种新的历史与理论视野":

---

① 李云雷:《何谓"中国故事"》,载《人民日报》2014年1月24日。

媒体动辄长达半个多小时的电视新闻和占据数个版面的成千上万的报道文字,并没有透过曼德拉这个个人看到真正的历史过程,而是用尽全力、不厌其烦地去塑造一个“全球公民典范”,一个似乎是凭借着强大的道德感召力就能够促成世界和平的个人英雄。可以说,这样的舆论效应,正是欧美国家大力抬举曼德拉想要达到的目的。曼德拉的成就与“和解政治”的达成掩盖了二战后民族独立、人民解放这一实质政治进程已经中断(或者说失败)的事实。退一步说,即使我们真的将“和解政治”当作一场伟大胜利,中国共产党曾经的国际支援行动也是在其中发挥了至关重要作用的,而在中国的媒体报道中,我们完全看不到这个起码的“国家立场”。在所有的报道中,曼德拉的革命生涯基本上孤立于那个特定的历史背景,也孤立于所有国际力量,这样的报道不是真实客观的,它基本上等于是一场政治宣传。在曼德拉逝世的节点上,中国的媒体积极主动地参与了欧美主流新闻媒体所主导的一场声势浩大的全球政治宣传。[①]

① 王维佳:《中国媒体曼德拉逝世报道的问题》,载《青年记者》2014 年第 1 期。

八、中央与地方

中央与地方的关系是毛泽东《论十大关系》第五节论述的问题,也是纵贯其一生的关切,甚至涉及革命年代的农村包围城市、井冈山红色政权为什么能够存在等战略思考。1970 年,他在长沙听取湖南省工作汇报时说道:“一个省有几千万人口,等于欧洲一个国家,没有一点自治权力那还行呀!……北京统得太厉害了,我讲了多少年了,要给省供给材料,提出任务,超额一定要给地方分成。托拉斯搞掉,不要那个东西。”[1]在 2004 年第 2 期《中国社会科学》杂志上,朱苏力教授曾经刊发专论《当代中国的中央与地方分权——重读毛泽东〈论十大关系〉第五节》,专门从中央与地方的关系角度分析了新中国政制问题如纵向分权。至于哈佛大学汉学家孔飞力教授的著名专论《中国现代国家的起源》(*Origins of the Modern Chinese State*),更是围绕中央与地方在财税等问题上的持续矛盾与顽症而展开的:“尽管中国革命带来了很多变化,但就革命所要解决的根本性问题而言,它却在某些方面仍然反映了帝制晚期和民国时期的一些基本考虑。”[2]

中央与地方的关系不仅深刻制约着新中国的战略与路径,包括 1994 年分税制改革、2013 年启动上海自贸区等,而且也在广泛而基础的层面决定着新闻业的布局与功能。对此,新闻传播学虽然有所关注、有所论及,但总体上还比较欠缺,认识也远远不足,与社会学、经济学、政治学、人类学、文学、法学等学科相比还颇有距离。比如,一个基本事实是,新中国历史包罗万象,牵连广泛,随便列举一下就不难想象其范围与程度的纷繁复杂:制度建设、法制建设、边疆建设、基层组织、工业农业、交通能源、基

---

① 中共中央文献研究室编:《毛泽东年谱(一九四九——一九七六)》第六卷,北京:中央文献出版社 2013 年版,第 292 页。

② 〔美〕孔飞力:《中国现代国家的起源》,陈兼等译,北京:生活 · 读书 · 新知三联书店 2013 年版,第 84 页。

础设施、文化教育、科学技术、体育健身、医疗卫生、外交、军事、国防、民族区域自治、资源利用与环境保护……而面对如此宏阔而错综、壮伟而奇崛、艰辛而曲折的社会历史实践，新闻学新潮却倾向于一种单一化思路，将鲜活丰满的新中国及其新闻史习惯性地缩写为共和国与士大夫的“爱恨情仇”，仿佛新中国新闻业仅仅是或主要是一部智识阶层的“新闻自由史”“文人论政史”，甚至“个人苦难史”。中山大学青年学者张均的反思，同样值得新闻学深思：

> 中国当代史(社会主义)主要不是在政权与知识分子的关系上展开的，但学界却以知识阶层特定的历史经验与现实认知作为依据，“构造”了中国当代史。但对此高度复杂的历史，启蒙主义只愿以知识阶层在新社会的“贱民”经历作为历史讲述的唯一标准，而对新政权在完整工业体系建设、农田水利建设、全民普及教育、农村医疗等方面的切实功绩缺乏“敏感”。这种“幸存者”记忆和认同使有着“多重面孔”的社会主义政治被“改装”为单一的管制机器。①

这一“单一的管制机器”思路，在当代新闻学界屡见不鲜，从前三十年的“控诉”到后三十年的“威权”，无不隐含着这种单一的趋向与逼仄的思路。究其原因，对中央与地方以及相应的沿海与内地、汉族与少数民族等关系缺乏敏感，恐怕是一个关键的认识根源与思想盲区。具体说来，一方面，新闻学界更多关注自身的“利弊得失”与“主体地位”，相对缺乏一种开阔的社会政治视野与历史文化情怀，于是想问题、做文章不免缺乏中央与地方以及相应的沿海与内地、汉族与少数民族等复杂维度；另一方面，即使留意这些关系维度，也往往着眼于前者而非后者，也就是说更多关注中央、东部、都市等，而对面积与人口均占绝大多数的基层、边疆、少数民族等缺乏体认。简言之，当代新闻学对一代报人范敬宜念兹在兹的“九百六十万平方公里”往往缺乏真切的关怀，心胸与视野都未免拘泥于地图上的巴掌大地盘。于是，新中国新闻史几乎成为一部中央媒体史、东

---

① 张均：《“十七年”文学报刊研究的方法论反思》，载《文艺研究》2013 年第 7 期。

部新闻史、汉族新闻史等；同时，即使在中央、东部、汉族等维度上也更多留意当年或当下的精英人士与成功人士，而对远为广泛的人民群众包括普通记者及其日常生活麻木不仁，面对异常丰富、无比广阔的社会领域，常常不自觉地陷入某种自以为是的刻板印象。所以，当代新闻学若让思想冲破牢笼，摆脱几近僵化教条的思路，就不得不对新中国政制的重大问题进行观照、研究与审视。

甘阳2005年在清华大学的演讲《新时代的“通三统”》里，提及两位美国学者的研究与观点，对理解此类问题提供了旁观者思路。曾任克林顿政府负责远东事务的助理国务卿谢淑丽（Susan Shirk），从1980年到1990年每年都到中国实地考察，在此基础上于1993年出版了《中国经济改革的政治逻辑》（*The Political Logic of Economic Reform in China*）。在她看来，中国改革和苏联改革的根本不同，就在于中国的改革是在毛泽东奠定的“分权化”（decentralization）轨道上进行的，毛泽东的“大跃进”和“文化大革命”等使得中央计划经济从来没有真正建立起来，他以熊彼特所谓“破坏性创造”，不断破坏中国建立中央计划经济的努力，使得中国其实在改革前从来不是一个苏联意义上的中央计划经济体制。毛泽东1959年在杭州读苏联《政治经济学教科书》时说道：“一切企业专门由条条来管，会产生很大的片面性。我们现在中央直属的企业只占百分之二十，其他的都归各级地方管，就避免了这种片面性。”[①]与之相似，美国学者弗朗茨·舒曼（Franz Schurmann）1966年出版《共产主义中国的意识形态与组织》（*Ideology and Organization in Communist China*），对中国与苏联体制进行了类似的比较与分析。舒曼认为，从“大跃进”开始，中国的工业化和现代化道路就开始摆脱苏联模式，重新回到毛泽东和中共自己的“延安道路”，即毛泽东一贯倡导的发动群众、发动地方的道路。中共中央1981年通过的《关于建国以来党的若干历史问题的决议》，也将毛泽东思想活的灵魂概括为三个关键词，即实事求是、独立自主、群众路线。十八大之后

① 中共中央文献研究室编：《毛泽东年谱（一九四九——一九七六）》第四卷，北京：中央文献出版社2013年版，第285页。

广泛开展的“群众路线教育实践活动”，再次表明地方、基层、群众的政治学意义：

> 毛泽东认为，离开了基层的落实、群众的实践，离开了千百万人的创造性劳动，离开了“千千万万的臭皮匠”，仅靠“专家”的“顶层设计”，任何工作都不能有效推动，科学技术也不能真正发展。中国的先贤王阳明说“满街都是圣人”，毛泽东则说“六亿神州尽舜尧”，所谓“全心全意依靠群众”，乃是因为一切“先进性”离开了群众的实践都属于画饼，都属于空谈，甚至会适得其反，成为奴役群众的枷锁。[①]

毛泽东时代的一个特点是很多最重要的中央会议都在地方举行，如郑州会议、南宁会议、杭州会议、武昌会议，等等。与此相应，毛泽东时代的中共领导层结构也与苏联东欧共产党的结构非常不同，其中省地干部占了最大比例。托克维尔在其名著《论美国的民主》中比较法美两国政治后指出，人们认为美国政治和法国政治的差别在于美国是分权的，而法国是集权的，从而混淆了两种根本不同的集权和分权。为此，他提出了“政治集权”和“行政集权”，以及相应的“政治分权”与“行政分权”。在他看来，任何时代国家若想繁荣昌盛就必须有“政治集权”，而英国和美国恰恰是“政治集权”的典型，也就是说英国和美国能够形成统一的政治意志。而法国则是“政治分权”的典型，总是被内部分歧撕裂而难以形成统一的政治意志。同时，法国又是“行政集权”的典型，一切具体管理事务都集中在中央政府的官僚机构，而美国则是“行政分权”的典型，各种具体事务的管理特别是地方的发展均由地方政府管辖。

中央与地方的盘根错节的关系既体现着新中国政制架构的复杂特征，又为思考与探究新闻业提供了必不可少的重要面向。比如，赵月枝教授提到的一例：

> 在媒体、电信以及文化领域，中国政府已启动不同项目为农村人

---

① 韩毓海：《马克思的事业：从布鲁塞尔到北京》，北京：中国人民大学出版社 2012 年版，第 282 页。

群提供更好的服务。在“建设社会主义新农村”的号召之下，中国的电信部门并没有采取新自由主义“普及服务基金”机制，而是采用毛泽东时代的运动策略，去解决中国最边远的农村地区的通信问题。①

依据中央与地方的视角，中央媒体以及中央精神自然占据主导地位，一言九鼎，威重如山，就像当年的“两报一刊”（《人民日报》、《红旗》杂志与《解放军报》）社论，中央人民广播电台“各地人民广播电台联播节目”，以及今天中央电视台的《新闻联播》等。同时，即使在高度“一元化”或“政治化”的年代，新闻业也不是铁板一块，密不透风。1967 年 6 月 6 日，毛泽东在人民大会堂会见外宾时就提到当时纷纷扰扰的报刊：“这些报纸何止几百种，我就收到两百多种，看不完。”②这同英国传播学者的看法倒是遥相呼应：“没有一个机制只表达一种意识形态。没有一个媒体机构能做到这一点。事实上，如果我们仔细研究全世界大众传媒的内容，会发现多元和矛盾的话语是其中最基本的主题。”③虽说新中国新闻业在“党和人民”耳目喉舌等政治方向上一以贯之，在报刊、广播、电视、网络等新闻报道中保持一律，但不同地区、不同层级则一直存在因地制宜的表现形态，包括具体内容、传播方式、报道风格等，从而形成千差万别的地域色彩。也许，正是基于这种若隐若现的实际情况，新闻理论家甘惜分先生提出有名的“多声一向论”——多种声音，一个方向。

在社会主义体制与政制下，无论是“人民文学”，如工农兵创作组、户县农民画、小靳庄诗歌等，还是“人民新闻”，如工农兵通讯员、群众办报等，归根结底都承担着人民当家做主的政治使命，体现着国内外学界日益聚焦的文化政治与文化领导权，复旦大学中文系副教授倪伟对户县农民画的再解读令人深长思之：

---

① 〔加〕赵月枝：《全球化背景下的传媒与阶级政治》，载《文化纵横》2012 年第 3 期。

② 中共中央文献研究室编：《毛泽东年谱（一九四九—一九七六）》第六卷，北京：中央文献出版社 2013 年版，第 92 页。

③ 〔英〕利萨·泰勒等：《媒介研究：文本、机构与受众》，吴靖等译，北京：北京大学出版社 2005 年版，第 87 页。

在户县农民画的历史中有不少值得总结的经验，其中尤其值得肯定的一点是它让艺术走进了普通劳动者的生活。艺术不再是少数文化人的专利，也不再笼罩着"天才论"的神秘色彩。……由此而发现了自己的创造潜能，认识到他们作为一个已经站立起来的阶级，是有能力创造文化的，也有能力创造自身乃至整个社会、国家的崭新历史。正是艺术唤醒了他们的主体意识，并帮助他们树立了创造历史的自信心。①

而在新中国六十年新闻史特别是"全党办报、群众办报"的实践中，何尝不蕴含着同样的时代命题，体现着类似"再造国民"的文化政治，而广大工农兵通讯员以及千千万万普通读者对新闻的热情与关注、投入与实践，同专业主义的"精英办报"又是何等风马牛不相及。另外，如果视野限于中央的统一意志而忽略地方的众声喧哗，思路自然偏于控制管制，并且难免以智识精英的个体或群体经验作为人民共和国新闻传播的普适叙事，就像程光炜对20世纪80年代新启蒙的批评："以历史的'压迫'为背景，以重新肯定知识分子的价值观为主轴，在'重叙'历史的过程中，同时也影响、干扰了历史本身丰富性的呈现和展开。"②一位内地与一位边疆的作家相似的"文化大革命"媒体印象，多少也能提示新闻学开启对更为广阔的领域的好奇心、想象力与批判性，前者是韩少功描绘湖南农村电视传播的情节，后者是王蒙追忆自家看电视的故事：

电视早在一九五八年就成为传说，据说能录制和转播一点戏曲，昂贵得只能让红墙内的大人物们偶尔看个新鲜，与老百姓自然没有什么关系。到70年代初，事情有了变化，中央电视台和连接全国的微波干线已经陆续建立，国产的黑白电视机已经批量生产，一九七三

① 倪伟：《社会主义文化的视觉再现——"户县农民画"再释读》，见罗小茗编：《制造"国民"：1950—1970年代的日常生活与文艺实践》，上海：上海书店出版社2011年版，第264—265页。

② 程光炜：《文学讲稿："八十年代"作为方法》，北京：北京大学出版社2009年版，第187—188页。

年秋太平墟也有了第一台黑白电视机，是行政配给公社机关以便“宣传毛泽东思想”的。我记得那一台电视机曾让乡村青年十分好奇，每天天黑以后就被抬到地坪当中被人山人海围着观看，于是所有的节目都弥漫着成分复杂的汗臭。虽然信号质量很差常常出现满屏的雪花飘飘，但这个“洋片匣子”每天晚上仍然被大家一直看到两只肥鹅出现并伴以“再见”二字才罢休。①

一九七五年，我更勇敢地在乌市（乌鲁木齐市——引者注）大十字——当时叫作红卫路的电器商店买了一台十四英寸的黑白电视接收机。这在芳的校园中，是第一台电视机。我们得以在电视屏幕上欣赏《春苗》《红雨》《决裂》《寂静的矿山》与老电影：《地雷战》《地道战》《南征北战》和《小兵张嘎》……

许多个晚上，我坐在廉价购得的一个竹片躺椅上，占据着最佳位置，周围是家属和邻居的孩子。后来芳不止一次开我的玩笑说我看电视座位太自我中心，太妄自尊大。②

另外，也正因为引入中央与地方的思考维度，才更有可能切近当下纷纷攘攘的媒体乱象，透视一边是“中央”三令五申的“马克思主义新闻观”，一边是“地方”频发的虚假新闻、纸包子事件、陈永洲事件等。

① 韩少功：《暗示》，北京：人民文学出版社 2008 年版，第 189—190 页。
② 王蒙：《王蒙自传·半生多事》，广州：花城出版社 2006 年版，第 354 页。

九、内地与边疆

五代十国的后唐晚期，朝政混乱，卖官鬻爵，方镇、刺史想得“肥缺”，便竞相行贿当朝宰辅，于是，“赂厚者先，得内地；赂薄者晚，得边陲”（《资治通鉴》卷二百七十九）。秦汉以降，中国在先秦千百年“合纵连横”基础上终成大一统的共同体，与此同时形成一种中心与边陲的有机关联，其中又包括两个相关维度：一是纵向的中央与地方，“天高皇帝远”“居庙堂之高，处江湖之远”“人生在世不称意，明朝散发弄扁舟”，堪称这种社会结构的心理映照；一是横向的内地与边疆，“秦时明月汉时关”“华夷之辨”“大聚居、小杂居”，无不体现“多元一体”的社会格局。不妨说古代中国在思想文化上更多灌注了“兼容并包”的精神，在现实政治上更多奉行着“一国多制”的传统。前者的范例包括三教九流各行其是，各祖各宗并行不悖，后者的典型莫过于清代的国家治理与政治模式：

> 中华帝国兴起于秦汉，繁盛于唐宋，发达于元明清。尤其大清帝国运用一套成熟的、灵活弹性的政教制度，将中华帝国治理边疆的宪政体制发展到极致，有效解决了唐宋以来一直没有彻底解决的边疆问题。这套政制的核心就在于在捍卫帝国主权的中央集权制度下，采取因地制宜的个别统治的政策：“以八旗制度统治满洲，以盟旗制度辖蒙族，以行省制度治汉人，以伯克制度治回疆，以政教制度驭藏番，以土司制度或部落制度辖西南苗夷，以及以宗主制度对番邦。”……制度井然，治绩可观，“边疆三万里，相安两百年，为历代所不及”。①

可想而知，在这套政制架构的背后，乃是对不同文化传统与生活方式发自内心的尊重。中国共产党与人民共和国不仅承袭了这一兼容并包的

① 强世功：《中国香港：政治与文化的视野》，北京：生活·读书·新知三联书店2010年版，第162页。

文明传统，而且在社会主义平等政治、共产主义理想、马克思“自由人共同体”的基础上发扬光大，使中心与边陲呈现前所未有的新气象。毛泽东1950年国庆夜赋诗，“一唱雄鸡天下白，万方乐奏有于阗，诗人兴会更无前”，就是对这一新时代新气象的生动写照。1956年，他在《论十大关系》中系统阐述的中央与地方、沿海与内地、汉族与少数民族等关系，更为此提供了战略性思路。如果说古代“中国政治中怎么对待鳏寡孤独，就会怎么照顾最少数民族”①，那么现代中国革命致力解决的国内主要问题，一是内地的土地问题，一是边疆的民族问题：

> 中国境内各民族，在新中国成立前，除中央区域外，有的进到了半封建状态，农业虽占了主要地位，封建性的畜牧业还占相当比重（如回区和内蒙古区），近代企业极少（如回区），或到新中国成立后才出现一些现代企业（如内蒙古区）；有的还在封建状态下，盛行着封建性的畜牧业和农业，完全没有近代企业（如西藏）；有的还滞迟在奴隶制状态中（如唐古特区即所谓“西番”区和罗罗区）；有的甚至还迟滞在原始的牧畜（如苗族的某些部分与哈萨克区等）以至渔猎状态（如黑斤齐勒族等）……从另一方面说，有的有着固定的住区（如藏族等）；有的住区虽固定，但被挤成插花状态（如蒙回等），甚至被分割得很零碎或被排挤到荒僻的“山间岩阿”（如苗瑶族等）；有的还没有一定的领土，形成一种定期游徙的状态（如布鲁特族、鄂伦春族等）以致被排挤到水上（如“胥”民）……帮助、协助他们由不同的历史状态中“高升到超过他们的各民族的文化、经济水准”，“使他们与最高经济形态衔接起来”，这是肯定不移的原则方针、不容改变的要求，也是共产党人的任务。②

新中国成立六十余年来，已有45个少数民族建立了155个区域自治

---

① 参见潘维、玛雅主编：《人民共和国六十年与中国模式》，北京：生活·读书·新知三联书店2010年版，第133页。

② 吕振羽：《中国民族简史》，北京：人民出版社2009年版，“增订版序”，第10页。

地方,包括内蒙古自治区、新疆维吾尔自治区、西藏自治区、宁夏回族自治区和广西壮族自治区,约占全国少数民族总人口的70%和国土总面积的64%。也就是说,少数民族的三分之二在边疆,而他们聚居的区域又占版图的三分之二。显而易见,边疆地区及其民族无论历史上还是现实中,都对中华民族的生存发展生死攸关,突出的战略地位、富饶的物产资源(包括孕育中华文明的黄河长江水资源)、悠远灿烂的文化传统以及同根同源的文明认同等,更是中国社会历史不可或缺的有机构成。无论考古发现,还是历史文献,无不表明中华文明既发端于黄河长江的中原,又生成于雪山草原的边塞,既与盘古、神农、伏羲、颛顼、东皇太一等息息相关,又与匈奴、鲜卑、吐蕃、契丹、大月氏、吐谷浑等血脉相连,“大量考古证据显示在今日中国版图内曾有过不同根脉的多种文明,从而多元一体的中华民族的形成是多个史前地域文化交往融合的结果;并且在中国人多样的生产、流通、征战、治理、礼乐和创造发明的历史中,有许多分歧流变也与不同时期不同来源的外部影响有关”①。历史学家吕振羽先生在经典的《中国民族简史》中明确写道:

> 中国各民族,在长期历史过程中,人种血统和文化的交流,不只表现为汉族文化影响了他族,汉族同化了他族大量人口;也表现为汉族不断接受他族文化影响,不少汉族人口被同化。②

虽然历史上不乏兄弟阋墙、杀伐攻取的征战,农耕文化与游牧文化更是数千年纷争不已,但“中国”在四面八方各族人民心目中始终都是倾心向往的天下之中或中央之国,居于上下四方、天地万物的中心。“向化”一词就寓意着、彰显着这样一种对文明的倾心向往,就像盛唐的八方部落尊奉唐太宗李世民为“天可汗”,新中国各族人民发自内心地颂扬开国领袖毛泽东为“红太阳”。人民共和国在平等、自由、民主的社会主义正义

---

① 林春:《马克思主义与中国在世界历史中定位的政治》,载《领导者》2010年第8期(总第35期)。

② 吕振羽:《中国民族简史》,北京:人民出版社2009年版,第118页。

原则基础上，不仅赋予各族人民包括汉族与少数民族前所未有的主人翁地位和自由人尊严，用马克思恩格斯《共产党宣言》中的话说："人对人的剥削一消灭，民族对民族的剥削就会随之消灭。民族内部的阶级对立一消失，民族之间的敌对关系就会随之消失。"①而且在开创新中国、建设新中国的历史实践中，各族人民能动地结为一种全新的政治共同体与命运共同体，汪晖教授检讨拉萨"三一四"事件的文章说得好："没有对抗西方列强和创造新的政治的过程，中华民族作为一个自觉的历史主体就难以诞生；没有各族人民共同参与建设新中国的实践，中华民族就不可能成为一个自觉的政治实体。"②

为了建设新中国、开辟社会主义现代化的中国道路，六十余年来特别是前三十年，国家大力发掘、全面扶植少数民族文化，涌现出一大批边疆与民族题材的优秀作品，包括小说、诗歌、散文、戏剧、绘画、舞蹈、电影、纪录片等，琳琅满目，缤纷绚烂。新华社新疆分社社长、诗人闻捷的《吐鲁番情歌》，贺敬之的《桂林山水歌》，声乐作品《我们新疆好地方》《草原之夜》《敖包相会》《克拉玛依之歌》《康定情歌》《走上这高高的兴安岭》《草原上升起不落的太阳》，以及翻身农奴才旦卓玛演唱的《北京的金山上》，满族歌唱家胡松华为大型音乐舞蹈史诗《东方红》谱唱的《赞歌》，器乐作品《帕米尔的春天》《嘎达梅林》《草原英雄小姐妹》《阳光照耀着塔什库尔干》《瑶族舞曲》《北京喜讯到边寨》，电影《五朵金花》《刘三姐》《阿诗玛》《山间铃响马帮来》《冰山上的来客》等无不脍炙人口，广为流传，成为新中国新文化举不胜举美不胜收的经典。复旦大学新闻学院吕新雨教授指导的王华博士的学位论文，对前三十年少数民族纪录片作了细致入微的探究（后三十年相关研究正在进行），揭示了诸多鲜为人知的历史与作品，令人亦惊亦叹之际也深切领悟了如下深意：

> 20 世纪 50—80 年代，民族题材的文学、音乐、美术、戏剧、电影

① 《马克思恩格斯文集》第 2 卷，北京：人民出版社 2009 年版，第 50 页。

② 汪晖：《东西之间的"西藏问题"》，北京：生活·读书·新知三联书店 2011 年版，第 104—106 页。

和其他文化创作中,少数民族文化始终居于极其重要的地位。值得注意的是,在这个时代,国家的少数民族文化政策不仅体现为对西藏、蒙古和其他少数民族史诗、民间音乐与文学及其他文化遗产的整理和保护,而且更体现为对于一种新的政治身份和文化身份的创造。①

如果说创造一种新的、普遍的政治身份是前三十年边疆文化工作的共性,那么,作为马克思所谓“每日都能干预运动,能够成为运动的喉舌,能够反映丰富多彩的每日事件,能够使人民和人民的日刊发生不断的、生动活泼的联系”②的新闻工作,更是日复一日塑造着、影响着这种新的政治认同。与此相应,也涌现出一批致力于边疆报道的出色记者与报道,如1992年出任新华社社长的原西藏分社记者郭超人、以采写西南少数民族而知名的黄昌禄等。20世纪50年代,黄昌禄采写了不少展现少数民族走向新生的新闻,同郭超人的百万农奴翻身解放以及西藏民主改革等报道相映生辉。尤其是“用5400多字就简要而生动地写出了苦聪人的历史性巨变”的名篇《苦聪人有了太阳》,更是笔力遒劲,情深意长,履行了一位人民记者的社会责任与历史使命,也为后世留下了可资信赖的一手信史。在这篇新闻名作中,作者以史家兰克所谓如史直书的精神,对一个鲜为人知的民族及其苦难做了细致入微而完整准确的呈现,同时又以饱蘸深情而富于思索的笔触,揭示了关系重大的社会政治命题:

为了找寻一个被旧时代遗弃了的人口很少很少的兄弟民族,我们的党和人民政府先后花了5年时间,付出了多么大的代价!我们其他民族的同志们一批接一批地来到深山密林,历尽了多少艰苦!这里我不禁想起了世界上其他一些少数民族的命运。你们一定知道在北美洲的原始森林里,200年前本来住着一种红皮肤的印第安人,

① 汪晖:《东西之间的“西藏问题”》,北京:生活·读书·新知三联书店2011年版,第118—119页。

② 《马克思恩格斯全集》第10卷,北京:人民出版社1998年版,第115页。

> 英、法、荷的殖民主义者为了掠夺这块土地，残酷地屠杀他们。后来美国政府又派了一支人马去找寻他们，但这些人并不是去做好事，而是对印第安人进行穷追猛杀。最后，这个地区的印第安人几乎被消灭了。我们的苦聪兄弟，因为生活在社会主义的祖国，他们不仅避免了印第安人的悲剧，而且正在以社会发展史上找不到的速度，追赶着先进的兄弟民族。

此类文字同《西藏木犁即将绝迹》（郭超人）、《通天河上的悲欢——一位藏族老艄公30年生活的变迁》（赵淮青）等报道一样，介入并推动了社会政治的历史性变革，同时也切入并触及了学界孜孜求索的思想性命题。强世功教授的如下论断，同上述新闻如出一辙：

> 正是“平等”这个概念所提供的正义原则，帮助中国乃至所有殖民地和半殖民地的人民争取到国家独立和人民解放。……正是基于大小民族一律“平等”的正义原则，并肯定各民族在共同缔造中华文明历史中的主体地位，以及由此形成的中华民族的统一原则，新中国成立以后，中央放弃了“改土归流”的现代化方案，尤其是用汉族文化同化少数民族文化的大汉族主义，回到了中华民族多民族和平共处的历史传统上，从而针对多民族“大聚居、小杂居”的历史现实，采取了民族识别和民族区域自治的思路。由此，包括中国藏人在内的各少数民族幸运地避免了北美印第安人颠沛流离的悲惨命运。[①]

这里，储安平与浦熙修的《新疆新观察》，尤其值得关注。因为，如今一提储安平、浦熙修等，总不离“反右”“政治运动”“知识分子”等标签。如果视野限于内地，那么此类标签或有说头，而将视野拓展到辽远边疆，则许多问题就得重新打量。拿储安平来说，新中国成立初期，他以人大代表、《新观察》特派记者身份，深入天山南北，写出一系列报道，刊于《人民日报》《旅行家》等报刊。同时，与此相似，浦熙修以《文汇报》记者身份，

---

① 强世功：《中国香港：政治与文化的视野》，北京：生活·读书·新知三联书店2010年版，第144—171页。

深入新疆塔里木采访报道，“成为1949年新疆和平解放之后，较早进入新疆的、来自北京的新闻工作者”（杨镰）。杨镰等整理的《新疆新观察》，将储安平与浦熙修的新疆报道合为一书，纳入新中国成立六十年之际面世的“西域探险考察大系”丛书。在《新疆新观察》里，将会看到一个焕然不同的储安平和浦熙修。这里，他们的心胸、情怀、眼光、境界等，都仿佛随着天辽地阔的大西北而为之一变：

> 多少年代以来，我们的国家一直沉沦在黑暗的、有劲使不出的、近乎瘫痪的境地里，可是新中国成立以后，全国就像久阴初晴的原野一样，到处阳光焕发，生意蒸长。每个人，每块地方，都在劳动着，创造着。他们既创造财富，又创造历史。阿尔泰山上的战斗只是全国万里战场上的一角；它所缔造的诗篇也只是时代大合唱中的一行。三天山巅所见，使人更加坚信，在伟大的党的领导下，我们的国家必然日趋强大，并将按部就班胜利地进入社会主义。[①]

诸如此类的文字在储安平、浦熙修的新疆报道里触目皆是，应接不暇，让人明显感到记者那颗跳跃的心，感到他们的好奇、欣悦、兴奋、感动，以及思接千古、视通万里的深沉思绪。如果觉得这些带有鲜明时代烙印的报道，不过是“官样文章”或是“违心之论”，那么也无异于轻看了储安平、浦熙修，低估了一代爱国知识分子的丰富人生际遇。杨镰教授在本书“代序”里写道：

> 认真读过《新疆新面貌》，就知道新疆今天的来之不易。
>
> 储安平通过《新疆新面貌》反映的思想观点，当然离不开它的时代，但作为一个新闻记者，他坚持自己搜集第一手素材，一切来自生活真实。正是因为这一点，他在《新疆新面貌》之中写到的内容，为那一阶段的历史留下了真切的印记。

---

① 储安平、浦熙修：《新疆新观察》，杨镰、张颐青整理，乌鲁木齐：新疆人民出版社2010年版，第78页。

总之,随着新中国政治制度与宪政体系的确立,特别是全国人民代表大会与民族区域自治制度的形成、发展与完善,内地与边陲——包括中央与地方、内地与边疆,在一波一波的社会主义现代化潮流中,日益形成血脉相连的有机体。其间,边疆地区诸如西藏民主改革与百万农奴翻身解放、内地广大农村的集体化运动、改革开放以来的进城务工、西部大开发等,都构成这一历史进程中的鲜明标志。有心人提炼了邓小平忧心改革开放偏离方向的十个"如果",其中一个说:"如果搞两极分化,情况就不同了,民族矛盾、区域间矛盾、阶级矛盾都会发展,相应地中央和地方的矛盾也会发展,就可能出乱子。"①北京大学马戎教授2011年发表长文《21世纪的中国是否存在国家分裂的风险》,笔调冷峻,入木三分,让人悚然而惊。云南大学副校长肖宪教授也一针见血地指出:

> 近代以来,国家的政治和经济重心不断东移。对外贸易主要是依靠太平洋的海上运输通道。这样的结果就是,中国的经济发展、国家安全严重倚赖东部沿海地区,造成东西部发展的极不平衡。现在,"东突""藏独"不断闹事,在很大程度上还是因为西部地区发展严重滞后。②

对新闻业以及新闻学来说,内地与边疆、中心与边陲、汉族与少数民族等的关系同样意义重大。如果不将这一思考维度纳入视野,那么势必出现明显偏差,导致严重后果。相反,在新闻实践与新闻研究中引入内地与边疆的维度,关注其中丰富多样的内涵,则中国道路、中国理论、中国特色就不再像说教辞令,而成为活生生的、无所不在的、包罗广泛而特色鲜明的历史存在,同时六十余年来的新闻史也显现出更加丰富多元、愈发栩栩如生的图景。遗憾的是,眼下新闻实践和新闻研究明显偏于东部、沿海、内地、都市、白领小资、中产阶级等,急煎煎"走向世界",忙不迭"国际接轨",日积月累难免埋下诸多隐患与危机。另外,一套套西式新潮话语,

---

① 《邓小平文选》第三卷,北京:人民出版社1993年版,第364页。

② 肖宪:《"向西开放"需外交全局统筹》,载《环球时报》2013年7月31日。

即便面对已经高度现代化的北上广都不免圆凿方枘，更何况施之于多元文化缤纷杂沓、各族人民世代聚居的边疆？在这些光鲜亮丽的新潮话语中，西部、边疆、少数民族基本上“缺席”，看不到它们多彩多姿的身影，即使偶或有之，也往往迹近萨义德所谓“东方主义”，成为猎奇、另类、奇异景观、民风民俗的展现。赵月枝教授对学界明显的城市和沿海偏向所做的批评，同样关乎业界的普遍问题：

> 中国传播研究……派生于英美学术界的传承本质，以及居于大都市的大多数研究者的主体性，两者使得传播研究具有不可否认的沿海和城市中心主义偏向。未来的研究需要更关注城乡分野、沿海与内地的关系，并推动学者对中国的传播机构、政策、话语中严重的城市和沿海偏向的系统性批判，将其看作中国社会现有主控结构中最明显的特征加以认识和批判。①

有鉴于此，新闻业界与学界都不能不超越注重上层、偏向内地、青睐东部的取向，将实践视野与研究思路拓展到天高地阔的内陆、基层、边疆。作为新闻中人，所谓“内知中国，外知世界”，是不能不将边疆及其历史与现状，作为极其重要的参照系或坐标系的。开放不仅意味着“走向海洋”，走向巴黎、纽约、伦敦，同样意味着走向边疆——自然的边疆与心理的边疆。开放的视野永远面朝边疆，开阔的心胸永远面向边疆。与此同时，专门的边疆新闻史与新闻业研究，也不宜仅仅满足于对少数民族新闻活动的描述与总结，甚至不自觉地将其作为“东方主义”的媒介注脚，而更应致力于发掘其中丰富多元的内涵，特别是地域的、文化的、民族的、历史的传统中所体现的普遍性蕴含，以及与“中华民族”多元一体格局的有机关联，从而丰富和发展“中国特色”的新闻实践与理论。

---

① 〔加〕赵月枝：《传播与中国的批判研究：机遇与挑战》，纪莉译，郭镇之校，载《全球传媒评论》(8)，北京：清华大学出版社 2013 年版，第 228 页。

十、史实与史观

不待多言，认识历史、把握历史、讲述历史都离不开基本史实，具体说来都必须依据一手史料。这是唯物论的第一要义，所谓存在决定意识而非意识决定存在。事实上，古往今来的史家也无不从史实入手，基于一点一滴的史料而复现历史，傅斯年称为“上穷碧落下黄泉，动手动脚找材料”。没有史料的史家，势必陷入巧妇难为无米炊的境地。不言而喻，这里说的史料是就常见的文字史料而言的，而文字史料正如史学家齐世荣先生概括的：“不外乎官府文书和私家记载两大类……可归入官书这一大类的有：政府档案、起居注、日历、实录、正史、诏令、谕旨、奏议、政书、方略、法规、则例、公报、调查报告、会议记录、备忘录、公约、条约、协定、官方统计，等等。可归入私记这一大类的有：杂史、野史、回忆录、自传、自订年谱、日记、书信、墓志、家谱、族谱、私人办的报纸杂志、账簿、契约、佛藏、道藏、语录、笔记、游记、农书、医书、文艺作品（文集、诗集、词曲、歌谣、小说），等等。”①另外，众所周知，官书与私记各有所长，也各有所短——如官书的讳饰，私记的诬枉。

新中国新闻史研究在史实爬梳、史料积累上，经过几代学者以及当事人数十年耕耘，已经颇具规模，蔚为大观，包括文献、资料、史传、长编、回忆录、年谱、口述史等。方汉奇主编、获得国家图书奖的《中国新闻事业编年史》之第三卷（2000），起于新中国成立，止于书稿付梓，将五十年新闻业的史实与史料逐年、逐月、逐日展现出来，包罗万象而脉络清晰，内容丰赡而层次分明，犹如第一次绘制的一幅长江水系图。同时，方汉奇主编的《中国新闻事业通史》之第三卷（1999），也对新中国半个世纪的新闻史第一次进行了全面、系统、翔实的论述，成为迄今最权威的同类著述。除此之外，刘家林教授以一人之力、穷十年之功完成的皇皇百万字《新中国新

① 齐世荣：《官书和私记：尤应重视的文字史料》，载《人民日报》2015年7月20日。

闻传播 60 年长编》，在错综复杂的纷繁史实中爬罗剔抉，提要钩玄，以扎实的研究与翔实的史料为新中国新闻业完成了一部系事编年，成为“吴玉章新闻奖”实至名归的上乘之作。同样，张涛的人民共和国新闻史、赵玉明的广播史、郭镇之的电视史、白润生的少数民族新闻史等著述，也无不独具擅场，享誉学界，初步勾画了新中国新闻业的学术面目。至于中国社会科学院新闻研究所编辑的有关出版物，如 1979 年创刊的《新闻研究资料》、1982 年创刊的《中国新闻年鉴》，则搜集整理了一大批相关史实与史料，同洋洋大观、影响广泛的《新文学史料》一样，为新中国新闻史提供了厚实的研究基础。与此同时，许多新闻院校专家学者，兀兀穷年，细大不捐，在这方面所做的工作更是不胜枚举，包括 1986 年创刊的《中国广播电视年鉴》。中央与地方的新闻媒体及其研究部门，也整理出版了不少有关新中国新闻史的史实史料，如新华社及其研究所与出版社、《人民日报》及其研究所与出版社、《南方日报》及其研究所与出版社等。

当然，相对于无比丰富的历史实践以及新闻实践，目前掌握的史实与史料还如同一幅草图，许多方面甚至只是一张粗线条的素描，不仅远未穷尽这个领域的形态面貌与变化趋势，而且一些主要领域也付之阙如，其中比较突出的、涉及全局的缺陷至少有如下三点。

其一，如今的史实与史料基本上还是着眼“重大事件”与“成功人士”，对林林总总的日常状态和千千万万普通新闻人的状态与心态未及关注，或者说关注不足。换言之，新中国新闻史还局限于“名人谱”与“大事记”，而较少涉及常态化的状况。这种缺陷难免导致历史思维与叙事的偏倚甚或严重偏倚。

其二，与此相关，也如前所述，目前总体状况和态势明显偏于上层、内地与东部，而对基层、边疆与西部严重忽略。比如，读报组、黑板报、小喇叭、广播站、通讯员、宣传站、壁报、传单、内部小报、种种“另类媒体”或“在地化媒体”、使用少数民族语言的内宣与外宣等问题与现象，一直鲜有关注。其结果就像一部《资治通鉴》，从头到尾都是庙堂风云，英雄割据，而几乎看不到芸芸众生的身影。仅以目前全国数千家高等院校的校报以及学生报纸为例，它们就是一个被新闻史基本遗忘的角落，而这些校园媒体无论对千万师生的影响，包括培育各类新闻人，还是对整个国家新闻传播网络的形成，都是一个不应小觑的有机组成部分。

其三，由于新中国新闻史深植于当代史范畴，不可避免地同当事人及其“亲朋好友”“门生故吏”“徒子徒孙”息息相关，自然而然地受制于现实的社会关系或权力关系，从而导致史实（史料）的畸轻畸重、顾此失彼、曲意逢迎、无意规避等问题。

其实，上述问题不仅涉及史实（史料），同样关乎史观——人生观、价值观、世界观。众所周知，重视史实（史料）属于唯物论，只有同时关注史实（史料）与史观的辩证统一关系才称得上辩证唯物论。举例来说，《共产党宣言》中的名言“至今一切社会的历史都是阶级斗争的历史”，既是铁证如山的史实，基于古往今来浩如烟海的史料，同时又是一种史观，即毛泽东所说：“阶级斗争，一些阶级胜利了，一些阶级消灭了。这就是历史，这就是几千年的文明史。拿这个观点解释历史的就叫做历史的唯物主义，站在这个观点的反面的是历史的唯心主义。”[①]司马迁读万卷书，行万里路，遍访遗老，穷搜典籍，撰写太史公书，不是为了说说历朝历代的“那些事儿”，而更在于“究天人之际，通古今之变，成一家之言”，《史记》的字里行间实际上无不浸润着司马迁的史观，甚至隐含着其自觉不自觉的偏见，就像《孝武本纪》只写汉武帝求神拜仙而对其一生的雄才伟略不赞一词。澳大利亚阿德莱德大学教授高默波，在引起学界关注与热议的《书写历史：〈高家村〉》一文里写道：

> 鲁迅说过，地上本无路，走的人多了就有了路。其实，历史何尝不是如此。历史本无所谓有，也无所谓无，有人写了，读的人多了就成了历史。世界上没有先天的、自然的、超越视觉角度的、不以人的意志为转移的历史。这样说就涉及历史学中的两个理论问题。一个理论问题是，一些简单的所谓事实并不构成历史。比如说谁什么时

① 《毛泽东选集》第四卷，北京：人民出版社 1991 年版，第 1487 页。

候死了或地震某年某月某日发生了,这样的事实孤立地看并没有什么意义。流水账记录不是历史,历史是一种知识。另一个理论问题是,不同的人写不同的历史。历史是由胜利者写成的是人所共知的,但真正理会这一点的人并不一定多。马克思的经济基础决定上层建筑的思想以及世界上没有无缘无故的爱也没有无缘无故的恨的说法都与不同的人写不同的历史的理论有关。①

新闻学界包括新闻史学界,似乎信守着一种不言而喻的假定,仿佛客观的史实(史料)可以独立于主观的史观,或者说一方面史实(史料)独立自主,一方面史观自行其是。而哲学认识论包括现代新史学都不断揭示和证明,说到史实(史料)就不能不涉及史观,史实(史料)与史观属于辩证统一的有机整体,总是相伴相生,难分难舍,犹如一纸之两面,无论怎样剪裁,形状如何变化,总是相互依存,彼此守望。一方面,没有离开史实(史料)的史观,任何史观都不得不在史实(史料)的基础上展开,否则就成为游说无根的信口开河或虚构想象的小说家言。同样,任何史实(史料)也离不开特定史观,不存在先在的、自在的、未经任何史观浸淫或污染的纯粹史实(史料)。自然科学发现了"测不准原理"。根据这个原理,自然世界一旦同人发生联系,就不再是本原的自然,由于人为因素介入,如测量水温的试管插入水中,自然都将多多少少发生变化,所以,我们"测不准"那个天然自在的自然。自然科学尚且如此,那么,与人息息相关的人文社会科学就更是难免受制于研究主体了,李金铨教授对此作了具体说明:

知识生产不是价值中立的。证据是最后的审判者,但证据必须靠人识别和解释。知识生产者总是受到兴趣、背景、师承、学派、政经条件——别忘了还有更大的时代气氛——层层的制约,现象学家称这些因素为"相关结构"(relevance structure)。严格训练使人言之有据,反复省思让人明白偏见之所由,纵然如此,没有人能够完全摆脱

① 高默波:《书写历史:〈高家村〉》,载《读书》2001年第1期。

知识的盲点。克服这些盲点的第一步,就是正视这些盲点。①

史实(史料)与史观之不可剥离,归根结底还在于如下无法规避的情形。首先,任何人都不可能穷尽全部的史实(史料)。其次,即便纤毫无遗地穷尽有关史实(史料),也只是流传于世或记录在案的东西,而并不意味着实际发生的全部事实与细节。最后,纵然掌握了全部事实与细节,用来说什么、干什么最终还得取决于史观。依据生活常识都知道,生活中难有纯粹的“就事论事”,说事往往就是做事(to say something is to do something),貌似客观的说事都脱不开主观的做事及其动机。拿当下风风火火的微博微信什么的来说,听起来好像张家长李家短的,仿佛言不及义,但深究起来恐怕没有多少是说着玩儿的,即便说着玩儿的,结果特别是聚集起来的传播效果,可不是玩玩儿而已,就像2013年岁末南方某家店主的“人肉”微博,将一位花季少女逼上人生绝路。

关于史实(史料)与史观的有机统一问题,有宏观与微观两个层面。就宏观而言,观照什么、不观照什么,重视什么史实,开掘什么史料等,无往而不受到特定史观的支配,没有谁能带着婴儿似的天真目光打量世界,审视历史,所谓“客观”“真实”的背后都不由自主地带着各自的人生观、价值观与世界观。前述青睐“大事记”与“名人谱”的史实(史料)缺陷,也同特定史观的偏差相关,比如英雄创造历史。至于微观层面,同样也是如此,在确定一个研究对象之际或之后,研究工作从什么地方入手、顺着什么思路、提出什么预设等,实际上也无不依托于特定的史观。甚至在历史叙事中,选择什么材料,讲述什么故事,讲多讲少,讲好讲坏等,也无不受制于人的主观因素,而不可能“实话实说”“平铺直叙”。

青年学者张均在分析了当代文学研究中的口述史料后,发现口述作品的受访者几乎都是以往政治运动的“受害者”,而采访者则自认为是这些政治运动的“反对者”。由此进一步考察,则发现所谓“受害者”其实也

① 李金铨:《超越西方霸权:传媒与文化中国的现代性》,香港:牛津大学出版社2004年版,第2页。

是今天的“成功者”,而所谓“反对者”又是现实权力的“共谋者”,“这个反抗的姿态和描述无非是新的权力关系的自我表达罢了。树立那样一个没有真正力量的敌对者,进而将自己的利益合法化”。于是,在他看来,“受害者”和“反对者”在前,“成功者”与“权力者”(包括“共谋者”)居后,就构成当代文学史的“台前幕后”。① 这一研究者本人都未必意识到的文化生产机制,其实同样存在于新中国新闻史的研究之中。

总之,史实(史料)与史观是一个有机整体,血脉相连,无法剥离。没有史料,空口无凭;没有史观,寸步难行。史实(史料)需要史观的引领,而史观同样需要史实(史料)的充盈。离开坚实的史实(史料),所谓史观就成为无本之木,无源之水;而离开特定的史观,所谓史实(史料)充其量也就成为断烂朝报了。列宁有一段经典论述:

> 在社会现象领域,没有哪种方法比胡乱抽出**一些个别**事实和玩弄实例更普遍、更站不住脚的了。挑选任何例子是毫不费劲的,但这没有任何意义,或者有纯粹消极的意义,因为问题完全在于,每一个别情况都有其具体的历史环境。如果从事实的**整体上**、从它们的**联系中**去掌握事实,那么,事实不仅是“顽强的东西”,而且是绝对确凿的证据。如果不是从整体上、不是从联系中去掌握事实,如果事实是零碎的和随意挑出来的,那么它们就只能是一种儿戏,或者连儿戏也不如。②

相对于史料与史观的关系,还有相似的学术与思想、科学与价值等关系。思想与学术同属相依为命的有机体,王元化称之为“有学术的思想”或“有思想的学术”。这一辩证关系又可分解为历史与逻辑的有机统一、理论与实践的有机统一、科学与价值的有机统一等,这些关系既是人文社会科学的共同旨归,也是新闻传播学的不二法门。国际问题学者张文木,对学问之道作了一种别开生面的分类。在他看来,学分四种。一流的学

① 参见张均:《中国当代文学研究中的口述史料问题》,载《文艺争鸣》2013年第6期。
② 《列宁全集》第28卷,北京:人民出版社1990年版,第364页。

问是“以事说理”,从经验性的事实求得规律性的理论,即实事求是。二流的学问是“以理说事”,用既定的理论解释流动生成的实践。三流的学问是“就事论事”或“就理论理”,“事”与“理”是相互分离的,大路朝天,各走半边,要么经验主义的说事,要么唯理主义的论理,即从概念到概念,从逻辑到逻辑,从理论到理论。至于最后的末流学问,则既不说事,也不说理,而是一事当前,方法先行,悠悠万世,方法为大。看似吊诡的是,无论新闻传播学,还是新中国新闻史学,一方面严守史实与史观、学术与思想的山门,井水不犯河水,就像新闻理论大多只涉及概念、范畴、原理等逻辑,新闻历史往往只关注时间、地点、事件等历史,史实与史观、学术与思想(历史与逻辑、理论与实践、科学与价值),好像双向道上跑的车,车来车往而互不相干,又如比邻而居而极少过从。这种“事”与“理”,即史实与史观、学术与思想的分离,不仅有悖实事求是的学问之道,也难以深究新中国新闻史的真切运动与深刻动因,更无法揭示源于实践、施于实践的鲜活理论。而与此同时,另一方面,在貌似纯粹的、中规中矩的,特别是“去政治化”的学术中,包括新中国新闻史的叙事中,又无所不在地渗透着先验而鲜明的思想、观念、史观、逻辑、价值等。如果再拿现成的西式话语强作解人,则更容易张冠李戴,甚至指鹿为马。无论如何,任何单一思路显然都无法涵盖新中国新闻业的丰富蕴含,尤其是占据绝大比重的普通新闻工作者与研究者的状态与心态。对此,张均对当代文学研究的分析与洞见以及从中揭示的结构性问题,同样适用于新中国新闻业及其研究,值得新闻传播学科反思,故不惮其详引述如下:

> 当代中国史不是在国家与知识分子之间的关系上展开的,但当代口述却主要是根据知识分子的历史感受进行的。这固然有独立思考之优点,但也意味着将某一特殊阶层的经验与诉求普适化,以及对多重交织的历史逻辑的压缩、删除和误读。这主要表现在两个方面。
>
> 第一,知识分子视角以集权/知识分子的二元关系想象历史。在此“认识装置”中,知识者以自身的整体不幸,将社会历史中国推入了难以辩诘的尴尬位置。

知识分子念兹在兹的独立思考的欲望与言论自由的权利诉求,被界定为“人性”的主要内容,而农民免于贫困的欲求和工人初步形成的尊严感,不被承认为“人性”。因此,当代文学口述的“人性”立场,主要表现为发掘权力对知识者的影响,而基本上不关注体制对(底层)温饱、识字、自主婚姻、免于土霸欺压的人格尊严等最低限度的“人的生活”的创造。

第二,知识分子对底层的误读和利用。由于知识分子总在政府/知识分子二维关系中思考问题,当代文学口述基本上遗忘了底层,但也有个别涉及者。其中存在两个问题。其一,以一种知识的“自信”强行解释底层。……社会学家郭于华曾在陕北骥村从事妇女口述,她发现骥村妇女对五六十年代集体化岁月留有快乐的突出印象。这使她感到“多少有些令人费解”。为什么呢?因为集体化是“一场给无数普通人带来灾难的大规模社会试验”,“集体化对于乡村社会和农民心灵的重构过程使我们想到奥威尔(George Orwell)笔下的‘大洋国’。他在著名的《一九八四》中描述了一个全体人民处于完全监视之下、自由与思想成为绝迹珍品的国度”。最后,郭还是努力作了解释:对现实不满的投射,尤其是一种自我欺骗式的“幻象”导致了不合理的快乐记忆。这种解释颇为武断,明显暴露出“知识分子视角”与底层农民之间的鸿沟。农民的快乐并非由于被骗的幻象,不过是摆脱极度贫困和无尊严人生而初步获得“人”的资格的内心愉悦。

其二,“绑架”底层,利用底层证明知识分子历史观。可以纪录电影《暴风骤雨》(2005)为例。这部电影意在颠覆革命小说《暴风骤雨》对于地主之“恶”的叙述。电影中小说原型地(今尚志市元宝镇)大量农民的口述显示,现实中的地主勤俭、无剥削、无恶行,小说纯属谎言。但据我搜集到的两部元宝镇内部资料集(《土改文化第一村》,2003;《从光腚屯到亿元村》,2004)看,小说中所写地主之道德败坏多有真实原型,而资料中所载当地人深陷赤贫的真实痛苦、被地主和“公职人员”欺辱的怨怒、对土地和尊严的渴望,都被导演蒋樾有意识地“疏忽”了。这种做法，粗暴地“斩断”了农民的生活逻辑，仅截取、利用其口述“碎片”，以“证明”导演预设的结论，与底层真正的声音和诉求并无关系。[①]

这一源于新启蒙及其重构历史的趋势与取向，似已演变为知识精英（包括体制内一批肉食者）的潜意识，同时也广泛植入新闻界与新闻学，从而决定性地制约和影响着新闻实践与新闻研究。仅看新世纪以来一系列波涌浪翻的文化政治事件，就几乎无不涉及史观，即人生观、价值观与世界观。

值得关注的是，越来越多的社会学、政治学、历史学、经济学、法学、文学以及新闻学研究，特别是一批生气勃勃的新生代学者日渐超越僵化教条的新意识形态，拓展学术视野，提升求索境界，发掘新材料，采用新方法，开掘了一系列新的“问题域”。其实，在费正清所言“伟大的中国革命”包括新中国六十余年的洪波巨澜中，中国记者已经创造了异常丰富而别开生面的新闻业绩，形成了一整套新闻实践、新闻思想、新闻体制、新闻传统等。我们的新闻传播之学是否有想象力、创造力、生命力，归根结底还在于能否以高度的文化自觉和文化自信对此做出自己的思想建树，将如此丰厚的专业遗产化解为历史与逻辑有机统一的学理与学统，并在世界确立自己的地位与影响，为学术共同体贡献自己的聪明才智。换言之，新中国新闻业已经积累了丰富的历史遗产，现在的关键在于消化它，进而在此基础上开拓中国新闻人安身立命的实践空间与精神家园，创立中国新闻学自力更生的话语体系与学术流派。在2011年中国文化论坛上，朱苏力教授也曾谈到类似话题：前人创造的历史功勋既是我们学术来源的根本所在，也给我们留下了如何解说它、化解它的学术命题。而《德意志意识形态》等马克思主义经典思想，则为化解新中国新闻业以及一切意识形态问题提供了通透思路：

迄今为止人们总是为自己造出关于自己本身、关于自己是何物

---

① 张均：《中国当代文学研究中的口述史料问题》，载《文艺争鸣》2013年第6期。

> 或应当成为何物的种种虚假观念。他们按照自己关于神、关于标准人等等观念来建立自己的关系。他们头脑的产物不受他们支配。他们这些创造者屈从于自己的创造物。他们在幻象、观念、教条和臆想的存在物的枷锁下日渐委靡消沉,我们要把他们从中解放出来。我们要起来反抗这种思想的统治。①

综上所述,探究新中国新闻业的"十个关系",可从总体格局与宏阔背景上缕清一系列结构性矛盾,破解单一化或教条化的认识框架,特别是非此即彼的原教旨思想桎梏:仿佛大千世界不是革命化就是现代化、不是市场选择就是政府规制、不是国际接轨就是封闭保守、不是新闻自由就是舆论钳制。在此基础上透视新中国纵横交错的新闻脉络及其层峦叠嶂的社会动因,从而更加全面、系统、深刻地揭示新闻业六十余年的风雨历程和运行规律,不仅体味"怅望千秋一洒泪、萧条异代不同时"的历史心声,而且在反思历史瞩望未来之际,开辟中国特色、中国气派、中国风格的新闻业与新闻学。如果说近代以来,中国学术思想先后出现三种取向,即"以中国为中心,以西方为方法"(中体西用)、"以西方为中心,以西方为方法"(全盘西化)和"以中国为中心,以中国为方法"(中国道路),那么,探究新中国新闻业的"十个关系"也不妨说是"以中国为中心,以中国为方法"的一种尝试。

① 《马克思恩格斯文集》第1卷,北京:人民出版社2009年版,第509页。

副编十论

理论与实践的十个话题

一、中国新闻史研究的一点再反思

(一)

鸦片战争以来的中国历史,风起云涌,跌宕起伏,诚所谓"数千年未遇之变局",借用顾诚《南明史》开篇的精彩文字来说:"充满了风云突变、波涛叠起的重大事件,阶级搏斗和民族征战都达到高潮,又搅和在一起,在中华大地上演出了一幕幕可歌可泣、惊心动魄的场面。"[①]应和着这种天翻地覆的大变局,林林总总的理论思想和学术话语也是纷至沓来,潮起潮落,围绕着现代化以及所谓现代性[②],你方唱罢我登场,令人目不暇接。简言之,各种现代性话语似乎不外"古今中西"四个字,而古与今(传统与现代)、中与西(中国与西方)又是同一问题的两个方面。所以,参透这四个字,也就差不多把握了现代中国的变迁脉搏。

关于古今中西问题,迄今形成两种基本思路。一种是进化论的思路。按照这种思路,中国在遭遇西方冲击前,长期处于封闭、保守、停滞的状态,清代更是带有封建、专制、落后的胎记。而以西方为代表的现代历史,则体现着文明、进步、开放。所以,中国必须从传统走向现代,从落后走向进步,从中国(名为本土)走向西方(名为世界)。

这种思路又分为两种不同或对立的路径,一种不妨称之为"自由化"路径,如美国汉学鼻祖、哈佛大学教授费正清的"冲击与反应"模式(impact and response)。这一路径将西方的现代化冲击视为近代中国一切变化的枢纽,故着眼"走向世界""国际接轨",就像胡适倡导"全盘西化",今人宣扬"新四化"——市场化、私有化、自由化、全球化。耐人寻味的是,这里的"世界"显然不包括亚非拉,如老挝、圭亚那、埃塞俄比亚、巴布亚

① 顾诚:《南明史》(上、下),北京:光明日报出版社 2011 年版,第 1 页。

② 关于现代化、现代性等概念,见谢立中:《"现代性"及其相关概念词义辨析》,载《北京大学学报》2001 年第 5 期。

新几内亚;这里的“国际”也不关乎《国际歌》的“英特耐雄纳尔”(international),这一路径的所谓“世界”“国际”云云往往是以“西方”为主的政治幻象。所以,遵循自由化路径的现代性叙事,自然认同“西方中心论”,推崇西方的一整套政治制度、经济模式、社会生活、思想文化传统等,并以之作为分析、评判和规划中国社会的圭臬。如清末民初的“新政”,就被这一思路视为层层推演、步步深入的西式现代化的三部曲——器物层面的洋务运动、制度层面的戊戌变法、思想层面的五四运动,而今天与未来的中国只是延续这一路径,除此之外,别无他途。当下扰扰攘攘的“普世价值”,并不在于概念有什么问题——“东海西海,心理攸同;南学北学,道术未裂”(钱锺书),而在于其中蕴含的文化政治意味——普世价值实乃西方价值。清华大学教授、作家格非在小说《春尽江南》里,借一对夫妇的对话生动展现了这一路径的现实意味:

庞家玉从北京打来电话。端午问她,为什么闹哄哄的?他什么也听不清。

“我和朋友们正在中关村的沸腾鱼乡吃饭。我出来了。现在听得清楚吗?”家玉似乎有点兴奋。

她提到了上午听过的一个报告。报告人是一个姓余的教授。他讲得太好了。从全国各地来的学员们在吃饭时仍在争论不休。报告的题目似乎叫作《未来中国社会的四大支柱》。

由于夫妻二人本来可聊的话就不多,再加上庞家玉在明显的激动中情绪亢奋,端午只得假装自己对所谓的“四大支柱”发生了强烈的兴趣。

“哪四大支柱啊?能不能简单地说说?”

“第一是私人财产的明晰化,第二是宪法的司法化,第三是……后面两个,怎么搞的?我这猪脑子,等我想想。”

“是不是代议制民主和传媒自由啊?”端午提醒她。

“没错,没错。就这两条。咦,你是怎么知道的呀?神了,你又没听过上午的报告。”

"狗屁不通的四大支柱。不过是食洋不化的海龟们的老生常谈。"端午刻薄地讽刺道,"你可不用瞎激动,人家余教授的支柱可是美国福特基金会"。①

进化论的另一种路径是"革命化",即耳熟能详的主流叙事,其中以两大"基本矛盾"推演现代中国一切历史进程又是关键。具体说来,由于帝国主义与中华民族、封建主义与人民大众的矛盾不断加剧,中国一步步陷入半殖民地半封建的悲惨境地,由此引发一浪高过一浪的革命运动,使中国社会告别传统,步入现代。按照这一逻辑及其叙事,从太平天国到义和团,从戊戌变法到辛亥革命,从北伐战争到土地革命战争,从抗日战争到解放战争……一部现代史就是一部中国革命史,一部争取国家独立、民族解放、人民自由幸福的历史。这一历史叙事及其意义,被新中国开国领袖毛泽东以诗一般的语言写入人民英雄纪念碑的碑文:

三年以来,在人民解放战争和人民革命中牺牲的人民英雄们永垂不朽!

三十年以来,在人民解放战争和人民革命中牺牲的人民英雄们永垂不朽!

由此上溯到一千八百四十年,从那时起,为了反对内外敌人,争取民族独立和人民自由幸福,在历次斗争中牺牲的人民英雄们永垂不朽!

20世纪80年代,李泽厚提出了一对影响甚广的概念——"启蒙"与"救亡",成为上述两条现代性路径的典型对举。按照这一双重变奏说,现代中国的主题是"启蒙",即以西方现代化模式对传统中国的思想、文化、精神、制度等进行系统再造,使社会摆脱传统束缚,使个体获得自由,成为文明进步的现代人。然而,由于"救亡"的严峻现实,列强侵凌、亡国灭种的危险一次次迫在眉睫,从鸦片战争到甲午战争、从八国联军到日寇

① 格非:《春尽江南》,上海:上海文艺出版社2011年版,第20页。

侵华，“启蒙”进程不得不一次次中断，被救亡图存的“革命”取代。北京政治风波后，李泽厚与刘再复在海外发表“告别革命”的谈话，重申“启蒙”价值，批判“革命”路径。2006 年 1 月 11 日，《中国青年报》的“冰点周刊”发表中山大学教授袁伟时的文章《现代化与历史教科书》，一时引发激辩，“冰点”被下令停刊整顿，3 月 1 日复刊后的第一篇文章由中国社会科学院近代史研究所所长张海鹏撰写，旗帜鲜明地重申“反帝反封建是近代中国历史的主题”。显然，“冰点事件”既是上述两条思想路径的一次晚近冲突，又是当下一系列文化政治事件的先声。

深究起来，革命化与自由化的路径看似各行其是，针锋相对，但都致力于现代化以及现代性的目标，热望将中国从传统导入现代。即便时贤诟病的革命运动同样如此，汪晖称之为“反现代的现代性”：“中国革命也是反现代的现代性，它既受到现代性的制约，又试图冲破现代性的逻辑。”[①]比如，新中国一成立就确立了工业化目标，20 世纪 60 年代更明确提出“四个现代化”的蓝图。即使以聚讼纷纭的“自由”为例，自由化路径固然念兹在兹，而革命化路径又何尝不追求自由的理想，就像 50 年的《歌唱祖国》一曲抒发的：“我们勤劳，我们勇敢，独立自由是我们的理想……”或如一位开国将领给女儿的信里写的：“让爸爸们，把新民主的地基，铲得平平的，让你们后一代，在我们的祖国，建筑起一座自由、快乐、文明、进步、庄严、华丽的世界。”[②]只不过，革命化路径更注重共同体的命运，自由化路径更强调个人的选择，日本思想家沟口雄三借“总体的自由”与“个体的自由”所做的分析颇有启发：

> 中国的大同式近代比起个人自由更志向于总体的自由，而这种排除个人自由即私人自利的、反专制性质的总体自由，由于其排除个人私利的独特的共和原理，从而使民权主义不只是停留在政治层面

---

① 转引自周志强、肖寒：《中国现代性的历史反思——汪晖访谈录》，载《中国图书评论》2007 年第 3 期。

② 见楚梅：《父亲的遗教》，见李慧鹏主编：《永远的怀念——纪念叶剑英元帅诞辰 110 周年》，北京：中央文献出版社 2007 年版，第 259 页。

> 上，同时和经济上的总体的自由，即追求四亿人民总体的丰衣足食的民生主义联系在了一起，这是中国近代的一个重要特征。……大同式的近代不是通过“个”而是通过“共”把民生和民权联结在一起，构成一个同心圆，所以从一开始便是中国独特的、带有社会主义性质的近代。①

特别是，革命化与自由化的路途及其叙事虽然在政治上或分道扬镳，但思路上又遥相呼应，二者其实共享一个隐含的思想前提：古代野蛮而现代文明，中国落伍而西方先进。举例来说，这一思路及其叙事，不管是革命化路径，还是自由化路径，“都异口同声地将19世纪以降的中国历史描述为一个衰落的过程。准确地说，那本是清朝政治体制的衰落，可在那些描述中，却似乎成了整个中国本身的衰落”②。与此相应，按照这一进化论思路，中国现代自然成为“外因”主导的进程，而传统与现代的问题也就从时间上的古今问题，转化为空间上的中西问题，从而遮蔽了更为关键的“内生”因素。比如，孙中山的“王道”思想就源于中国数千年的“大同”意识，“大同思想不仅影响了孙文，还构成了中国共和思想的核心”③，而大同思想的精髓正在于中华文明的“万人各得其所”：

> 正如孙文把革命的目标设定为“要四万万人都是丰衣足食”（《三民主义》）一样，中国共和革命的一个特征就在于以满足天下所有人民的生存需求为主要目标。例如，就人权而言，欧洲的共和思想的主要内容是以确立私有权为基础的政治权利上的自由和平等，而中国的共和思想为了满足四亿人民全体的生存需求，以大同调和为基础，更志向于反“大私”性质的经济上的平等。因此，“民权”也就

① 〔日〕沟口雄三：《作为方法的中国》，孙军悦译，北京：生活·读书·新知三联书店2011年版，第17—18页。

② 〔日〕沟口雄三：《中国的冲击》，王瑞根译，北京：生活·读书·新知三联书店2011年版，第103页。

③ 〔日〕沟口雄三：《作为方法的中国》，孙军悦译，北京：生活·读书·新知三联书店2011年版，第12页。

意味着多数者为了反抗少数者的专横自私所追求的全体人民的生存权利,也就是国民权、人民权的意思。这和欧洲包含了个人经济活动的无限自由,即以个人私有财产权为基础的市民权利从一开始就大不相同。①

随着20世纪末以来新启蒙的分崩离析——犹如20世纪初五四阵营的分道扬镳②,"文化自觉"意识日渐觉醒,陈寅恪心仪的"我民族独立之精神、自由之思想"日益为人青睐。2004年设立的一年一度的中国文化论坛,在其编辑的年度报告之总序里就文化自觉写道:

可以用费孝通所说的"文化自觉"这一命题来界定所谓"对中国文化主体性的理论思考和实践关怀"……"文化自觉"这一命题中的"文化"涉及经济、政治、法律、教育、学术和其他领域的方方面面;这一命题中的"自觉"表达的是在全球化的处境中对于中国文化自主性的关切和思考,而这一关切和思考不可能不涉及中国如何在开放条件下寻求经济、政治、法律、教育、学术等领域的独特的变革道路这一现实问题。

我们强调中国的变革有着自身的"独特的道路"是基于两个方面的基本认识:第一,中国是个古老的文明,又经历了现代的革命和30年的改革,中国的变革必然是一个立足于自身的传统与现实而展开变革与创新的过程,那种简单照搬现成模式的方式不仅在历史中曾经导致灾难,也会在现实中将中国的变革引向歧途;第二,当代全球化浪潮包含着一种支配性的逻辑和同质化的趋势,中国的变革一方面离不开向其他文化与社会的学习和借鉴,但另一方面又必须在开放中确立自身的自主性。所谓"和而不同",表达的是这种开放性与自主性、关联性与多样性之间的辩证关系。……只有基于一种

---

① 〔日〕沟口雄三:《作为方法的中国》,孙军悦译,北京:生活·读书·新知三联书店2011年版,第14—15页。

② 见程巍:《新文化运动与五四运动:两种"精神"的缠斗》,载《中华读书报》2011年7月13日。

深刻的"文化自觉",人们才能避免盲目的自卑与自大,真实地理解我们置身的这个多样性的世界及其面临的挑战。[①]

概而言之,所谓文化自觉,就是费孝通晚年提出的十六字箴言——"各美其美、美人之美、美美与共、天下大同"。在文化自觉及其引领的"民族复兴"潮流下,进化论思路正面临新的转机,尤其是自由化路径更显出固有的局促与逼仄。

(二)

相对于进化论的另一种思路是文明论。按照这种思路,中国自来属于一种文明体系,不同于以现代西方为典范的民族国家体系[②]:

> 古代中国人的"中国"常常是一个关于文明的观念,而不是一个有着明确国界的政治地理观念。[③]

> (中国)不同于近代"民族国家"(nation-state),它是一个以文化而非以种族为华夷区别的独立发展的政治文化体,或者称之为"文明体国家"(civilizational-state),它有一种独特的文明秩序。[④]

> 按照传统的政治理念,国家不是一个法律建构的实体,而是一个文化或文明实体。[⑤]
>
> ……

与古典的文明体系相比,现代体系或现代社会虽有层出不穷的阐述,

---

① 见三联书店出版的《乡土中国与文化自觉》(2007)、《中国人文社会科学三十年》(2009)。

② 关于这一问题的详细讨论,参见汪晖:《现代中国思想的兴起》上卷第二部"帝国与国家",北京:生活·读书·新知三联书店2008年版。

③ 葛兆光:《宅兹中国——重建有关"中国"的历史论述》,北京:中华书局2011年版,第45页。

④ 金耀基:《金耀基自选集》,上海:上海教育出版社2002年版,第77页。

⑤ 强世功:《中国香港:政治与文化的视野》,北京:生活·读书·新知三联书店2010年版,第115页。

诸如理性化、世俗化、科层化等，但都不如马克思恩格斯的《共产党宣言》一语中的：

> 资产阶级除非对生产工具，从而对生产关系，从而对全部社会关系不断地进行革命，否则就不能生存下去。反之，原封不动地保持旧的生产方式，却是过去的一切工业阶级生存的首要条件。生产的不断变革，一切社会状况不停的动荡，永远的不安定和变动，这就是资产阶级时代不同于过去一切时代的地方。一切固定的僵化的关系以及与之相适应的素被尊崇的观念和见解都被消除了，一切新形成的关系等不到固定下来就陈旧了。一切等级的和固定的东西都烟消云散了，一切神圣的东西都被亵渎了。[①]

打破成规、追求变化，鄙薄传统、崇仰未来，俨然构成现代体系或现代社会的鲜明标志。从短短数年间由博客而微博、由微博而微信的新陈代谢中，就不难理解何谓"一切等级的和固定的东西都烟消云散了，一切神圣的东西都被亵渎了"。与此同时，尽管现代多以西方为先导，甚至为样板，但"现代"并非单数的概念，而是复线的进程。换句话说，现代化不是只有西方一种固定模式，而是由多种多样的路径所构成的多元化图景。古典的文明体系是多元的，变化的现代体系同样是多元的。至于从文明体系到现代体系乃属于不同文明形态的转换，也不存在一条不断上升、不断进化的单一路线。事实上，作为不同的文明体系及其分析框架，古典的文明国家与现代的民族国家往往圆凿方枘，犹如牛顿的经典物理学体系与爱因斯坦的现代物理学体系，顾炎武区分的"亡国"与"亡天下"可以被视为一种象征性分野。[②]

众所周知，现代的民族国家以确定的领土、主权、国家认同等利益共同体为标志，而中国古代的文明体系则以天下意识、礼乐制度、朝贡关系

---

① 《马克思恩格斯文集》第2卷，北京：人民出版社2009年版，第34—35页。

② 顾炎武《日知录》卷一三"正始"："有亡国，有亡天下。亡国与亡天下奚辨？曰：易姓改号，谓之亡国；仁义充塞，而至于率兽食人，人将相食，谓之亡天下。……保国者，其君其臣，肉食者谋之；保天下者，匹夫之贱与有责焉耳矣！"

等文化共同体为特征,其间差异不亚于诗人心中的嫦娥奔月与科学家手里的航天飞机。举例来说,在现代经济学看来,所谓“经济”就是功利利益算计,而中华文明的经济乃在“经世济民”。哈佛大学教授丹尼尔·贝尔曾指出,古典文明围绕着人们的“需求”(need),现代社会则满足人们的“欲求”(want)。需求属于生理层次,故有限度;欲求属于心理层次,故欲壑难填。无怪乎,现代的科技发明、消费主义、广告传媒乃至民主自由等,最终使人处于永无餍足的欲求之中。[①] 北京大学政治学教授强世功就此写道:

> 现代的弊端,即把古典政治思想中贬斥和摈弃的激情(passion)和欲望(desire)看作是现代政治的起点,并把利益(interests),看作驯服欲望的工具,政治的全部目的就是将人们的激情和欲望导向利益的最大化计算。无论亚当·斯密的“看不见的手”,还是孟德维尔的“蜜蜂的寓言”,无论是通过社会契约的理性计算来建立政府,还是通过野心制约野心来“驯服君主”,都是按照现代的逻辑来理解经济、政治、社会和道德。[②]

推崇古典文明而鄙薄现代文明的政治学家列奥·施特劳斯,曾经分析了古典体系的“天然正确”(natural right)如何被现代社会偷换为“天赋权利”(natural right)[③],而前者确立的是一种高贵神圣的德行原则,后者推崇的只是一种功利算计的世俗原则。不无巧合的是,在经典物理学开始被现代物理学取代的20世纪初,德国思想家、历史哲学家斯宾格勒提出了著名的“文明史观”。在1918年问世的《西方的没落》一书里,他指出每一种文明都如生命有机体,存在自身的年轮与周期,世界历史就是由

① 见〔美〕丹尼尔·贝尔:《资本主义文化矛盾》,赵一凡等译,北京:生活·读书·新知三联书店1989年版。

② 强世功:《中国香港:政治与文化的视野》,北京:生活·读书·新知三联书店2010年版,第296—297页。

③ 见〔美〕列奥·施特劳斯:《自然权利与历史》,彭刚译,北京:生活·读书·新知三联书店2003年版。

一个个不同的文明体系构成的。这一思想既质疑了西方中心论，又颠覆了历史进化论，同时也开启了文明论的思路。如果说经典物理学与现代物理学的分立集中于时空观，那么文明体系与现代体系的差异则凝结于政治哲学。在赵汀阳看来："以国家为政治的标准分析单位只属于西方政治模式，这不能覆盖所有的政治模式，比如说中国政治的标准分析单位就是天下（世界）。"[①]中国人的天下观，早在文明初启的"轴心时代"（雅斯贝尔斯语）就已显露，如《诗经》吟咏的"溥天之下，莫非王土；率土之滨，莫非王臣"，并蕴含于中国人自古及今的心胸与襟怀，如"修身齐家治国平天下""先天下之忧而忧，后天下之乐而乐"等：

> "天下"比西方思想中的"世界"概念有着更多更重要的含义，它是自然地理、社会心理和政治制度三者合一的"世界"，是一个饱满的世界概念。……西方政治思想中没有关于整个世界的政治世界观，世界就总被看做是自由争夺和掠夺的"公地"，更无所谓世界利益，而只有国家利益。这一有缺陷的政治意识鼓励了西方长期以来对世界的霸权主义和殖民主义掠夺，一直到非常晚近才开始意识到世界出了问题。[②]

中华文明的天下意识及其实践不仅意味着四海之内皆兄弟，"对于天下，所有地方都是内部，所有地方之间的关系都只是远近亲疏关系"[③]，而不是对抗性关系，更意味着天下为公、天下大同、天下人共享一切物质财富与精神价值：

> 天下体系的"无外原则"蕴含至少两个重要结果：(1) 既然"天下"与"天"一样都是世界万民的公共利益和公共资源，天下理念就拒绝了把他者看做不共戴天的异己。这一点决定了天下政治的根本

---

① 赵汀阳：《坏世界研究：作为第一哲学的政治哲学》，北京：中国人民大学出版社 2009 年版，第 28 页。

② 同上书，第 83—84 页。

③ 同上书，第 92 页。

原则是"和",即在承认世界多样性的基础上谋求合作最大化和冲突最小化。(2)既然世界多样性是天经地义,天下体系就拒绝单方面推广某种观念体系和知识体系的生存空间。这是"礼不往教"的文化原则。《礼记》曰:"礼,闻取于人,不闻取人,礼,闻来学,不闻往教。"别人自愿来学,与强加于人显然完全不同。①

由此可知,中国古代为何只闻"取经"而不闻"传教",但见西天路上的仆仆风尘,鲜有延续千年血与火的"宗教战争"或"传教战争"。

按照天下一家和四海之内皆兄弟的理念,和平与和谐自然成为中华文明的首要原则或最高原则。天下政治一向将天下太平视为根本,所谓"和为贵""宁为太平犬,不为乱离人"等都体现着这种集体无意识,并且至今隐含于"稳定压倒一切"等话语之中。杨昂在肯定清帝国政治遗产之际,就特别强调"完整的疆域,整合的政制体系,多元融合的民族,自由发展的宗教"②。显而易见,中华文明体系的和平与和谐原则迥异于现代体系的暴力原则或冲突原则。提出"现代世界体系理论"的沃勒斯坦(Immanuel Wallerstein)曾悲叹:"世界体系的生命力由冲突的各种力量构成,这些冲突的力量由于压力的作用把世界体系结合在一起,而当每个集团不断地试图把它改造得有利于自己时,又使这个世界体系分裂了。"③如果说天下政治以治乱兴亡作为衡量一切的准则,那么现代政治则以意识形态作为判定一切的砝码,乃至"许多在当代有着广泛社会影响的理论都是政治意识很强的"④。这些理论同现代世界的关系容或见仁见智,但显见的事实是伴随着这些层出不穷的意识形态理论,是当今世界连绵不断的冲突、争斗、战争、动乱,耶鲁大学教授蔡美儿称之为"起火的世界"。

① 赵汀阳:《坏世界研究:作为第一哲学的政治哲学》,北京:中国人民大学出版社2009年版,第105页。

② 杨昂:《中华太平盛世:清帝国治下的和平(1683—1799)》,见强世功主编:《政治与法律评论》(2010年卷),北京:北京大学出版社2010年版,第71—72页。

③ 〔美〕伊曼纽尔·沃勒斯坦:《现代世界体系》卷1,罗荣渠等译,北京:高等教育出版社1998年版,第460页。

④ 赵汀阳:《每个人的政治》,北京:社会科学文献出版社2010年版,第9页。

既然治乱兴亡是天下政治的核心，那么为了天下太平，就不能不将天下人的身家性命纳入政治考量，不能不将“天理民心”作为天下太平的基石。所谓“周公吐哺，天下归心”“得民心者得天下”等，早已融入中华文明的精神血脉。历史表明，天下政治不能仅凭暴力，因为再强大的暴力也不可能统驭天下，更不可能持久，天下太平归根结底还在于人心以及化育人心的文化，就像中国古代的“怀柔远人”。孙子早就意识到：“百战百胜，非善之善者也；不战而屈人之兵，善之善者也”（《孙子兵法·谋攻篇》）。诸葛孔明“七擒孟获”，更是传为千古佳话。在卡尔·施米特等现代西方政治学家看来，政治的要义仅仅在于“区分敌友”，而在中国的文明理念里，政治的化境更在于“化敌为友”。为此，固然需要公平、正义，“不患寡而患不均”，“均贫富，等贵贱”；同时更需要文化及其濡染、化育、感召与熏陶，以塑造与引领更有意味的人生。古代特别是先秦的礼乐制度之所以发达，原因也在于此。同样，世界各大文明体系无不将人心而非强权视为政治的根本，将文化而非利益视为长治久安的根基。犹太教、基督教、伊斯兰教、佛教、印度教等无不致力于世道人心，而曾以武力纵横欧亚非的古罗马帝国，迫害基督教数百年而终不敌其浸淫，最后连帝国皇帝都归顺了基督教。在所有的古典文明体系中，政治的最高境界从来都不在于暴力与强权，而在于“不战而屈人之兵”的文化政治：

> 较高的文明不仅意味着较高的经济水平和物质生活，而且意味着更有魅力的精神生活，因此容易获得更多人的支持。民心向背终究是任何一种政治权力的根基。精神生活从一开始就具有政治意味，尽管人们反思到这一点是相当晚近的事情。精神生活不仅能够吸引人，而且能够统治人，事实上，精神生活是统治的完成形式，只有完成了对人们的心灵统治才最后实现了统治。心灵上的同意是对一种政治统治的自愿自觉认同，因此，心灵的一致认同是政治权力的最后基础。只有能够创造一种为所有人或至少大多数人所认可的精神

生活，才能充分有效地维持政治秩序。[①]

总而言之，古今中西乃属不同的文明体系及其话语，其间不存在一条自西徂东、一路上升的历史进化直线，仿佛现代就是先进，古典就是落后，好像西方代表文明，中国代表野蛮。文明体系与现代体系的差异充其量是价值排序的你先我后，而非价值谱系的你高我低。比如，古代与现代都讲美德，也都讲权利，只不过古代更崇尚美德优先，而现代更追求权利优先，不妨想想英国帕默斯顿勋爵的名言：没有永远的朋友，也没有永远的敌人，只有永远的利益。同样，如果说文明体系的自由在于推崇人的尊严，那么现代体系的自由则在于追求人的利益。下面试就两大体系及其价值谱系作一对比：

文明体系	现代体系
美德为本	权利为本
德行优先	利益优先
内在自由	外在自由
内心自律	身外法律
天下无外	国家至上
需求驱动	欲求驱动
朝贡关系	外交关系
文化主义	民族主义
乡土社会	都市社会
……	……

与进化论的思路相比，文明论思路具有如下特征：一是更具有包容性、开放性，二是更契合错综复杂的历史进程，三是更体现天下大同的理想，借用作曲家瞿小松一段富有诗意的文字来说：

① 赵汀阳：《坏世界研究：作为第一哲学的政治哲学》，北京：中国人民大学出版社2009年版，第23—24页。

> 以我小学层面的地理知识，我知道：非洲有一条大河，叫尼罗河；南美有一条大河，叫亚马逊河；欧洲有伏尔加河、有多瑙河、有莱茵河、有易北河；古代的亚述，现今的伊拉克，有幼发拉底河、有底格里斯河；印度有恒河；中国有澜沧江、有长江、有黄河。世界上，还有许许多多我这个小学生不晓得的河流。众多的河流所滋养的繁盛物种，众多的江河所流经的高山、丘陵、戈壁、平原、森林、草地，使得我们生息繁衍其中的地球，我们的这个家，丰饶，有趣，可爱。这所有河流所孕育的文明，如果说伟大，它们同等地伟大，如果说无足轻重，它们同等地无足轻重，因为从月球、从太空远眺地球，溪、涧、江、河，所有的流，我们一概不见。①

（三）

超越进化论思路，开拓文明论思路，对古今中西问题以及中国新闻史，当会形成一种更加开阔的视野、更加大度的胸怀、更加持平的心态。一百多年前的1907年，26岁的鲁迅先生在《文化偏至论》里，已经敞显这样一种视野、胸怀与心态："明哲之士，必洞达世界之大势，权衡校量，去其偏颇，得其神明，施之国中，翕合无间。外之既不后于世界之思潮，内之仍弗失固有之血脉，取今复古，别立新宗，人生意义，致之深邃，则国人之自觉至，个性张，沙聚之邦，由是转为人国。人国既建，乃始雄厉无前，屹然独见于天下，更何有于肤浅凡庸之事物哉？"如今，经过一个多世纪的风风雨雨，人们对此已有越来越自觉、越来越自信的体会，就像强世功2010年所写的：

> 如果我们能够对自己的文化偏见或政治偏见有所反思，并能抛开狭隘的个人恩怨，从文明、民族和历史的角度看待中国的近代和现代史，看待中国近代以来曲折的现代性探索，包括中国革命、新中国

① 瞿小松：《虚幻的"主流"》，载《人民音乐》2011年第6期。

建立、社会主义建设、“文化大革命”、改革开放、八九年政治风波以及中国崛起等这些前后相继的历史事件,我相信大家都会对“中国”这个概念有所感悟。①

从文明论的思路可以说,现代中国不管如何波涛翻涌,怎样风云变幻,一方面固然属于应对外来冲击的历史进程,一方面更属于文明体系的转换过程。这个纷纷扰扰的数千年未遇之变局虽由种种现实因素促成,恩格斯的“合力论”,今天的“博弈论”,都有助于理解其错综复杂的背景,但并没有了断,也不可能了断自身的文明脉络,即使貌似激进的东西同样既因应着外来潮流,更植根于、生发于内在的文明土壤。比如,沟口雄三对“天”这一概念的阐发:

被历代王朝所继承的“天”的统治观念(民以食为天、均贫富、万物各得其所等)不断地变换着其结构形式,依然基本上被继承了下来。例如,清末的大同思想、孙文的民生主义(四亿人的丰衣足食)以及后来的社会主义理念等。这一事实反映了这样一个道理:作为统治理念的“天”,实际上是民众的声音。在中国,有关“天”的统治理念,本然地具有社会主义性质,不管社会主义的名目如何,对于中国人民的整体性的生存而言,“天”(相互扶助)的理念是无法轻易抛弃的。②

再如,强世功教授对新中国政制的论述:

共产党理论中最核心的要素不是阶级,也不是民族,而是“国家”和“天下”这样的概念。中国人接受马克思主义的阶级概念,就在于这个阶级概念的背后,有着共产主义的天下大同理想。而这个“国家”也不是现代西方政治理论中的民族国家,而是传统儒家的

---

① 强世功:《中国香港:政治与文化的视野》,北京:生活·读书·新知三联书店2010年版,第370页。

② 〔日〕沟口雄三:《中国的冲击》,王瑞根译,北京:生活·读书·新知三联书店2011年版,第100—101页。

家—国—天下的差序格局。①

就像没人能拔着自己的头发离开地球一样，中国的“现代”——现代化、现代性、现代文明等，不能不带有鲜明的中华文明烙印，所谓“中国特色”不是什么人随便强加的，也不是以任何人的意志为转移的。遵循这样的思路，才能避免总戴着意识形态的有色眼镜看问题，尤其是避免以刻舟求剑、南橘北枳的心态强求数千年延续不断的中华文明，从而对这一伟大文明及其现代转型的一整套探索与顿挫多一份同情与理解，对前人的一系列成功与落败多一份温情与敬意。在我们看来，晚清也好，民国也罢，新中国的前三十年也好，后三十年也罢，落实于实际层面无不属于“现代国家”的生成过程或建设过程(state-building)。具体说来，也就是一个“从‘自在民族’到‘自觉民族’，从‘文化主义’到‘民族主义’，从‘帝国’到‘民族国家’的过程”。② 即沟口雄三说的，从鸦片战争到新中国成立，“这一百年的时间里，中国一以贯之地所追求的基本上是两个长期性课题——吸取西欧文明、推翻王朝制度并建立取而代之的新国家体制”③。显然，这一包罗万象的社会系统工程不可能一蹴而就，也不可能一帆风顺，更不可能按图索骥。而无论工程多么浩大繁杂，艰难曲折，以五千年文明国家的深沉底蕴、聪明智慧与刚毅坚卓，当年仁人志士追求的“振兴中华”已日益成为今日“民族复兴”的愿景，借用胡锦涛在庆祝中国共产党成立 90 周年大会上的讲话对此的概括，共产党成立 90 年来完成的三件大事：“从根本上改变了中国人民和中华民族的前途命运，不可逆转地结束了近代以后中国内忧外患、积贫积弱的悲惨命运，不可逆转地开启了中华民族不断发展壮大、走向伟大复兴的历史进军，使具有 5000 多年文明历史的中国面貌焕然一新，中华民族伟大复兴展现出前所未有的光明

① 强世功：《中国香港：政治与文化的视野》，北京：生活·读书·新知三联书店 2010 年版，第 101 页。

② 李涯：《帝国远行：中国近代旅外游记与民族国家建构》，北京：中国社会科学出版社 2011 年版，第 33 页。

③ 〔日〕沟口雄三：《中国的冲击》，王瑞根译，北京：生活·读书·新知三联书店 2011 年版，第 116 页。

前景。”

相应于进化论和文明论的思路,也隐然形成不同的中国新闻史叙事。大略说来,进化论一路的新闻史依然占据主流,如中国新闻史权威方汉奇教授的《中国近代报刊史》(山西人民出版社,1981 年)及其主编的三卷本《中国新闻事业通史》(中国人民大学出版社,1999 年),以及十之八九的新闻史教科书。其中“革命化”叙事由于共享主流价值,并承载为主流媒体出思想、出人才之责,更是始终主导着新闻史学科。然而,随着 20 世纪 80 年代以来层层涌动的“告别革命”“国际接轨”“普世价值”等思潮,“自由化”叙事也开始吹皱池水,甚至时或波涌浪翻,与西方新闻专业主义一道对中国的新闻实践与新闻研究形成冲击之势,张育仁的《自由的历险——中国自由主义新闻思想史》(2002)、李金铨主编的《文人论政:知识分子与报刊》(2008)等均属此类。总体看来,进化论一路的叙事既细致勾画了新闻史的演进轨迹,又深入揭示了新闻史的内外动因,对中国新闻史学科的建立与发展厥功至伟,并构成中国新闻传播之学的学术基础。同时,由于受制于根本思路的局限,无论革命化新闻史,还是自由化新闻史,都难免存在顾此失彼的问题。打个比方,革命化勾勒了长江,自由化描绘了黄河,而问题在于中国还有许许多多的大江大河,更有数不胜数的高山湖泊、草原牧场、平原盆地、戈壁沙漠,等等。

伴随 21 世纪中国的和平发展,以及文化自觉意识的苏醒,如今文明论思路已然春风徐来,草长莺飞,新闻传播领域也不例外。2011 年,国务院新闻办公室发布《中国的和平发展》白皮书,第一次明确宣示了六大“国家核心利益”之际,也阐述了中华文明的传播观,从中不难看出文明论的思想逻辑:

> 中国人民历来崇尚“和而不同”“天人合一”“以和为贵”的理念,以和谐精神凝聚家庭、敦睦邻里、善待他人。和谐文化培育了中华民族热爱和平的民族禀性。举世闻名的“丝绸之路”是一条贸易之路、文化之路、和平之路,铭刻下中国古人追求同各国人民友好交流、互利合作的历史足迹。中国明代著名航海家郑和“七下西洋”,远涉亚

非30多个国家和地区,展现的是中华灿烂文明和先进科技,留下的是和平与友谊。

中华民族以“海纳百川,有容乃大”的胸怀,接受一切有益的外来文化,促进了中外文化融合,留下了不少对外文化交流的千古佳话。中国人民具有强烈的集体意识和社会责任感,崇尚“己所不欲,勿施于人”,尊重不同文化、不同观念,注重推己及人、将心比心,不将自己的意志强加于人。对外待之以礼,实行睦近交远。

如前所述,鸦片战争以来的变局既是现代文明的启蒙历史,也是争取国家独立、民族解放、人民自由的革命历史,同时更属于现代国家的生成过程、建设过程。与之相应,新闻业除了高高在上地启蒙大众,如孙中山的“先知先觉”对“后知后觉”,除了星火燎原地动员民众、组织民众、发动民众,如毛泽东的“政治家办报”,同时也是一面为纷繁复杂的现代国家体系提供必不可少的信息平台与传播网络,一面日入日深地“形塑”必不可少的世道人心,从而在中华文明数千年的文化认同上形成现代的国家认同,将文明体系的天下之民或“散沙之民”(孙中山),变成现代国家的一国之民——“国民”。另外,中华文明的内在基因也如血脉一般渗透于现代新闻业,从而形成不同于西方新闻业的诸多理论与实践。比如,以往新闻史将王韬、梁启超、《大公报》等“文人论政”归结于现代西方新闻思想的影响,视之为新闻自由的一条历史脉络。而从文明论的思路看,文人论政其实更是赓续着春秋诸子的百家争鸣、汉代太学生的参政议政、明代东林党人的“家事国事天下事事事关心”等精神衣钵。再如,一些研究常常批评中国的典型报道,认为不符合西方新闻专业主义的标准。其实,在这些看似“高大全”的典型报道中,无不若隐若现地体现着中华文明激浊扬清的道德传统。

如今,诸如此类的研究已如春草绿色,春水绿波,耳目一新,值得关注。例如,北京大学吴晓东博士的学位论文《〈长河〉中的传媒符码》(《视界》2003年第12辑)、四川大学李涯博士的学位论文《帝国远行:中国近代旅外游记与民族国家建构》(中国社会科学出版社,2011年)等。再如中国人民大学新闻学院樊亚平博士的学位论文《中国新闻从业者职业认同研究(1815—1927)》(人民出版社,2011年)、清华大学新闻与传播学院李漫博士的学位论文《元代传播考》(北京大学出版社,2013年)、复旦大学新闻学院王华博士的学位论文《民族影像与现代化加冕礼——新中国少数民族题材纪录片历史与建构(1949—1978)》、中国社会科学院研究生院新闻系牟邵义博士的学位论文《明代东北亚地区陆路信息传播研究》等。这些研究虽然取舍万殊,但共同点都在自觉不自觉地摆脱进化论思路,从更加广阔的文明背景上探求新闻传播的丰富内涵。举例来说,按照"革命化"叙事,19世纪传教士报刊难脱文化帝国主义的丑恶印记,而在"自由化"叙事中则被视为先进文明的宁馨儿,就像《传教士中文报刊史》一书序言所写的:

> 传教士中文报刊介绍了相当丰富的西学知识,举凡数、理、化、天、地、生、医、农、文、史、哲、经、法、政治学、教育学、军事学,从自然科学、人文科学、社会科学到工程技术,无所不涉。其中,相当多的知识为中国人此前所不知,或较中国已有之知识先进。[①]

这一路研究及其认识当然都有充分的理据与道理,也在相当程度上触及问题的根本与实质。不过,世纪之交,留美学者刘禾对19世纪列强话语政治的独到研究引起学界热议,其中涉及的传教士问题不仅体现着一种文明论意识,而且对理解当时的新闻传播也不无启发。[②] 与此相似,中国社会科学院外国文学研究所研究员程巍,关于电报的所思所见同样为清末民初的新闻史研究提供了广阔视野:

> 清末以来政府在财政极度匮乏的情形下引进的各种技术和制度(铁路、轮船、航空、电报、印刷机、邮政系统、房屋编号、国语统一、国

① 赵晓兰、吴潮:《传教士中文报刊史》上海:复旦大学出版社2011年版,"序言",第1—2页。

② 见刘禾:《帝国的话语政治:从近代中西冲突看现代世界秩序的形成》,北京:生活·读书·新知三联书店2009年版。

民教育体系、强迫教育等），为日后一个统一的现代国家的形成铺垫了技术、制度和社会诸方面的基础，不能为了把1917年神话为“中国现代史的开端”而将其一笔抹杀。长城非一日建成。

川流不息的电波将中国各地及中国与世界紧密连在一起。李鸿章这份奏片所体现的战略眼光和现代商业管理理念，远高于狂想“十万里铁路”的胡适。电报在全国动员以及“同步行动”方面具有的政治潜力，超出了李鸿章的预想，并实际促成清廷的快速倒台。在电报遍设于中国后，即便从甘肃到北京须一百多天，从上海到成都须两个月，但甘肃、上海、成都和北京可在同一时刻互通音讯。不徒如此，万里之遥发生的事，当日或次日便可为中国各地报馆所知，并立即载于报刊。

电报大大促进了各地方共同体对“同一个国家”的认同。它是时间和意识的加速器。假若说李鸿章引进电报反加速了清朝的终结，那么，西方发明的这种技术也成了列强瓜分和侵略中国的一个障碍——它们发现这个向来缺乏组织的国家已迅速动员起来。

以前因地理距离而处于不同时空的各地方共同体，如今被电报一齐带进同一个时空共同体。1911年10月的辛亥革命能迅速变成全国运动，1918年11月欧战胜利的消息能在同一刻传遍全国并形成举国同庆的场面，1919年5月4日的北京学生运动能立即席卷全国，1927年的北伐能进展神速，与电报快捷传递消息和社会动员的功能密不可分；而且，电报也成为“国际运动”的媒介：巴黎和会期间，七千封电报从中国各地发向巴黎。这一切，在1900年以前是不可想象的。电报网的设立，使这个处在“空洞的、异质的时间”中的古老国家第一次获得了各地之间以及中国与世界之间的共时性。①

当然，眼下文明论一路的新闻史研究还任重道远，不仅因为许多材料还有待发掘，许多问题还有待探究，许多认识还有待厘清，更关键的还在

① 程巍：《清末电报网与国家统一》，载《中华读书报》2009年7月1日。

于解放思想,像《国际歌》里唱的“让思想冲破牢笼”,特别是冲破数百年来桎梏人类思想的一整套话语,刘小枫对列奥·施特劳斯的解读或许有助于理解这一点:

> 施特劳斯倡导的政治哲学突出“古典”的规定,首先意味着从根本上质疑现代“盲目而热烈的”“主义”(无论保守、左倾还是自由主义)——回答为什么我们要引进施特劳斯,第一个理由就是:我们由此得以摆脱百年来对西方现代的种种“主义”“盲目而热烈的”追逐。
>
> 我们引介施特劳斯的第二个理由就在于此:对现代之后的西方文教制度的学理基础,我们应该抱持审慎的态度。施特劳斯倡导的古典教育为我们提供了契机,因为,古典教育要求我们瞩目古代的高伟灵魂,这只能见诸古代流传下来的经典——讲是非、好坏、对错、善恶,必须基于一套道德原则,无论中国还是西方的古代文明,早就已经总结出这样的原则,现代的社会科学废除了这些原则,“在地上”另立原则,我们必须寻回古典的原则,才能挽救我们作为学人的道德—政治品质。
>
> 我们引介施特劳斯的第三个理由就在于:施特劳斯的“古典政治哲学”让我们懂得,中国之“道”百年来面对的仅仅是西方的现代之“道”,而非西方的古典之“道”,使我们得以摆脱以现代西方之道来衡量中国古典之道的习惯立场,摆脱现代西方文教体系中的种种“盲目而热烈的”政治想象。①

由此观之,值得反思。

① 刘小枫:《施特劳斯与中国:古典心性的相逢》,载《思想战线》2009年第2期,第35卷。

二、全球化与现代传播的一种新思路

1935 年，毛泽东写下一首自谓“主题思想是反对帝国主义”的《念奴娇·昆仑》，末尾一句尤为流传：太平世界，环球同此凉热。

身处新世纪，面临全球化，每个思考者都难免想到一个问题：这个世界到底是好世界，还是坏世界？究竟是好得很，还是坏得很？借用狄更斯《双城记》开篇的名句来说：是最好的时代，还是最糟的时代；是智慧的年代，还是愚蠢的年代；是光明的季节，还是黑暗的季节；是信仰的时期，还是怀疑的时期；是希望的春天，还是绝望的冬天；是无所不有，还是一无所有……而无论怎么说，好有好的道理，坏有坏的逻辑。

周虽旧邦，其命维新。现代中国经历了数千年未遇之变局，从旧邦新造天翻地覆的革命年代，到一波三折艰辛探索的建设时期，人类历史上唯一延续至今的泱泱文明，已经岂止是像阿·托尔斯泰所言“在清水里浸过三次，在血水里洗过三次，在碱水里煮过三次”（《苦难历程》）。如此文明古国遭逢如此天崩地坼，自然召唤非常倜傥之人，以究天人之际，通古今之变，成一家之言。从康有为到孙中山，从毛泽东到邓小平，他们的思想改变了中国，也影响了世界。同时，富有“独立之精神，自由之思想”的哲人也如大江东去，前呼后拥，形成先秦百家、魏晋佛学、宋元禅宗以降的又一次精神大跃动，思想大解放，如新中国的李泽厚、赵汀阳。

2009 年，赵汀阳出版了一部《坏世界研究：作为第一哲学的政治哲学》，站在巨人肩膀，跨越前人思想，阐发了一套别开生面的全球性主张，与此前《没有世界观的世界》(2003)和此后《每个人的政治》(2010)构成一脉相通的思想脉络。其中有关世界及世界观的天下思想，更为反思全球化与现代传播提供了新颖的思路，也从根本上摇撼了西方驳杂的全球化话语体系。下面就来看看他是怎么分析这个坏世界的。

(一)

从形而上的角度看,现代世界体系本质上是个“无序状态”(chaos)。将无序状态变成有序状态,就需要有一套“世界观”。而问题是现代世界恰恰是没有世界观的世界,或者说现代人的世界观里没有世界意识。比如,“西方思考政治问题的基本单位是各种意义上的‘国家’(country/state/nation),国家被当作是思考和衡量各种问题的绝对根据、准绳或尺度”[①],即使沃勒斯坦的现代世界体系概念,同样是“由国家之间的冲突和相互合作形成的,其中起决定性作用的是国家利益”[②]。再如,自由主义的社会制度即便有效,也仅限于“国内社会”,一旦超越这个范围,就无法满足制度最大化和普遍化的要求,“诸如‘民主’和‘公正’这些原则从来都不被应用于国际关系中,那些现代的‘普遍’原则只要一进入世界性和国际问题就立刻化为乌有”[③]。1979 年,邓小平出访美国,在与美国国会议员的会谈中遇到麻烦,此前国会通过一项修正案,要求共产党国家允许那些希望移民的人自由离开,国会才能批准享有正常贸易关系。当国会议员逼问邓小平是否允许自由移民时,邓小平面无表情地回答道:“噢,这事好办!你们想要多少?一千万?一千五百万?”于是,美国议员再不追问,中国的最惠国待遇获得通过。[④] 这里不只是“虚伪”问题,就像人们指责美国与西方奉行双重标准,而归根结底还在于有世界而无世界观,人类虽处“同一个世界”而尚无“同一个梦想”,有的往往是自私自利甚至损人利己的纽约梦、巴黎梦、伦敦梦……赵汀阳说,“只有当能够从世界的整体性上去理解世界才能够有‘世界观’,否则就只能是关于世界的某种地方观,只不过是‘管窥’(the view of the world from somewhere),就不会关心

---

① 赵汀阳:《没有世界观的世界——政治哲学与文化哲学文集》(第二版),北京:中国人民大学出版社 2005 年版,第 13 页。

② 同上书,第 24 页。

③ 同上书,第 45 页。

④ 参见〔美〕傅高义:《邓小平时代》,冯克利译,北京:生活·读书·新知三联书店 2013 年版,第 338 页。

世界性利益”①。

那么,什么样的世界观才能满足全球人类的关切呢?同一个梦想的世界观是什么呢?赵汀阳的答案是天下观:“天下理念包含了两个基本的制度想象:一个能够保证利益冲突最小化并且合作最大化的世界政治制度;一个能够承认并且维护文化权利的世界文化制度。这是天下理念最重要的遗产,也是今天世界最需要的政治原则。”②按照他的分析,“天下”意识中包含三层含义。一是地理学意义的“天底下所有土地”,指人类可以居住的整个世界,相当于“天、地、人”三元结构中的“地”,即《诗经》咏歌的“溥天之下,莫非王土”。二是所有土地上生活的所有人的心思(heart),相当于“得民心者得天下”的民心,也就是说天下概念既是地理性的,又是心理性的。三是最重要的伦理学与政治学的意义,指天下一家、天下为公、天下大同等理念,如“修身、齐家、治国、平天下”的家国一体想象。一句话,天下是“地理、心理和社会制度三者合一的‘世界’”,是个已经完成从无序到有序转变的世界,用赵汀阳的话说,“是个满载所有关于世界的可能意义的饱满世界概念(the full concept of the world)”:

> 它所想象的天下/帝国从本质上区别于西方的各种帝国模式,包括传统军事帝国如罗马帝国模式和现代帝国主义的民族/国家如大英帝国模式以及当代新帝国主义即美国模式。最突出的一点是,按照纯粹理论上的定位,天下/帝国根本上就不是个“国家”尤其不是个民族/国家,而是一种政治/文化制度,或者说一个世界社会。正如梁漱溟所指出的,天下是个关于“世界”而不是“国家”的概念……中国关于政治/社会各种单位的层次结构,即“家—国—天下”的结构,意味着一种比西方分析单位结构更广阔因此更有潜力的解释框架。③

---

① 赵汀阳:《没有世界观的世界——政治哲学与文化哲学文集》(第二版),北京:中国人民大学出版社 2005 年版,第 31 页。

② 赵汀阳:《坏世界研究:作为第一哲学的政治哲学》,北京:中国人民大学出版社 2009 年版,第 124 页。

③ 赵汀阳:《没有世界观的世界——政治哲学与文化哲学文集》(第二版),北京:中国人民大学出版社 2005 年版,第 10—12 页。

由四海一家、四海之内皆兄弟的世界观,自然导出天下“无外”的逻辑。也就是说,天下体系只有内部而没有不可兼容的外部,只有内在远近亲疏的关系而没有不共戴天的异端。即使“华夷之辨”也仅仅表达文化差异,而不是设立你死我活的他者(the others)。“天下理念创造了最具和平气质和包容性的政治合作原则”[1],因此中国文化中从来没有异教徒,三教九流,同处一宇。“这样一种关系界定模式保证了世界的先验完整性,同时又保证了历史的多样性,这可能是唯一能够满足世界文化生态标准的世界制度。”[2]这里的一个突出例证,就是“和而不同”“礼不往教”等传统。按照北京大学李零教授的说法,中国历史上只闻“取经”而不见“传教”,只有西天路上络绎于途的仆仆身影,而没有血与火的“宗教战争”。另外,按照基督教文明传统,政治的第一要义在于分清敌友,就像德国政治哲学家卡尔·施米特的著名论述,无怪乎乔治·沃克·布什心口如一地声称“新的十字军东征”,美国也动辄给人扣上“邪恶帝国”“流氓国家”一类称号。而在中华文明看来,政治的最高境界在于化敌为友。在此类“和而不同”“礼不往教”的传统下,“不同的生活方式就仅仅是不同的生活而已,而不是某些必要修改或必须消灭的异端”[3]。

天下理念源于中华文明的黎明时期——周朝。它作为一种饱满的、完备的世界观念,数千年来一直支配着中国历史以及中国人的思维方式与行为方式,“在中国古代许多朝代的实践中被证明比较成功地维护了和平、社会稳定秩序和传统的延续”[4]。新中国确立的民族区域自治制度以及处理台港澳问题的“一国两制”方针,既是社会主义现代性的创造性发展,也无不延续着这一古老文明传统。而这些政制及其理念背后都隐含着一种多元化、多样性意识,体现着对不同生活方式与文化传统发自内心

① 赵汀阳:《坏世界研究:作为第一哲学的政治哲学》,北京:中国人民大学出版社2009年版,第124页。

② 赵汀阳:《没有世界观的世界——政治哲学与文化哲学文集》(第二版),北京:中国人民大学出版社2005年版,第16页。

③ 同上书,第39页。

④ 同上书,第38—39页。

的尊重。

老子说,“以身观身,以家观家,以乡观乡,以邦观邦,以天下观天下”(《道德经·五十四章》)。既然不同视角关注不同问题,那么只有天下视角才可能虑及世界性问题,并理解和关注全人类福祉。源于顾炎武的名言“天下兴亡,匹夫有责”,就是“以天下观天下”的最好说明。在顾炎武看来,国家兴亡只是一朝一代的事情,而天下兴亡则关乎天下人的身家性命。在西方思想家里虽然不乏对世界问题的思考,如近现代的康德、韦伯、罗尔斯等,但唯有马克思发现了一个超越国家的天下视角,也就是普遍存在于各个社会中的阶级以及全球化的阶级剥削。所以,马克思论证道,只有解放全人类才能真正解放自己,号召“全世界无产者,联合起来”。中国革命与中国共产党之所以选择马克思主义,绝不是偶然的历史巧合,更不是时贤痛心疾首的历史失误,而恰恰是基于这样一脉内在相通的天下大同理想。

天下意识不仅寄寓着至高至尊的古典理想,也是关乎每个人身家性命的现实政治。对天下政治而言,最重要、最基本的问题不在于风吹仙袂飘飖举的抽象教义,而在于千家万户感同身受的天下兴亡——落实在现实中就是“治乱”二字:“无论一种制度是激进的还是保守的,是进步的还是落后的,是民主的还是专制的,是古典的还是现代的,是美德主导的还是权力主导的,只要能够形成治世就是好制度。”[①]孟德斯鸠在论述不同民族的立法精神时说过,扩张是罗马的目标,太平是中国的目标。且看中国民间,三国故事家喻户晓,三国人物妇孺皆知。培养了十六位院士的化学家时钧先生,年少时常常在书包里藏着《三国演义》《水浒》,一次与同学打赌,看谁能背出更多的小说回目,结果三国背完,又背水浒一百零八将。三国故事之所以如此为中国人所喜爱,就在于其中既富有为人处世的道理,又饱含治国理政的玄机,开篇的“话说天下大事,分久必合,合久必分”就有大道存焉。如果说分久必合是治世,那么合久必分则为乱世,

① 赵汀阳:《坏世界研究:作为第一哲学的政治哲学》,北京:中国人民大学出版社2009年版,第104页。

治乱兴亡不仅构成中国历史的恒久主题,而且可以说也属于人类世界的第一命题。

逻辑上讲,治乱兴亡不能囿于各自为政的“国家”,特别是现代地缘政治意味的民族国家(nation-state),而需遵循家国天下的逻辑。因为,国家难免以邻为壑,一国之兴往往意味着他国之亡,一国之盛总是意味着他国之衰,至于现代的民族国家更是一种利益集合体,充其量可以保障自身的和平安宁,而无法兼顾天下人的身家性命。人类世界不能为了某个国家或某些国家的和平安宁,而让其他国家和人民一直承受生不如死的乱世,就像如今欧美发达国家享受着丰衣足食,山清水秀,而让亚非拉广大发展中国家一直处于“存者且偷生、死者长已矣”的世道。若以天下政治而非国家利益为本位,以治乱兴亡而非意识形态为要义,那么就不能不奉行王道,弃绝霸道。因为,再强大的国家暴力,相对于天下也显得微不足道,美国再强大也不可能让全世界人民臣服。即使暂时臣服,也不可能心服口服,更不可能永远心悦诚服,横绝亚欧大陆的元帝国最终不还是灰飞烟灭吗？所以,深谙此道的中国人自古重视世道人心,强调礼乐教化,信奉“得道多助,失道寡助”“顺德者昌,逆德者亡”,包括修身、齐家、治国、平天下的内圣外王以及“先天下之忧而忧,后天下之乐而乐”的胸襟。战国时代军事家吴起,一次同魏王泛舟河上,魏王赞叹道:“美哉山河之固,此魏国之宝也。”吴起回答说:国家安危系于内在修德,而不是外在险固,若不修德,那么“舟中之人皆敌国也”！如今,遍布天下、防不胜防的“恐怖主义”“恐怖分子”,对西方世界不正是这样的“敌国”吗?

总之,赵汀阳认为,天下观才是应对全球化、造福全人类的世界观,即便目前还是一种理想的乌托邦,至少也可以使人明白问题出在什么地方:

> 天下/帝国理论与帝国主义理论在对世界的理解上有着顺序颠倒的结构:天下/帝国的理论是个由大至小的结构,先肯定世界的先验完整性,然后在给定的完整世界观念下再分析各个地方或国家的关系。这是世界观先行的世界理论,而帝国主义是由小至大的结构,先肯定自己的民族和国家的绝对性,然后以自己国家的价值观把“其

他地方”看做是对立的、分裂的和未征服的。这是没有世界观的世界理论。也许我们无法比较哪种理论本身是更正确的(因为在社会和历史方面没有绝对真理可言),但假如我们需要世界正义、世界制度和世界和平这样一些事情,那么天下理论更有助于达到这些目标。①

(二)

如今,新闻传播的各家各派仿佛群山万壑赴荆门似的趋向同一愿景——理解。这一走势俨然假定一切传播活动都旨在信息的解读,而一切传播症结均在“传而不通”的环节,包括媒介与社会的理解障碍——政治的、经济的、文化的、心理的障碍。所以,一旦打通了障碍,充分对话,彼此沟通,层出不穷的误解、矛盾、社会冲突自然就烟消云散了,如两个舆论场云云。于是,各路用心良苦的“传播”“交流”“沟通”等学说前赴后继,哈贝马斯交往对话论堪称典型。然而,实际结果总是事与愿违,无论对全球传播还是人类社会的根本问题而言,基于理解的传播及传播观总体看来往往无济于事。仅看一个常见而普遍的现象,就足以令人深思:一方面,当今世界媒介越来越先进,技术越来越发达,渠道越来越畅通,信息越来越翔实,也就是说理解越来越不成问题;一方面,这个世界不仅依然乱云飞渡,狼奔豕突,而且在冷战后的权力失衡下越来越像耶鲁教授蔡美儿说的“起火的世界”。尤其令人费解的是,伴随着云计算、大数据、媒体融合一同出现的,不是“桃之夭夭、灼灼其华”,不是“春江潮水连海平、海上明月共潮生”,而是风起云涌的街头政治,此起彼伏的颜色革命,是愈发不宽容、不妥协、不认同的文化政治,一句话是哈贝马斯的苦心孤诣落花流水春去也。②

有鉴于此,欧美的传播研究与传播理论,无论是否前沿、是否科学、是

① 赵汀阳:《没有世界观的世界——政治哲学与文化哲学文集》(第二版),北京:中国人民大学出版社 2005 年版,第 32 页。

② 参见赵一凡:《从卢卡奇到萨义德:西方文论讲稿续编》,北京:生活·读书·新知三联书店 2009 年版,第 732 页。

否流行,即便可在不同程度上解释世界,甚至改变世界,却无法根本性地应对全球化与现代传播的致命痼疾。经验学派的"为虎作伥"姑且不论,批判学派的悲观绝望如当年阿多诺哀叹"除了绝望能拯救我们外就毫无希望了"同样于事无补。症结何在,出路何在?赵汀阳基于天下观提出的一种新思路,不失为柳暗花明又一村——从理解转向接受。在一篇国际会议论文《理解与接受》(2001)里,他从哲学角度阐述了这种迥异于理解的传播观——接受论,为摆脱当代传播的困境或绝境开启了希望之门,显示了高远的理论意义、实践价值以及全球视野。那么,他是怎么展开论述的呢?

英国电信有句令人振奋的口号——开口有益(Good to talk),中国有句老话——话不投机半句多。在他看来,这正好暗示着我们时代的一个重大问题——对话与冲突,恰似常说的"和平与战争""生存与毁灭"。无疑,对话已经成为当代应对冲突的常见模式,小到邻里纠纷,大到国际争端,无不寄希望于对话与沟通,"理解万岁"如雷贯耳。然而,对话之路总是如此崎岖、坎坷、布满荆棘,理解之门千呼万唤往往深闭不开,看看阿以和谈、六方会谈等就不难想象其间的千曲百折,步履维艰。为此,赵汀阳指出:既有的对话理论都将理解视为枢纽,而接受才是问题的关键;理解的出发点是自己或主体,而接受的立足点是他人或他者;理解的重点在知识论,而接受的核心是价值观。总之,仅有理解而无接受,就不会有酒逢知己千杯少的交流与对话,也不可能摆脱你说你的、我说我的这般鸡对鸭讲。

首先,需要明确在同一知识共同体内部展开的对话,远远有别于不同知识共同体之间的对话,如同家人之间的交往不同于邻里之间的寒暄。由于相信普遍人性和理性,人们倾向于认为世界上只存在一种可能的知识,所谓人同此心,事同此理,东海西海,心理攸同。而事实上,现实世界中一直存在着不同的文化共同体、知识共同体。且不说文明与文明、国家与国家等,即使男人与女人、少年与成人、常态性爱与非常态性爱一类的群体间,就有多少不同知识话语与理解难题。

其次,理解另一个知识共同体,重点不在知识论的实事求是,而在价值论的感同身受。因为,人们可以用同样的方式如形式逻辑看待世界,却可能喜欢完全不同的事物。打个比方,强调客观一致性的理解,就好比大家必须遵循某种游戏规则,如国际象棋的规则;而注重心有戚戚焉的接受,则相当于大家在国际象棋与中国象棋,甚或其他游戏中协商决定玩哪一种。再如,事实分明的客观报道充其量只能满足自身对他者的认知,而打动人心的新闻才能促进人与人、心与心的认同。西方式对话与中国式对话的区别也在这里:

在典型的西方式对话中,人们认为被假定能够生产真理的逻辑论证是最为重要的,因为它能够澄清"谁对谁错";而在中国式的对话中,更注重的是取得一种双方都喜欢的或至少是都能接受的互利结果,假如在双方现成的想法中不能有共同接受的结果,那么就共同发明一个新的想法,它无所谓谁对谁错,或者说,对错在这里是不重要的,大家都喜欢才重要。不难看到,只要考虑谁对谁错,就等于承认了有个绝对的标准是存在于对话之外的,不管那个标准是在自然那里还是在上帝那里,总之是高过了对话、高过了人心的标准。而假如不考虑对错,思想的标准就被内化在对话这件事情本身中,也就是落实在人心与人心之间的互相期待中,心与心的和谐而不是知识与对象的一致就变成了绝对的要求。①

当今世界的重要问题,不是知识与事实之间是否符合的真理问题,而是不同价值体系之间是否和谐的人心问题。何况,关于生活世界的真理不是一种先验的存在,而是最终实现时才能成其为真理,亦即实践是检验真理的唯一标准。② 还拿新闻来说,重点恐怕就不在于用一个至高无上的唯一尺度衡量哪家报道更客观、更真实,为此而不厌其详地还原"事实

① 赵汀阳:《没有世界观的世界——政治哲学与文化哲学文集》(第二版),北京:中国人民大学出版社 2005 年版,第 93 页。

② 赵汀阳在 2008 年的一篇文章中指出,所谓"普世价值"云云,实际上是以一种价值观检验另一种价值观,属于新的"精神独裁和思想专制"。

真相”;而在于什么新闻才更能够打动人心,更利于人与人的相处,心与心的交融,更有益人间的和平安宁、丰衣足食、安居乐业等。从大禹治水的历史传闻到英雄模范的典型报道,就体现着这样一脉文化传统以及传播取向。当然,并不是说事实无关紧要,真理无足轻重,眼下新闻界的突出问题依然首推虚假报道,《新闻记者》杂志连续十余年评选了年度十大假新闻,所以周恩来对记者的题词仍是至理名言——尊重事实、尊重真理。同时应看到,着眼于事实以及对客观事物的认知,满足于知识论、真理论等标准,既难以践行新闻的社会责任,更无助于不同文化共同体的身心交融与彼此接受,且不说充满偏见、难免局限的报道常常进一步加剧人与人的隔阂、心与心的漠视。西方新闻界的一大悖论,作为前车之鉴一直困扰着人们:一方面,从专业微观角度看,应该承认《纽约时报》、BBC 等当属最真实、最有专业精神的媒体;另一方面,从社会宏观效果看,特别是从全球人类视角看,恰恰是这些媒体的新闻往往又是最不客观、最难以信赖、最遭人诟病的,既是乱世病灶,又有自身弊端,包括 2012 年 BBC 曝出的系列丑闻。2013 年 1 月 15 日,叙利亚的阿勒颇大学迎来考试第一天,结果轰然炸响的火箭弹顷刻间使 83 名师生丧命,160 多人受伤。这是叙利亚持续二十多个月的动荡局势的又一惨剧,而一如既往不足为奇的是,动荡背后少不了美国的上下其手,也少不了西方媒体“真实、客观、公正”的新闻报道。

再次,即使对他者在知识上彻底理解,也不能保证对他者予以接受。接受不同的知识共同体,归根结底意味着接受不同的价值观。按照赵汀阳的分析,“理解而不接受”的基本语法是:“是的,我完全理解你,但是……”这等于说,对话是好的,但不解决问题。有鉴于此,对形成人类良好的共同生活来说,仅仅掌握他人的知识远远不够,还需进一步理解他人,如所谓“温情与敬意”“同情与理解”。但理解他人仍然不足以形成良好的共生局面,因为还缺乏大家全都接受的信念、价值观和生活想象。因此,“接受”问题便成为不同文化与共同体之间关系的最后问题,也是对话与交往理论的关键难题。[①] 针对这一难题，出路也许在于改变或重写对话与交往理论，重新思考他者的概念：由传统的、针对任何传播内容的文本分析与意义解读，走向“说者与听者”的互相理解，再由“说者与听者”的互相理解，走向对“各自所说”的价值观的认同与接受。这种新型对话既不同于苏格拉底式的吹毛求疵的智者对话，也有别于含糊其辞的政治对话，而是具有重构文化功能的对话，寻求的是互惠的文化建构而非作为唯一答案的普遍真理，侧重点不是主体而是他者，不是理解而是接受。在理解层面，主体的发言是中心所在；而在接受层面，他者的倾听才是对话核心。发言暗含教训他人和指导对方的霸权意味。如果话不投机，可能引起反作用，而反作用虽然能够拨乱反正，就像萨义德的东方学，但同时也有副作用，如缺乏建设性，妨碍甚至阻断建设性对话。

最后，从理解转向接受，从发言转向倾听，从主体转向他者，就不能不突破主体性及主体间性。主体间性看似互相依赖，彼此关联，平等交往，但仍属心灵在理性上的一致，而非价值观的一致。“心与心的和谐与现代西方哲学所说的‘主体间性(inter-subjectivity)’其实貌合神离。”[②]至于主体性或个性的缺陷则更为明显，如果说他人性或他性意味着全方位的各种可能视野，那么主体性则只能体现以自我为中心的解读。特别是，“主体性能够导引出任一个体作为行为主体的个人自由和权利，却不能保证互相的义务。权利与义务如果失去平衡是非常危险的。过于强调个人权利而相对忽视互相义务的现代社会已经暴露出许多问题”[③]，拿中国三十年来的社会文化嬗变来说：

> 中国20世纪80年代全盘引进了西方的主体性观念，一时一统话语天下，但是在新奇感觉过去之后，人们很快就意识到，人们本来渴望要得到表达的，通过主体性观念什么也没有得到表达，或者说，

① 赵汀阳：《没有世界观的世界——政治哲学与文化哲学文集》(第二版)，北京：中国人民大学出版社2005年版，第104页。

② 同上书，第94页。

③ 同上书，第111页。

> 它表达的东西与人们所希望克服的困难、所希望实现的理想和成功，实在是缺乏密切的相关性。由于在中国发生的是个后发的、迟到的现代化过程，而这个过程又无比迅速，因此在很快就扑面而来的全球化问题面前，主体性观念马上就变成一个抽象的意图不明的“启蒙”或“解放”的符号，不但解决不了当前的重要问题，而且它能够说明的问题也已经无足轻重了。[①]

再具体以新闻传播为例，三十余年来，中国记者的主体性一路高扬，新闻自由、舆论监督、采访权、报道权、话语权等意识与三十余年前相比早已不可同日而语，特别是市场化媒体与新媒体更是炙手可热，声势烜赫。另外，新闻传播学的学科地位与独立姿态也日益凸显。然而，恰恰是在这个主体凯旋、个性高张的时代，新闻传播却仿佛乱象丛生，世道人心似乎一路溃败。诚然，新闻对推进现代化厥功至伟，对揭露丑恶、弘扬正义功不可没，但如今新闻图景总体上又让人茫然失措，不知所之，如果仅凭媒体特别是所谓自媒体，老百姓真不知道这个世界是好是坏。其实，依照普通人的生活常识与逻辑，社会状况正如邓小平谈论中美关系时所说的，“好也好不到哪去，坏也坏不到哪去”，或用 2013 年一篇时评的话说：“中国的现实同很多互联网站首页所展示的既像又不像，它们所烘托的汹汹气氛多数情况下在我们身边感觉不到。我们大多数人的生活是平和的，常常也会碰到问题，但不会因为过不去而绝望。”[②]

就传播而言，秉持主体性以及主体间性的思路，也就难免唯我独尊，自以为是，因为“我”拥有辨别、判断和决定好与坏、真与假、正与误的权威。这样一来，就算是“我”与人为善，真诚沟通，友好交往，但价值标准却是由“我”来定的，即由那个高高在上的主体性或貌似平等交往而实则空洞无物的主体间性决定的。无怪乎如今媒体上、网络中，但见戾气弥漫，唾沫横飞，人人都是大爷，个个皆为好汉。在主体性概念下，人们必然

---

① 赵汀阳：《没有世界观的世界——政治哲学与文化哲学文集》（第二版），北京：中国人民大学出版社 2005 年版，第 94 页。

② 社评：《扎堆的坏消息并非中国缩影》，载《环球时报》2013 年 1 月 16 日。

注意对话与交往中那个作为主体的说话者,即使所谓受众本位论、使用满足论等也依然局限于主体的发言范围。而根据他者的重要性,听者及其倾听才是更为本质的问题。倾听远比发言更能触及接受他人的问题。如果只有我在发言而没有他人倾听的话,那么我就成为自言自语的单一心灵,从而也就失去了心心相印、息息相通的丰富性、创造性和公共性。赵汀阳特别指出,以他人为核心的对话方式绝不能混同于多元论和相对主义。前者希望各方面的他者都有权利参与循环性对话,从而形成一种不断的互相接受的过程。而自由主义乐意宣称的多元论和相对主义仅仅是宽容他者的存在,并不承认他者的情感、价值观与实践生活,充其量属于温和的"异教徒模式"。诸如"我不同意你的观点,但我誓死捍卫你发表观点的权利",无非是鼓励价值观之间永远不合作,永不接受他者:

> 现代发达的理性与审慎习惯的确使人们大大发展了相互理解,可是同时也生产了以文化多元论或文化相对主义为名而以相互冷漠为实的"政治正确"。政治正确表面上是礼貌和互相尊重,实际上是互不关心、各行其是、互相歧视,只不过不说出来。"谁也别管谁"貌似保护了各自的权利,实际上却是用来消解他者的利益、价值和力量的非暴力抵制性策略,而且非常成功。这很容易理解:正如"卖"总要被"买"才有意义,"说"也总要被"听"、"做"也总要被"认可"、"给予"也总要有"接受"才有意义。这个抵制他者的策略就是通过"没有感觉、不给反应"而达到取消他者的市场,没有市场就没有了价值。……多元论意味着各自都被贬值、各自都被抵制。彼此的独立自由同时的代价就是彼此的冷漠和贬值……①

综上所述,从接受而非理解的角度化解起火的当代世界及其传播,既是别开生面的现实思路,又是瞩目高远的人间正道。虽然,眼下列国纷

① 赵汀阳:《没有世界观的世界——政治哲学与文化哲学文集》(第二版),北京:中国人民大学出版社 2005 年版,第 103 页。

争,理想路途遥远,但天下毕竟是天下人的天下,正如地球是地球人的地球,“各美其美、美人之美、美美与共、天下大同”终究属于人类共通共享的太平正道。在全球一村的信息时代更需这种四海一家的情怀,而非以邻为壑的算计。这种情怀被毛泽东生动凝练地展现于八十年前的《念奴娇·昆仑》:

> 横空出世,莽昆仑,阅尽人间春色。飞起玉龙三百万,搅得周天寒彻。夏日消溶,江河横溢,人或为鱼鳖。千秋功罪,谁人曾与评说?
>
> 而今我谓昆仑:不要这高,不要这多雪。安得倚天抽宝剑,把汝裁为三截?一截遗欧,一截赠美,一截还东国。太平世界,环球同此凉热。

三、马克思的幽灵：欧洲批判学派与现代传播

1848年，30岁的马克思与27岁的恩格斯在史诗般的《共产党宣言》中，以一句横空出世并令全世界惊悸不已的警言敲响了资本的丧钟：

一个幽灵，共产主义的幽灵，在欧洲游荡。①

1993年，当资本福音传教士福山(Francis Fukuyama)欢呼雀跃“历史的终结”时，法国解构主义思想家德里达(Jacques Derrida)在美国发表了“不合时宜”的演说——《马克思的幽灵》(*Spectres de Marx*)，面对高天滚滚寒流急的世纪末射出一道电光石火的思想之光：

地球上的所有人，所有的男人和女人，不管他们愿意与否，知道与否，他们今天在某种程度上说都是马克思和马克思主义的继承人。②

与此相应，欧洲传播思想包括20世纪60年代风行的批判传播研究及理论，同样也无不赓续着马克思的思想衣钵与批判精神。从葛兰西的文化领导权思想到法兰克福学派的批判理论，从巴赫金的对话意识到哈贝马斯的交往理性，从伯明翰学派的文化研究到北欧的传播政治经济学，从星星之火到燎原之势，点点滴滴，隐隐约约，人们始终不难发现“马克思的幽灵”徘徊其间，挥之不去。换言之，批判传播研究及其学术思想基本上围绕一套共通的核心命题而展开，诸如传播与民主、自由、阶级、现代性、文化认同、媒体垄断、全球化、交往对话等，同时又具有一系列相通的

① “幽灵”，在1920年陈望道(新中国成立后任复旦大学校长)从日文翻译的第一个中文译本中为“怪物”；在1938年成仿吾(新中国成立后任中国人民大学校长)、徐冰从德文翻译的译本里为“巨影”，1953年改为“魔影”，1978年又改为“魔怪”；1943年博古依据俄文版《共产党宣言》校译的译本第一次采用“幽灵”；1943年陈瘦石的中译本为“精灵”；1949年未署名莫斯科译本为“怪影”。见高放：《〈共产党宣言〉改变了中国的命运》，载《中国延安干部学院学报》2011年第4期。

② 〔法〕德里达：《马克思的幽灵》，何一译，北京：中国人民大学出版社2003年版，第127页。

学术气质,特别是哲学的洞察、历史的视野和总体的方法。这些学术命题及思想,小而言之在于公平正义而非功利实效的传播实践,大而言之则在于人的自由、解放以及全面发展,而诸如此类的一系列探索归根结底无不纠结于"马克思的幽灵"。

深入一步探究,将欧洲传播研究及其思想置于广阔的社会历史与精神文化的背景,尤其是联系近代以来欧洲人文传统分析,也不难发现在国际传播学界同美国经验学派(empirical school)分庭抗礼的欧洲批判学派(critical school),拥有远为广远、宏博、精深的学术遗传,欧洲传播思想既是当代忧国忧民者面对现代性危机以及不合理的传播现状而发出的学术呐喊,又是历代操心人类命运的博大心灵上下求索的思想共鸣。在批判学派一山飞峙的学术高峰上,可以看到苍山如海连绵不绝的文化高原,在批判学派婉约清扬的独奏声中,可以听到欧洲文化传统及其批判意识嘈嘈切切的有机交响。因此,把握欧洲传播思想的丰富内涵及意味,便不能不洞察欧洲历史文化山高水长的批判传统,不能不攀登近代人文价值层峦叠嶂的精神高原。

(一)

不言而喻,欧洲哲人无论是否论及传播问题,都具有彼此相通的思想禀赋与精神气质,如强烈的形而上追求(即便否思形而上学的一路哲人也是如此)、深厚的历史情怀、广阔的理论视野、犀利的批判意识等。特别是批判意识,几乎成为他们的身份标识,如康德及其代表作"三大批判"——《纯粹理性批判》《实践理性批判》《判断力批判》。马克思主义可谓这脉精神文化传统中,迄今最具历史感与现实感、最富穿透力与解释力的思想体系,不无巧合的是其经典之作的书名也往往冠以"批判":《黑格尔法哲学批判》《国民经济学批判大纲》《哥达纲领批判》《神圣家族,或对批判的批判所做的批判》等,甚至《资本论》副题也是《政治经济学批判》。

具体到近代以来的历史,欧洲的批判思潮犹如百川归海,无不指向资本主义的文明形态，从形而下的剥削、压迫、殖民、贩奴、剩余价值、血汗工厂、走私贩毒、烧杀掳掠等，到形而上的“异化”（马克思）、“物化”（卢卡奇）、“意识形态国家机器”（阿尔都塞）等。还以马克思的精彩论述为例：

> 资本来到世间，从头到脚，每个毛孔都滴着血和肮脏的东西。①
>
> 物的世界的**增值**同人的世界的**贬值**成正比。②
>
> 生产的不断变革，一切社会状况不停的动荡，永远的不安定和变动，这就是资产阶级时代不同于过去一切时代的地方。一切固定的僵化的关系以及与之相适应的素被尊崇的观念和见解都被消除了，一切新形成的关系等不到固定下来就陈旧了。一切等级的和固定的东西都烟消云散了，一切神圣的东西都被亵渎了。③
>
> ……

对所谓现代文明以及现代性的批判意识，事实上早在近代早期即已萌发。如亲历者记述西班牙殖民罪恶的信史《征服新西班牙信史》《西印度史》《西印度毁灭述略》等，字字血，声声泪，淋漓尽致地揭露了哥伦布“发现新大陆”的真相，同中国媒体热播的《大国崛起》一类叙事形成鲜明对照：

> 我们可以确切无误地说，在上述40年（1492—1541）间，由于西班牙人极其残酷的血腥统治，有1200万无辜的印第安人惨遭杀害，实际上，我个人认为足有1500万人丧生……印第安人对基督徒的战争都是正义的，而基督徒对他们的战争却没有一场是正义的。恰恰相反，这种战争比世界上任何一个暴君所发动的战争更无道理。我还可以断言，他们在西印度所发动的战争其性质全都如此，无一例外。④

① 《马克思恩格斯文集》第5卷，北京：人民出版社2009年版，第871页。

② 《马克思恩格斯文集》第1卷，北京：人民出版社2009年版，第156页。

③ 《马克思恩格斯文集》第2卷，北京：人民出版社2009年版，第34—35页。

④ 〔西〕巴托洛梅·德拉斯·卡萨斯：《西印度毁灭述略》，孙家堃译，北京：商务印书馆1988年版，第19、26页。

古巴岛的印第安人与西班牙岛的百姓一样，沦为奴隶，备受折磨，为了不白白送命，人们纷纷逃进山里。有的夫妻没能逃走，绝望之极，在扼死自己的孩子后，双双悬梁自尽。仅由于一个西班牙暴徒（我认识他）的残暴行为，就有200多人上吊自杀，此外，还有成千上万的人以同一方式死于其他暴徒之手……①

被德国诗人海涅尊为“文学上的皇帝”的莎士比亚，在《李尔王》《威尼斯商人》《雅典的泰门》等名作中，对即将降临的资本文明同样表露了清醒的意识和批判的眼光。比如，《雅典的泰门》所着力的内容及主题，也在于痛抵支配现代社会的拜金主义与财富逻辑，那段著名道白今天依然暮鼓晨钟般地回荡世间：

金子！黄黄的、发光的、宝贵的金子！……这东西，只这一点点儿，就可以使黑的变成白的，丑的变成美的，卑贱变成尊贵，老人变成少年，懦夫变成勇士。嗨！你们这些天神啊，为什么要给我这东西呢？……这黄色的奴隶可以使异教联盟，同宗分裂……它可以使窃贼得到高爵显位，和元老们分庭抗礼；它可以使鸡皮黄脸的寡妇重做新娘，即使她的尊容可以使身染恶疮的人见了呕吐，有了这东西也会恢复三春的妖艳。②

与莎士比亚并列的一批文艺复兴巨人，也各以慧眼留下对现代文明的敏锐洞察与清醒批判，如托马斯·莫尔的《乌托邦》、塞万提斯的《堂吉诃德》、拉伯雷的《巨人传》等。如果说他们对现代文明的批判意识还只是风乍起的话，那么19世纪的批判现实主义则第一次将这种批判声浪推向了惊涛拍岸的高潮，正如以圣西门、傅立叶和欧文等空想社会主义者为代表的哲人对资本主义的抨击构成19世纪思想史的主题。当时，随着资本主义政治制度在欧美主要国家的逐步确立和巩固，现代文明所固有的

---

① 〔西〕巴托洛梅·德拉斯·卡萨斯：《西印度毁灭述略》，孙家堃译，北京：商务印书馆1988年版，第29页。

② 《莎士比亚全集》第5卷，朱生豪译，北京：人民文学出版社1997年版，第62页。

矛盾和弊病已充分显露并日甚一日。19 世纪中叶的《共产党宣言》曾经揭橥:“人和人之间除了赤裸裸的利害关系,除了冷酷无情的‘现金交易’,就再也没有任何别的联系了。”[①]傅立叶的警言同样令人过目不忘:资本主义就是“每个人对全体和全体对每个人的战争”。当此时,狄更斯、果戈理、托尔斯泰、陀思妥耶夫斯基、司汤达、巴尔扎克等一批文学巨匠以如椽之笔,尽情揭露现实的丑恶,无情鞭挞社会的黑暗,使资本主义的病象毕露无遗,给后世留下触目惊心的印象。透过他们的作品和眼光,人们开始明确意识到物质发达、科技昌盛之下全方位深层次无可救药的现代文明痼疾。即使马克思主义经典作家的思考与批判也往往有赖于或借助于批判现实主义的深刻洞察,马克思就曾说过:

> 现代英国的一批杰出的小说家,他们在自己的卓越的、描写生动的书籍中向世界揭示的政治和社会真理,比一切职业政客、政论家和道德家加在一起所揭示的还要多。他们对资产阶级的各个阶层,从“最高尚的”食利者和认为从事任何工作都是庸俗不堪的资本家到小商贩和律师事务所的小职员,都进行了剖析。狄更斯、沙克莱、白朗特女士和加斯克耳夫人把他们描绘成怎样的人呢?把他们描绘成一些骄傲自负、口是心非、横行霸道和粗鲁无知的人;而文明世界用一针见血的讽刺诗印证了这一判决。这首诗就是:“上司跟前,奴性活现;对待下属,暴君一般。”[②]

在批判现实主义滔天声浪中特别引发传播研究注目的,是世界文豪对伴随现代文明而兴起的大众传播现象所做的社会史与心态史剖析,如对媒体媚俗取宠的批判等。19 世纪中叶,狄更斯造访美国时就发现,报纸“是一架毒害社会的可怕机器”[③],他在《旅美札记》(*American Notes*)里写道:

---

① 《马克思恩格斯文集》第 2 卷,北京:人民出版社 2009 年版,第 34 页。

② 《马克思恩格斯全集》第 10 卷,北京:人民出版社 1962 年版,第 686 页。

③ 转引自〔美〕J. 赫伯特・阿特休尔:《权力的媒介》,黄煜等译,北京:华夏出版社 1989 年版,第 57 页。

报刊用恶眼窥视每一户人家，用黑手干涉上至总统下至邮差的国家的每一项任务；下流无耻的诽谤成为这个行业唯一的资本；于是，这种报纸成了广大群众的标准文学，他们要么只能读这些东西，要么一无所读；长此以往，它必将激起全国百姓的同声愤慨，它所干的勾当也必将在共和国昭然若揭。①

比狄更斯略早去美国考察并写下《论美国的民主》的法国政治学家托克维尔也指出：

美国记者的特点就是公开而粗劣地应和其读者的激情；他把指责个人的品性、追踪他们的隐私、揭露他们所有的弱点与恶行等职责拱手垂让。②

1854年，美国诗哲梭罗的名著《瓦尔登湖》(*Walden*)，则以切身体验对此做了轻蔑的嘲讽与批判：

我肯定，我从未在报上读过任何令人难忘的新闻。如果我们读到某人被抢劫、遭暗杀或死于事故的新闻，读到某座房屋起火、某艘船只遇难、某只汽船爆炸的消息，读到一头牛被压死在西部铁路(Western Railroad)、一只疯狗被打死、冬天里一群蝗虫的报道——那么我们就再也不用读其他新闻了。一个足矣。如果你熟悉了原理，你还会关心难以数计的事例和应用吗？对哲学家来说，所有新闻正如它所称呼的都是流言蜚语，编辑和阅读新闻的人都是一边喝茶一边闲聊的碎嘴婆子。③

梭罗的愤激言辞，使人不由想起后世法兰克福学派理论家本雅明的类似论述：

如果报纸的意图是使读者把它提供的信息吸收为自身经验的一

① 转引自〔美〕J. 赫伯特·阿特休尔：《权力的媒介》，黄煜等译，北京：华夏出版社1989年版，第58页。

② 同上。

③ Henry David Thoreau, *Walden*, San Diego, CA: Icon International, Inc., 2005, pp. 77—78.

部分,那么它是达不到目的的。但它的意图却恰恰相反,并且这个意图实现了,它便是:把发生的事情从能够影响读者经验的范围里分离出来并孤立起来。新闻报道的原则——新闻要新鲜、简洁、易懂,还有最重要的,排除单个新闻条目之间的联系——对这个意图做出的贡献绝不亚于编排版面所做的贡献。①

19世纪末,美国批判现实主义作家马克·吐温更以《布洛克先生写的新闻报道》《我如何主编农业报》《田纳西州的新闻业》《一次接受采访》《竞选州长》等幽默辛辣的作品,对资本主义的社会政治制度及其新闻传播问题予以集中的揭露与批判,其中《竞选州长》尤其寓意深刻,堪称经典:

毫无办法摆脱这一困境,于是,我又羞又愧,开始准备答复一大堆毫无根据的指控,以及卑鄙恶毒的造谣。但是我根本就没有来得及完成这项工作,因为,就在第二天早上,又一份报纸再一次满怀恶毒,报道了一件新的恐怖案件,一本正经地指控我,说什么只因为一所疯人院挡住了从我家望出去的景色,我就纵火烧了它,连同里面所有的人。这使我陷入惊慌。接着又指控我为了夺取财产而毒死了我的伯父,并迫切要求掘了他的坟开棺验尸。这一来可将我逼到了疯狂的边缘。除此之外,还控告我任育婴堂堂长时,雇用了一些落光了牙齿、已失去工作能力的老年亲戚管理伙食。我的思想开始动摇了——动摇了。最后,党派间的仇恨对我进行的无耻迫害自然达到了高潮:几个刚在学步的小孩,多种多样肤色,衣着褴褛程度不一,经过教导,在一次公共集会上一起拥上讲台,抱住我的腿,唤我爸爸!

我屈服了。我扯下我的旗子投降了。我不够资格参加纽约州州长的竞选,于是我递上了取消候选人资格的申请书,痛心疾首地在它上面签上:“你忠实的仆人,一度是一个正派人士,而今则成为:I. P.,

---

① 〔德〕本雅明:《发达资本主义时代的抒情诗人》,张旭东等译,北京:生活·读书·新知三联书店1989年版,第20页。

M. T. ,B. S,D. T. ,F. C. 和 L. E. (分别为‘臭名昭著的作伪证犯’‘蒙大拿的小偷’‘掘坟盗尸犯’‘发抖颤性酒疯的人’‘肮脏的营私舞弊者’和‘可恶的向陪审员行贿者’的首字母)。马克·吐温。”①

对依附资本文明的现代传播体制展开的批判中,最犀利、最全面、最入木三分的,还属批判现实主义巨擘巴尔扎克。在其汪洋恣肆的《人间喜剧》系列中,巴尔扎克一再将新闻界比作“地狱”“贩卖思想的妓院”“储存毒素的停尸房”。尤其是《幻灭》这部被他称作“我的作品中居首位的著作”,更是对“吞噬那么多生命和美好思想的新闻界”展开了淋漓尽致的揭露和力透纸背的批判。他一举撕开了报馆这座所谓自由“圣殿”的漂亮帷幕,让人看清这里不过是拿灵魂做交易的店铺,其中的一切肮脏勾当都不过是为着一个“钱”字,正如作品中的一个人物所说:“今天看过,明天就忘掉的报刊文章,我觉得只有拿稿费去衡量它的价值。”在巴尔扎克笔下,媒体既是现代文明世相的集中镜像,又是腐蚀灵魂的流俗渊薮,甚至可能成为吞没整个人类的“绝症”。

总之,批判现实主义对现代传播的批判,实际上佐证了马克思《资本论》所下的断言:“随着资本主义生产在工场手工业时期的发展,欧洲的舆论丢掉了最后一点羞耻心和良心。各国恬不知耻地夸耀一切当做资本积累手段的卑鄙行径。”②

美国当代传播学者 M. 德弗勒,曾将批判现实主义以来对现代传播的各路“责难”归结为所谓“恐惧遗传”,也就是由媒介负面效应导致的道德恐慌心态,就像孔夫子面对礼崩乐坏而发的“非礼勿听、非礼勿视”之叹。德弗勒一路的见识未免皮相——这也是经验学派的通病,如前所述,欧洲文化传统包括批判传播研究具有远为深广的理论眼光和远为深挚的人文情怀,绝非“恐惧遗传”等流俗之见所能理喻。不过,他们有一点倒是看得很准,即批判现实主义过多地着眼于媒介自身弊端,而不曾领悟现代传

① 《马克·吐温中短篇小说选》,叶冬心译,北京:人民文学出版社 2006 年版,第 90—91 页。

② 《马克思恩格斯文集》第 5 卷,北京:人民出版社 2009 年版,第 869—870 页。

播与现代文明的内在关联，更不曾将媒介与现代性以及“现代病”联系起来审视。而这一内在的同构关系，直到20世纪现代主义思潮风起云涌之际才进入人们的视野，从而也使欧洲批判性传播研究获得更开阔、更深邃的透视媒介的思想目光。

现代主义上承十八九世纪的浪漫主义浪漫派，下启20世纪末的后现代主义——东方主义、后殖民主义、女性主义、后结构主义、解构主义等。现代主义就其表现形态而言虽然五花八门，包括表现主义、未来主义、象征主义、黑色幽默等，而就其本质来说则无不体现着对现代文明鄙视、厌恶和怀疑的叛逆色彩，无不对扭曲人性、窒息灵魂、埋没诗性、放逐意义的异化现实，表现出强烈的批判意识与犀利的思想目光。简言之，现代主义是资本主义文明最彻底、最清醒的否定者，正如“九叶派”诗人袁可嘉所言：“他们的共同倾向是对资本主义文明的怀疑与否定。”[①]哈佛大学社会学教授丹尼尔·贝尔曾将“现代主义看成是瓦解资产阶级世界观的专门工具”[②]，“存在于对流行方式的反叛之中，它是对正统秩序的永不减退的愤怒攻击”[③]。美国评论家欧文·豪(Irving Howe)也说，为现代主义下定义必须用否定性术语，将其作为一个“包蕴一切的否定词”。

现代主义的基本表征在于非理性或反理性，而这正是对现代文明的根基——理性或工具理性的颠覆。在现代主义的批判意识里，批判的锋芒已不限于资本主义的现实弊端，而是指向现代文明形态及其内核，其思想火力好似钻地炸弹，穿透现实表层，直入地心开花。现代派诗人艾略特(Thomas Stearns Eliot)的长诗《荒原》(*The Waste Land*)，就是颇有意味的例证，那个荒诞、枯索、孤寂、死灭、令人绝望的不毛之地，可谓现代主义对现代文明及现代性的共同感受与批判。至于赫胥黎(Aldous Huxley)的“美妙的新世界”、约瑟夫·海勒(Joseph Heller)的“第二十二条军规”、加

① 袁可嘉等：《外国现代派作品选》，北京：北京燕山出版社2006年版，“前言”。

② 〔美〕丹尼尔·贝尔：《资本主义文化矛盾》，赵一凡等译，北京：生活·读书·新知三联书店1989年版，第31页。

③ 同上书，第92页。

缪(Albert Camus)的“鼠疫”、奥威尔(George Orwell)的“动物农场”等,更不啻为对现代文明包括韦伯所谓科层制的绝妙讽喻。奥威尔的作品往往被曲解为社会主义的缩影,而北京大学李零教授明确指出,他的代表作《1984》及其“战争即和平”“自由即奴役”“无知即力量”等主题,既源于对资本主义文明的深刻反思,又呼应福柯的《疯癫与文明》《规训与惩罚》以及“全景敞视监狱”(Panopticon)等思想,同时更是对BBC等西方主流媒体的影射:

> 故事反复提到“电屏”,也就是老大哥监视整个社会的那个无所不在的设备。这个发明,现在使用很普遍。监视器、摄像头,哪儿哪儿都安——除了厕所(有人甚至提议,特殊情况也可安,比如有人在厕所里交换毒品,经公安部门批准),特别是在“自由世界”,特别是在反恐战争愈演愈烈的现在。
>
> 学者多已指出,奥威尔是把他在BBC的工作经历写进了这部小说。他很清楚,战争宣传总是充满谎言(后来的冷战也不例外),他想讲真话。故事中的真理部,原型是什么?很多读者想不到,其实就是BBC的东方部。那是一个蜂窝式的办公场所。BBC的名称本身(British Broadcasting Corporation),也使我联想,它就是老大哥(Big Brother)的公司(C)。①

现代主义这种强烈的“怀疑与否定”的精神,这种“冷眼向洋看世界”的姿态,对欧洲传播思想及批判学派影响深远,批判性传播研究多少都带有现代主义的文化烙印,特别是批判学者超越现存文明秩序,揭示其传播悖论,拒绝其基本价值,更与现代主义的精神气质一脉相通。所以,经由现代主义参照系,可以更加透彻地理解欧洲传播研究的思想特征,更加准确地把握批判学派的精神脉搏。

---

① 李零:《鸟儿歌唱:二十世纪猛回头》,北京:北京大学出版社2014年版,第44页。

（二）

对浸淫批判意识的欧洲传播思想而言，假如说从莎士比亚到卡夫卡一脉的精神遗传犹如引领思想的灯塔，那么从康德到福柯一路的学术道统则似推进思想的风帆；前者为其定位了航行的学术坐标，后者为其提供了充沛的理论动力。关于精神遗传，前面粗线条地描摹了其轨迹；至于学术道统，则即使勾画一幅速写都几无可能，也似无必要。为了窥一斑而见全豹，下面不妨简要谈谈一位晚近哲人及其思想，这就是以批判性传播思想闻名于世的法国后现代思想家鲍德里亚——与之并列的欧洲传播思想史大家包括阿多诺、葛兰西、巴赫金、海德格尔、伽达默尔、哈贝马斯、伊格尔顿、萨特、福柯、齐泽克、阿尔都塞、拉康、布尔迪厄……

让-鲍德里亚（Jean Baudrillard，也译作波德里亚），1929 年生于法国。早年教授德语，默默无闻。1966 年，在西方马克思主义代表人物之一、社会学家列菲伏尔（Henri Lefebvre）帮助下，才在巴黎第十大学获得教席。列菲伏尔与罗兰·巴特（Roland Barthes）对其影响甚大，以研究日常生活著称的列菲伏尔使他始终关注人的现实境况，而巴特将他引入符号学领域，使符号学成为鲍德里亚审视当代社会及其征候的一大视角。按照复旦大学西方哲学专家俞吾金教授的分析，鲍德里亚的思想分为早期与晚期两个阶段：前者从 1968 年的处女作《物品体系》到 1976 年的《符号交换与死亡》；后者指 1976 年以来的发展。“在早期，鲍德里亚基本上是以一个社会批判理论家的面目出现的，他在对 20 世纪 60 年代以来的新资本主义社会的观察的基础上，提出了对它的符号学批判，并逐渐地澄明了自己的象征交换的立场。”[①]其间重要著作包括：《物品体系》（*The System of Objects*，1968）、《消费社会》（*Consumer Society*，1970）、《符号政治经济学批判》（*For a Critique of the Political Economy of Sign*，1972）、《生产之镜》（*The Mirror of Production*，1973）、《符号交换与死亡》（*Symbolic Exchange*

---

① 俞吾金等：《现代性现象学：与西方马克思主义者的对话》，上海：上海社会科学院出版社 2002 年版，第 240 页。

and Death,1976)等。“之后,鲍德里亚的思想就发生了明显的变化。从形式上讲,他的著作不再像早期那样是规范的学术著作,而是几乎所有的著作都带有虚构的、创造性的色彩,那些新近的著作更是都采取了格言、警句的形式;从内容上说,这些著作也不再讨论传统的社会批判理论所关注的那些问题,而是开始大量讨论诱惑、仿真等问题,并因而被人们看作是后现代主义的经典著作。”①这一时期的著作包括:《论诱惑》(*On Seduction*,1979)、《模拟与仿真》(*Simulacra and Simulations*,1981)、《美国》(*America*,1986)、《传播的迷狂》(*The Ecstasy of Communication*,1987)等。

无论早期还是晚期,鲍德里亚对传播问题的思考都一以贯之,因而也为传播研究特别是批判性传播理论所推重。随着他的著作在20世纪80年代以来接二连三地被译成英语,鲍德里亚在国际学界的声望一度蒸蒸日上。他的著述不仅成为后现代经典理论,也为国际传播学界注入了新异的学术思想,尤其是《物品体系》《消费社会》《模拟与仿真》等更成为当代符号学与传播学的案头必备:

> 在当前资本主义社会的诸多新特点中,鲍德里亚特别关注的是大众传媒的兴起和科学技术的革命。他对于大众传媒的关注在不同时期又有不同的侧重点:在早期他考察了大量的电视广告现象,在此基础上说明大众传媒日益使整个社会成为一个受符码(code)控制的系统;在晚期他关注的焦点转移到电视新闻和肥皂剧等,并以之为材料来说明仿真(simulation)、超真实(hyperreality)等概念。②

作为一位西方马克思主义理论家,鲍德里亚的贡献首先在于“消费社会”的思想,早期代表作《物品体系》《消费社会》《符号政治经济学批判》等,均从符号角度亦即传播角度对消费社会展开发人深省的分析与批判。在他看来,晚期资本主义已经从马克思揭示的生产主导性社会,转向日益

① 俞吾金等:《现代性现象学:与西方马克思主义者的对话》,上海:上海社会科学院出版社2002年版,第240页。

② 同上书,第241页。

凸显的消费主导性社会,“生产”的支配性地位已为“消费”所取代。他所谓的消费社会,乃同20世纪60年代以来触目所及目眩神迷的物、物品或物质财富相联系,如《消费社会》描述的:

> 今天,在我们的周围,存在着一种由不断增长的物、服务和物质财富所构成的惊人的消费和丰盛现象。它构成了人类自然环境中的一种根本变化。恰当地说,富裕的人们不再像过去那样受到人的包围,而是受到物的包围。
>
> ……
>
> 物既非动物也非植物,但是它给人一种大量繁衍与热带丛林的感觉,现代新野人很难从中找到文明的影子。这种由人而产生的动植物,像可恶的科幻小说中的场景一样,反过来包围人、围困人。[①]

他特别强调,消费社会的“物”与传统意义上的“物”不可同日而语。过去的物是“器物”,其价值在于形而下的实用功能;而现在的物则成为“符号”,其价值首先在于形而上的社会意义。换言之,传统意义的物是具体而实用的,而消费社会的物则凝聚为一套象征体系——“物品体系”,物品的使用价值已经降为符号价值及其所属象征体系的附庸。在这个由符码化的物品所构成的体系、结构或系统中,形形色色的物都只是作为其中的一个组成部分而存在,就像词语之于语言、棋子之于棋局、电脑之于网络等:

> 消费者与物的关系因而出现了变化:他不会再从特别用途上去看这个物,而是从它的全部意义上去看全套的物。洗衣机、电冰箱、洗碗机等,除了各自作为器具之外,都含有另外一层意义。橱窗、广告、生产的商号和商标在这里起着主要作用,并强加着一种一致的集体观念,好似一条链子、一个几乎无法分离的整体,它们不再是一串简单的商品,而是一串意义,因为它们相互暗示着更复杂的高档商

---

① 〔法〕让-波德里亚:《消费社会》,刘成富、全志钢译,南京:南京大学出版社2000年版,第1—2页。

品,并使消费者产生一系列更为复杂的动机。①

以国人当下奉为美味佳肴的海鲜为例,它早已不是单纯的食"物",吃海鲜的意义往往并不在于这种食物本身(甚至有的人可能并不爱吃),而在于与之关联的一整套物品体系及其蕴涵的意味,诸如高档的餐厅、富裕的派头、时尚的生活方式等,吃海鲜其实往往是在"吃"这些意味。按照鲍德里亚的理论,既然物品体系是符号系统,而每个物不过是系统中的"符码",那么对于物品的占有或消费,首先就不是为了其功能——具体而孤立的使用价值,而是为了其意义——抽象而联系的符号价值。社会学家乔治·瑞泽尔(George Ritzer)就此写道:

> 当我们消费某些东西的时候,我们就是在向其他人传递许多信息,包括我们属于哪个群体和不属于哪个群体,等等。其他人知道这种"语言",因而当我们购买一辆宝马轿车而不是购买一辆 Hyundai 轿车时他们能够理解我们正在"说"的是什么。②

鲍德里亚在《消费社会》里讲的一个真实故事,为此提供了耐人寻味的例证:

> 一位商务代表买了和老板的车同一型号的一辆梅塞德兹,于是立刻被后者解雇。他向劳资调解委员会提出申诉而获得了赔偿,但仍不能重新获得他原来的工作。在作为使用价值的物品面前人人平等,但在作为符号和差异的那些深刻等级化了的物品面前没有丝毫平等可言。③

如今常见的"高档""中档""低档"云云,表面看都在说物及其分类,实际上无不在指人,包括人的身份、地位以及人与人的关系等。一辆"奥

---

① 〔法〕让-波德里亚:《消费社会》,刘成富、全志钢译,南京:南京大学出版社 2000 年版,第 4 页。

② 〔美〕乔治·瑞泽尔:《后现代社会理论》,谢立中等译,北京:华夏出版社 2003 年版,第 113 页。

③ 〔法〕让-波德里亚:《消费社会》,刘成富、全志钢译,南京:南京大学出版社 2000 年版,第 84—85 页。

迪”之所以比一辆“奥拓”更受青睐,并不在于奥迪作为乘用车更具使用价值,而是在物品体系及其符号价值中,奥迪较之奥拓居于更高的“档次”“层次”。你是谁,你是何许人,你处在社会哪个层次,在完全符号化的消费社会里,无不通过穿什么衣服、打什么领带、戴什么手表、开什么车、住什么房、吃什么东西、喝什么酒等显现出来。为什么现代文明如此“贪得无厌”,现代社会如此“欲壑难填”?因为,一方面,物品体系的差异如同符号体系的差异一样,总是无穷无尽,变幻万端,于是,花样翻新的物品总是层出不穷,追新逐奇的冲动也永无餍足,不妨想想电脑、手机的更新换代。另一方面,现代人既已陷入一整套体系化的物品结构之中,从生到亡,一举一动、一言一行无不深深卷入资本主义的物化体系,想独善其身,心远地偏,想不攀比都不可能。身处这种物品体系中,人们就“拥有一种持续不断的、贯穿终生的将自己与占据社会中其他位置的那些人区别开来的需要”[①]。简言之,现代人并不比古人更贪婪,他们的欲望是被资本主义体制及其传媒文化塑造的,而这种欲望不是针对实用性物品,而是针对物品中的社会性差异。[②]

由于物的极大丰富以及整个物品体系对社会生活的系统化重组,消费无形中已成为现代人的生存方式。“如果说早期资本主义社会中人们是通过生产而进入社会的话,那么在当代人们则是通过消费而获取自己在社会中的位置的。……正是通过消费,我们才能与作为符号的物发生关系,与他人发生关系,才能真正进入社会。”[③]由此出发,鲍德里亚提出意义重大的符号政治经济学,并以此区别于马克思经典作家的商品政治经济学。众所周知,对马克思政治经济学说来,核心在于“生产方式”(the

---

① 〔美〕乔治·瑞泽尔:《后现代社会理论》,谢立中等译,北京:华夏出版社 2003 年版,第 112 页。

② 丹尼尔·贝尔认为,现代文明旨在满足人的“欲望”(want)而非“需求”(need)。作为生理层面的需求总是有限度的,而作为心理层面的欲望则是无止境的。如果说过去的“物”是针对生理层面的需求,那么现在的“物品体系”则是针对心理层面的欲望。见其《资本主义文化矛盾》。

③ 俞吾金等:《现代性现象学:与西方马克思主义者的对话》,上海:上海社会科学院出版社 2002 年版,第 250 页。

mode of production),使用价值、剩余价值、交换价值、劳动、剥削等概念无不围绕着生产这个核心;而对符号政治经济学而言,核心则移到"表意方式"(the mode of signification),于是符号价值(一个商品或物品要有价值首先必须具有符号价值,如成为某种"品牌")以及对符号的消费即解读便成为关键议题。马克思分析了资本主义的商品拜物教,鲍德里亚进而指出,现代人心仪的已经不仅仅是具体商品,而是商品所属的整个物品体系以及其中赋予身份、地位与声望的内容——符号价值,所以拜物教包含着一整套社会区分系统。

如今,这个系统已经渗透到社会生活的每个领域,因此,资本主义的社会控制更趋全面、更加精细、更显隐秘,符码提供了"一种比剥削要更为精巧和更为专制的控制与权力结构"①。关于这个问题,可从两个方面进行审视。其一,过去资本家只控制工人的劳动,从中剥削剩余价值,而现在则连消费也成为掌控的领域。其二,过去对商品的崇拜只限于对具体物品的追逐,而现在则是对整个物品体系的倾倒。不仅如此,鲍德里亚甚至把消费活动也看作"社会劳动",并将资本对消费的控制与剥削同工作场所中对劳动的控制与剥削相提并论。"消费时间即生产时间"(《消费社会》),他的这句名言同麦克卢汉的"媒介即信息"具有相同的思想冲击力。当人们工作之余,拖着疲惫身躯光顾各种消费场所时,他们实际上是在进行另一种生产劳动,即使是去"休闲"、去"度假",其实同样也是在勤苦劳作,甚至连看电视、玩手机都是在工作。按照加拿大批判学者司迈斯(Dallas W. Smythe)的传播理论,观众看电视的时候,事实上是在为广告主"打工",因为,电视台已经把他们成批打包卖给广告主,而他们的工作就是看电视。如今,满大街的手机低头族也在同样地"工作",同样在貌似自由地、兴高采烈地为资本打工②。"所有这些以及与新消费手段相关

---

① 〔美〕乔治·瑞泽尔:《后现代社会理论》,谢立中等译,北京:华夏出版社 2003 年版,第 123 页。

② 参见邱林川:《信息时代的世界工厂:新工人阶级的网络社会》,桂林:广西师范大学出版社 2013 年版。

联的更多的现象都是‘工作’，并且资本主义必须使我们保持如此，从而使消费大众不去思考任何从长远来看类似某种社会革命的东西。”①所以，马克思主义说的“异化”、西方马克思主义谈的“物化”，在当今消费社会达到空前地步：

> 在消费社会中，一切都已商品化，我们处于由商品所构成的系统中。在这个系统中，人也处于异化和物化的生存状态，因为不是我们在使用和主宰着这个物的系统，而是该物的系统在支配和控制着我们，我们通过消费而被整合进系统之中，成为系统的组成部分之一。可以说，鲍德里亚的消费社会理论把马克思主义的异化理论推向了极端，在消费系统中，主体已经完全被物的世界吞没，已经消灭。②

（三）

消费社会（或曰后现代社会、晚期资本主义社会）的征候之一，就是现代传播的空前繁盛、传播技术的极度发达、冗余信息的铺天盖地等，包括电视图像与广告画面的汹涌泛滥以及当下新媒体领域的一川碎石大如斗随风满地石乱走。鲍德里亚指出，在消费社会的这一符码系统的形成过程中，现代传播媒介发挥着关键性作用，如电视与广告的联盟就构成消费社会的强大驱动器。当他的思想由早期的消费社会批判，进入后期以仿真秩序（simulation order）为轴心的思考与论述时，他对传播问题也就越来越关注，对电视、广告、新闻以及传播符号的本体论意义就越来越重视，在他看来：

> 这种抽象的符码是一种比剥削性的资本主义经济体系更为有效的统治方式。它也更为精巧，并且具有更加极权主义的意味。对符

---

① 〔美〕乔治·瑞泽尔：《后现代社会理论》，谢立中等译，北京：华夏出版社2003年版，第310页。

② 俞吾金等：《现代性现象学：与西方马克思主义者的对话》，上海：上海社会科学院出版社2002年版，第252页。

号和符码的控制具有比资本主义条件下对劳动能力的控制更为激进的含义。这是因为,姑且不谈其他理由,我们所有的思想和行动都受到符号和符码而不是与我们的劳动能力相联系的那些因素的影响。[1]

在《模拟与仿真》等一系列后期著述中,他从符号角度审视现代社会及其传播秩序,将晚期资本主义归为一种符码构造的“仿真”“模拟”“超现实”或“超真实”(hyperreality)等状态。所谓仿真并不是对真实的仿照,模拟也不是对真实的模仿,相反,真实倒往往由仿真与模拟所塑造。也就是说,模拟背后并不存在“现实”或“真实”,模拟就是现实,仿真就是真实,除了模拟与仿真,不再有超越符号秩序的真实世界。举例来说,“我们的城市建设要依靠一系列的规划、模型;我们的家庭布置要根据一定的样板;甚至于我们的人际关系也要根据大众传媒所提供给我们的一些模型……除了这个已经被构造出来的仿真的世界之外,我们不再拥有别的世界”[2]。在他看来,1991 年多国部队对伊拉克的海湾战争,不过是一场对美国与苏联之间从未发生的核战争的模拟。他还指出,在迪士尼乐园里,人们宁愿乘坐模拟的潜水艇观看同样模拟的海底世界,也不肯光顾就在不远处的“真实”的水族馆,尽管水族馆本身又是对海洋的一种模拟。对此,传播学者斯蒂芬·李特约翰(S. W. LittleJohn)概括道:

当今,我们生活在一个“仿真”(simulation)的时代。在此,符号不再指代——而是创造了——我们的现实状况。仿真决定了人类的身份(我们是谁)和行动(我们做什么)。我们的体验不再借助于外部工具来得以再现,符号建立起我们的体验。迪士尼乐园便是我们这个“仿真”时代的缩影。所谓“主题公园”不过是由符号构建出来的幻象。真实的人或事物——海盗、边疆和各种动物等——可以在

---

① 〔美〕乔治·瑞泽尔:《后现代社会理论》,谢立中等译,北京:华夏出版社 2003 年版,第 128 页。

② 俞吾金等:《现代性现象学:与西方马克思主义者的对话》,上海:上海社会科学院出版社 2002 年版,第 273 页。

任何时间、任何地点进行复制。新媒介(例如网络)用仿真对我们进行"狂轰滥炸"。事实上,它主宰了我们的社会,创造了我们所处的世界。人们不再依赖于真实的人际传播和交流,而是被新媒介所主宰。媒介信息构成了我们所相信的所谓"真实"的体验,但实际上,它与万事万物的自然秩序相去甚远。这就导致了一种鲍德里亚所谓的"夸张到令人憎恶的程度的生命形式"(obscenely exaggerated forms of life)的出现。我们把它视为真实的体验,但实际上它不过是在媒介制造出的仿真的范围内的体验。①

显而易见,鲍德里亚的"超现实"既与柏拉图的"洞穴比喻"遥遥相应,又与现代李普曼的"脑海图景"、语言学的"萨丕尔-沃尔夫假说"(Sapir-Whorf Hypothesis)、麦克卢汉的媒介理论等暗暗相合。按照柏拉图那个著名比喻,人们看不到真实的世界,因为真实的世界在他们身后,而他们面对的只是真实世界的投影,这些投影是由"中介"或"媒介"(比喻里的"火光")映照到他们面前的。于是,久而久之,他们就习焉不察地将眼前投影当作现实本身了。同样,在超现实中,现实已被另一种看似真实的"现实"所取代,这就是"模拟"或"仿真",比如民意测验:

法国经济是如何繁荣的?法国存在种族主义吗?种族主义是好是坏?谁是当代最伟大的作家?匈牙利在欧洲还是在玻利尼西亚?世界政治家中谁最性感?对于当代人,现实已越来越成为无人光顾的大陆,而且,它不受欢迎也是有道理的,这样,民意测验的结果就变成了一种更高的现实,或者说,它们变成了真实。②

不仅如此,超现实甚至是比现实更现实的现实,即比真更真、比善更善、比美更美。美国就是一个超现实的典型,如他的《美国》一书所言:"美国的吸引力就在于,即使在电影院之外,整个国家也如同电影中反映

① 〔美〕斯蒂芬·李特约翰:《人类传播理论》(第七版),史安斌译,北京:清华大学出版社2004年版,第357页。

② 〔捷〕米兰·昆德拉:《不朽》,宁敏译,北京:作家出版社1991年版,第113页。

的一样。你经过的荒原如同你在西部电影中看到的一样,城市也是一幅布满招聘和电影俗套的巨大银幕。"①

这一超现实图景,是图像的一系列发展过程的结局。按照他的分析,图像经历了四个发展阶段:

1. 它是对某种基本真实的反映。

2. 它掩盖和篡改某种基本真实。

3. 它掩盖某种基本真实的缺场。

4. 它与任何真实都没有联系,它纯粹是自身的拟象。②

在这一演进过程中,媒体始终扮演着至关重要的角色,其中影视媒体又堪称主角。正是由于影视媒体日复一日、无休无止的"传播",信息的洪水才滚滚滔滔、漫天横流,图像的繁殖才铺天盖地、飞速疯长,符号的能指才无边无际、随意漂游,一句话,仿真与超现实才成为可能。按照他的表述,仿真时代得力于电子图像的"内爆"(implosion)。20 世纪 60 年代以来,消费社会的兴起、信息革命的发生、后现代的凸显等趋势,无不同这个时期兴起的电视、通信卫星、计算机终端、国际互联网等传播技术的革命性变革密切相关。正是这一系列涉及图像及其传播的科技爆炸,造成信息大幅度的超量增殖,导致影像大规模的极度蔓延,从而使超现实取代现实而成为现代人的真切处境。与鲍德里亚齐名的法国思想家布尔迪厄(Pierre Bourdieu),在其题为《关于电视》(1996)的演讲里也谈道:

电视穿针引线,自称只是一个录制工具,却成为一个制造现实的工具。如今,人们越来越走向一个个由电视来描绘并规定社会生活的天地。电视成了进入社会或政治生活的主宰。假设我今天想获得在 50 岁退休的权利。若在几年前,我也许会组织一次游行示威,人

① 转引自〔美〕约翰·霍尔、玛丽·乔·尼兹:《文化:社会学的视野》,周晓红、徐彬译,北京:商务印书馆 2002 年版,第 385 页。

② 转引自汪民安等主编:《后现代性的哲学话语——从福柯到赛义德》,杭州:浙江人民出版社 2000 年版,第 333 页。

们会举着标语牌,去游行,去国家教育部;可在今日,必须找——我并没有怎么夸大事实——一个能干的通讯(传播——引者注)顾问。根据媒介的需要,得采取一些令你吃惊的手段,如化妆、戴面具等,通过电视,可以获得某种效果,也许不亚于一次有5万人参加的大游行所起的效果。[①]

有幅妙不可言的漫画,生动表现了电子图像对现代人生存状态的意义。画面是一家人围坐在电视机前,呆呆看着屏幕,画面显示着一棵树,树梢上挂着一轮弯月,而透过他们身旁的窗子望出去,恰恰是同一棵树、同一轮弯月。这幅漫画传神地勾勒了仿真与超现实的理论内涵。哲学家贝克莱提出一个著名命题——存在就是被感知,而今这个命题已被改写为存在就是被拍摄。在阐释后现代主义的小说《一个后现代主义者的谋杀》(*Postmortem for a Postmodernist*)里,传播学者阿瑟·伯格(Arthur Asa Berger)对此做了通俗解说:

我们已经发展成为一个神秘中心的或者视觉中心的社会,被人看见比存在更重要、比参与社会更重要、比和别人一起做事更重要。我们知道人们往往愿意在电视上看到那些如果他们往窗外望去可以亲眼看见的东西。一支游行队伍沿着你住的街道走过,你是看窗外真正的游行还是看电视上的游行?这种仿真,这种构成图像的跳动的小点对我们大多数人来说比真的东西有更大的真实性。如果你看真的游行,你就听不到专家告诉你如何认识这一游行的评论。这些评论向你提供了背景信息,还有各种各样的特写镜头和令人激动的摄像,使游行具有一种足可以乱真的生动活力。真实和影像合而为一,它强迫我们去思考这再现的东西和真实或原有的东西。[②]

别出心裁并如电光石火划破思想夜空的,是捷克作家米兰·昆德拉

① 〔法〕布尔迪厄:《关于电视》,许钧译,沈阳:辽宁教育出版社2000年版,第20页。

② 〔美〕阿瑟·伯格:《一个后现代主义者的谋杀》,洪洁译,桂林:广西师范大学出版社2001年版,第170页。

比照“意识形态”而发明的亦庄亦谐的概念——“意象形态”，对视觉化、图像化、类象化的当代超现实社会作了发人深省的解说：

> 意识形态再有力，总敌不过现实。但正是在这个意义上，意象形态却超越了它：意象形态比现实更强，从各个方面说，它都早已不是我祖母那个时代的样子。她生活在摩拉维亚的一个村庄里，她的一切认识都来源于生活经验：面包怎么烤的，房子怎么造的，怎么杀猪，怎么熏肉，被褥用什么做成，牧师和学校教师对世界的看法；她每天都见到全村的人，她知道过去十年中乡间一共发生多少起谋杀案；可以这么说，她对现实有一种亲身的把握，如果全家人揭不开锅，有人却想骗她说摩拉维亚的农业蒸蒸日上，那是绝对办不到的。而在巴黎，我们的邻居在办公室工作，他每天面对一个同事坐上八小时，然后开车回家，打开电视，当他听见播音员说最近一次民意测验显示，大多数人认为他们的国家是全欧最安全的（我最近读到这样一篇报道），他喜不自胜而打开一瓶香槟，实不知就在这一天，他这条街上发生了三起盗案两起谋杀。①

综上所述，从早期的符号政治经济学到后期的模拟与仿真，鲍德里亚的传播思想无不在于揭示“从一种资本主义—生产主义的社会转向了一种现在以总体控制为目标的新资本主义的、控制论的秩序”②。

鲍德里亚的后现代理论在阐释资本主义内在矛盾之际，由于专注符号的本体意义并将符码孤立化、实体化、具体化，从而不自觉地隐含着否定客观实在的倾向，结果在“漏洞百出”（从经验实证的角度看）的论述中留下频遭诟病的空间。就像北京大学社会学系赵斌教授批评的：

> 比起严谨沉重，有时甚至出力不讨好的社会学分析，聪明机敏的

① 〔捷〕米兰·昆德拉：《不朽》，宁敏译，北京：作家出版社 1991 年版，第 112—113 页。

② 〔美〕乔治·瑞泽尔：《后现代社会理论》，谢立中等译，北京：华夏出版社 2003 年版，第 135 页。

符号学解读则显得轻松、惬意和诙谐,往往能带给阅读者文字上的惊喜和愉悦。卸掉了历史包袱和社会内涵,符号们从此获得了独立和自由。它们被人为地分裂成能指和所指,两者可以在不经意之间任意组合并取得意想不到的效果。符号学家们成了语言魔术师,他们使用的道具就是没有历史深度的、自由自在的象征符号。盛产时装、香槟酒和小资产阶级的法国并非偶然地成了符号学的圣地,法国学者巴特和波德里亚(鲍德里亚——引者注)先后成为世界级符号学大师。在有着深厚的经验主义和实用主义传统的英语世界,一些文化研究者们也赶了一回时髦,将法国人的符号游戏当真了。因此,社会和文化现象统统被拿来当成符号来解读了。[①]

但不能否认,鲍德里亚以及西方马克思主义者在展开各自的理论体系与学术思想时,总是抱持着一番悲天悯人的良苦用心,无论其思路多么千差万别,出发点与目的地归根结底都在于对资本主义或现代文明的批判,其中自然包括对现代传播的反思。就此而言,他们与马克思主义的批判精神始终是一脉相承的,而差异仅仅在于他们面对的现实境况发生了巨大变化。随着资本主义的意识形态越来越以种种隐秘形式全面地影响社会与人生,随着葛兰西所论的"文化领导权"以及詹明信所言的"晚期资本主义的文化逻辑"越来越成为当今触目所见的寻常现实,特别是随着所谓"全球化"进程,现代文明似乎越来越具有无可置疑的天然性与正当性,结果不得不使一切对于它的反思与批判先从看似玄虚的意象形态着眼,而不像马克思当年从实在的经济基础入手。如此一来,也就不得不常常涉及符号、象征、表象等内容,不得不从本体论上对它们进行剖析、反思与批判。张旭东教授在《詹明信再解读》一文的末尾写道:

西方马克思主义知识分子的批判矛头所指,最终是无处不在的资本。资本主义的强大在于其巨大的生产能力和灵活性,这种生产

---

① 赵斌:《社会分析与符号解读:如何看待晚期资本主义社会中的流行文化》,载《视界》2001年第3辑。

能力和灵活性不但显示在商品上,而且显示在文化、符号、表象、欲望等诸领域里。所以,西方马克思主义知识分子对资本的分析和批判,必须先突破资本的种种自我表象、自我认识和自我辩护,才能触及资本本身的问题。西方马克思主义始终在同资本主义产生的形形色色的表象或意识形态做斗争,这种斗争几乎消耗了他们的所有精力。这往往给非西方世界知识分子留下了这样的疑问:我们能够从他们的否定与批判中引申出建设性的思想纲领吗?这个问题值得我们深思。但与此同时,我们不应该低估西方批判知识分子在其自身特定的历史条件下进行的艰苦的理论工作。这种工作在一个缺乏历史远景的时代保持了思想的活力和尊严,也为在不同的生活世界中展开的历史性思考提供了参照和启发。①

如今,眼看虚幻的世纪末"千禧年"渐行渐远,整个世界日益陷入动荡、纷争、战乱、饥荒、贫瘠、腐败、天灾人祸、失魂落魄的现代化荒原,不断遭遇金融危机、经济危机、社会危机、生态危机、能源危机、精神危机、信仰危机的全球化困境,以欧洲哲人为代表的批判知识分子及其学术思想不仅鲜活如故,而且愈发鲜明,引人注目。因为,说到底,马克思当年批判、剖析及预见的根本问题不仅依然如故,而且愈演愈烈。就在庄严神圣的学术殿堂不时传来莫名其妙的"主流高论"之际,年逾古稀的北京大学西语系教授、拉美文学翻译家赵德明,禁不住借波拉尼奥的文学巨著《2666》写下拍案而起的"常人之见":

如何评估欧美经济发达国家中知识界的道德水准呢?经济很发达,文化很发达,为什么书中人物的道德觉悟如此低下?三位欧洲教授在伦敦乘坐出租车时,由于政见不合,居然对司机大打出手。文明呢?礼貌呢?教养呢?如果说这是文学人物,那么华尔街的金融大亨们的欺诈行为,应该做何解释?难道他们没钱?难道他们没文化?都有!就是没有公德心!就是极端的自私自利!利欲熏心让当今世

① 张旭东:《詹明信再解读》,载《读书》2002年第12期。

界的许多政客、大亨以及各种权贵势力集团操纵各种舞台谋取私利，上演了种种尔虞我诈的丑剧，已经表现得淋漓尽致了。但是，有什么力量来约束他们贪欲的膨胀呢？没有！联合国不管这个。法律、舆论监督要么是一纸空文，要么是他们的工具。更不要说军队和警察了，那是他们巧取豪夺的鹰犬。

进入21世纪后，人性恶不是没变，而是更加膨胀了。以公平、正义的名义进行的杀戮，以和平发展、“互利”的名义进行的资源掠夺，在高科技的帮助下，规模大、程度激烈、手段狡猾的大量事实，都一一证明了人类的贪婪、疯狂和残忍已经上了一个新台阶，达到了人类自我毁灭的新高度。①

显然，这些愤激之辞的字里行间同样徘徊着挥之不去的“马克思的幽灵”：

代替那存在着阶级和阶级对立的资产阶级旧社会的，将是这样一个联合体，在那里，每个人的自由发展是一切人的自由发展的条件。②

---

① 赵德明：《〈2666〉的人性悖论与思想喻义——关于罗伯特·波拉尼奥〈2666〉的翻译》，载《解放军艺术学院学报》2012年第3期。

② 《马克思恩格斯文集》第2卷，北京：人民出版社2009年版，第53页。

四、从去政治化到再政治化

在国际传播学界,赵月枝是一位卓有建树的学者。她同另一位出身北京广播学院新闻系的海外学者潘忠党,均为近二十年来"反哺"母国学术的给力人物。如果说潘忠党以引介"新闻专业主义"而闻名,那么赵月枝则以阐扬传播批判理论而著称,特别是她承袭西方马克思主义的批判性传统,结合社会主义中国的历史实践及新闻传播所做的一系列理论探讨,更是富有洞察力与想象力、批判性与开拓性。不妨说,在西人主导的国际学界,她是中国内地走出的第一位传播批判学者。

2011 年,中国传媒大学的"新闻学与传播学名家论丛"书系,纳入并出版了她的第一部中文专著《传播与社会:政治经济与文化分析》,汇聚了十余年来作者对诸多新闻传播问题的研究与思考,取精用宏,登高壮观,确属呕心沥血的倾心之作。

她的诸多中英文成果(除这部《传播与社会》,还有清华大学出版社的《维系民主?西方政治与新闻客观性》、复旦大学出版社的《传播政治经济学英文读本》,以及海外出版的英文著述 *Media, Market and Democracy in China*, *Communication in China*, *Democratizing Global Media*, *Global Communications* 等),往往给人无尽的思想启迪。

新自由主义

如上所述,《传播与社会》的基本内容大都围绕当代中国与世界的新闻传播问题,具体说来涉及近二三十年的发展状况。从批判性视角看,20 世纪 80 年代以来的时代特征集中体现为"新自由主义",新自由主义给当今世界及其传播格局打上了无所不在的鲜明烙印。所谓新自由主义,按照乔姆斯基在《新自由主义和全球秩序》一书里的界定:

> 新自由主义,顾名思义,是在古典自由主义思想的基础上建立起来的一个新的理论体系,亚当·斯密被认为是其创始人。该理论体

系也称“华盛顿共识”……华盛顿共识的“主要建筑师”是私有经济的大师们。他们拥有的经济集团,多数控制着世界经济的命脉,并有能力主宰政策的制定和思想观念的形成。①

1998年,当代知名批判传播学者罗伯特·麦克切斯尼在为该书撰写的导言中又具体指出:

新自由主义是我们这个时代明确的政治、经济范式——它指的是这样一些政策与过程:相当一批私有业者能够得以控制尽可能广的社会层面,从而获取最大的个人利益。新自由主义首先与里根和撒切尔有关,最近20年,它一直是主流政治党派、大多传统左派和右派所采取的全球政治、经济趋向。这些党派及其实施的政策代表了极端富裕的投资者和不到1000家庞大公司的直接利益。②

也许,中国社会科学院“新自由主义研究”课题组的解释更为显豁,直指要害:

新自由主义是在继承资产阶级古典自由主义经济理论的基础上,以反对和抵制凯恩斯主义为主要特征,适应国家垄断资本主义向国际垄断资本主义转变要求的理论思潮、思想体系和政策主张。新自由主义与古典自由主义经济理论既有联系又有区别,并且通过对凯恩斯革命的反革命而著称于世;“华盛顿共识”的形成与推行,则是新自由主义从学术理论嬗变为国际垄断资本主义的经济范式和政治性纲领的主要标志。③

相较于古典自由主义,新自由主义是一种对市场和资本更加自由放任的意识形态,故也称“原教旨自由主义”。它在经济上主张彻底的私有

① 〔美〕诺姆·乔姆斯基:《新自由主义和全球秩序》,徐海铭、季海宏译,南京:江苏人民出版社2000年版,第3页。

② 同上书,“导言”,第1页。

③ 中国社会科学院“新自由主义研究”课题组:《新自由主义研究》,载《马克思主义研究》2003年第6期。

化、市场化,如要求国家通过各种手段包括强权,开拓和保证市场秩序之际,否定对私人资本及其权力的任何形式的国家干预;在政治上坚决否定任何公有制,否定一切社会主义的理论与实践;在战略上推动以美国为主导的一体化,即所谓“全球化”“与国际接轨”,等等。一句话,正如当代世界首屈一指的批判知识分子大卫·哈维所言,上个世纪曾被社会主义运动风卷残云的资本势力,实际上将新自由主义作为重新恢复阶级权力的政治工程。

从世界范围看,新自由主义虽在20世纪70年代开始影响当代政治经济格局,但上升为一套全球性意识形态,则以1990年的“华盛顿共识”为里程碑。1990年,由美国国际经济研究所牵头,并由世界银行、国际货币基金组织、美国财政部等机构联合拉丁美洲等国家和地区,在华盛顿达成一揽子经济与社会纲领,包括开放市场、贸易自由化、放松对外资的限制、国有企业私有化、保护私人财产权等,这就是所谓“华盛顿共识”。它的出台标志着新自由主义从一种学术思想理论,正式确立为一套政治经济纲领及意识形态。其间,拉丁美洲成为新自由主义的实验区,由此引发的一系列危机被统称为“拉美化”,包括贫富差距、社会动荡、环境污染、金融危机等。大卫·哈维在《新自由主义简史》一书里写道:

> 新自由主义化的进程带来了非常大的“创造性毁灭”,不仅摧毁了先前的制度框架和力量(甚至挑战了传统的国家主权形式),而且摧毁了劳动分工、社会关系、福利供给、技术混合、生活方式和思考方式、再生产活动、土地归属和情感习性。①

作为当代世界的主导意识形态,新自由主义在理论上有诺贝尔经济学奖获得者哈耶克、弗里德曼等,政治上有美国总统里根、英国首相撒切尔夫人等,当然也少不了索罗斯、盖茨、默多克等资本巨头。正如赵月枝在本书第二编中所论及的,西方和国际传播系统一方面是这套意识形态

---

① 〔美〕大卫·哈维:《新自由主义简史》,王钦译,上海:上海译文出版社2010年版,第3页。

的“吹鼓手”,一方面本身也被这套理论学说及其政治经济纲领所建构,包括大规模的媒体兼并、国营媒体的私有化、公共广播体系的瓦解等。这套政治经济纲领不仅影响西方世界,而且对发展中国家形成冲击,中国20世纪90年代以来的一些走向,如形形色色的产业化等也难免受此影响。针对这一浪潮,国内外许多学者力挽狂澜,予以批驳与抵制,包括世界银行首席经济学家、诺贝尔经济学奖获得者斯蒂格里茨,经济学家、原北京大学校长吴树青,经济学家、原中国社会科学院副院长刘国光等。

新自由主义从风起青萍到大行其道,也正是赵月枝求学海外并学有所成的时期。她的成长经历与学科背景,使她对新自由主义及其影响下的传播问题格外关注。如果说,此前中国传播研究“去政治化”的态势经由热情拥抱实证主义而充分显现,那么由于新自由主义的冲击所造成的一系列蜕变以及国内外诸多学科理论的批判性言说,新世纪以来新闻传播学科又日渐呈现“再政治化”的趋势。

人们或有同感,也毋庸讳言,当下中国新闻传播学科的思想性与批判性乏善可陈。虽然说起来风风火火,看起来也仿佛漂漂亮亮,但就思想的敏锐性和深刻性而言,就学术关怀与现实关怀而言,不仅不如共和国前三十年的甘惜分、王中等,甚至也不如尽管粗疏而又不无元气的20世纪80年代。恰似甘阳解读政治思想家列奥·施特劳斯的思想时所言,这种趋向虽然导致大批量知识生产,有关著述、文章、研究成果汗牛充栋,但只是徒然让人知道越来越多的鸡毛蒜皮,即所谓 knowing more and more about less and less。在甘阳看来,这种东西不但不能使人专注于思考,反而使人日益陷入了普遍的市侩主义和蔓延的媚俗主义。

这些问题细究起来,均可归结为“不讲政治”的去政治化。当然,去政治化并非真的不讲政治,事实上去政治化本身就是一种政治。政治哲学家列奥·施特劳斯说得好,现代性有两个突出问题——“政治的哲学化”(任何现代政治均含有一套“主义”)和“哲学的政治化”(任何“主义”均服务于一套现代政治),两者无不关乎学术与政治。其他哲人对此也都有所阐发,包括福柯及其知识考古学等。福柯提出的诸多理论、学说,大都围绕着“知识与权力”“学术与政治”等命题。在他看来,近代的各种学科建制,各种知识体系,各种思想学说,其实无不体现特定的权力关系和权力意志,属于权力运作的结果。比如,物理学、天文学、化学等仿佛纯粹的自然科学,其实深挖下去就会发现原来都同现代文明征服自然、征服世界的权力意志相联系。

20 世纪 80 年代以来,感同身受的社会巨变又为学术与政治、知识与权力的关系提供了更直接、更现实的佐证。正如哈维的有关研究所示,新自由主义思潮起源于学术研究,20 世纪 70 年代前一直处于学术边缘,而其创始人和代表人物之一哈耶克坦言,思想斗争是关键,这场不但针对马克思主义,而且针对社会主义、国家计划和凯恩斯主义的思想斗争至少需要一代人才能取胜。20 世纪 70 年代的资本主义危机后,西方经济精英出于保障自己的阶级利益的需要,开始通过财力雄厚的基金会和智库大力弘扬这些思想,使其成为主导性学术和政治思想。在这个过程中,由瑞典金融精英主控的诺贝尔经济学奖,分别于 1974 年和 1976 年颁给了新自由主义代表人物哈耶克和弗里德曼,从而进一步巩固了这一学说在经济学领域的显赫地位和话语霸权。而一旦进入政治经济政策领域,这一学术思潮就成为影响千百万人身家性命的一套重构社会关系和主导社会转型的强劲政治力量。一句话,新自由主义缘起于超凡脱俗的学术,而结果则是实打实的政治,甚至是当代世界的头号政治。如果我们以去政治化的视角孜孜于技术性的问题,那么不但所有关系重大的问题、话题或命题自然都被遮蔽了,而且很可能在促进专业进展的虚假表象下,维护了新自由主义政治力图达到的社会转型和社会权力关系重构之目的。2014 年,赵月枝在同香港中文大学邱林川教授的学术对谈中再次尖锐地指出:

> 最可怕的是传播研究中的“去政治化”的政治和新自由主义意识形态下的“集体政治无意识”,即把西方反共意识形态内化为自己的意识形态,把美国冷战时代的传播学当作“客观”的社会科学,把新自由主义意识形态有关市场和国家的一系列假设及其政治目标——建立资产阶级宪政理想国和与之匹配,但被隐去了其(资产)

阶级性质的、事实上也只是个“历史范畴”的“公共领域”——当作规范性研究前提。①

波兰尼及其《大转型》

面对新自由主义的肆行无忌，许多富有理性与良知的学者都展开深刻的反思与批判。人类社会的历史包括中国改革开放的实践，也在倾覆这套意识形态或“意底牢结”。这里，尤其值得一提的是卡尔·波兰尼及其代表作《大转型：我们时代的政治与经济起源》，这部后冷战时代备受关注的名作正在于质疑市场原教旨主义，证明自由市场制度的发展总是伴随着不可忽视的社会和环境代价，因此必须将其纳入社会的藩篱。

就批判资本主义的思想力度以及境界的深邃和视野的阔大而言，卡尔·波兰尼有似20世纪的卡尔·马克思。虽然他和马克思在根本思路上存在差异，但终其一生他都自认为是社会主义者。他的《大转型》问世于1944年，第二次世界大战的硝烟还在弥漫。这部力作对法西斯主义以及西方近代文明又一次给予根本性反思与批判，事实上法西斯并非孤零零的天外来客，犹如爹不亲、娘不爱的怪胎，而是孕育并生成于西方现代历史之中的自然产物。遗憾的是，《大转型》问世时并未引起重视，只是随着苏联解体、东欧和整个世界格局的剧变，特别是新自由主义或市场原教旨主义盛行并造成一系列灾难性后果之际，人们才开始认真审视波兰尼及其思想，日渐体会其理论洞见与学术价值。

在赵月枝看来，《大转型》在中国内地的滞后传播，也是整个改革时代对西方学术引介的最大历史错位与悲剧。因为，一方面，我们在建立社会主义市场经济，而另一方面，哈耶克、弗里德曼等新自由主义和非马克思主义学者却事实上成为主导和主流的思想家。当市场原教旨主义扮演市场经济的学术指南时，我们对西方的社会主义市场理论家波兰尼及其

① 〔加〕赵月枝、邱林川、王洪喆：《东西方之间的批判传播研究：道路、问题与使命》，载《传播与社会学刊》2014年总第28期。

学说居然一无所知。如今,国内外的变局、自然与社会的严酷现实终于使人们开始关注和理解波兰尼,赵月枝在《传播与社会》中的有关阐发以及王绍光关于“双向运动”的分析堪称范例,而我们也需从市场必须重新嵌入社会的“社会至上”立场,理解“传播与社会”这一书名及其深意。

作为一位社会主义者,波兰尼及其《大转型》提供了对所谓自发调节的市场神话最强有力的批判,恰似哈耶克的《通往奴役之路》是对市场神话最强有力的论证。理解波兰尼理论的核心概念是“嵌入”。作为杰出的经济学家,波兰尼对有史以来的社会经济形态进行了细致的分析后发现,19世纪自由市场经济出现以前,人类的一切经济活动无不嵌入社会,就像人的细胞融于肌体一样,经济制度被浸没在普遍的社会关系之中,市场仅仅是某个制度设置的附属特性,而这个制度设置前所未有地受着社会权威的控制和规制。换言之,人类的社会生活与社会关系主要受制于道德、习俗、宗教等社会化要素而非市场化机制,用他的话说:

> 尽管市场这种制度自从新石器时代之后就相当常见,但它从来没有扮演过超出经济生活的附带现象的角色。
>
> 在我们的时代之前,市场只不过是经济生活中的附属品。一般而言,经济体系是被吸纳在社会体系之中的,并且无论经济活动中主导性的行为原则是什么,我们发现市场模式都能与这种原则相容。我们不曾发现,市场模式所体现的交易或交换原则有压制其他原则而独自扩张的倾向。①

19世纪后,特别是20世纪以来,社会关系才被一步步地嵌入市场体系,它意味着要让社会的运转从属于市场。这是一种根本性的变化:以往市场机制嵌入整个社会体系,而现在颠倒过来,整个社会体系嵌入市场机制。在他看来,这种“社会嵌入经济”的体系,既违背人性、违背自然,也必将摧毁整个社会:

---

① 〔英〕卡尔·波兰尼:《大转型:我们时代的政治与经济起源》,冯钢、刘阳译,杭州:浙江人民出版社2007年版,第45、59页。

> 自我调节的市场的理念，是彻头彻尾的乌托邦。除非消灭社会中的人和自然物质，否则这样一种制度就不能存在于任何时期；它会摧毁人类并将其环境变成一片荒野。①

他在《大转型》中还论及历史上的各种反向运动，也就是同市场逐渐吞噬社会或社会逐渐嵌入市场的趋势相反的历史运动。特别是近代以来，市场扩张更激起层出不穷的反向运动，社会这只看得见的手一直在力图钳制市场那只所谓看不见的手，包括近三十年来一系列抵制新自由主义的思想与行动。20世纪80年代后，在中国此起彼伏的“反自由化”“姓社姓资”、改革方向的交锋等，未尝不可被视为类似的“反向运动”——旨在钳制非自然的经济体系及其扩张。事实上，中国的改革开放始终奉行“社会主义市场经济”，力图以社会统驭市场，新世纪的科学发展观以及和谐社会理念更是对新自由主义的超越。这里，不仅仅是所谓的改革与保守、进步与落后、现代与传统等问题，从更广泛的社会历史层面看，更蕴涵着波兰尼所说的对这种非自然体制的本能反弹，亦即蕴含着自古及今人类对人的全面发展，对人与人、人与社会、人与万物、人与灵魂自然而和谐相处的永恒渴望。

去政治化

按照清华大学政治学者景跃进的分析，改革开放数十年有条一波三折的社会历史线索：从高度政治化到去政治化，再从去政治化到重新政治化。与这个过程相应，新闻传播以及新闻传播学也经历了类似的“正反合”过程：80年代属于极度政治化或高度政治化，“政治挂帅”“新闻是阶级斗争的工具”等均为表征；90年代一度去政治化，“信息”“传播”“受众”等中性概念风行就是一例；新世纪以来，在文化政治与文化自觉日益凸显的趋势中，再政治化又构成新的社会潮流与历史进程，如欧美批判学

---

① 〔英〕卡尔·波兰尼：《大转型：我们时代的政治与经济起源》，冯钢、刘阳译，杭州：浙江人民出版社2007年版，第3页。

派与传播批判理论的日渐风行。

改革开放前以及改革开放初，新闻传播及其研究都表现为高度的政治化，最典型的莫过于那个核心的理念：新闻是阶级斗争的工具。这一“工具论”同当时的社会政治息息相关，丝丝相扣。当然，这个理念并非无稽之谈，其中深含着一系列历史与逻辑相统一的理据。比如，人们熟知的国共两党斗争，在新闻战线就表现得很突出、很激烈，此时新闻俨然成为阶级斗争的一条重要战线。再如，欧洲近代资产阶级和封建阶级的抗争、工人阶级与资产阶级的斗争等，在新闻上同样表现得异常尖锐激烈，英国大革命、美国大革命、法国大革命的报刊，无不属于阶级斗争的一大利器或武器。因此，无论从理论上讲，还是从历史上看，这个理论都是自洽的，问题仅仅在于“工具论”一旦被推向极致，则不免将政治、权力与媒体的复杂问题单一化、表面化，甚至庸俗化。

伴随社会政治的“自由化”思潮以及日常生活的世俗化蜕变，新闻传播以及新闻传播研究也一度呈现去政治化的态势。其间，一个突出的标志就是美国主流传播学的引进。这一过程从 20 世纪 80 年代初启动，到 80 年代中后期渐成气候，90 年代后更达到高潮：“整个思想界，以西方自由主义思想为主流的‘新启蒙’大潮已潜流暗涌；在新闻学界，以‘意识形态的终结’为思想基础的信息理论和美国实证主义传播学开始登陆国内，我们以‘信息’对抗‘宣传’，以抽象的‘传者’和‘受者’替代有民族、阶级和其他社会性的传播主体。”[①]当时盛行的“传者”“受者”“信息”“渠道”“反馈”等概念及其理论，使得已经反感“工具论”和“阶级斗争”话语的学界感到耳目一新。换句话说，这套美国主流传播理论在中国之所以有吸引力，部分原因也是因为权力概念在其表述中缺席，而这恰好迎合了时人去政治化的心态，如“受众”就是一个典型的去政治化概念。80 年代美国主流传播学被引进中国时，大家对“受众”概念顶礼膜拜，觉得比以前常用的诸如“人民”等概念更中性、更客观、更科学。其实，正如加拿大传播

① 〔加〕赵月枝：《为什么今天我们对西方新闻客观性失望》，载《新闻大学》2008 年第 2 期。

批判学者莫斯可在《传播政治经济学》一书里所言：

受众(audience)这个概念也不像阶级、社会性别、种族那样是学术分析的范畴，而是媒介产业自身的产物。媒介产业用这个概念来识别市场，进而界定商品。受众行为这样的提法，为这个词注入了分析的和经验的现实性。但这一点并未得到证实，所以使用时应多加小心。至少，断言人口学范畴意义上的"受众"确实可行，未免过于不成熟。因为，我们还没有确定这个词在概念上的价值，尤其是还没有确定受众和社会阶级、种族、民族以及社会性别之间的关系，而这些才是真正超出人口学意义的团体——它们是即存的经验。[①]

值得反省的是，根据中国人民大学新闻学院刘海龙教授的专题研究，就在美国实证主义传播研究涌入国门的20世纪80年代，批判性的欧美传播研究及其理论也同期登陆中国，而结果却是一热一冷。因为，当时正处于去政治化的热望之中，对貌似科学的实证主义情有独钟，而对源于马克思批判传统的批判研究，对渗透阶级、权力、经济关系、垄断控制等话语有一种本能拒斥。其实，按照美国传播批判学者丹·席勒的观点，美国主流传播研究属于典型的冷战社会科学。比如，"报刊的四种理论"，实际上就隐含着自由主义与专制主义的二元对立，而西方奉行前者，东方盛行后者。因此，看似科学的四种理论其实无所不在地渗透着冷战的意识形态。

总之，离开政治关怀、权力关系、阶级存在与意识、社会实践与生活的新闻传播理论不仅凌空蹈虚，置身事外，也像马克思批判的庸俗经济学一样，看似"科学"，实则常常遮蔽了重大的政治意味和社会关系，即汪晖在接受复旦大学新闻学院许燕博士的采访时说到的：

绝不是什么声音都能在新闻报道和媒体中出现——什么声音能出现，什么事情不能出现，即使不能简单地归结为阶级问题(我这里

① 〔加〕文森特·莫斯可：《传播政治经济学》，胡春阳等译，上海：上海译文出版社2013年版，第293页。

指的是古典意义上的阶级概念，即与财产权和门第直接相关的阶级概念），也总是和社会等级和权力关系相关的。因此，一种更具弹性的阶级视野——也许更准确地说是政治视野——能够帮助我们理解媒体背后的支配权力。媒体是各种社会力量斗争的场域，从认识论的角度说，透明性、自由等概念无法概括和分析媒体实践，恰恰相反，只有建立一种政治的视野才能理解媒体实践——无论是媒体的公共性，还是媒体的遮蔽性。①

再政治化

世纪之交，由于一系列创巨痛深的社会转型，特别是市场经济对社会生活的全方位冲击，一度被忽略的政治问题、权力关系等再次浮出水面，三农、下岗、住房、医疗、教育、环保等事项，以及公平正义等话题更推动着社会生活的再政治化。

在这一新的变局下，新闻传播及其研究也不能不面临重新政治化的选择。比如，一度热门的话题"公共领域"，就体现着突出的政治意味。按照这套理论及其逻辑，报纸、电台、电视台、网络等应该成为"公共媒介"，也就是说既不充任国家机器的喉舌，也不扮演利益集团的工具。同时，还有一批所谓"公共知识分子"，承担独立的、不偏不倚的社会责任。就像当年的美国实证理论一样，这一概念在中国语境下已经成为另一种去政治化的学术政治话语，如赵月枝所指出的：哈贝马斯在《公共领域的结构转型》中提出的这个"假设"，本意在于分析欧洲特定时期的政治现象和问题，不成想被我们径直拿来，当成论述中国新闻传播的一个普遍性或普世性"教条"：

> 哈贝马斯的历史性概念"资产阶级公共领域"被当作了普遍的现实性前提。不但"资产阶级"这一修饰定语被隐去，而且哈贝马斯有关"资产阶级公共领域"如何因现代商业大众媒介的勃兴、公司资

---

① 汪晖：《别求新声：汪晖访谈录》，北京：北京大学出版社2009年版，第346页。

本主义的出现和现代国家强有力的官僚机构的干预而产生了"结构转型"的分析,更不必谈西方理论界对哈贝马斯理论的批评与扬弃,一概被忽略了。①

赵月枝还通过黄宗智以下的提问,直指中国式公共领域研究的城市中心主义偏向:"当我们以分散的农村地方社区来代替哈贝马斯统一的城市公共领域的时候……这一概念还剩下什么存在的正当理由呢?"更重要的是,这里还有一个不可避免的公共性与阶级性的历史辩证关系问题,以及国家政权的公共性宣称问题:

> 中国的特定情形是,一个曾声称代表不同的反帝反殖和反资公共群体或"底层公共群体"——农民、工人、女性、少数民族群体和第三世界民族主义——的国家政权,却同时又努力与跨国资本合作并正培育着一个本国资产阶层并宣称也代表它。而对于与孕育它的政权有血缘关系的中国资产阶层来说,中国国家形成和转型过程中的矛盾性和中国社会的权力平衡关系以及不断升级的底层社会抗争现实意味着依靠国家机器钳制社会抗争力量远比反对国家威权拥有更多政治重要性。如吕新雨和我在一次学术对话中谈及,公共性与阶级代表性之间存在着辩证历史关系。在讨论中国媒体公共性的重构时,我们不能对中国媒体在建制时的无产阶级公共性宣称持历史虚无主义态度的同时,把哈贝马斯明言作为"历史范畴"的"公共领域"作为一个普遍理想来追求,有意无意把这个概念前面的定语"资产阶级"隐去,仿佛这个公共领域的主体就是媒体人和他们所赋予话语权的"公共知识分子"和专家学者,最多包括被认为是中国民主化主体的"中产阶级"。②

---

① 〔加〕赵月枝:《国家、市场与社会:从全球视野和批判角度审视中国传播与权力的关系》,载《传播与社会学刊》2007年第2期。

② 〔加〕赵月枝:《传播与社会:政治经济与文化分析》,北京:中国传媒大学出版社2011年版,第52页。

如果说20世纪八九十年代的去政治化潮流是美国主流传播研究盛行的背景,那么新世纪以来的再政治化趋势则为传播批判学派在中国生根开花提供了土壤。传播批判理论更多继承了西方马克思主义的学术传统与思想衣钵,如马克思对资本主义的批判精神,在透视传播现象和问题时更关注政治、经济与社会的深层联系,包括权力关系、阶级关系以及社会历史背景等。简言之,批判理论是把新闻传播放在广泛的社会背景和权力关系之中进行考察,即赵月枝说的,在西方马克思主义理论框架下发展起来的批判传播研究不但一直注重权力问题,而且将它置于广阔的政治经济和社会文化发展历程中来审视。一望而知,这与美国主流传播研究迥异其趣。

关于批判理论,赵月枝论及三个经常关注的问题:一是传播系统控制权的不平等分配问题。传播系统同样存在控制权问题,同样存在权力关系问题,这个权力和控制问题不仅来自有形的政府,而且来自无形的经济与社会势力。比如,媒体大亨默多克的传播权力与信息操控一点不亚于一国政府,当下中国的资本力量在传播中的支配性作用同样不可小觑。常说的话语权问题,无法脱离马克思关于经济基础与上层建筑的理论框架。二是现有的社会结构和社会不平等如何被呈现为自然而不可避免的,并进而被合法化的过程。西方社会存在诸多权力分配的不平等现象,以及由此形成的各种冲突、矛盾或斗争,然而,在西方媒体上这些问题往往被视为个案性现象而非全局性症结。比如,在好莱坞大片中很难看到普遍而尖锐的社会冲突和阶级矛盾,即使有些打打杀杀,也仅限于极端个人的行为,如恐怖分子。2007年发生的震惊世界的美国弗吉尼亚大学校园枪杀案,最后就被纳入精神病人反社会的叙事框架,从而掩盖了深层次的社会矛盾,不仅如此,媒体包括中国媒体还借机又宣扬了一番所谓"宽容""博爱""人性"等。这些同属西方马克思主义包括传播批判理论审视的问题,也就是文化权力如何在社会现实中运作,又如何为各种社会现实提供合法性。三是彰显抗争。市场原教旨主义或自由原教旨主义一向反抗国家的行政权力,总是预设一个对立面——政党或政府,信奉所谓"管得越少的政府,就是越好的政府"等教条。赵月枝以及批判学派的研究表明,国家和市场其实都是既能限制也能赋予社会表达的窗口,不是说只有国家才赋予或限制你的话语权,市场同样可以赋予或限制你的话语权:

> 这两个力量有对抗的可能,也有相互叠加从而形成合力的可能。比如,国家为了维护官僚集团的自身利益或者迎合内外资本利益和促进出口,可能会限制下层劳工和农民的话语权力,以保持"社会稳定"。或者是降低工资、提高本国产品在国际市场上的竞争力。与此同时,在商业逻辑的驱动下,传媒可能因下层劳工与农民这两个社会阶层不是广告商的目标受众而忽略他们的话语表达和社会传播需求。①

学术何为,前沿安在

2008年,在一篇纪念"改革开放"三十周年的文章末尾,赵月枝针对中西新闻传播学的不同走势,提出了发人深省的问题:

> 在西方批判学者反思西方新闻体制和基本原则、希望按照民主和参与的精神"重造媒体"并领导和参与各种方兴未艾的以媒体民主化为目标的"媒体改革"运动的时候,国内的许多学者一边忙于建构以"美国主流"为基本参照的新闻传播学,一边把西方垄断资本媒体的新闻理念当普世理念在中国不加批判、不分社会制度地弘扬,而媒体商业化的压力和"做大做强"的产业取向又在客观上引导学者和学生们强化唯西方垄断资本媒体马首是瞻的倾向。
>
> 我们是照旧做着客观专业的新闻传播学术,并希望以此与"西方主流"接轨,还是重新审视我们的新闻传播学的基本理念并构建我们对中国新闻传播制度的新的学术想象?②

面对这个严肃严峻的问题,面对社会与传播的变局、学术与政治的关

---

① 〔加〕赵月枝:《传播与社会:政治经济与文化分析》,北京:中国传媒大学出版社2011年版,第35页。

② 〔加〕赵月枝:《为什么今天我们对西方新闻客观性失望?》,载《新闻大学》2008年第2期。

系，中国的新闻传播学如何激发学科的生命力，又如何激活研究的想象力？回应此类问题，当务之急恐怕是在更加深厚的思想层面和更加广阔的社会层面重申政治及其意味。激活中国新闻传播学的政治意味与思想活力，由此愈发显得事关重大，非同小可。因为“否定之否定”的再政治化及其新闻传播研究，不仅在于摆脱技术化、贫血化的庸俗路线，更在于科学解释中国的新闻传播实践并为其提供一套安身立命的价值依托。

批评家雷达在重新审视“十七年”作品时谈到，那些经典之作虽然有其时代局限，如鲜明的政治色彩、革命情结、时代风云，但字里行间却自有一种磅礴大气，而政治是铸就大气的灵魂。与之相对，近三十年来，艺术与艺术家貌似远离政治，沉溺于小我之中，只谈风月，不谈风云，也就失去了生命力与创造力。这个问题同样存在于新闻传播学科。没有政治意识、政治眼光、政治胸怀的研究及著述看上去精致无比，充其量自娱自乐，而终将难成其大，既不能“解释世界”，更无法按马克思说的“改变世界”。就像社会学家黄平批评的实证研究：

> 现在所谓社会科学的伪科学化程度是比较高的，它既没有文史哲的厚重，也没有数学、物理学的那个形式。我自己身在其中，我列过五个社会科学的“不三不四”：第一，你讲故事不如记者来得快；第二，不如文学家来得生动；第三，不如统计局的数据来得准确；第四，对体制的问题不如身在其中的官员体会深刻；第五，不如当事人，也就是普通老百姓，对事情把握得准。于是就弄了一些社会学的概念往那儿一堆，列出一些图表来骗人。[①]

令人欣慰的是，这些年来，一批有思想、有头脑的学人日渐破除去政治化的迷雾，越来越将学术研究同社会人生相联系，同亿万人民的历史实践相联系，特别是一批生机勃勃的年轻学者的博士论文，更体现了传播与社会、学术与政治的血肉关联，显示了非同一般的想象力与创造性，体现了鲜明的文化自觉与学术自觉。

---

① 转引自苏力、陈春声主编：《中国人文社会科学三十年》，北京：生活·读书·新知三联书店2009年版，第654页。

五、中国传播学，掠影三十年

传播学的研究与教学，在中国①已有三十余年历史了。其间，随着现代化进程，立足当代面向未来的传播学也获得长足发展。1997 年国务院学位委员会将传播学列入研究生培养目录，使之成为新闻传播学一级学科所属两个二级学科之一，更为传播学跃进开辟通途。此后十余年，传播学博士点就从原来三家——中国人民大学新闻学院、复旦大学新闻学院和北京广播学院（中国传媒大学），增加了差不多十倍，包括清华大学、北京大学、武汉大学、华中科技大学、四川大学、浙江大学、厦门大学、上海交通大学、上海大学、南京师范大学、南京大学以及中国社会科学院研究生院新闻系等。抚今追昔，不无孙髯翁登临昆明大观楼之慨：五百里滇池奔来眼底……

（一）

迄今为止，传播学在中国经历了三代人的辛勤耕耘，每一代人都为这门新兴学科尽了自己的心力，在寻寻觅觅、孜孜矻矻的探求中，留下颇堪回味的经验和可资借鉴的成果。2010 年，中国社会科学院新闻与传播研究所研究员王怡红主编的《中国传播学 30 年（1978—2008）》在中国大百科全书出版社付梓，对此进行了系统详尽的梳理与论述。

第一代开山人物，以中国人民大学新闻系张隆栋（1917—2009）先生和复旦大学新闻系郑北渭（1921—2012）先生为代表。早年曾经任教燕京大学新闻系的张隆栋先生，20 世纪 50 年代创办中国人民大学新闻系系刊《国际新闻界》时，就开始追踪传播研究。60 年代，他翻译了内部发行的施拉姆等的《报刊的四种理论》。1982 年第 2 期《国际新闻界》开始连载他的长文《美国大众传播学简述》。这组文章内容广博，材料翔实，

---

① 这里指中国内地的发展，没有包括港澳台等情况。关于港澳台以及海外华人的传播研究，可参考李金铨等：《海外中国传媒研究的知识地图》，载《开放时代》2012 年第 3 期。

脉络清晰,新人耳目,可谓第一代研究者给人印象最深的力作。同时,郑北渭先生也在复旦大学新闻系的内刊《外国新闻事业资料》上接连撰文,评述传播学,与张隆栋先生俨然形成南北呼应之势。除此之外,原北京广播学院新闻研究所所长苑子熙(1918—1992)教授、新华社新闻研究所副所长李启教授、中国社会科学院新闻研究所世界新闻研究室主任张黎(1922—2008)研究员等,均为筚路蓝缕以启山林的第一代中国传播学者,为传播研究的起步做出了首屈一指的贡献。如张黎研究员参与翻译的埃默里父子的《美国新闻史》(新华出版社,1982)名重一时,突破了既有的"新闻史"观念,提供了媒介与社会的新思路;李启教授参与翻译的施拉姆等的《传播学概论》(新华出版社,1984),作为中国出版的第一部传播学译著,一度几被奉为传播学的《圣经》。

在第一代"开天辟地"的探求中,最具里程碑意义的当数1982年在京召开的第一次全国传播学研讨会。会议由中国社会科学院新闻研究所发起组织,由此形成以后历次全国传播学研讨会均由该所主办的传统。此次会议开了三天,与会代表三十余人,来自复旦大学、中国人民大学、厦门大学、暨南大学、北京广播学院、新华社和《新闻战线》等教学、研究和实践部门,中宣部新闻局也派代表参加。会议的主要成果,是明确了对待传播学的基本态度,即后来广为流传的十六字方针——"系统了解,分析研究,批判吸收,自主创造"。另外,还就一些具体事宜提出建议:

> 翻译介绍几本有权威性、代表性和比较科学的传播学著作,以便对西方传播学的全貌能有比较全面的准确的了解;可在我国有关报刊上发表一些有分析性的文章;有关院校在有充分准备的条件下,可开设传播学的选修课。①

可以说,第一次全国传播学研讨会的召开,标志着传播学被正式引入中国。此后,传播学的研究与教学就逐步展开,而第二代传播学

① 《新闻战线》编辑部1982年12月5日编发《报纸动态》第三十四期——《怎样认识和研究西方传播学——西方传播学座谈会在京举行》(社科院新闻所世界新闻研究室供稿)。

学者也脱颖而出。

(二)

第二代多属第一代的学生,如毕业于中国人民大学新闻系的范东升(范长江之子)、复旦大学新闻学院的陈韵昭和居延安(后赴美留学)、原中国社会科学院新闻研究所副所长徐耀魁研究员和传播研究室主任明安香研究员、原暨南大学新闻系系主任吴文虎教授、《现代传播》首任主编朱光烈教授、兰州大学新闻系戴元光教授(现为上海政法学院教授)和淮阴师专邵培仁教授(现为浙江大学教授)等。

相比第一代的“火力侦察”,第二代更像是“全线出击”,同时也更注重学科知识的系统性和完整性。他们或著书立说,或登台执教,显示了指点江山议论风生的探索勇气,有些成果令人难忘。作为国人的第一部传播学著述,中国社会科学院新闻研究所世界新闻研究室编写的《传播学(简介)》(人民日报出版社,1983),收录了10篇文章和3篇附录,对大家了解这门学科及其来龙去脉厥功至伟。复旦大学新闻学院教师陈韵昭最先开设了传播学选修课,引起学界广泛兴趣和普遍反响,她的讲稿深入浅出,活泼生动。1981年《新闻大学》从创刊号开始,分七次连载这一“传学讲座”,一时洛阳纸贵。另外,她翻译的美国通用教科书《传播学的起源、研究与应用》(福建人民出版社,1985),内容通俗,讲解清楚,作者之一坦卡德(James W. Tankard)是施拉姆的博士弟子。这部较《传播学概论》更加浅显的译著,出版后颇受读者青睐,对普及传播学知识、推动传播学研究作用显著。21世纪以来,郭镇之教授又组织翻译了此书第4版与第5版《传播理论:起源、方法与应用》(中国传媒大学出版社,2006),畅销不衰。

如果说1982年第一次全国传播学研讨会是第一代的里程碑,那么1986年第二次全国传播学研讨会就是第二代的等高线了。这是一次名副其实的全国性会议,不仅代表广泛,人数众多,而且议题丰富,讨论热烈,既折射了传播学如火如荼的盛况,又展现了第二代学者头角峥嵘的声势。这次会议有两点突出之处：其一，与会专家围绕吴文虎教授提出的一个传播学框架体系展开热议，由此显示了对系统理论的共同旨趣；其二，开始关注欧洲批判学派的研究，当时中国人民大学新闻系研究生王志兴（后赴英留学），提交了一篇会议论文《欧洲批判学派与美国传统学派的分析》，引起大家普遍兴趣。

第二次全国传播学研讨会后，传播学的星星之火便在全国形成燎原之势，主要表现有三。一是大学相继开设传播学课程。二是一批传播学译著接连问世。其中，复旦大学新闻学院研究生祝建华（后赴美留学，现为香港城市大学教授）等译的《大众传播模式论》（上海译文出版社，1987）、中国人民大学新闻学院博士颜建军等译的《大众传播通论》（华夏出版社，1989）、复旦大学新闻学院博士张国良译的《大众传播社会学》（复旦大学出版社，1989）、中国人民大学新闻学院研究生黄煜（后赴英留学，现为香港浸会大学教授）等译的批判学派力作《权力的媒介》（华夏出版社，1989）等，至今仍为研习传播学的范本。三是国人的传播研究及其著述全面兴起。如中国社会科学院新闻研究所研究员陈崇山及其《中国传播效果透视》（沈阳出版社，1989），开实证研究之先河，一向为人所称道。第二代学者的成果中，有两部理论著作常被提及：一是居延安的第一部传播学专著《信息·沟通·传播》（上海人民出版社，1986）；一是戴元光、邵培仁、龚炜三位复旦出身的学者集体编撰的第一部传播学教材《传播学原理与应用》（兰州大学出版社，1988）。如果说两书现在多在学术史意义上被谈论的话，那么另外两部著述当时似乎默默无闻而如今则越来越值得关注，一是吴予敏的《无形的网络——从传播学的角度看中国的传统文化》（国际文化出版公司），一是段连城的《对外传播学初探》（中国建设出版社）。巧合的是，两书同年问世，即 1988 年。

传播学方兴未艾的 20 世纪 80 年代，是个思想解放狂飙突进的时代，对现代化与现代性的热望与想象催生了知识界的“文化热”。当此时，多部丛书一波未平一波又起，掀起一阵阵思想热潮，如“走向未来”“文化：中国与世界”“蓦然回首”等。《无形的网络——从传播学的角度看中国的传统文化》,就属“蓦然回首”丛书。1988 年,正在中国社会科学院研究生院攻读美学博士学位的青年学子吴予敏(现任深圳大学传播学院教授),“将传播学方法引入文化史研究”,出版了这部今天看来依然颇有启发的处女作。在这部传播学中国化著作里,他论述了古代中国的社会组织及其传播方式、政治传播、传播观念等,角度新颖,别开生面。在他看来:“从 communication 的角度来研究中国文化,我认为是可以大有作为的,它可能切入到中国文化和社会生活的微妙至深之处。”①

相对于吴予敏对古代传播的学理阐发,段连城的《对外传播学初探》则针对现代中国的传播实践展开探讨,体现了同样鲜明的中国问题、中国意识、中国主张,在整个学界似乎重回晚清“视西人若帝天”之际弥足珍贵,不同凡响。段连城(1926—1998),1948 年毕业于美国密苏里大学新闻学院,是《西行漫记》作者斯诺的校友,回国后一直活跃在对外传播领域,才华出众,卓有建树,其代表作《阳光 · 阴影 · 希望——南游百日记》为对外传播的经典。抗美援朝期间,在中方谈判代表团新闻处工作,处长是新华社对外部主任沈建图,段连城是他的助手,同事还有后来翻译《传播学概论》的新华社记者李启。1982 年,段连城出任中国外文局局长,退休后在北京大学国际关系学院开讲“对外传播学”,并在此基础上撰写了《对外传播学初探》。这本书不仅成为对外传播学的开山之作,也为中国传播学提供了极富启发性的文本。随着传播研究日益深化,特别是新世纪以来文化自觉以及学术自觉的日益凸显,《对外传播学初探》所蕴含的学术意味与研究旨趣也越来越引人深思了。2004 年,《对外传播学初探(修订本)》在五洲传播出版社再版,主持修订工作的是同为对外传播先驱的沈苏儒(1919—2009)。

(三)

不言而喻,20 世纪 80 年代的政治风波对学界也造成波涌浪翻的激

---

① 吴予敏:《无形的网络——从传播学的角度看中国的传统文化》北京:国际文化出版公司 1988 年版,“后记”。

荡,新闻传播学更不例外。尘埃落定后,学界开始冷静反思,学风由此发生明显变化。如果说 80 年代的学风堪称“热风吹雨洒江天”的话,那么 90 年代的学风则转向“冷眼向洋看世界”了。在这意义重大而悄然发生的转型中,传播学第三代学者逐渐浮出水面。

第三代基本上都是“文化大革命”后进入大学的,经过系统的学术培养,大多获得硕士或博士学位,有的曾在海外留学或访学,熟悉当代学术的状况及其趋势,更倾向于纯粹的学术探讨与理论建树。从积极方面看,这种姿态有助于传播学的学科化建设,加速走向世界的步伐;从消极方面看,弄不好也容易堕入象牙塔,从而与气象万千的社会生活与传播实践相隔膜。无论如何,随着新世纪来临,第三代传播学人已经历史性地肩负起承前启后的学术使命。

总体看来,第一代传播学人的贡献在于线上——开启一道门缝;第二代传播学人的成就在于面上——使传播研究全面铺开;第三代传播学人的作为在于点上——针对不同的侧重点深钻细研。举例来说,北京大学留英博士赵斌教授对传播政治经济学颇有造诣,并结合 20 世纪 90 年代以来的中国实践揭示了当代传播的深刻命题;中国人民大学新闻学院喻国明教授,在实证研究方法以及舆论调查领域建树颇丰;中国社会科学院新闻与传播研究所卜卫研究员,以媒介与青少年问题的研究著称;清华大学新闻与传播学院留日博士崔保国教授,对信息与信息社会的研究独树一帜;中国传媒大学留法博士陈卫星教授,在批判性的欧陆传播领域多有建树,他的长文《西方当代传播学学术思想的回顾和展望》1998 年在《国外社会科学》刊发并被《新华文摘》收录……

总体看来,这些“点”上的进展兵分两路,一是基础理论建设,一是实际问题研究。前者成果举要如下。中国社会科学院新闻与传播研究所研究员陈力丹(现为中国人民大学新闻学院教授)的《精神交往论——马克思恩格斯的传播观》(开明出版社,1993),以十年磨一剑的精深研究和笔触对马克思主义传播观进行了系统阐发,为把握传播及传播学提供了唯物论的世界观与方法论。北京大学国际关系学院龚文庠教授(后任北京大学新闻与传播学院常务副院长)的《说服学》(东方出版社,1993),从多学科角度探讨人心与传播,独辟蹊径,立论新颖。原中国社会科学院新闻与传播研究所所长孙旭培研究员主编的《华夏传播论》(人民出版社,1998),以传播视角对中国历史与社会文化展开全面探究,揭示了一系列植根中国的命题。陆扬、王毅的《大众文化与传媒》(上海三联书店,2000),对文化研究以及批判性传播研究做了细致入微的探究。陈卫星的《传播的观念》(人民出版社,2004)辨析了传播学知识谱系的思想逻辑,并从马克思社会再生产理论出发,阐述了中国现代化的传播战略。

这方面"新世纪传播学研究"丛书尤为详备,不仅在理论上向纵深推进,也在总体上折射出第三代学人的学术旨趣及其水平。这套丛书得到国家哲学社会科学基金资助,列入"九五"规划重点项目。按照计划,丛书一共五部,分别针对拉斯韦尔勾勒的五大研究进行穷根究底的"深描",以期为既往研究进行系统总结,并为未来的研究提供坚实基础。五部专著由五位学者承担,起初包括复旦大学新闻学院副院长张国良(现为上海交通大学媒体与设计学院教授)、中国人民大学新闻学院院长郭庆光、杭州大学新闻传播系系主任黄旦(现为复旦大学新闻学院教授)、中国青年政治学院新闻与传播系系主任李彬(现为清华大学新闻与传播学院教授)和上海外国语大学国际新闻系教授张咏华(现为上海大学影视艺术技术学院教授)。目前,"新世纪传播学研究"丛书已有四部问世,分别为:张咏华的《媒介分析:传播技术神话的解读》(复旦大学出版社,2002);李彬的《符号透视:传播内容的本体诠释》(复旦大学出版社,2003;2012 年清华大学出版社再版,更名《传播符号论》);黄旦的《传者图像:新闻专业主义的建构与消解》(复旦大学出版社,2005);周葆华的《效果研究:人类传受观念与行为的变迁》(复旦大学出版社,2008)。

除了"点"上突进,第三代学者在一般理论上也多有建树。如下著述各有千秋,各擅胜场,成为通行的传播学教科书或参考书:李彬的《传播学引论》(新华出版社,1993)、段京肃等的《基础传播学》(兰州大学出版社,1996)、胡正荣的《传播学总论》(北京广播学院出版社,1997)、张国良的

《现代大众传播学》(四川人民出版社,1998)、郭庆光的《传播学教程》(中国人民大学出版社,1999)等。如《传播学教程》,体系完备,内容丰富,材料翔实,论述精当,问世以来一直深得学界与学子嘉许,2011年又出版了"第二版"。

与基础理论建设形成双峰并峙之势的,是大量实际问题以及分门别类的专业探讨。媒介批评、政治传播、国际传播、全球传播、广告传播、公关传播、网络传播、手机传播、商业传播、文化传播、农业传播、科技传播、体育传播、危机传播、跨文化传播、健康传播、公共传播……一派"日出江花红胜火、春来江水绿如蓝"的红火景象。特别是在市场经济和传播科技的强力推动下,媒介经济学和新媒体研究更成为两大学科"热点"。透过层层灼人热浪,一批切合中国问题的研究及著述格外引人注目,如:王君超教授的博士论文《媒介批评——起源·标准·方法》(北京广播学院出版社,2001)、方晓红教授的专著《大众传媒与农村》(中华书局,2002)、张昆教授的博士论文《大众媒介的政治社会化功能》(武汉大学出版社,2003)、郭建斌教授的博士论文《独乡电视:现代传媒与少数民族乡村日常生活》(山东人民出版社,2005)、吴飞教授的专著《火塘·教堂·电视:一个少数民族社区的社会传播网络研究》(光明日报出版社,2008)、张国良教授主编的中国发展传播学丛书(浙江大学出版社,2009)、清华大学何威博士的学位论文《网众传播:一种关于数字媒体、网络化用户和中国社会的新范式》(清华大学出版社,2011)等。这里,一批青年学者尤其值得一提,如南京大学博士胡翼青的学位论文《再度发言:论社会学芝加哥学派传播思想》(中国大百科全书出版社,2007),北京大学博士王维佳的学位论文《作为劳动的传播:中国新闻记者劳动状况研究》(中国传媒大学出版社,2011),中国人民大学博士刘海龙的学位论文《宣传:观念、话语及其正当化》(中国大百科全书出版社,2013),清华大学博士李漫的学位论文《元代传播考》(北京大学出版社,2013),等等。

如果说第一代的标志是1982年第一次传播学研讨会,第二代的象征为1986年第二次传播学研讨会,那么第三代的崛起不妨以1993年第三次全国传播学研讨会为契机。这次会议与上一次相隔七年，传播学者再次汇聚一堂时，发现“火炬已经传到新一代手中”（the torch has been passed to a new generation）。这次会议后，全国传播学研讨会就定为两年一次，而每开一次，新人就多出一批，1999 年第六次传播学研讨会在复旦大学新闻学院召开时，面临新世纪的传播学已经新桃换旧符了。

随着第三代崛起，国际学术交流日益频繁，更加密集，南来北往、东进西出的“高僧”络绎于途，进一步促进了中国传播研究的百花齐放，百家争鸣。其中，有两项进展尤为突出，影响广泛。一是西方传播学经典的系统引进。新华出版社、清华大学出版社、北京大学出版社、中国人民大学出版社、复旦大学出版社、华夏出版社、中国传媒大学出版社等，都推出各自的“译丛”以及“原版”系列。如今，传播学名家名作，大都登陆中国。二是潘忠党、赵月枝、祝建华、赵心树等出身中国而留学海外的学者，以横跨中外、熔铸东西的社会经历与学术背景，为中国传播学走自己的路提供了切实的路线图与推动力。20 世纪 90 年代后，他们纷纷参与国内的学科建设、学术研究、人才培养等，留下独特的思想印记与学术足迹。

（四）

追寻几代传播学者的探索历程，总结中国传播研究的利弊得失，下一步进展日渐面临两个全局性的偏差或瓶颈，需要冷静反思并着力扭转或突破。

其一，在继续引进、吸收、消化种种舶来理论之际，突破学科壁垒与知识藩篱，以学术自觉和问题意识为导向，探究中国社会与传播的演化状况，揭示信息系统及其运行机制的自身规律，由此确立、形成并完善具中国本色的传播理论。借用韩少功的话说：

> 知识只属于实践者，只能在丰繁复杂的人民实践中不断汲取新的内涵——这是唯一有效和可靠的内涵，包括真情实感在概念中的暗流涨涌。从这个意义上来说，文献索引是必要的，却是远远不够的。正如科技知识需要大量第一手的实验作为依据，人文知识也许

> 更需要作者的切身经验,确保言说的原生性和有效信息含量,确保这本书是作者对这个世界真实的体会,而不是来自其他人的大脑,来自其他人大脑中其他人的大脑。①

不待多言,在“黄河落天走东海、万里写入胸怀间”的五千年文明历程中,包括费正清所言“伟大的中国革命”中,中国的传播实践创造了别开生面的格局,社会的信息系统呈现了独领风骚的状貌,从而形成了一整套异常丰富而复杂费解的思想、体制、传统等,包括民本意识与天下归心、政党政治与党性原则、人民主体与群众办报、舆论导向与市场取向等。毕业于密苏里大学新闻学院的一代新闻人马星野,抗战后期曾经针对《大公报》“中国文化从没有过新闻自由与言论自由”的说法,著文分析《诗经》《春秋》等讽谏政治、伸张民意等的历史,将“自由与独立”视为中国传播中最可宝贵的传统:

> 值得我们重视的,是中国四千年来一贯的民本主义精神,一贯的反对暴君,一贯的尊重清议,一贯的有是非善恶,如果我们一笔抹杀,以为新闻自由、言论自由都是舶来品,这种荒漠如何能培育出新的花朵?②

中国传播学是否具有想象力、创造力、生命力,归根结底就在于能否以高度的文化自觉和文化自信对此做出自己的思想建树,将如此丰厚的专业遗产化解为历史与逻辑有机统一的学理与学统,并在世界上确立自己的地位与影响,为人类学术共同体贡献自己的聪明才智,而不是局限于、满足于国际接轨与理论旅行,“暖风熏得游人醉,直把他乡作故乡”,乃至等而下之的张冠李戴、指鹿为马、邯郸学步、东施效颦。正如北京大学法学院朱苏力教授,在 2011 年中国文化论坛上就政体问题而谈的观点:前人创造的历史功勋既是我们学术来源的根本所在,也给我们留下了

① 韩少功:《暗示》(修订版),北京:人民文学出版社 2008 年版,第 381 页。

② 马星野:《中国言论界的自由传统》,载《中央日报》1945 年 3 月 31 日。

如何解说它、化解它的学术命题。[1] 倘能如此，则对中国乃至世界的传播与传播学都将别开生面，正如中国道路为人类发展开辟的愿景。相蓝欣教授的如下提醒，只需将"国际关系"替换为"传播"，对我们也不啻为一种"三言二拍"：

> 作为学科的"国际关系学"，在我国同经济学一样，原是无源之水，既无基础理论，更无自身特色，一向是在新闻学和文史哲的夹缝中苟且偷生的，但近年来时来运转，却突然成了显学，究其原因，不过是靠了"国际"两个字罢了。实际上，国际关系学的处境很是尴尬，专家们的信息来源不如在第一线的新闻记者，在象牙塔中又缺乏其他学科认可的学术规范，学理上很难站住脚，国际上也缺少影响力，只是在炒西方的学术冷饭而已。
>
> 在中国大国地位上升的历史时刻，这个极其重要的领域却停留在只是西方国际关系理论货栈的水平上；一门在概念系统和话语系统上全盘西化的学科，其前景着实令人担忧。[2]

其二，在重视研究方法包括计量统计方法之际，突破方法论拜物教的思想桎梏，尤其是对"科学"的顶礼膜拜，一方面破解"兵马未动，方法先行""悠悠万世，科学唯大""何以研究，唯有量化"等教条，一方面打通人文社会科学的各路方法，如哲学、史学、文学、经济学、法学、政治学、社会学、人类学、心理学等，针对不同问题，选取不同方法。既然条条大道通罗马，何必一条小路走到黑？

不言而喻作为工具，研究方法本应结合各种研究对象因地制宜，旨在探究问题，揭示规律，创造新知。而时下新潮似将方法抽离于研究对象并置于社会历史之上，"科学"更成为包治百病的灵丹妙药，仿佛"芝麻开门"的神奇咒语，轻轻一念，就能打开金山银山的传播宝库。更莫名其妙

---

① 参见圆桌讨论：《中国现代政治体制的演变》，载《中华读书报》2011 年 10 月 26 日；另见王绍光主编：《理想政治秩序：中西古今的探求》，北京：生活 · 读书 · 新知三联书店 2012 年版。

② 相蓝欣：《理不屈而词穷——国际关系学的一种困境》，《读书》2007 年第 12 期。

的是,还人为划分了一个质化量化的南北朝,并有意无意地将质化视若南下牧马、五胡乱华的匈奴,而量化才属于文明开化的正统,求学问道只有统计、问卷、量表才叫“科学”,否则就不科学,至少是前科学、浅科学云云。如此说来,戈公振、徐宝璜、甘惜分、王中、拉斯韦尔、麦克卢汉、鲍德里亚等传播大家不知该当何论,且不说老子、庄子、释迦牟尼、穆罕默德、柏拉图、康德、黑格尔、马克思等名山之作。西谚说得好,如果唯一的工具是锤子,那么就会把所有的问题看作钉子。

在2008年的中国文化论坛上,王绍光教授针对中国政治学的批评,对中国传播学上述两大问题也颇有启发:

> 我感觉现在年轻学者,他们最大的问题是老想用中国的数据来印证、检验某一个外来的理念。我经常跟他们说,先把理论忘掉,先看你的实际材料,然后再去抽象化,找出概念,想办法解释它。理论是次要的,理论是晦涩的,理论是灰色的。但你要说服他们已经很困难了,他脑子里已经形成这些东西。
>
> 另外,现在的年轻学者里边也有一种倾向,就是要学那种最时髦的东西。我经常碰到有同学问我:哪个理论是现在最流行的?哪一个方法是现在最流行的?我都可以给他们指出来,但我告诉他,这个方法就好像是做木工活的刨子,你能说刨子是最好的吗?其他东西比如斧头你都不用,你能做好木工活吗?现在有些年轻人很聪明,我有个研究生,以前是学档案学的,来中大三年,统计玩得非常好,他已经非常棒了。但我担心的是他为了玩这个数据,就把他今后的研究变成data driven,这个就变成雕虫小技了。
>
> 方法是重要的,但方法毕竟是工具。不能本末倒置,为了运用所谓“最新”“最先进”“最科学”的方法而舍弃更有价值的研究课题。……既然方法是工具,它便没有绝对最好的,只有最适用的。[①]

① 转引自苏力、陈春声主编:《中国人文社会科学三十年》,北京:生活·读书·新知三联书店2009年版,第325、650页。

在华人传播学界，对西方主流学术堪称“入乎其中，出乎其外”的李金铨教授，在2014年的一篇文章中，分析了当代学界普遍的学科危机与认同困境，更是直接有助于反思中国的传播研究及其问题：

今天在美国有些大学博士课程，可以狭窄到从上述的“理论”选择一个题目，写一篇不痛不痒的论文，就可以拿到学位了。无论读者是否同意我的判断，都必须面对一个尖锐而严肃的问题：为何我们缺乏深邃的“范式”引导传播学的研究工作？我认为这个现象是学术发展“内卷化”(involution)过程……内卷化的意义，指学者抱住一个小题目，在技术上愈求精细，眼光愈向内看，问题愈分愈细，仿佛躲进自筑的一道墙围，得到心理安全，拒绝与外界来往的压力，其结果是不但忘记更大的关怀，更阻碍思想的创新。纯粹“从传播看传播”，理论资源如此贫乏，特别是那些从新闻系内部产生的“理论”，通常和更大的政治、经济、社会、文化脉络脱节。家底本来就薄，关起门自娱，焉能不边缘化？①

好在值得欣慰的是，长江后浪推前浪，流水前波让后波。回顾历史，展望未来，中国传播学的新生代已如地火奔突，热流旋转，如果不揣简约的话，那么他们的共同特征可以概括如下：更具有文化自觉与学术自觉；更具有历史意识与批判意识；更兼顾新闻与传播、理论与实践、中国与世界的会通。随着改革开放与和平发展，相信中国传播学终将以“独立之精神、自由之思想”自立于世界学术之林并作出自己的贡献。

① 李金铨：《传播研究的典范与认同》，载《书城》2014年第2期。

六、新时期：社会变迁与新闻变革札记[①]

鲁迅先生的话颇有深意：地上本没有路，走的人多了，也便成了路。如果说社会历史是茫茫九派流中国的大地，那么任何解读即史观就如沉沉一线穿南北的大小通衢。虽说条条大道通罗马，但不同的路径勾连着不同的地域，贯通着不同的方向，从而形成不同的路线图。对当代社会而言，这种情形更为突出，因为不同的路线图还在展开，还在不断变化，不同于古代社会的诸多路线图或荒弃，或湮灭，而只剩若干众所周知的主干道，下面即想另辟蹊径，沿着一条似有若无的小路，去探寻当代中国的社会变迁与新闻变革之轨迹、踪影与脉络。

清华大学政治学系教授景跃进，从政治角度将当代中国社会归结为正反合三部曲："用辩证法的语言来说，改革前后数十年中，中国社会经历了一个从高度政治化，到解/去政治化（全能国家的消退、非意识形态化、以商品为核心的消费生活的兴起等），再到重新政治化的过程。"[②]具体说来，改革开放之前与之初，社会生活高度政治化，诸如"突出政治""政治挂帅"等都是表征，即使强调"又红又专"，也是政治的"红"重于业务的"专"。随着阶级意识的退场与经济中心的凸显，高度政治化的社会格局日渐消解，形成去政治化的态势，并一直贯穿当下，而尤以90年代市场经济兴起以来为甚。新世纪前后，伴随国内外一系列重大变局，包括冷战结束、苏联解体和东欧剧变、贫富悬殊、官员贪腐、生态恶化以及美国主导的一系列为所欲为的战争战乱等，一种再政治化趋势开始日渐明晰，社会生活与社会意识越来越重新趋向政治化。在他看来，"重新政治化"非指计划经济与全能政治的回归，而是说社会问题被重新纳入公共领域，或成为

① 在本部分修订过程中，王维佳副教授几次提出颇有见地的意见，并起草了几处独具慧眼的文字。另外，博士生李海波不仅仔细审核了全部文献与文字，也提出了一些有价值的看法。谨此说明并致谢忱。当然，文中的一切问题自当由笔者负责。

② 见浙江人民出版社"政治与社会译丛"第一辑总序。

媒体的热点话题，或成为需要政府解决的政策议题，如住房、教育、医疗、保险等自然成为关乎国计民生的政治问题，至于下岗、三农、基尼系数、地区发展不平衡等更是关系重大的国家政治。2014 年 4 月号《文化纵横》的一组文章“封面选题：利益政治时代的到来”编者按写道：

> 进入新世纪以来，中国的政治生态和思想生态持续发生变化。其最大特征是公共政策和利益话语争论的兴起。每一项政策的出台，都与每个人的实际利益调整紧密相关，意识形态争论通过利益话语的转化，形成新的复杂组合方式。……一个“去政治化的时代”正式到来。但是，这种“去政治化”丝毫不影响它以一种新的方式“再政治化”。
>
> 社会收入分配、财税体制改革、金融制度调整、贸易政策争论、新型法律出台、审批机制简化，包括住房、教育、医疗、计生改革方案引发的广泛争论，在这所有方面，都把每个人的命运卷入其中，塑造并强化不同人群的价值分歧与阶层定位，并反之强化政治争论的断层线。①

以上所谓“去政治化”到“再政治化”，并不意味着 70 年代末期以来的历史发生了转折和断裂，恰恰相反，正因为主流文化以“去政治化”方式告别了对根本政治经济问题的理论辩论，传统的社会资源和社会权力才能进行重新配置，新的社会问题也才由以产生。在这个意义上，“告别革命”后的历史实际上具备内在统一的政治逻辑，“去政治化”是“再政治化”的必要准备。就此而言，社会学家和政治学家所说的各种福利政策和社会问题引发的广泛争论，如果只囿于利益群体的得失算计而不涉及国计民生的根本制度和根本道路的话，那么不仅谈不上再政治化即社会主义传统政治的回归，反而将 70 年代末期开启的政治逻辑向纵深推进。当然，若单纯从社会问题爆发和社会结构僵化的角度看，仍然可以在表面上将三十余年的发展概括为如上“去政治化”到“再政治化”。

① “封面选题：利益政治时代的到来”编者按，载《文化纵横》2014 年第 2 期。

遵循这一政治理路,三十余年来的新闻变革也不妨被视为三个类似否定之否定的阶段:80 年代属于高度政治化,而高潮为 1989 年的政治风波。仅看 80 年代新闻界连绵不断的学术讨论,一方面体现了解放思想、拨乱反正的专业追求,一方面也不无对一切社会主义政治传统的反思、扬弃,甚至背弃。[①] 在沸沸扬扬的党性人民性讨论中,原《人民日报》总编辑胡绩伟就明确提出"人民性高于党性"的观点。显而易见,此类观点不仅是学术问题,更是政治问题,通过改写"党和人民耳目喉舌"的新闻定位,最终取消党对新闻工作的领导权,即取消党对人民的代表性,而塑造掌握媒体话语权的知识分子对人民的代表性。1983 年在中国共产党第十二届中央委员会第二次全体会议上的讲话中,邓小平不点名地提到此事,"在党性和人民性的问题上提出违反马克思主义的说法"[②]。随着 90 年代市场勃兴,新闻传播表面上一度呈现去政治化的态势,就像某位主持人将新闻的核心归结为一个冷冰冰的所谓"知"字。新世纪以来,在日渐突出的社会政治态势下,特别是高度政治化的新自由主义汹涌泛滥,以及由此导致的生态危机、社会危机与精神危机的三重叠加,新闻传播再政治化趋势日甚一日,习近平 2013 年的"8·19 讲话"可被视为这一再政治化的又一鲜明标志。这里的政治化、去政治化、再政治化之"政治",不同于前面"利益政治"之所指,而是定位于、定义于邓小平念兹在兹的社会主义政治方向,也是习近平再次阐明的国运命脉之所系:"改革开放的旗帜必须继续高高举起,中国特色社会主义道路的正确方向必须牢牢坚持。"[③]

需要特别说明的是,70 年代末开启而 90 年代达到高潮的去政治化进程纵然不无推进"改革开放"之意,但与此同时也在日益疏离社会主义政治。换句话说,去政治化并非去除一切政治,而是去除社会主义的政治价值、政治信念、政治原则,即共产党的立党之本与共和国的立国之魂。

---

① 参见陈力丹编著:《我国新闻传播学过刊:不能忘却的 1978—1985 年》,北京:人民日报出版社 2009 年版。

② 《邓小平文选》第三卷,北京:人民出版社 1993 年版,第 42 页。

③ 习近平:《关于〈中共中央关于全面深化改革若干重大问题的决定〉的说明》,载《人民日报》2013 年 11 月 16 日。

这里，去政治化不是不讲政治，而是讲特定的政治，去政治化本身就是另一种再政治化，在走向世界、现代化、全球化等说辞下，有意无意“复辟”资本主义文化政治与意识形态。由于这一去政治化与再政治化实为一体之两面，相辅相成，相伴相生，而这里所指的政治又主要围绕社会主义这个核心，故将二者在这里统称为去政治化。至于后面所论再政治化更不同于景跃进教授的概念，而是指新世纪以来一种新的社会主义思潮、运动与价值的全面“复兴”，这一复兴同上述“复辟”潮流针对着坚持还是背离社会主义政治方向而形成此起彼伏的交锋。另外，常说的新时期乃属一个模糊的时间概念，约指“文化大革命”结束到当下，其间以十年为限的政治化三部曲也是一种大略划分，因为社会历史不可能按照十年一变的节奏展开。

以下即以政治化的路线图，勾勒三十余年来社会变迁与新闻变革的轨迹、踪影与脉络，非常粗略，也非常简化，主要着眼于文学艺术界、学术思想界和新闻传播界等意识形态领域，未能也无力关注更为基本、更为广泛的社会生活领域。借用批评家李陀回顾20世纪80年代的话说：“回顾80年代，涉及的问题太多了，也太大了，你必须对涉及80年代的各个历史都作一些批判性的再认识才行——不是一个历史，是许多历史，这带来难度。需要处理的，不光包括1949年新中国成立以后的历史，还有一百多年以来中国革命的历史、改革的历史、思想和观念变迁的历史、经济和文化发展的历史，以及马克思主义思想发展的历史等，你都要有一个总的观点，你才好回顾。而这点我做不到。我看的书和材料越多，就越觉得很多事想不明白，想不清楚。”①同样，面对三十余年来的社会变迁与新闻变革，笔者也深感白云苍狗，变化万端，尚无力全面把握，更难以深刻理解，而只能记下零零星星的思考札记或片断的学术笔记，权作以后系统考察与深入研究的点滴素材或一家之言。

---

① 转引自查建英主编：《八十年代访谈录》，北京：生活·读书·新知三联书店2006年版，第249页。

(一) 80 年代:高度政治化

风起云涌"新启蒙"

关于新时期,有不同的话语表述和理论概括。除了"改革开放",还有从计划经济到市场经济,从封闭社会到开放社会,从人治到法治,从农耕文明到工商文明等。而在经济学家温铁军看来,百年中国及其社会变迁的实质,无非是一个资源禀赋较差的、发展中的农民国家,通过内向型自我积累追求被西方主导的工业化、资本化发展的问题。[①] 这些表述和概括从不同角度揭示了变革轨迹,自有各自的解释力。比如,目前我国有几亿农民工,构成非常庞大的社会群体,而改革开放之初,农民进城还是难得而罕见的事情,看看 1980 年高晓声的小说《陈奂生上城》就知道了。如此天翻地覆是怎么形成的? 前因后果,错综复杂,绝非流行说辞所能涵盖。社会学家黄平认为,至少有两项制度上的变化,促使和保障了农民工以及其他人员的自由流动。一是 20 世纪 80 年代中后期推行的身份证。此前任何人外出都得开具介绍信,否则无处容身。二是 20 世纪 90 年代初取消粮票制度。之前没有粮票,连一块饼干也买不到,粮票还分地方粮票和全国粮票,在本地用地方粮票,到外省市办事,还得兑换全国粮票。对此看似寻常最奇崛的变化,北京大学教授韩毓海从社会历史纵深处展开分析触角,提供了同样富于启发的思路:

> 讨论 20 世纪 80 年代我觉得要注意两点:一、在 20 世纪 70 年代中期毛主席、周总理和邓小平就提出来要对国民经济进行调整,新中国成立以来前二十年,我们走的是高积累低消费、低工资高就业的道路,对消费和工资是有限制的。调整就是放开一些限制,这也是 80 年代的基础,离开这个基础,空谈思想解放运动,那不可能造成 80 年

---

① 温铁军:《全球资本化与制度性致贫》,载《中国农业大学学报(人文社科版)》2012 年第 1 期。

> 代的局面……二……今天我们回首80年代的所谓"思想解放运动",起码在思维方式上,我觉得并没有超越毛主席所说的既要避免教条主义,又要避免经验主义这两点。80年代主要是从反对教条主义这一个方面发展了毛泽东思想,我们所说的思想解放运动,说白了核心也就是反对教条主义,但是,我个人认为:对于避免经验主义、短期效应,对于避免"跟风"、浮躁,乃至于无政府状态,这个或许注意就不够——以至于最后搞到顾准那样的另外一种形而上学——也就是所谓的"从理想主义回到经验主义"。[①]

新时期以1989年政治风波为界,形成不尽相同的思想文化阶段。前一阶段如今被统称为80年代。学者王学典指出,所谓80年代已被符号化了,就像五四被符号化一样。如他所言,80年代实际上涵盖从"文化大革命"结束至1989年,"指的是当代思想文化史上一个非常特殊的时期"。他认为,对这个特殊时期,用"后'文化大革命'时代"称呼更为准确。[②] 不管称80年代,还是叫"后'文化大革命'时代",虽然感觉坚冰融化,春风徐来,但从社会生活到新闻传播,事实上依然处于高度政治化状态,体现着鲜明的政治色彩与政治意味,政治意识与政治参与则更是始终"在高位运行"。从真理标准大讨论到十一届三中全会,从姓社姓资到包产到户,从计划经济还是商品经济的讨论到朦胧诗之争与电影《苦恋》之辩,从人性论、人道主义思潮到社会主义"异化论",从一拨一拨学潮到北京政治风波——80年代的高度政治化显而易见。邓小平几次针对政治意识形态问题的讲话及其广泛深远的影响,更是构成80年代高度政治化的里程碑。虽然时过境迁,但读其坚持四项基本原则的讲话、反精神污染的讲话、反对资产阶级自由化的讲话、接见首都戒严部队军以上干部的讲话等,依然能够强烈感到这位无产阶级政治家的疾言厉色,以及对任何挑战党的领导、背离社会主义方向的毫不容情:

---

① 黄平、姚洋、韩毓海:《1980年代的思想文化脉象》(上),载《天涯》2006年第3期。

② 见王学典:《启蒙的悖论:庞朴与80年代传统文化的复兴》,载《中华读书报》2014年8月6日。

精神污染的实质是散布形形色色的资产阶级和其他剥削阶级腐朽没落的思想，散布对于社会主义、共产主义事业和对于共产党领导的不信任情绪。……有一些同志热衷于谈论人的价值、人道主义和所谓异化，他们的兴趣不在批评资本主义而在批评社会主义。……我没有想到，我们党内有些同志也抽象地宣传起人道主义、人的价值等等来了。

现在有些同志却超出资本主义的范围，甚至也不只是针对资本主义劳动异化的残余及其后果，而是说社会主义存在异化，经济领域、政治领域、思想领域都存在异化，认为社会主义在自己的发展中，由于社会主体自身的活动，不断产生异己的力量。他们还用克服这种所谓异化的观点来解释改革。……这实际上只会引导人们去批评、怀疑和否定社会主义，使人们对社会主义、共产主义的前途失去信心，认为社会主义和资本主义一样地没有希望。既然如此，干社会主义还有什么意义呢！

人道主义和异化论，是目前思想界比较突出的问题。其他类似的问题还不少。比如……在党性和人民性的问题上提出违反马克思主义的说法，等等。①

四个坚持中最核心的是党的领导和社会主义。四个坚持的对立面是资产阶级自由化。坚持四项基本原则，反对资产阶级自由化，这些年来每年我都讲多次，但是他们没有执行。②

……

值得注意的是，在官方意识形态中，对人道主义和异化问题的批评并没有导向对历史唯物主义的回归。相反，发展主义、科技进步和现代化等新的理念，已经逐渐替换了从阶级和社会形态上理解政治生活的思路。在这个意义上，在关于人道主义的讨论中，正反双方合力开启了一种新的

---

① 《邓小平文选》第三卷，北京：人民出版社 1993 年版，第 40—42 页。

② 同上书，第 324 页。

政治局面，他们在整体上既远离了成熟的、科学社会主义的马克思，也揖别了年轻的、人道主义的马克思，让中国化马克思主义成为一个无所依托而可以随意填塞的概念空壳，从而为90年代市场化改革的顺利推行排除了一个重大的理论障碍。

进入90年代，随着市场成为主导社会生活的核心动力，经济扩张、财富增长、利益追求貌似淹没了宏大的政治关怀，也使80年代的诸多讨论、争议或辩驳失去热度，全社会从高度政治化趋向全面去政治化——既有对政治命题的淡漠，更有对革命、马克思、共产主义信仰、社会主义传统的疏离，甚或背离。祝东力2014年在《文化纵横》杂志撰文，认为“上世纪90年代初是中国改革和社会转型的又一个重要起点。从那时以来的经济社会乃至思想状况，构成了一个相对独立的整体”①。下面就分别探究一下从80年代到90年代的这一嬗变。

三联书店2006年付梓的《八十年代访谈录》，既回溯和反思了80年代的风起云涌，又折射和隐含了90年代的风云流变。编者查建英是北京大学1977级大学生，也就是“文化大革命”后第一届大学生。书中访谈的诗人北岛、学者甘阳、北大教授陈平原、批评家李陀、电影导演田壮壮等，均为80年代思想文化界的风云人物。由于《八十年代访谈录》影响广泛，三联书店又推出一部《七十年代》，由北岛主编。该书作者之一的北京大学教授李零，在2014年的《鸟儿歌唱：二十世纪猛回头》一书中有段透辟文字：

> 因为年龄的缘故，我们恰好目睹了共产主义从高潮到低潮的历史巨变。三十年河东，三十年河西，对比很强烈。这个转折点是什么？是“七十年代”。
>
> 我在我的回忆中说过一段话，“八十年代开花，九十年代结果，什么事都酝酿于七十年代”。这话，牛津版印在封底，三联版印在腰封。

---

① 祝东力：《两个周期内的中国——90年代初以来经济社会与思想简评》，载《文化纵横》2014年第4期。

我要强调什么?就是这个转折点。

改革开放,前提是中苏交恶、中美接近。中美接近的前提是中苏交恶。

没有中苏交恶,就没有中美接近,没有中美接近,就没有改革开放(没有毛泽东的这一招,哪有邓小平的改革开放),一环扣一环。这些世界性的大事,转折点在哪里?就在1968—1971年之间。

70年代,既是中国解围的开始,也是"文化大革命"解体的开始。[1]

一般说来,80年代的突出特征在于思想启蒙、狂飙突进,除了最具象征意义的真理标准大讨论,思想解放也广泛波及各个领域,文学艺术界、学术思想界、新闻传播界尤为活跃。用查建英的话说,80年代确实"是一个人文风气浓郁、文艺家和人文知识分子引领潮流的时期"[2]。这个时期最强有力的思潮和话语,就是所谓"新启蒙"。新启蒙的突出特征,一方面是对"文化大革命"以及近现代革命斗争的反思与批判,李泽厚的"启蒙救亡变奏论"堪称代表;一方面是对西方、现代化以及资本主义的向往与推崇,1988年热播的电视政论片《河殇》最为典型。也就是说,新启蒙一手严打"东方专制主义",一手高扬"西方资本主义"。在汪晖看来,"新启蒙运动""新启蒙话语"或"新启蒙主义","由一种富于激情的批判思想转化为当代中国资本主义的文化先声",构成"中国当代最有影响力的现代化的意识形态"。

1978年,一篇短篇小说《伤痕》在《文汇报》整版刊出,一时引起强烈反响,因为作品第一次"控诉"了"文化大革命",小说作者卢新华是复旦大学中文系1977级大学生。回头看,作品的艺术价值无从谈起,思想内涵也很浅显,如果说有什么意义,那就是作为"拨乱反正"的先声,给人们的心理带来了冲击和激荡。此类反思和批判"文化大革命"之作后来被统称为"伤痕文学",包括刘心武的《班主任》(1977)、周克芹的《许茂和

① 李零:《鸟儿歌唱:二十世纪猛回头》,北京:北京大学出版社2014年版,第182—185页。
② 查建英主编:《八十年代访谈录》,北京:生活·读书·新知三联书店2006年版,第7页。

他的女儿们》(1979)、孔捷生的《在小河那边》(1979)、古华的《芙蓉镇》(1981)、陈世旭的《小镇上的将军》(1979)、从维熙的《大墙下的红玉兰》(1979)、莫应丰的《将军吟》(1979)、张弦的《被爱情遗忘的角落》(1980)等。一系列相关电影、小说、绘画、诗歌、戏剧、歌曲等也可被归入其中,如根据张贤亮的小说《灵与肉》改编、由谢晋执导的影片《牧马人》,根据古华同名作品改编,由谢晋执导、姜文与刘晓庆主演的影片《芙蓉镇》等。

> "伤痕""反思"文学是新时期最早兴起的文学思潮,它们都是在当时"拨乱反正""解放思想、实事求是、团结一致向前看"的政治思想路线的指导下,通过对"文化大革命"的历史批判和对极"左"路线的历史反思确立"新的历史时期"的政治合法性,这也构成了"伤痕""反思"小说最为基本的叙事基础。实际上在其他文类的"伤痕""反思"文学中,这样一种政治意识同样表现得相当突出。诗歌领域中的"归来者"们,大多以诗的方式结合自己曾遭迫害的人生经历,对极"左"时期的政治历史进行痛切的揭露、反思与批判。……以散文的方式书写上述主题,从"新时期"之初如巴金的《随想录》和杨绛的《干校六记》,到新世纪以来高尔泰的《寻找家园》、徐晓的《半生为人》和朱正琳的《里面的故事》等作品,多有表现,刻未断绝。①

1979年,一部梅开二度的《重放的鲜花》一纸风行,洛阳纸贵。所谓"重放的鲜花",是将当年"右派"的作品重新结集出版,包括王蒙的《组织部新来的青年人》、陆文夫的《小巷深处》等。这些作品重新问世,在当时引发的社会政治效应,真好似"风乍起,吹皱一池春水"! 同样,诗歌刊物《今天》的创刊,也成为80年代的标志性事件。这份刊物聚集的一批诗人被贴上了一个当时并非美誉的标签——朦胧诗派,其中包括北岛、芒克、顾城、舒婷等。北岛的"卑鄙是卑鄙者的通行证,高尚是高尚者的墓志铭""在没有英雄的年代里,我只想做一个人",顾城的"黑夜给了我黑色

---

① 何言宏:《当代中国文学的"再政治化"问题》,载《南京师范大学文学院学报》2004年第1期。

的眼睛/我却用它寻找光明”等诗句,如同箴言一般广为流传。至于舒婷那些清新、隽永的诗篇,如《致橡树》《祖国啊,我亲爱的祖国》《这也是一切》等,更是构成当代文学最美的篇章,也折射着80年代的理想情怀与精神境界。而这一情怀与境界更近于1974年北京大学工农兵大学生创作的长诗《理想之歌》,而与以韩寒为符号的“新新人类”迥异其趣:

我必须是你近旁的一株木棉,
作为树的形象和你站在一起。
根,紧握在地下,
叶,相触在云里。
每一阵风过,
我们都互相致意,
但没有人
听懂我们的言语。
你有你的铜枝铁干,
像刀,像剑,
也像戟;
我有我红硕的花朵,
像沉重的叹息,
又像英勇的火炬。
我们分担寒潮、风雷、霹雳,
我们共享雾霭、流岚、虹霓。
仿佛永远分离,
却又终身相依。
……

如果说伤痕文学是面对过去的伤悼,那么朦胧诗则堪称面向未来的宣示。由此开始,文艺界的精神触角开始伸向未来,不期然而然地呼应了社会政治的“向前看”。只是“向前看”的未来并非一目了然,共产主义愿景渐渐漫漶,而80年代文艺与社会潮流唯一笃定的,是西方、是世界、是现代化。可惜,历史的悲喜剧往往在于播下龙种,收获跳蚤,正如“向前看”后来演变为“向钱看”。当时,“新奇怪,现代派”成为文艺新潮与精神时尚,而面向未来的新潮一方面不断消解既往政治遗产,既包括“文化大革命”极“左”政治,也包括中国革命与新中国的社会主义传统,一方面使人天真地以为道别这些传统,就可以一身轻松地奔向未来,走向世界,实现现代化了。今天,在影视、广告、画报、网络中充斥着暴露镜头,人们的视觉感官早被性符号冲击得麻木不仁,至于郭美美似的粉色幽默也已屡见不鲜。而这一切的征候,在80年代的文艺新潮中已经隐隐显现。1979年首都机场候机大厅落成,请画家袁运生创作了一幅大型壁画,题为《泼水节——生命的赞歌》,表现傣族欢庆泼水节的民俗风情。由于出现女人的裸体,壁画完成后引起一场沸沸扬扬的舆论风波,后以邓小平、李先念等亲临参观才平息收场。要知道三十余年前第一次出现女性裸体,巨大的社会心理冲击波是今天难以想象的。而此类冲击波在80年代,可谓一波未平,一波又起。其中既延续着“解放思想”的精神余波,也体现着一种新的乌托邦畅想,应和了新启蒙对自由、民主、现代化等政治命题过于单纯的想象与过于简要的理解。按照黄平的分析:

> 思想解放是在三个层面展开的:一个是指导思想层面,要不要承认实践是检验真理的唯一标准;一个是政策层面,要不要坚持按劳分配,农村是要不要分田、工厂是要不要搞奖励和扩大企业自主权;第三个层面就是文艺,从把老歌老电影拿出来——“重放的鲜花”,包括老文艺战士重新回到舞台,到新作品,主要是文学作品,多数的是中短篇小说,也有电影、话剧。今天回过头看思想解放至少这三个层面,思想层面、政策层面、文学艺术层面。第一个层面是思想上的拨乱反正,第二个层面是解决政策方面的问题,而今天仍为学者们(当时的年轻大学生)记忆犹新、影响较大的,还是文化、文学、艺术这个

领域,而不是前两个层面。[1]

80年代的学术界同样热闹火爆,热潮一浪高过一浪。西方几百年的思路历程,中国十年之间就重走一遍,从康德、黑格尔、叔本华到尼采、海德格尔、萨特,从古典主义到现代主义,再到后现代主义等,各种主义和思潮你方唱罢我登场,各领风骚三五天。大略说来,当时学术界有三股热潮波及广泛。一是方法论热。其中又分"老三论"与"新三论","老三论"包括信息论、控制论、系统论,"新三论"有耗散结构论、协同论、突变论。所谓方法论乃属明修栈道,暗度陈仓,从方法这个看似科学、貌似中立的角度入手,瓦解正统意识形态及其条条道道。当时新闻学研究就以信息论为理论武器,联手刚刚引入的美国冷战学术——以施拉姆为代表的传播学,对无产阶级新闻学突出政治的核心价值,从所谓"科学"的角度进行消解。二是美学热。80年代一度似乎全国人民谈美学,人手一本美学书。从社会心理上分析,既有人们对僵化说教的厌弃和对新潮思想的追捧,也有对未来美好生活的懵懂向往。如今,"美女"一词几如陈词滥调,而在80年代,美还是一个羞羞答答的东西,千呼万唤不出来,犹抱琵琶半遮面。改革开放初,有部纪录片反映人们对美的渴望,其中有个镜头颇具匠心,抓取了一位女士棉袄的下摆。当年人们穿的棉袄,外面还加一件罩衣。这位女士的棉袄虽是鲜艳衣料,但罩衣却是当时的统一色彩,西方谑称"蓝蚂蚁""黑蚂蚁"。纪录片抓取的就是罩衣下的棉袄一角碎花图案,配上一句解说词:"春色满园关不住,一枝红杏出墙来。"三是文化热。这是80年代最热的潮流,也是最具现代政治或文化政治意味的潮流,至80年代后期达到沸点。其间又有三套丛书反响巨大,可以作为文化热的标志。

第一套是四川人民出版社出版的"走向未来"丛书。丛书从1983年开始出版,到1988年共出版74种(计划100种),涉及众多学科与研究领

① 黄平、姚洋、韩毓海:《我们的时代——现实中国从哪里来,往哪里去?》,北京:中央编译出版社2006年版,第125页。

域。丛书主编是金观涛。这套书既应和着思想解放的潮流以及去政治化的潜流,又契合着当年追求知识、学习文化、充满理想热情的精神热流。这种精神热流被传神地浓缩在1978年全国科学大会的闭幕词里,这篇由中宣部胡平起草、用中国科学院院长郭沫若的名义宣读的闭幕词,以诗人的激情欢呼科学的春天:"春分刚刚过去,清明即将到来。'日出江花红胜火,春来江水绿如蓝'。这是革命的春天,这是人民的春天,这是科学的春天。让我们张开双臂,热烈地拥抱这个春天吧!"

第二套丛书是中国文化书院编辑的"中外比较文化教学"丛书,没有公开出版,只作内部参考。相对于"走向未来"丛书,这套丛书可以被称为"走向传统"丛书,探讨中国传统文化及其时代意义。成立于1984年的中国文化书院,是由梁漱溟、冯友兰、张岱年发起,海内外数十位专家学者共同创建的民间学术团体,主事者汤一介、庞朴、李泽厚。2014年十卷本《汤一介集》问世,武汉大学国学院院长郭齐勇教授撰文回忆:"记得1985年初,我参加由汤一介创办的中国文化书院举办的第一届中国文化讲习班,亲耳聆听了海内外著名学者梁漱溟、冯友兰、张岱年、周一良、侯仁之、金克木、季羡林、任继愈、汤一介、李泽厚、庞朴、吴晓玲、孙长江、丁守和,以及魏斐德、杜维明、陈鼓应、成中英、邹谠等先生的演讲,一睹名家风采,得承大师謦欬,接受了许多新信息与新诠释,颇受教益。这期讲习班对我们这批来自全国各地的教师触动很大,扭转了我们的一些看法。"①

第三套丛书是三联书店出版的"文化:中国与世界"丛书,包括四个系列,最有影响的是《西方现代学术文库》及其"姊妹篇"《新知文库》。这套丛书的主编甘阳及编委会成员,均为80年代一批风云际会的中青年学人:刘小枫、周国平、刘东、李银河、陈平原、钱理群、陈来、阎步克……按照甘阳的说法,"走向传统"丛书的作者是一批老年人,"走向未来"丛书是一批中年人,而"文化:中国与世界"丛书是一批青年人。

现在看来,上述学术界状态,无论三大热潮,还是三套丛书,无不具有

① 郭齐勇:《守行蓄德 光前裕后——汤一介的人与书》,载《人民日报》2014年8月12日。

鲜明的政治意味和强烈的政治关怀。所谓文化热的文化，并非热衷于风花雪月，琴棋书画，怡情养性，而是致力于葛兰西所谓文化霸权，即文化政治与文化领导权。说白了，这里的文化、学术、方法等，归根结底都在“讲政治”。具体说来，就是以解放思想的“启蒙”旗号，全方位解构革命话语与社会主义传统，当然也包括“文化大革命”等极“左”思潮：“当时人们反思和批判‘文化大革命’是从三个不同的思想路向上同时进行的，这就是反思派马克思主义者的反思、自由主义者的反思和文化保守主义者的反思。”[①]这种反思在理论与现实层面固然应和着拨乱反正的时代脉搏，同时也不期然而然地导致了当时以及后来一系列文化政治的偏颇与隐患，并随着时间愈发显现。

总的来看，80 年代学术思想界一方面具有鲜明的政治意识与问题意识，著书非为稻粱谋，同家国天下的命运联在一起，如张旭东所言，“跟中国本身的文化政治问题扣得很紧，它始终是个非常明确的当代中国文化意识的问题”[②]，一方面，普遍存在的急躁心态以及忙中出错的褊狭也构成后人诟病的问题。一万年太久，只争朝夕，大家似乎恨不得一朝一夕就彻底改变中国的面貌，一觉醒来就实现现代化。在这种心态下，对西方、对中国、对现代化的认识不免失之简单、片面或偏激，全盘西化甚至成为一种普遍倾向。华裔美籍学者徐中约在其《中国近代史》一书里，对这种盛极一时的社会政治倾向做了综述与分析：

> ……社会上也普遍存在着对西方每一种东西的渴望。时常会有几千人排队等候几小时看一场毕加索的画展，或是一场皇家芭蕾舞团的演出，或是一场米勒（Arthur Miller）的戏剧，但很少有人去参观中国革命军事博物馆。几乎外来的任何事物都有吸引力：政治思想、社会理论、未来学、小说、戏剧、艺术、时装，甚至像可口可乐、麦氏咖

---

① 王学典：《启蒙的悖论：庞朴与 80 年代传统文化的复兴》，载《中华读书报》2014 年 8 月 6 日。

② 张旭东：《全球化时代的文化认同：西方普遍主义话语的历史批判》，北京：北京大学出版社 2006 年版，第 332 页。

啡和肯德基之类的庸俗事物。当时最受欢迎的结婚礼物是一套中文版的《大英百科全书》。中央编译局局长这样解释公众的热情：

三十多年来，我们把西方的文化当作禁忌对待，抛弃来自西方的一切事物。结果，我们对西方的了解一直是空白。弥尔顿、萧伯纳、卢梭、巴尔扎克、薄伽丘和歌德的作品，巴赫和莫扎特的音乐，莎士比亚和易卜生的戏剧，全被当作是“资产阶级”的东西，不准出版，不准上演。不知道《圣经》故事的人到底有多少呢？

无可否认，西方的影响到处弥漫，而且日益强烈。①

风乍起，新闻界

新闻界在 80 年代的思想启蒙、狂飙突进中一路风风火火，兴高采烈，自身的一系列变革同样此起彼伏，可圈可点。由于新闻传播深嵌于社会组织的毛细血管——“与时代同行，与人民同在”，一举一动自然无不时时牵动现实生活的每根神经。辩证地看，当时新闻界呼应时代的大背景和历史的大环境，高扬启蒙旗帜，张扬主体价值，在拨乱反正、推进改革上成为引领潮流的排头兵；同时，受制于时代与自身的局限，也形成另一种历史性的失误与偏差，从而留下一系列深刻的问题和命题，包括北京政治风波及其舆论导向。

关于新闻自身的变革或改革，80 年代主要围绕三个层面展开：一是新闻观念；二是新闻体制；三是新闻业务。其中，新闻文体的变革尤其突出，因为新闻变革的一切动向莫不首先体现于新闻文体，无不直接落实于新闻报道。80 年代的新闻文体更是变化多端，在一步步突破单一、僵化、逼仄的文体之际，涌现了许多令人耳目一新的报道形式，虽然有些如今已经习焉不察，甚至觉得老套，但在当时却展示着一种生机勃勃、元气淋漓的新气象。其中，新华社记者郭玲春的会议报道，《经济日报》记者罗开

① 〔美〕徐中约：《中国近代史：1600—2000 中国的奋斗》（第 6 版），计秋枫、朱庆葆译，茅家琦、钱乘旦校，香港：香港中文大学出版社 2002 年版，第 916—917 页。

富重走长征路的系列报道,《光明日报》记者樊云芳的散文式报道和深度报道,《中国青年报》记者张建伟的大学毕业生成才追踪和叶研等采写的大兴安岭火灾的“三色报道”等,都是流播人口的新闻名篇。

文体既是新闻的客观载体,也是记者认识世界和反映世界的主观框架。古人云“文以载道”,“文”既指文章,也指文体。延安整风及《解放日报》改版的核心内容之一,也是针对文以载道的“文”字,即所谓文风、文体等。所以,文体变革也体现了记者对新闻以及社会历史的认识框架发生了调整。1978 年,在中国社会科学院院长胡乔木推动下,中国社会科学院研究生院新闻系开始招收新中国历史上第一批新闻学硕士研究生(“文化大革命”前复旦大学新闻系曾经招收两名研究生,但未授学位),由《人民日报》和新华社资深记者担任导师,人民日报社由安岗挂帅,新华社由戴邦牵头(两人后来分别担任中国社会科学院新闻研究所所长和副所长)。由此,这里成为新时期中央媒体的“黄埔军校”,造就了一批名记者、名编辑,如人民日报社原社长王晨、经济日报社原总编辑艾丰和冯并、新华社原副总编辑刘江和彭树杰、新华社特稿社原副社长熊蕾、新闻出版总署原副署长李东东等。原中国社会科学院新闻研究所所长孙旭培、中国人民大学新闻学院教授陈力丹、清华大学新闻与传播学院原常务副院长李希光教授也都毕业于此。其中,第一届的艾丰(艾宝元)在读期间完成了一部新闻业务专著《新闻采访方法论》,也是其硕士学位论文,1984 年由人民日报出版社出版,1987 年获得首届吴玉章新闻奖——中国新闻学最高奖(此次一等奖授予方汉奇先生的代表作《中国近代报刊史》)。本书从新闻业务角度,对新闻报道的规律进行了一系列富有新意与独创意义的解析,既是 80 年代新闻变革的回声,也为新闻业务的改革提供了理论启迪。

据广西大学新闻系黎明洁教授在其博士学位论文中的统计,当时新闻界与此相关的讨论计有:关于新闻散文式的讨论、新闻五要素的讨论、新闻本体与根据的讨论、新闻时效性的讨论、新闻文学的讨论、深度报道的讨论、典型报道的讨论、现场短新闻的讨论、新闻写作思维变革的讨论、新闻背景研讨会、消息写作研讨会等。[①]

“文化大革命”结束后，新闻界首先大力批判假大空的报道模式，力图恢复实事求是的新闻品质和鲜活生动的文体风格。所以，一方面追求新闻的真实性，一方面探索报道的可读性，即毛泽东在延安整风中提出的目标——“为中国老百姓所喜闻乐见的中国作风和中国气派”。其间，80年代初新闻界热议的“抓活鱼”，不仅推动了新闻报道求新求快，也改变了新闻不新的问题。随着变革加剧，特别是80年代以来整个社会逐步开放和活跃，以及西方现代思潮及其新闻传播理论的西风东渐，新闻文体及其探求也愈发活跃，多姿多彩，古与今、中与外的各种元素交相融会，冲击碰撞，既使新闻观念发生潜移默化的演变，也使新闻文体出现落英缤纷的生动局面。80年代初，新华社社长穆青提出“新闻三论”——散文式新闻、实录性新闻和视觉新闻，在新闻界产生广泛影响，对改变多年一贯制的“新华体”起到推动作用。所谓“新华体”，按照童兵等主编的《中国新闻传播学大辞典》的简要定义：“段落安排仅为导语、主体与结尾三段式的消息结构形式……具有段落分明、一目了然等长处，但也有俗套、缺乏活力的短处。已有所改进。”[②]按照刘建明主编的《宣传舆论学大辞典》的详尽解释：

> 新华通讯社长期报道国内外新闻所形成的一种写作体式。关于新华体的特点说法不一，但这一概念在我国新闻界已流行通用。新华体的公认特点是：消息简洁，文字精练、准确，篇幅短小；善于用事实解释事实，很少空发议论；层次清晰，尽量做到一个事实一段，消息中段落过渡自然；稳健中见权威，该快则快，该慢则慢，注重通稿的信誉；善于抓大问题、关键性问题，重大事件的报道多有令人耳目一新的角度，主题开掘深刻。[③]

---

① 见黎明洁：《叙述学视角下的新闻写作改革研究》，复旦大学博士学位论文，2004年。

② 童兵、陈绚主编：《中国新闻传播学大辞典》，北京：中国大百科全书出版社2014年版，第305页。

③ 刘建明主编：《宣传舆论学大辞典》，北京：经济日报出版社1992年版，第247页。

一般来说,这种文体在处理"硬新闻"上具有突出优势,也是世界各大媒体报道新闻的常规策略。然而,年久日深,这种新闻文体难免程式化、刻板化,仿佛皇家公告严谨有余而鲜活不足,或如王中先生 1957 年对党报的苛评——"寡妇脸"。为此,人们自然渴望有所突破,穆青也曾不断探索。这位延安鲁艺毕业的"文学青年",多年来始终主张借鉴文学表现方式报道新闻。20 世纪 50 年代他就提出"新闻是一种叙事文"①;60 年代又指出"新闻即是散文的一种""散文中的叙事文"②;80 年代进一步主张"新闻报道的形式和结构也可以增加自由活泼的散文形式"③。一句话,新闻报道可以而且应该借鉴散文笔法,如谋篇布局、描绘意境、刻画形象、捕捉细节、状物摹形等。具体说来,新闻要像散文那样讲究"立意",创造深邃的"意境",像散文那样"白描"等,结构则像散文那样富于变化,语言像散文那样生动凝练,记者像散文作家那样形成自己的风格等。其实回望新闻历史,注重文采,鲜明生动,也是现代一切优秀新闻报道的共同特征,如梁启超、邵飘萍、范长江、邹韬奋、萧乾、乔冠华等的报道评论均为楷模。抗日战争、解放战争时期,新华社的报道也多见鲜明生动,而少有八股之气,毛泽东为新华社起草的系列文稿更是挥洒自如,如《长江风平浪静,我军万船齐发》等消息,《敦促杜聿明等投降书》等广播稿,《别了,司徒雷登》等新闻评论。

如果说穆青在理论上为"散文式新闻"大声疾呼,那么新华社记者郭玲春则为这一理论提供了实践范本。1982 年,她以一篇激情饱满、文采斐然的消息《金山同志追悼会在京举行》,一扫此类报道的陈规以及对新华体的刻板印象,见报后蜚声新闻界:

金山同志追悼会在京举行

(新华社北京 1982 年 7 月 16 日电) 鲜花、翠柏丛中,安放着中

① 穆青:《我们怎样改进采访写作》,载《新闻业务》1956 年第 5 期。

② 穆青:《在工作中感到的几个问题》,载《新闻业务》1963 年第 1 期。

③ 穆青:《关于新闻改革的一点设想——同新华社四川分社负责人的一次谈话》,载《新闻业务》1982 年第 2 期。

国共产党员金山同志的遗像。千余名群众今天默默走进首都剧场，悼念这位人民的艺术家。

“雷电、钢铁、风暴、夜歌，传出九窍丹心，晚春蚕老丝难尽；党业、民功、讲坛、艺苑，染成三千白发，孺子牛亡汗未消”，悬挂在追悼大会会场的这副挽联，概括了金山寻求光明与真理、为人民鞠躬尽瘁的一生。人们看着剧场大厅里陈列的几十帧照片，仿佛又重睹他的音容笑貌；他成功地塑造的爱国诗人屈原的形象，他在电影《松花江上》的拍摄现场，他为演《风暴》与“二七”老工人谈心，他在世界名剧中饰演的角色，他在聆听周总理的教导，他与大庆《初升的太阳》剧组在一道……他 1911 年生于湖南，1932 年加入中国共产党，自此献身革命，始终不渝。

哀乐声中，人们默念着他的功绩。30 年代，他在严重白色恐怖中参加中国反帝大同盟和左翼戏剧家联盟。抗战爆发，他担任上海救亡演剧二队副队长，辗转千里，演出救亡戏剧，尔后接受周恩来同志指示，组织剧团远赴东南亚，向海外侨胞作宣传。解放前夕，又担负统战工作。他事事以党的利益为重，生前曾对他的亲人说：“我首先是一个共产党员，演员是我的第二职业。”

解放后，他将全副心力献给党的艺术事业，不断进取、探索、求新，被誉为人民的艺术家。

他遭受过“四人帮”的摧残，但对自己的信仰坚贞不移。近年致力于戏剧教育，并以多病之身，担负起繁荣电视文艺事业的重任。

夏衍在悼词中称金山的不幸辞世，是我国文学艺术界的重大损失，高度评价他几十年来的革命、艺术活动，号召活着的人们学习他对党的事业的忠诚，学习他在艺术创造上认真刻苦、精益求精的精神。

他半个世纪前便结下革命情谊的挚友阳翰笙在追悼会上的讲话中说，是党造就了金山，是党把他培养成革命的、杰出的人民艺术家。

与金山一起工作、生活过的大庆人，惊闻噩耗后，派代表星夜兼程,来和他的遗体告别。在今天的追悼会上,他们说,金山是人民的艺术家,人民将会怀念他。

文化部长朱穆之主持追悼会。参加追悼会的有习仲勋、王任重、胡愈之、邓力群、周扬、贺敬之、周巍峙、冯文彬、罗青长、唐克、吴冷西、李一氓、傅钟、刘导生、赵寻、荣高棠,以及文艺界人士林默涵、陈荒煤、司徒慧敏、艾青、吴作人、李可染、江丰、吴雪、袁文殊、周而复、张君秋、戴爱莲、陶钝等。

郭玲春说,这篇1982年全国好新闻一等奖作品,是受国外一篇报道萧伯纳逝世消息的启发,其中有这样生动感人、令人过目不忘的细节描写:"伦敦,一个有雾的清晨。萧伯纳的府邸前聚着上百名群众,等候着这位伟人的健康报告。一位身着黑服的老夫人缓慢走下楼来,持着将要燃尽的一支蜡烛。她低下头,在胸前划了一个十字,而后告诉众人:'他说,他疲倦了。'人们脱帽肃立,和这位报讯的妇女一起垂下了头……"1991年,新华出版社出版了一部"散文式新闻选萃",时任新华社总编辑南振中在序言中写道:"这些作品从总体上说,真实而自然地再现了作者的所见、所闻、所感,不加雕饰,挥洒自如,织成了一幅五彩缤纷的画卷。读着这些散文式新闻,仿佛觉得阵阵清风扑面而来。"①

与此同时,富有真实性与现场感的"现场短新闻",也同样颇受青睐,理论界大力提倡,新闻界积极尝试,名篇佳作纷至沓来。《光明日报》记者樊云芳等采写的"跳水皇后"吕伟报道,就是80年代的一篇经典之作:

"飞天"凌空——跳水姑娘吕伟夺魁记

夏浩然 樊云芳

她站在10米高台的前沿,沉静自若,风度优雅,白云似在她的头顶漂浮,飞鸟掠过她的身旁。这是达卡多拉游泳场的8000名观众一齐翘首而望、屏声敛息的一刹那。

---

① 张持坚、蒋耀波、谢金虎主编:《新华社中青年记者散文式新闻选萃》,北京:新华出版社1991年版,"序言"。

轻舒双臂,向上举手,只见吕伟轻轻一蹬,就向空中飞去。有一瞬间,她那修长美妙的身体犹如被空气托住了,衬着蓝天白云,酷似敦煌壁画中凌空翔舞的“飞天”。

紧接着,是向前翻腾一周半,同时伴随着旋风般的空中转体三周,动作疾如流星,又潇洒自如,一秒七的时间对她似乎特别慷慨,让她从容不迫地展示身体优美的线条:从前伸的手指,一直延续到紧绷的足尖。

还没等观众从眼花缭乱中反应过来,她已经又展开了身体,笔直地像轻盈的箭,“哧”地插入碧波之中,几股白色的气泡拥抱了这位自天而降的仙女,四面飞花悄然不惊。

“妙! 妙极了!”站在我们旁边的一名外国记者跳了起来,这时,整个游泳场都沸腾了,如梦初醒的观众用震耳欲聋的掌声和欢呼声,来向他们喜爱的运动员表达澎湃的激情。

吕伟精彩的表演,将游泳场的气氛推向了高潮。她的这个动作5136,从裁判手里得到了9.5分。

这位年方16的中国姑娘,赢得了金牌。

她的娇小苗条的女伴、17岁的周继红,以接近的分数赢得了银牌。

当一个印度观众了解到这两个姑娘都是中国跳水集训队中最年轻的新秀时,惊讶不已。他说:“了不起,你们中国的人才太多了!”①

在这篇报道里,记者仅用532个字就再现了跳水健儿吕伟夺魁的瞬间,在读者面前展开一幅鲜活流动的画面。导语部分的特写镜头,先将读者一举带入“屏声敛息”的氛围,接下来的镜头也如吕伟的跳水动作一般行云流水,一气呵成。1991年,樊云芳获得首届范长江新闻奖。由于标准严格,首届评选只评出九人,空缺一名,获奖者包括原新华社总编辑南

① 夏浩然、樊云芳:《“飞天”凌空——跳水姑娘吕伟夺魁记》,《光明日报》1982年11月25日。

振中、原《经济日报》总编辑艾丰、采写张海迪的原《中国青年报》记者郭梅尼、《解放军报》记者江志顺、《光明日报》记者樊云芳、四川省金堂县广播电台记者杨登榜等。

80 年代中后期,由于城市改革、价格闯关、双轨制、官倒等问题,新的社会矛盾与现象已使单一的事件报道难以应对,从而催生了“深度报道”。深度报道同解释性报道、预测性报道、调查性报道等同属一类,又称大报道。1984 年以《中国青年报》记者张建伟的系列报道《大学毕业生成才追踪记》为标志,深度报道浮出水面。随后,樊云芳的《一个工程师出走的反思》(《光明日报》),罗荣兴、祝华新和曹焕荣的《中国改革的历史方位——时代的挑战与中青年理论工作者的思考(上)》(《人民日报》),“关广梅现象”讨论(《经济日报》),《中国青年报》叶研等的“三色”报道——《红色的警告》《黑色的咏叹》《绿色的悲哀》,“向中国新闻文坛发出了一浪高过一浪的冲击波”①。以《大学毕业生成才追踪记》为例,它将报道触角深入新闻的纵深领域,揭示了事实背后的深层背景,使习惯于“新闻是事实的报道”的读者感到耳目一新。策划采写《大学毕业生成才追踪记》的张建伟、李大同,均为《中国青年报》名记者。张建伟除了《大学毕业生成才追踪记》,还采写了《第五代》《命运备忘录》等新闻名作,在 80 年代有“中国第一记者”之誉,1991 年获首届范长江新闻奖提名,1993 年获第二届范长江新闻奖。他是“文化大革命”后中国人民大学新闻系第一届毕业生,在校时阅读了大量书籍,后来不仅成为颇有名望的记者,还以文史作品见长,曾获鲁迅文学奖和“五个一工程奖”,2003 年作为电视剧《走向共和》的编剧之一再次扬名文坛。

深度报道的出现与流行,固然源自记者主体意识的活跃,与此同时也与汹涌不息的新启蒙热潮丝丝相扣,若合一契。80 年代可谓戊戌变法、五四运动后又一启蒙高潮,包括记者在内的知识分子群体异常活跃,指点江山,激扬文字,粪土当年万户侯。所以,记者与其说是报道新闻的“记录

---

① 樊云芳、丁炳昌:《新闻文体大趋势——“全息摄影”》(上),载《中国记者》1988 年第 1 期。

者”,不如说是以笔为旗的“思想者”。声称自己的作品“全都是思考”的张建伟说:“那真是一个思想的季节。整个中国新闻界被新思想的光辉笼罩着,不仅我一个,一大批记者写出了一大批有思想深度的报道。《红色的警告》《鲁布革冲击》以及政论式报道《中国改革的历史方位》等等。”① 从当时有影响的报道标题上就可略见一斑,如苏晓康的《洪荒启示录》《神圣忧思录》《自由备忘录》《阴阳大裂变》等,这些“大字眼”让人觉得,记者仿佛成为高高在上布道说教的神甫牧师了。在透视留学生问题的《第五代》里,记者张建伟干脆直截了当地站出来,直抒胸臆:

> 美国是资本主义国家,是一座大熔炉,“第五代”即使全部学成回国,是不是已经被“美”化的人,成为“资本主义化”的人?除了学识,他们会不会被西方价值观念重新锻造?这将意味着什么?他们到底接受了什么观念?这些观念能被视为“资产阶级观念”视之如敝屣吗?②

这些发问流露着强烈的政治意识和启蒙诉求,远远超越新闻报道的专业藩篱。报道中还提到西方的四种现代观念:“人人争当经济人”“竞争的唯一标准”“被视为耻辱的帮助”“货真价实的高节奏”等,此类主张和鼓吹都成为一系列社会变革的先声,为90年代后的市场经济及其社会心理播下了观念的种子。这方面最突出的例子,当数《人民日报》记者罗荣兴、祝华新和曹焕荣的《中国改革的历史方位——时代的挑战与中青年理论工作者的思考(上)》:

> 20世纪80年代,改革的大潮在古老的华夏大地上涌动。
>
> 刚刚从十年噩梦中醒来的人们,被迅速卷进变革的浪涛。生活在变,观念在变,人在变,一切都在变。兴奋、惊愕、困惑、期待……袭扰着每一个人。

---

① 张建伟:《深呼吸——未曾公开的新闻内幕》(下),北京:经济日报出版社1998年版,第352—353页。

② 张建伟:《第五代》,《中国青年报》1986年5月24日。

我们从哪里来?我们向何处去?

百年后的历史学家,将怎样评说今天占世界人口1/5的中华民族在中国共产党领导下的伟大进军?

最近分别在上海、东京召开的亚洲太平洋地区经济讨论会上传出信息:下一批经济起飞、进入新兴工业国家或地区行列的,很可能是泰国、马来西亚……

中华睡醒的巨龙该惊起了!

60年代初,毛泽东就意识到,如果我们不能迅速实现现代化,中国有被开除球籍的危险。可惜,后来的政治运动走上了一条缘木求鱼的歧途。

中国共产党人和中国人民,在历经了多少次曲折之后,终于找到了民族振兴之路——改革。

奏响中华人民共和国国歌的激昂旋律吧!"中华民族到了最危险的时候……"我们的民族历来有在紧急关头奋起的非凡凝聚力。

加快改革!我们的时间已经不多了。①

这篇报道获得1987年全国好新闻特别奖。借用张建伟的一个说法,"深度报道,发展到《中国改革的历史方位》,已经很难再称之为报道(尽管它们写得很精彩),简直就是一种'精英启蒙'了"②。不言而喻,此类报道同当时思想文化界的精神节拍相互应和,俨然如出一辙。

与"短平快"的现场短新闻和"深呼吸"的深度报道并驾齐驱的所谓文学式新闻,有报告文学、散文式新闻、大特写等。尤其是报告文学在80年代,成为沟通启蒙精英与社会大众的一座桥梁,许多作品一问世都如"乱石穿空,惊涛拍岸,卷起千堆雪",让人感叹"江山如画,一时多少豪杰"!报告文学是以文学手法处理新闻题材、以真人真事为报道对象的新

① 罗荣兴、祝华新、曹焕荣:《中国改革的历史方位——时代的挑战与中青年理论工作者的思考(上)》,载《人民日报》1987年10月6日。

② 张建伟:《深呼吸——未曾公开的新闻内幕》(下),北京:经济日报出版社1998年版,第171页。

闻文体或文学体裁。这种文体或体裁集新闻性、文学性或政论性于一身，能够容纳更广泛、更深入、更细致的社会历史内容，从而成为中外一流新闻人钟爱的报道模式。如美国记者约翰·里德再现十月革命的《震撼世界的十天》、茨威格的“历史特写”《人类的群星闪耀时》、法美记者合写的《巴黎烧了吗?》，以及普利策新闻奖的一系列特稿作品等，都属于脍炙人口的报告文学佳作。以中国为例，新中国成立前的《西行漫记》（斯诺）、《包身工》（夏衍）、《俄乡纪程》（瞿秋白）等，也无不成为新闻史上的名篇佳作。2014年七一前夕，《人民日报》刊出报告文学《曙光中的足迹——一本〈共产党宣言〉的中国传奇》，再次让人领略了这一新闻文体的独特魅力。河南大学新闻系年轻学者张珂就此撰文写道：

> 《曙光中的足迹》以陈望道首译本《共产党宣言》在刘集的传入、学习、保护、献出为线索，以细腻的史料，用四个篇章娓娓讲述了早期共产主义者陈独秀、陈望道等译介《共产党宣言》，鲁北农民刘良才等接触、传播、誓死捍卫《共产党宣言》，刘学福“一门三英”践行《共产党宣言》，刘世厚40年如一日守护和献出“《共党产宣言》”（首印本误印为“共党产宣言”——引者注）的故事。随着这本革命小册子的传播和沉浮，读者不仅重温了一段尘封的历史，而且领略了马克思主义的真理之光如何点亮中国劳苦大众的心灯，赢得千百万老百姓的认同，从而化作移山倒海的历史伟力，最终打破了一个旧世界，创造了一个新世界的传奇。①

80年代后，由于启蒙思潮的不断高涨和强力推进，新闻与文学联姻的形式——报告文学也呈汹涌澎湃之势。以1978年徐迟的《哥德巴赫猜想》为开端，一时间涌现了一批名作。《哥德巴赫猜想》报道了数学家陈景润痴迷科学、不懈钻研的事迹，在读者中引起强烈震动，学习科学文化蔚然成风。1981年，《中国体育报》记者鲁光在女排集训地，深入采访二

① 张珂:《一场信仰寻根与新闻回归之旅——读报告文学〈曙光中的足迹——一本[共产党宣言]的中国传奇〉》，载《青年记者》2014年8月中。

十多天,完成一篇《中国姑娘》,引起广泛反响。《光明日报》记者理由的《李谷一与〈乡恋〉》(1980),同样扣人心弦,令人难忘。《乡恋》是一部电视风光片的插曲,咏唱三峡风物,抒发缠绵心绪,现在看来只是一首抒情歌曲,而80年代却由此引发争辩。因为,李谷一用轻声、气声唱法演绎歌曲内容,同字正腔圆的风格颇异其趣,让人联想起旧中国的灯红酒绿,上海滩的纸醉金迷,故被视为靡靡之音,甚至黄色音乐,李谷一也被称为"李丽君",即邓丽君的翻版。1983年,中央电视台举办第一届春节联欢晚会,时任广播电视部部长的吴冷西坐在观众席上。当服务员把放着电话点播条的茶盘端给他时,他一看是《乡恋》,便摇了摇头。过了一会儿,服务员又端来一盘,一看还是《乡恋》,如此三番五次,等第五盘端来时,吴冷西掏出手绢,擦了擦汗,说了声"播"! 于是,这首"禁歌"就此风行开来。理由的《李谷一与〈乡恋〉》,即围绕着这场风波。虽说80年代以来以港台流行音乐为先导的大众文化、商业文化、流行文化乃由多重因素共同促成,但诸多理由似的新启蒙记者及其报道对这一潮流也起了推波助澜的作用。此外,80年代还有不少报告文学,如钱钢的《唐山大地震》、赵瑜的《强国梦》等都曾风行一时,犹如戊戌变法前梁启超的文章,"一纸风行,海内视听为之一耸"。

文学式新闻的繁盛,既有社会环境日渐开放的精神滋润,又有新闻记者内在创新的主体冲动;既受到外来新闻观念的刺激,又源于自身新闻传统的创造性生成。70年代末,新华社记者李竹润以笔名"黎信",在《解放军报通讯》《光明日报通讯》等内刊上,发表了一系列介绍西方新闻学的文章,短小精辟,言之有物,诸如细节、故事、背景、直接引语、别具一格的导语等报道要素,给人以耳目一新之感。同时,风靡80年代的、兼容文学和新闻的"新新闻主义",如美国记者曼彻斯特的《光荣与梦想》以及普林策新闻奖特稿作品等,都对中国记者及其文体带来相当程度的冲击与影响。以当时的"体验式新闻"为例,1984年为纪念红军长征五十周年,《经济日报》记者罗开富徒步跋涉368天,重走长征路,一天一篇地发表了《来自长征路上的报告》,成为继红军之后第一位走完全程的记者。与此相似,《武汉晚报》记者范春歌1989年骑车穿越西部采访,行程四千余公里;1994年又只身进行中国陆疆万里行;2000年重走郑和路,走访郑和下西洋的国家,在海内外产生广泛影响……为此,她1995年获得全国首届百佳新闻工作者称号,同时获奖的有现任清华大学教授李希光;1998年又获得第三届范长江新闻奖,同时获奖的有现任新华社总编辑何平。

80年代的新新闻主义不仅影响了新闻界,也影响了文学界及其作家作品。张辛欣、桑晔的《北京人》,冯骥才的《一百个人的十年》,周同宾的《皇天后土》,陈燕妮的《遭遇美国:50个中国人的美国经历》,刘肖等的《100个基层教师的口述》,安顿的《绝对隐私》等"口述实录",就明显借鉴了新新闻主义的新闻元素。拉美左翼记者、《百年孤独》作者加西亚·马尔克斯,在回答新闻与文学的关系问题时谈到的一点,有助于理解80年代新闻与文学的联姻:"我认为新闻和文学之间的区别愈来愈小,特别是当我提到新闻而主要想到报道、提到文学而主要想到故事的时候。两种体裁都从同样的现实中吸取营养,都要求同样的经验和对职业的同样驾驭。我认为两者是同一种才能的结果。现在我认为,过去也一直认为,我想将来我也永远认为自己(在一般意义上说)既是一个作家,更是一个新闻工作者。此外,我还认为,作为小说家,我最美好的东西是来自我对新闻工作的爱好、我作为新闻工作者的修养和我作为新闻工作者的经验。这为我培养了对现实的感受力。没有这种感受力,任何小说家都不可能成功。当然,我最美好的东西即政治觉悟,也是来自新闻工作。而政治觉悟,众所周知,是对现实的感受能力的最高表现。"①

以报告文学为代表的新闻与文学联姻之势,90年代以降依然风行不衰,不仅左右新闻文体与报道风格,如中国青年报的"冰点周刊"、《南方周末》《财经》《三联生活周刊》等,也在更为广阔的社会层面漾起层层涟漪,形成当今广受关注的"非虚构"热潮。刘鉴强的《天珠——藏人传奇》(2009)、梁鸿的《中国在梁庄》(2010)、曾维康的《农民中国》(2012)、季

① 〔哥〕加西亚·马尔克斯:《两百年的孤独——加西亚·马尔克斯谈创作》,朱景东等译,昆明:云南人民出版社1997年版,第126页。

栋梁的《上庄记》(2014)、阿来的《瞻对》(2014)等,以及《人民文学》杂志2010年启动"人民大地·行动者"非虚构写作计划,并在年度人民文学奖中增设两个"非虚构作品奖"等,都是近年来这一潮流翻涌的夺目浪花。

需要特别指出的是,上述对新闻业务的强调本身也是去政治化或再政治化的一个节点,这种强调转移了记者与读者的注意力,从原来的政治辩论与政治宣传中抽身出来,后续对专业主义、新闻独立、新闻自由、新闻法等问题的讨论才可以顺利展开。另外,深度报道和报告文学的兴起,也暗示80年代的新闻人开始有了作家式记者的特征。这种状况实际上是改革开放后知识分子逐渐脱离原有政治轨道、从文化干部转变为专业精英的结果。与美国19世纪晚期兴起的"扒粪新闻"一样,这些突显个人能动性、观察力和解释力的作品,客观上为专业主义的兴起和新闻记者独立意识的增强开辟了通道。由此开始,新闻记者的社会美誉度日见提升,增加了社会向这个群体赋予信息传播、舆论引导权力的合法性。在80年代特定的文化政治氛围中,这样的美誉度和合法性构成了国家放权的前提,也为90年代大规模的市场化和产业化做好了准备。

如果说仅从看似专业、中性、形式化的新闻文体角度,就能透视如上诸多政治化的社会意味,那么作为社会政治的直接推手,整个新闻界更是同80年代波涛汹涌的高度政治化潮流息息相关了。比如,1980年《中国青年》第5期发起一场人生观大讨论,主题为"人生的路呵,怎么越走越窄",规模和影响不亚于真理标准大讨论。这场思想讨论由《中国青年》一篇署名"潘晓"的读者来信引发,得到全国各界广泛关注,不到一个月,编辑部就收到读者来信两万多封。"潘晓"来信涉及对人生和社会问题的困惑、迷茫,如"文化大革命"中落难的高干子弟,一旦恢复社会政治地位,就弃她而去,这些困顿挫折,使她苦闷、彷徨:"我今年23岁,应该说才刚刚走向生活,可人生的一切奥秘和吸引力对我已不复存在,我似乎已走到了它的尽头……有人说,时代在前进,可我触不到它有力的臂膀;也有人说,世上有一种宽广的、伟大的事业,可我不知道它在哪里。人生的路呵,怎么越走越窄……"潘晓来信既有对"正统思想"的质疑和反思,在思想解放的时代背景下具有一定破除迷信的积极意义，但也流露出一种“失魂落魄”的精神危机。来信提到的“主观为自己，客观为别人”“凡是存在的，就是合理的”等意识，可以说已经不自觉、不经意地显示了功利化的社会趋势与时代动向，正如韩毓海敏锐地指出的：

> 改革不但改变了人们的经济水平，而且深刻地触及了人们的观念和意识形态，重新塑造了社会各阶级的政治地位。因此，当我们今天感触社会伦理的过度私人化的时候，应该想到潘晓的“主观为自己”曾经在80年代何等鼓舞人心。①

《河殇》之殇

如果说20世纪80年代的高度政治化意味于北京政治风波达到顶点，那么之前热播的电视政论片《河殇》无疑属于其间一大新闻标本。

同文学艺术界、学术思想界乃至整个社会的精神状态类似，80年代新闻传播界的政治意味不仅十分浓烈，而且愈演愈烈。邓小平指出，改革开放存在两种南辕北辙的政治方向，一是他反复强调、始终坚持的社会主义制度的自我完善，一是他严厉批评的、坚决抵制的自由化倾向。如果说后者在新闻理论上的代表是“人民性高于党性”，那么实践上最有影响、最具代表性的例子当推电视节目《河殇》了。按照中国社会科学院政治学所所长房宁研究员的分析：

> 80年代的后期，走在民族思维前端的青年知识分子对国家、民族命运的“内省式”的观照与思考，确实沿着这样一个线索前进：自省—自卑—自责。1988年春节前后由上海《世界经济导报》发起的关于“球籍”问题的讨论和这年夏天轰动一时的电视政论片《河殇》的热播，正式将80年代的反思意识带入意识形态领域，发展为对社会制度选择、社会发展方向、国家发展战略等一系列问题的理论建

① 黄平、姚洋、韩毓海：《我们的时代——现实中国从哪里来，往哪里去?》，北京：中央编译出版社2006年版，第143页。

构。“球籍”讨论事实上成为一次青年学生和青年知识分子的现实的政治参与意识的思想动员，当时高校里政治化气氛日渐浓厚。而《河殇》在中央电视台的反复播出，更使生发于大学校园和知识界的政治思潮具有了一种官方背景而进一步被推向高潮。自省—自卑—自责的逻辑到这时已发展为一种对于传统与现存秩序的颠覆性的语境，为随之而来的政治冲突准备下了思想舆论氛围。①

作为1988年数次播出的电视政论片，《河殇》可谓80年代“新启蒙”与文化热的大汇流，并借助电视媒体的强大传播能量而达到高潮或沸点。换句话说，80年代各种文化政治思潮冲击回旋，逐渐升温，最后几乎陷入狂热或迷乱，而《河殇》就是这种热流旋转的新闻标本。《河殇》播出后，既在国内掀起热潮，也在海外引起热议，掀起一阵火山喷发的“河殇热”。《河殇》一共六集，包括“寻梦”“命运”“灵光”“新纪元”“忧患”和“蔚蓝色”。导演夏骏是刚刚毕业于北京广播学院的研究生，撰稿人皆为文化热中的风云人物——苏晓康、王鲁湘、谢选骏、远志明等。所谓“殇”，乃指没有成年而夭亡。

80年代的新启蒙、文化热的基本思路与总体倾向，是把新中国前三十年定位成政治专制如“十年浩劫”、经济停滞如“崩溃边缘”以及社会混乱失序、文化礼崩乐坏的黑暗时代，并将这一结局归因为中国文化的愚昧落后，包括数千年的封建主义和所谓异化的社会主义。所以，唯有彻底否定这一切，全方位移植欧美的现代文明，包括市场经济、民主制度、意识形态等，中国才能走向世界，走向未来，走向现代化。这套逻辑不仅是知识精英的信念，也成为文艺界、思想界和新闻界的普遍共识，《河殇》不过是这一共识的集中体现。在《河殇》的高谈阔论中，中国一切现代化视野中的问题均源于内陆的传统文化，黄河、黄土地和黄皮肤更是成为落后的符号、封建的象征，要推进现代化就得告别这种黄色文化，进而拥抱蔚蓝色

① 房宁：《当代中国青年国家民族意识的演变》，见潘维、廉思主编：《中国社会价值观变迁30年(1978—2008)》，北京：中国社会科学出版社2008年版，第321页。

的海洋文化——西方文化，如同胡适告诫国人的，中国唯一的出路就是彻头彻尾认错并全心全意学习西方："我们必须承认我们自己百事不如人，不但物质上机械上不如人，不但政治制度不如人，并且道德不如人，知识不如人，文学不如人，音乐不如人，艺术不如人，身体不如人。"[①]因此，《河殇》的主题虽然在于批判和否定中国历史及其文化传统，而其主旨却在于新启蒙的核心价值——"补课论"，也就是李零概括的："文化大革命"后的流行看法是，"中国应该反封建，而不是反资本主义，我们只有补上资本主义这一课，才有资格谈资本主义"[②]。

就在《河殇》热播之际，已有不少有识之士提出批评和质疑，如杨振宁和李政道。杨振宁说：我最不能接受的是，把这三个传统，即"龙、长城和黄河"，都批评得一无是处，认为如果不把这三个传统抛弃掉的话，中国就没有希望，可我认为这是大错的。[③] 李政道也认为：一个只依赖过去的民族是没有发展的，但是一个抛弃祖先的民族也是不会有前途的，五千年的黄河文化值得我们骄傲，希望我们今后创业也能得到子孙的尊重。[④]也许是旁观者清，港台学者对《河殇》的宏大叙事及其政治意味，看得更清楚，也更清醒。台湾《天下》杂志发行人殷允芃，就在《经济开放不是万灵药》一文里写道：

> 首先，它表现出来的政治意味太过浓厚，似乎已先有一个预设的"政治的框架"，也因此让人觉得它的推论显得太过急切，可信度不高……
>
> 其次，它的立论也显得过于简单化。……而且文中提到资本主义、个人主义、工业文明、商品经济时，似乎是带着一种狂热的崇拜。……批判和反省是必要的。但批判并不等于全盘否定。……

---

① 胡适：《介绍我自己的思想》，原为1930年上海亚东图书馆出版《胡适文选》的自序。收入欧阳哲生主编：《胡适文集》第5卷，北京：北京大学出版社1998年版，第515页。

② 李零：《鸟儿歌唱：二十世纪猛回头》，北京：北京大学出版社2014年版，第107页。

③ 《杨振宁谈〈河殇〉》，载《人民日报》1988年10月16日。

④ 李政道：《读〈河殇〉有感》，载《人民日报》1988年11月4日。

《河殇》一文中表达的希望中国大陆能再富强的“急切”，虽令人感动，但也令人担心，今日的大陆是在“病急乱投医”。……中国是要现代化，但现代化是否就等于全盘西化？这问题值得深思。[①]

北京大学教授李零对80年代的反思，不仅堪称一种对《河殇》的言简意赅的总结，也可明了“新启蒙”的政治意味与政治价值：“80年代，特点是幼稚。表面非常开放，其实是翻烙饼，启蒙压倒一切。大家都是启蒙派，前后（新中国成立前和新中国成立后，‘文化大革命’前和‘文化大革命’后）没有对比，左右（左翼右翼）没有对比，舆论一边倒。”[②]山东大学儒学高等研究院的王学典从文化史的角度指出：80年代全盘西化的一代青年，与五四“新青年”一模一样，“把东西问题归结为古今问题，也就是把文化上的东西方之别归结为文化上的古今之异，而古代已经过去，今天正在展开，所以，中国文化只能走向灭亡”[③]。从发展模式的角度来看，《河殇》的意义不仅在于由中西文化的对比所呈现的一种王小东所称的“逆向种族主义”，这部高度政治化的纪录片更在时间和空间上，重新勾画了中国在世界历史中的图景。一方面，中国的传统被视作进步的桎梏和启蒙意义上的糟粕，而西方文明所代表的现代则是应该追慕和亲近的对象；一方面，中国广大的内陆乡村及其人群、文化被视作落后和应该抛弃的对象，而沿海都市与知识精英则成了进步方向和未来发展模式的集中代表。这种时间和空间上的双重文化想象，对中国三十余年发展道路所做的“贡献”是显而易见的。

总的看来，以《河殇》为标志并以其做结的80年代及其“新启蒙”“文化热”，既如查建英形象描绘的，乃属“当代中国历史上一个短暂、脆弱却颇具特质、令人心动的浪漫年代”，“文化主调也是理想主义、激进的自我

---

① 殷允芃：《经济开放不是万灵药》，见崔文华主编：《海外〈河殇〉大讨论》，哈尔滨：黑龙江教育出版社1988年版，第48—49页。

② 李零：《鸟儿歌唱：二十世纪猛回头》，北京：北京大学出版社2014年版，第154页。

③ 王学典：《启蒙的悖论：庞朴与80年代传统文化的复兴》，载《中华读书报》2014年8月6日。

批判,以及向西方思想取经”[1];又如甘阳简要分析的,“80年代有几个特征,一个是经济改革不是当时知识界的discourse(话题),而且不在人们的头脑里面,没有人谈这个经济改革,觉得是很boring(乏味)的事情。第二点是人文科学为主,第三点是西学为主,绝对是西学”[2];更像祝东力犀利地解剖的:

> 启蒙主义在中国的产生,有它非常特殊的时代环境,这决定了它严重的时代局限性。这种局限性表现在两个方面:一是,启蒙主义只反对国家、政权和暴力对人的强制,而回避市场、资本和金钱对人的强制。解构专制政治,为资本逻辑开辟道路,这是一切启蒙主义的特点。这种只反政治强制、不反资本强制的观念,在1992年以后深入人心,成为市场经济的思想前提。启蒙主义的第二个局限,是培育了一种殖民地文化心理,根深蒂固。经过80年代的洗礼,在中国人心目中,西方成了文明、富裕、智慧的人间天堂,成了人权、法治、自由的理想国。500年血腥的殖民主义历史不见了,相反,这500年成了传播文明、科技和贸易的历史。而中国,包括历史上长期处于世界诸文明前列的中国,包括它的山川、风土、人情,在一些人眼里都成了专制、黑暗、愚昧的象征。[3]

(二)90年代:去政治化

商人对诗人

如前所述,新时期的政治无论怎样变化,总是针对着社会主义的政治而展开。那么,去政治化是怎么一步步展开的,其中的思想逻辑何在,社

---

① 查建英主编:《八十年代访谈录》,北京:生活·读书·新知三联书店2006年版,第3页、第9页。

② 同上书,第196页。

③ 转引自玛雅:《战略高度:中国思想界访谈录》,北京:生活·读书·新知三联书店2008年版,第345—346页。

会意义何在? 下面不妨先看几个案例。

第一个案例。清华大学新闻与传播学院面试博士考生,一位某著名大学管理学院的"高才生"前来应试。想到对方是经济学出身,教授随口先提了一个常识性问题,希望了解学生的知识背景与学术视野:请列举十部经济学经典。没想到,考生只勉强举了两三部就卡壳了,而接下来的一幕更令人意外:

> 教授:为什么没想到马克思的《资本论》呢,那么有名?
>
> 考生:哦,《资本论》属于政治经济学,不属于经济学。

第二个案例。清华大学法学院教授、哈佛大学博士冯象,在一篇小文章《下一站,renmin 大学》里,讲述了一件亲身经历的事情:

> 从清华"打的"进城,堵在半道是常事。后来按友人建议,改乘地铁,时间就好掌握了。北京的地铁,我还是 80 年代初大学生胸前戴校徽那时候的印象。如今整个儿鸟枪换炮,而且真便宜,两块钱,随便坐多远。
>
> 还有一样,英语报站名——我不否认,那是"国际大都市"必不可少的一项硬指标——做到了女生字正腔圆,不知是社科院语言所还是谁的人工合成,能跟香港地铁的伦敦腔媲美;可是站名中的一个,让人听了起鸡皮疙瘩:下一站,Renmin University。什么大学?
>
> 记得从前的译法,叫 People's University,人民(的)大学,全称中国人民大学。同"人民政府""人民公安""人民法院""人民医院"一个意思,名正言顺,一目了然。干吗要改呢? 怕刺激了友邦人士,引起贵宾误解,还是自己心虚? 倘若以为中文"人民"的含义要比英文或别的国际语言丰富,翻译不了,也是说不通的。这两个字其实是洋人的老传统,即主权在民的"民主"(democracy < 希腊语 demokratia = 人民[掌]权)传统。人家西方民主国家,人民这个、人民那个的东西太多了。美国宪法开宗明义第一句话,怎么说的? We the People of the United States,我们人民……依照 18 世纪的正字习惯,那"人民"

> 还得大写呢。先贤向西方学习的先进思想,民主是其中一条。国家机关及公立机构冠以“人民”二字,乃是宣告新社会人民当家做主,一切为了人民的利益。所以国号“中华人民共和国”,最高权力机关“全国人民代表大会”,武装力量“中国人民解放军”,党的权威喉舌“人民日报”,这些名称,“人民”一律译作 People's。
>
> 也可能,是中国人民大学这所公立学府变了。出入校门的,早已不是人民干部与“又红又专”“把青春献给祖国”的积极分子。当家人放下身段,学了别处一些大学,滋养几个“高眉”(highbrow)精英,或者官场和市场的弄潮儿。这种人是连把“人民”挂嘴角上、装装样子都不愿意的。“人民”于是成了累赘,又不好意思对老外解释,便拿六个字母拼个音,刻上校徽,换了新名:renmin。[①]

第三个案例。范敬宜在清华大学新闻与传播学院开展马克思主义新闻学教研时,有位新闻界同道用心良苦地劝他说:能不能不打“马克思”的旗号,而改用“学术化”的旗号？其中的潜台词无疑是,马克思属于政治符号与意识形态,而当下学界讲究远离政治意识形态的学问。

第四个案例。某报采访了十位时尚人士,据称是这个时代的思想英雄,体现了时代的希望和方向。其中有位新闻名人,侃侃谈及一个中外新闻学闻所未闻的高论:走了好几年的路,才认识到记者只是观察、记录、认识这个世界,而不是去干预世界。出发点和目的都不是……新闻的核心还是一个“知”。[②]

从以上两个社会案例和两个新闻案例中,当不难感知去政治化的意味。第一个小故事,堪称去政治化的一个生动插曲。闹了半天,原来政治经济学不算经济学,而只有去了政治的经济学才叫经济学。问题是,去了政治的经济学真的只谈经济而不讲政治？是不是亚当·斯密只关心经济而哈耶克不关心政治？值得一提的是,西方经济学奠基人李嘉图的代表

---

① 冯象:《下一站,Renmin 大学》,载《书城》2010 年第 11 期。

② 见南方都市报:《十人:大时代中的我们》,广州:南方日报出版社 2012 年版,第 163—178 页。

作就是《政治经济学及赋税原理》。2014 年法国经济学家托马斯·皮凯蒂(Thomas Piketty)的《21 世纪资本论》一出版,更引起全球轰动与热议。第二个故事的去政治化意味同样一目了然。国号叫人民共和国,军队称人民解放军,党中央机关中南海影壁上赫然写着"为人民服务",而人民大学却变成英文中莫名其妙的 Renmin 大学。与此相似,"为人民服务"蜕变成"为纳税人服务",作为共和国鲜明政治主体的人民蜕变成中性化即去政治化的纳税人。第三个故事让人不由想到国统区、地下党,马克思主义竟成谈虎色变的禁忌话题,而且一提马克思,就是政治化而非学术化。然而,看似悖论而实则合乎逻辑的是,某些不讲马克思的所谓学问又体现着一望而知的非马,甚或反马的意味,去政治化原来无非是另一种政治化。第四个故事则更是荒腔走板,演绎了去政治化的逻辑,且不说中国新闻界一向明确宣示马克思主义新闻观及其为人民服务的政治价值,即使英美新闻学也念念不忘社会政治功能,包括新闻传播与"民主政治"的内在联系。总之,如果说高度政治化、去政治化、再政治化的政治,均围绕邓小平念兹在兹的社会主义方向,那么去政治化其实是去这种方向,而这种去政治化的趋势、潮流或潜意识起于 80 年代,兴于 90 年代。

上节谈到,80 年代的社会政治一直"在高位运行",无论是社会主义的政治,还是自由化的政治,始终风烟滚滚,风雷阵阵,直至酿成惊天动地的政治风波,故称高度政治化。《人民日报》记者马立诚与凌志军合著的《交锋》一书,也算为这段政治对决留下了一段纪实的、惊心动魄的历史文本,尽管全书具有鲜明的去政治化色彩。而进入 90 年代,特别是邓小平南方谈话发表后,高度政治化的议题迅速消退,取而代之的是市场经济的汹涌浪潮,全民经商,热浪滚滚,举国下海,热气腾腾,人们一度似乎不再关心政治讲政治,而只是一门心思发大财。如果说 80 年代的高度政治化直接呈现为思想启蒙、狂飙突进,那么 90 年代的去政治化则明显形成市场主导、多元分化的格局,甚至市场本身也好像成为去政治化的标志。"顽主"王朔的一句名言,集中传递了一个时期的社会政治取向:钱不是万能的,但没有钱是万万不能的。

天津作家蒋子龙70年代写过一篇小说《机电局长的一天》,后来被责令修改,理由是不能以"机电局长"为核心,而要多写"工人群众",修改完已到"四人帮"垮台,这就是"改革文学"代表作《乔厂长上任记》,后来改编为电影《钟声》。作品与电影塑造了一位国企领导乔光朴的形象,展示了一个大型国企上下一心,扭亏为盈,赞扬了厂长参加生产、工人参与管理的社会主义企业关系。而就是这位模范厂长,却在90年代一篇《乔光朴堕落记》的小说里被枪毙了,因为他变卖国有资产,吃喝嫖赌,亲手瓦解了这家国企,造成当年的工人兄弟全部下岗。这个结局让人想起2009年吉林的通钢事件,由于国企改制引发大规模对抗性冲突,通钢集团新任总经理被工人殴毙。下面也从文学艺术界、学术思想界和新闻传播界几个方面,对90年代以后的社会变迁与新闻变革作一简要回溯与反思。

若从社会表象看,80年代更展现着浪漫化的精神追求,90年代更凸显着现实化的世俗趋向。用不尽准确的比喻说,80年代犹如诗人,90年代好比商人:诗人耽于幻想,商人工于算计;诗人激情洋溢,商人理智刻板;诗人听起来一惊一乍,商人看上去一板一眼;诗人气吞万里如虎,商人小桥流水人家;诗人心向辽远天空,商人脚踏坚实土地……这种世俗化趋向及其分野,也体现在90年代以来的文艺走势中,如琼瑶言情小说、金庸武侠小说的走红,林语堂、梁实秋、张爱玲等闲适作家的流行等,都使精神化的文学作品蜕变为世俗化的文学读物。这些读物在80年代是难入法眼、不上台面的,当时才俊哪个不自诩西方古典与现代的追星族,再不济也得是拉美爆炸文学、米兰·昆德拉等。而随着市场化、商业化风起云涌,琼瑶、张爱玲、杜拉斯、村上春树等小资作家与读物纷纷抢滩登陆,成为文化消费的时尚。当然,90年代也不乏优秀作家和作品,如史铁生的《我与地坛》、韩少功的《马桥词典》、张承志的《心灵史》等,北京大学中文系教授陈晓明就认为:"在当代,张承志是一位追求激越情感的作家……他在90年代初期出版的《心灵史》肯定是当代散文写作中的一部奇书……汉语写作因此而有它闪闪发光的那种质地。”[①]但不可回避的是，文学艺术总体上已经丧失了社会影响力与精神感召力，尤其80年代的“向内转”潮流，更使文艺作品在日趋关注内心世界与个人情感之际，越来越小众化、精英化，也就是自我边缘化，从而为90年代的世俗化腾出广阔空间。20世纪90年代初的电视剧《渴望》《编辑部的故事》，以《甲方乙方》《不见不散》《没完没了》等为标志的贺岁片，均属90年代社会文化嬗变的表征。至于余秋雨的《文化苦旅》成为流行读物，他本人也在媒体上成为明星与偶像，以及大量《上海宝贝》等“身体写作”以及隐私揭秘的“口述实录”等，更是凸显了小资化、消费化、娱乐化的文化潮流。于是，在新的社会风尚的冲击下，文学艺术无可奈何地滑向德国汉学家顾彬描绘的境地：

> 90年代文学从多方面呈现出一种社会性转向……市场经济和消费越来越多地决定了生活和私人的思想。知识分子以及作家失去了以往作为警醒者和呼唤者的社会地位。他被排挤到了边缘，在过去的理想丧失之后，一时还找不到新的非物质性的替代品……“生活就是现在”，这是以消费为导向的“都市新人类”带来的消息。“现在”，这是西方式贪得无厌的中国变种：我们想要一切，而且是“当下”就要。这种“新状态”在90年代末是新一代“流浪文人”的极端……以肮脏为导向的书写尝试可以这样来概括：没有理想，没有历史，没有传统，甚至没有一种他们娱乐于其中的都市的感觉……[②]

对于90年代的这种去政治化状况，消费民粹主义者喜欢将其包装成“普通百姓”借由消费选择而对强权发起的挑战。然而，“小时代”的文化症候所显现的社会结果却恰恰相反，当年轻人沉醉于消费文化以及亚文化带来的虚幻快感时，他们与时代政治已经渐行渐远。难怪有美国学者

---

① 陈晓明：《中国当代文学主潮》，北京：北京大学出版社2009年版，第505—506页。

② 〔德〕顾彬：《二十世纪中国文学史》，范劲等译，上海：华东师范大学出版社2008年版，第360页。

将浸淫在新媒体技术中的年轻人称作“最愚蠢的一代”。尤其看似悖论的一个普遍现象是，随着虚幻的文化选择越来越多，社会的结构反而越来越僵化，年轻人的上升空间变得越来越狭窄，如“蚁族”“diao 丝”“草根”等流行语所示。

面对如此文化背景与精神氛围，八九十年代之交几位诗人相继自杀，自然被解读为一种时代性的精神危机。其中最常被提及的，当属海子1989 年在山海关卧轨。按照海子好友、诗人西川的说法，“海子是农业的儿子，他迷恋泥土，对于伴随着时代发展而消亡的某些东西，他自然伤感于心”①。在海子周年祭的日记里，诗人苇岸也写道：“海子含着泥土，来自大地的深处。他是民间的儿子，具有和谐的自然启示的诗人……”②而海子的校友强世功教授对此的感悟，更具有一位政治学者的深远气象：80年代，中国的知识精英在拥抱西方的时候，只有海子“孤独一人”歌唱中国……2001 年，海子与食指同获第三届人民文学奖诗歌奖。去世那年创作的《面朝大海，春暖花开》早已不胫而走：

给每一条河　每一座山　取一个温暖的名字
陌生人，我也为你祝福
愿你有一个灿烂的前程
愿你有情人终成眷属
愿你在尘世获得幸福
我只愿面朝大海，春暖花开

进入 90 年代，学术思想界也不像 80 年代那样风风火火，似乎一夜之间也失去了指点江山、激扬文字、登高一呼、四海景从的精神魔力。如果说 80 年代看上去是“热风吹雨洒江天”，那么 90 年代则好像“冷眼向洋看世界”了。比如，针对 80 年代思想先行而学术滞后的状况，90 年代恰

① 西川：《死亡后记》，载《诗探索》1994 年第 3 期。

② 苇岸：《诗人是世界之光——关于海子的日记》，转引自余徐刚：《海子传》，南京：江苏文艺出版社 2004 年版，第 289 页。

恰以学术为号召,学术规范和学术史的讨论更是高扬学术的旗帜。当此时,“学者”“学人”取代了“理论工作者”的称谓,学问家陈寅恪取代了思想家鲁迅,李泽厚称之为“思想家淡出,学问家凸显”。再如,相对80年代激进主义的全盘西化,90年代以来保守主义强力反弹,除了持续火热的“新儒家”思潮,文化自觉以及学术自觉意识也开始萌发。90年代初,费孝通在北京大学发表的文化自觉演讲,甘阳在《读书》杂志上通过费孝通的《江村经济》反思80年代学风等,无不给人留下深刻印象并产生广泛影响。以曹锦清教授2000年以来一印再印的《黄河边的中国》为例,其中展现的已是纯然的中国关怀、中国理论、中国表述了。而类似问题意识与自觉意识在一代学人身上都日益明显,《小镇喧嚣》的作者吴毅博士在其学位论文里就写道:

> 我开始感受到,从整体上看,我们这些生活在20世纪的中国知识分子所具有的理论和思维方式是有些西方化了(地域的和文化意义上的,而非意识形态意义上的),它离中国民间社会的所思所想实在是存在着一定距离。日后的研究使我认识到,这里的西方化不是一种借鉴和拿来,而是一种不自觉的被遮蔽和被替代。我们虽然生活在中国的土地上,接触中国的事物,但是,现代化中潜移默化的文化和学术殖民却已经使我们这些人不自觉地以一种西方化的眼光看待、分析和评价中国的经验,乃至于这一经验本身也已经被西方化,然后,这种被西方化了的“中国经验”又被用来论证实质上也是西方化了的“中国理论”。①

1994年以《读书》杂志为阵地、以人文知识分子为主导的一场人文精神大讨论,犹如80年代的真理标准大讨论或人生观大讨论,既折射了90年代的思想流变,又从精神价值层面隐然透露了新世纪以来重新政治化的先声。这场讨论是在市场大潮涌起的背景下,敏感的人文知识分子对

---

① 吴毅:《村治变迁中的权威与秩序——20世纪川东双村的表达》,华中师范大学博士学位论文,2002年。

精神价值失序深感焦虑和忧心的反映和反弹，恰似人生观大讨论是对功利化、世俗化潮流的预感与预言。讨论虽然刺激了社会神经，但由于市场已然成为主宰，高谈阔论的精神、思想、价值似乎“无可奈何花落去”，而实际、实惠和实利则“似曾相识燕归来”。查建英感叹：“在这个日日喧嚣、处处泡沫、杂碎多元的媒体环境里，这类争论再难得到像80年代那样普遍的关注和回响。”①不过，二十年后猛回头，当年讨论涉及的一系列精神价值命题，如今看来不仅不是高蹈玄虚的杞人忧天，而且成为人人忧心的社会现实——精神沦丧、信仰缺失、道德失序、底线失守。在这场交锋中，双方两位标志性人物——张炜、张承志与王朔、王蒙，被流行评论冠以“二张”与“二王”，香港《二十世纪》杂志刊发的一篇文章标题就是《城头变幻二王旗》。王朔堪称当代大众文化的先驱与代表。在他看来，过去被视为灵魂工程师的作家不过是所谓“写字师傅”，文学创作也无非是“码字”，目的在于伺候“二老”——老百姓与老干部，从而将作家定位成商家对顾客的角色，而他笔下的“顽主”，也个个“玩的就是心跳”。顾彬就此说道：“我们完全可以把王朔称为严肃文学的掘墓人。在他那里失去了对于奠基性前辈的尊敬，不管在政治还是文化领域。紧随其后的是‘恶心’的胜利进军。自此而后，‘下半身’主宰了中国文学舞台，市场就是其同谋。”②

80年代学界的主角是人文知识分子，特别是哲学、史学、文学等更是如日中天，当时报考大学中文系乃是所有学子的最高梦想。而90年代走红的多为社会科学，经济学、社会学、法学、政治学等更成为学界中坚，所谓“经济学帝国主义”。仅看光华管理学院门前多少北京大学“文科状元”摩肩接踵的身影，对此风向流转就可略见一斑了。社会科学专家的观点不仅在社会上呼风唤雨，而且对实际部门，乃至高层都有举足轻重的影

---

① 查建英主编：《八十年代访谈录》，北京：生活·读书·新知三联书店2006年版，第247页。

② 〔德〕顾彬：《二十世纪中国文学史》，范劲等译，上海：华东师范大学出版社2008年版，第365—366页。

响。这里,陈平原的分析不无道理:

> 90年代的中国学界,更多地关注具体问题,而忽略了作为总体思想的"主义"。
>
> 90年代以后,好多学者抛弃大字眼,转而讨论具体问题,或者说,希望把"主义"的理解和坚持,落实到具体"问题"的讨论中。
>
> 以前的"文化热",基本上是人文学者在折腾;人文学者有悠久的传统,其社会关怀与表达方式,比较容易得到认可。而进入90年代,一度被扼杀的社会科学,比如政治学、法学、社会学、经济学等,重新得到发展,而且发展的势头很猛。这些学科,直接面对社会现状,长袖善舞,发挥得很好,影响越来越大。这跟以前基本上是人文学者包打天下,大不相同。
>
> 社会科学的兴起,使得人文学者那种理想主义的、文人气很浓的、比较空疏的表达,受到了压抑。所以说,八九十年代的变化,包含着人文学者和社会科学家的各领风骚。
>
> 对于当下的中国,80年代学者更多地持批判立场,而90年代则讲究介入与协调。这似乎与人文、社科各自的特性有关。人文学者注重精神性,坚守自家的信仰与立场,甚至不惜当一个"永远的反对派";社会科学家不是这样,更愿意采取建设者的姿态,注重现实性与可操作性,主动与政府、企业合作,以获得大量研究经费,并实实在在地影响社会进程。说夸张点,80年代中国学界的擅长"批判",与90年代中国学界的关注"建设",其实是人文、社科的"此起彼伏"所决定的。①

80年代的文化热即政治热,在北京政治风波后自然骤然降温。然而,《河殇》等虽然受到批判,但其追求的政治价值又通过市场化的去政治化潮流,日渐融入90年代以来政治精英、经济精英和文化精英的主流

① 转引自查建英主编:《八十年代访谈录》,北京:生活·读书·新知三联书店2006年版,第141—142页。

意识，演变为“国际接轨”以及新世纪“普世价值”等说辞。不过，与《河殇》的全盘西化相对，90年代“国学热”曾经盛行一时，如果说“河殇”热望走向西方，那么“国学”则热衷走向传统。90年代后期，由于国际反华势力甚嚣尘上，“银河号”事件、轰炸中国驻南斯拉夫大使馆事件、中美撞机事件等接连发生，保守主义与民族主义合流，更是构成抗衡西化的强劲社会政治思潮。诸如《中国可以说不》《中国为什么说不》等图书的热销就是一例。2009年，强世功在反思香港政制的文章里，对自由化的自卑与保守化的自尊作了辩证分析：

> 中国人即使在最为困顿的时代，内心中也从来没有放弃过对文明中心的高贵追求，从来没有放弃过对天下的思考，可在近代以来的实际政治环境中却不得不沦为被支配的边缘地带，难以为自己的生存方式进行辩护，由此产生难以释怀的忧郁。这样一种理想与现实之间的差距，很容易因为过分自尊而产生孤立主义的民粹倾向，也很容易因为过分自卑而产生普适主义的投降倾向，这两种倾向又往往以极“左”和极右的方式展现出来，二者之间的相互斗争和张力不断拷问着中国人的心灵，使得近代以来的整个中国史不断经历着“成长中的阵痛”。[①]

在日甚一日的去政治化潮流中，“宏大叙事”失去了匹夫而为百世师、一言而为天下法的魅力，日渐让位于小桥流水的“私人叙事”或鸡零狗碎的“一地鸡毛”。《一地鸡毛》正是作家刘震云发表于90年代的一部中篇小说，与冯小刚1995年据此改编的同名电视连续剧都曾火爆一时，如冯小刚所言，“《一地鸡毛》更接近我的生活体验和艺术追求，也更贴近观众”。从90年代的一些顺口溜中，也能体味类似的精神动向：十亿人民九亿商，还有一亿在观望；十亿人民九亿侃，还有一亿在发展……这些层出不穷的民间段子，既透出耐人寻味的社会心理与心态，更流露了躲避崇高、消解神圣、拆解深度、颠覆权威的精神取向。这一精神取向从王朔、葛

---

① 强世功：《政制发展之谜（下）——香江边上的思考之十三》，载《读书》2009年第2期。

优一路的反讽、调侃、玩世不恭、一点都不正经等，一直发展到今天的“戏说”“恶搞”“大话”以及网上的乌七八糟不堪入目。与此同时，更有一路去政治化的政治，依然延续80年代新启蒙的价值追求，直接诉诸解构一切社会主义传统。2014年一部《电影政治》的新书，就将1993年的三部影片视为“电影政治”的大转型：张艺谋的《活着》、陈凯歌的《霸王别姬》和田壮壮的《蓝风筝》。[①] 显然，三部影片同严歌苓的《陆犯焉识》等作品一样，成为更有影响的“伤痕文学”，在智识阶层与大众媒体的共同推动下形成文化政治的新标杆，恰如80年代在中国风行一时的苏联小说《阿尔巴特街的儿女们》。在诸如此类的文字及其流风下，一切革命以及社会主义传统日渐失去历史的合理性与道德的正当性，或成为悲剧，或成为闹剧。无怪乎，天性敏锐的昌耀在用一生铸就的诗坛青藏高原上，以一首题为《一个中国诗人在俄罗斯》(1998)的长诗，发出屈子天问一般发聋振聩的精神长啸，也隐然透出新世纪再政治化的时代心声：

> 我在物欲横流的世间，“堕落”为一个“暧昧的”的社会主义分子……
>
> 看哪，滴着肮脏的血，“资本”重又意识到了作为“主义”的荣幸，而展开傲慢本性。它睥睨一切。它对人深怀敌意。它制造疯狂。它蛊惑人心。
>
> 这个世界充斥了太多神仙的说教，而我们已经很难听到“英特纳雄耐尔”的歌谣……[②]

不难想象，在去政治化的趋势与潮流中，所谓“告别革命”不仅是以李泽厚与刘再复为代表的精英意识，也成为普遍的社会心理。仅从这一波及广泛的思想闲谈中，也可以明确感受去政治化并非不讲政治，不问政治，而只是淡化、祛除，甚至否定中国革命与中国共产党所确立的一整套政治传统与政治价值，并在偏离或背离这一价值之际，日渐确立另一套政

① 见王小鲁：《电影政治》，北京：东方出版社2014年版。

② 昌耀：《昌耀诗文总集》(增编版)，北京：作家出版社2010年版，第665—674页。

治价值。如此去政治化以及去政治化的政治,正印证了邓小平关于两种改革方向的远见。尽管邓小平在摸着石头过河的具体实践探索中避谈姓社姓资,但在根本原则与政治方向上却始终高扬(中国特色)社会主义旗帜,他大力推进的市场经济绝非不讲政治的中性概念,而同样蕴含着(中国特色)社会主义的政治前提,"社会主义市场经济"一语中的社会主义,绝非可有可无的穿靴戴帽与官样文章。他的南方谈话明确说道:"不坚持社会主义,不改革开放,不发展经济,不改善人民生活,只能是死路一条。"[①]在邓小平的理论思想中,改革开放,发展经济,确立与完善社会主义市场经济体制,最终目的都在于发展和完善(中国特色)社会主义,在于将中国建设成自立于世界民族之林的社会主义强国,为人类做出更大的贡献。纵观邓小平一生行止,社会主义、共产主义乃属矢志不渝的精神所托,价值所寄,而这也正是近代以来一批批中华民族的仁人志士,特别是中国共产党人为之奋斗的理想与梦想。

毋庸讳言,这样一套政治价值与理想信念在20世纪90年代以来的去政治化潮流中不仅渐行渐远,而且往往名存实亡。也就是说,名义上或许还举着社会主义、共产主义的旗号,而其中蕴含的人间正道与人类正义的精神价值则日渐褪色,从政治原则的漫漶不清到思想阵地的改旗易帜,已是触目皆是的普遍现象。国防大学教授金一南将军在2014年"问题中国,进步中国"研讨会上的一番话,鞭辟入里,入木三分,酣畅淋漓,激情飞扬:

> 共产党从建立之日起,从"打土豪、分田地"到为人民服务,到实现共同富裕,都体现了对社会正义的追求。这是我们的资本,是共产党民心归一的源泉。我们今天讲话语权,当然需要语言技巧和传播技巧,但是最根本的影响力来自对社会正义的主持。
>
> 用利益取代正义,好像发展成为目标本身。就像恩格斯批评第二国际伯恩斯坦的话,"运动就是一切,目的是没有的"。只要发展、

---

① 《邓小平文选》第三卷,北京:人民出版社1993年版,第370页。

只要增长，可以不在乎正义，最后导致原则模糊不清甚至丧失，绥靖主义空气弥漫。

今天一些人在思想解放、社会多元的大旗下，主动地、全面地、大张旗鼓地放弃应该坚守的高地。“告别革命”，就是这种放弃的高度概括。革命党向执政党转型，是这种放弃的世俗注解——执政了嘛！潜移默化中，执政成为最高目标，经济成为全盘的依托，权力成为最终的追求。

别人都说我们有全世界最强的新闻管控能力。可是从中央电视台播放的一些节目，可以明显看出我们一些管意识形态的人不懂意识形态；以“维稳”“和谐”为最高追求，导致意识形态领域斗争主动权有意无意放弃。联系到今天很多党的领导干部不想抓也不会抓党的建设，不想抓也不会抓思想建设，不着力信仰的培育，不着力干部的监管，不关注社会公平。省委书记的工作重点也在招商引资、土地出让、项目开发上面，最终导致党不管党，政不议政，忘掉正义，丧失纯洁，全部动力只剩下经济驱动。

古希腊的普罗塔哥拉讲，大脑不是一个等待填满的容器，而是一个需要点燃的火炬。中国共产党人最有价值的工作，就是点燃人们大脑火炬这件事情。马克思列宁主义最有力的武器是批判，真理是在批判和斗争中实现的。而我们今天一些领导同志追求所谓开明的国际形象，倡导个人独立的人格，特别在意西方的评价，实际上是在精神上放弃武装。说重些，就是精神上被人俘虏，觉得人家在道德高地，我们在道德低地。这还是带领中国人民从此站起来的共产党人吗？还能感觉到自己从事的事业是正义的吗？①

---

① 金一南：《我们取得了前所未有的进步，也充满了前所未有的挑战》，见本刊编辑部：《问题中国，进步中国——关于制度模式选择与话语体系构建的研讨》，载《经济导刊》2014 年 8 月号。

新自由主义对新左派

正当去政治化潮起潮涌之际，一场看似突如其来的“讲政治”浪潮却为90年代画上了句号，正如惊涛骇浪的政治风波为80年代作结一样。这一政治化浪潮，就是所谓“新自由主义”与“新左派”的论争或论战。

作为财产私有、个人权利、资本法权等一整套政治意识形态，自由主义随着改革开放的社会进程一直暗香浮动，不绝如缕，80年代的“精神污染”“自由化”“文化热”等都是这一思潮的涌动。到90年代中后期，随着国内外诸多变局，如苏联解体、美国独霸、新阶级隐隐出现等，自由主义渐成气候，并汇入大行其道的“新自由主义”潮流。当时，“新自由主义鼻祖”哈耶克、海外经济学家张五常等名重一时，哈耶克的《通往奴役之路》被奉为新自由主义《圣经》，在中国大张旗鼓地传播，张五常在中央党校以及京沪高校频频露面，发表演讲，声称要在马克思主义的棺材上钉上最后一枚钉子云云。于是可想而知，1998年圣诞节，《南方周末》刊发上海大学教授朱学勤的文章为何径直宣称：“中国思想学术界最值得注意的景观之一，是自由主义作为一种学理立场浮出水面。”①

何谓新自由主义？中国社会科学院“新自由主义”研究课题组一语中的：“新自由主义是在继承古典自由主义经济理论的基础上，以反对和抵制凯恩斯主义为主要特征，适应国家垄断资本主义向国际垄断资本主义转变要求的理论思潮、思想体系和政策主张。其中，‘华盛顿共识’的形成与推行，是新自由主义从学术理论嬗变成为国际垄断资本主义的政治经济学纲领的标志。如果说国家垄断阶段需要的是凯恩斯主义，那么，国际垄断阶段需要的则是新自由主义。”②马克思《资本论》第三卷“资本主义发展的历史趋势”一节曾经预言，资本在完成地区垄断和国家垄断之后，势必走向国际垄断。如果说国家垄断的主体是托拉斯，那么国际垄断

① 朱学勤：《1998，自由主义的言说》，载《南方周末》1998年12月25日。

② 中国社会科学院“新自由主义”研究课题组：《新自由主义及其本质》，载《理论参考》2004年第12期。

的主体就成为跨国公司。跨国公司的胃口不可能局限于一地一国,而必然追求资本与利润在全世界的畅通无阻,新自由主义就是跨国公司及其国际垄断的思想理论通行证。中国社会科学院外国文学研究所所长陈众议说得好:“倘使不是世界进入了跨国公司时代,新自由主义便无法生成;同样,倘使不是世界进入了跨国公司时代,西方的政治家也断然没有能力发明‘人权高于主权’之类的时鲜谬论。”①

相较古典自由主义,新自由主义是一种更加自由放任的意识形态,故称“原教旨自由主义”“市场原教旨主义”或“市场万能论”。它在经济上否定各种公有制,主张彻底的私有化、市场化等;在政治上否定社会主义,也否定任何形式的国家干预,从而为国际垄断资本的全球化扩张清除各种壁垒;在战略上推动以美国为主导的世界一体化,即所谓的“全球化”“国际接轨”等。从世界范围看,三十余年来新自由主义逐渐成为主导国际政治经济格局的意识形态,“华盛顿共识”是其达到完成形态的里程碑,包括十项政策主张:开放市场、贸易自由化、放松外资限制、国有企业私有化、保护私人财产权等。其间,美国后院拉丁美洲一度沦为新自由主义的实验区,美国培养的一批国家领导人、经济学家力推的基本国策大都来自新自由主义。由此导致的一系列触目惊心的社会问题被统称为“拉美化”,如贫富差距、社会动荡、环境污染、金融危机等。在90年代末付梓的《现代化的陷阱》一书中,记者何清涟就此写道:“巴西、墨西哥、阿根廷、哥伦比亚等国以高通胀、高失业率、高度腐败、严重的收入两极分化和累累外债为代价,虽然换得GNP的高速增长,但由此引发的社会矛盾如贫穷、人口激增、资源短缺、分配恶化、政局不稳等却使这些国家陷入了苦难的深渊。”②以已故委内瑞拉总统查韦斯为代表的拉美左翼运动的兴起,也可以被视为新自由主义的强力反弹。总之,借用中国社会科学院学

① 陈众议:《多元文化的并存与交流——为未竟的“世界文学论坛”而作》,见南海出版公司《世界文学论坛·新名著主义丛书》“代总序”。

② 何清涟:《现代化的陷阱:当代中国的经济社会问题》,北京:今日中国出版社1998年版,第352—353页。

部委员、马克思主义研究学部主任程恩富教授对新自由主义的简要评论：

> 从人类社会经济思想史的演进和世界经济发展的趋势察析，相对于马克思主义经济学、西方激进经济学和新老凯恩斯主义经济学来说，新自由主义经济思潮尽管也有某些合理的思想颗粒，但总体上、本质上是保守和落后的。包括萨缪尔逊在内的西方众多学者，都把新自由主义经济学称为“右翼经济学”或新保守主义经济学。应当说，这些称谓准确地描述了它的思想特征。[①]

作为当代西方乃至整个世界的主导意识形态，新自由主义理论上的代表有诺贝尔经济学奖得主哈耶克、弗里德曼，实践中的先驱有美国前总统里根、英国前首相撒切尔夫人以及金融大鳄索罗斯、媒体大亨默多克等。这套意识形态及其政治经济纲领不仅影响西方，包括大规模的媒体兼并、国营媒体的私有化、公共媒体的瓦解，而且对广大发展中国家也形成强烈冲击，中国 90 年代以来的社会走向，如教育产业化、医疗产业化等，也处于这一历史语境，免不了受其波及。2008 年，作家邱华栋在长篇小说《教授》中，塑造了一位“主流经济学家”。这个农家子弟，成名后与资本沆瀣一气，发表种种雷人高论，让人想到现实中呼风唤雨的“名流”“精英”，就连他的嫖娼行为也多有真实原型。作品列举的如下观点，集中体现了新自由主义的政治经济主张，堪称当代中国的“拍案惊奇”：

> 经济学家是研究社会各个阶层利益变化的，经济学家就是为利益集团服务的。
>
> 中国改革利益受损失最大的是领导层，是社会管理者。
>
> 中国目前为什么穷人上不起大学？是因为收费太低。
>
> 改革要利用腐败和贿赂，以便减少权力转移和再分配的障碍。
>
> 中国的贫富差距我看还不够大，只有拉大了差距，社会才能进步，和谐社会才有希望。

---

① 程恩富：《新自由主义的起源、发展及其影响》，载《求是》2005 年第 3 期。

穷人应该把富人看成大哥，大哥穿新衣，小弟穿旧衣，这是天经地义的事情，对不对？

我看应该将基尼系数农村城市分开计算，这样的话，中国的贫富分化就不严重了。

在改革的过程中，国有资产的流失是必然的，不必大惊小怪。为了达到改革目的，必须牺牲一代人，这一代人就是三千万老工人。

我建议，取消所谓的养老保险失业保险工伤保险等等福利，目的是保持大家的工作热情和能力。

我知道中央政府、国务院希望给穷人多想办法，多考虑民生，于是又是取消农业税，又是要压低房价，同时，增加奖学金和贷学金，研究新的医疗保障制度，初衷是好的，但是，我看实现起来很难。现在，我说实话，还不是大力做这些事情的时候，我们的经济和税收，没有好到那个程度。蛋糕根本就没有做到足够大，现在，你实际上是在杀富济贫。

如果说《教授》还只是小说家言的话，那么《瞭望东方周刊》2004 年刊发的深度报道《中国十大学者背后的财团》，则披露了十位当红经济学家与利益集团的真切关联，引起社会广泛关注。于是，记者感叹："早期的知识分子，以清贫、风骨、独行乃至愤世嫉俗著称。而今，这样的知识分子群体，在许多人看来已不复存在。众多知识分子加入并形成了以知识谋生的职业群体。知识阶层与财富越来越密切已成大势所趋，他们对财富的渴望并不输于常人，他们与现代市场经济社会更加兼容和谐。"[①]北京大学国家发展研究院院长姚洋教授举的一个例子，如今已是司空见惯："2004 年我在上海参加一个国际学术会议，讨论国企改革问题。其间上海一位地位很高的老经济学家发言，讲了一个故事。他是全国人大代表，为上海一个私人大企业争取到一项有利的立法，这家企业后来为了'表示

① 刘擎、沈亮：《中国新型知识分子阶层崛起：掌握财富和社会资源》，载《瞭望东方周刊》2006 年 1 月 4 日。

感谢'(他的原话),让他当独立董事。这位老兄在讲这个故事的时候是一副洋洋得意的表情,天知道他的廉耻之心到哪里去了!商品交换和政治是有明确界线的,我们的这位经济学家把商品交换的规则搬到政治上来,还以为是正常的事情。"[①]

对于新自由主义,国内外许多严肃学者都进行了强烈批判,如世界银行首席经济学家、曾获诺贝尔经济学奖的斯蒂格利茨。经济学家、原北京大学校长吴树青,更直言不讳地批评新自由主义与中国的问题:"深受新自由主义影响的不仅只是青年大学生,更值得警惕和注意的主要是经济工作者和各级领导干部,国有企业私有化的恶浪就是受到新自由主义影响的明证。"[②]习近平系列讲话中提到的"不能在一片改革声浪中把国有资产变成谋取暴利的机会",也可谓对国企改革历史中新自由主义惨痛教训的警醒。与哈贝马斯一同获得2013年度意大利"帕西奥利奖"的清华大学教授、原《读书》杂志主编汪晖,90年代以来发表了一系列论述新自由主义的文字,深刻犀利,影响深远:

> "新自由主义"以自由主义为名,但其核心是保守主义的政治理论和市场激进主义。在当代中国语境中,"新自由主义"不仅以专断的方式排斥各种批判理论,而且对于自由主义内部的其他传统如罗尔斯、德沃金等人的平等主义取向、社群主义和共和主义的有关讨论也毫不宽容。
>
> 新自由主义用抽象的"市场"概念掩盖了中国社会和当代世界的严重的社会不平等,掩盖了改革过程中的急剧的社会分化,掩盖了这一社会经济过程与政治内在的、不可分割的联系。这种"新自由主义"的特点是用普遍而抽象的市场主义拜物教阉割平等的价值,在以抽象的竞争和效率为幌子下,放弃对一个社会内部和全球范围内形成的巨大的贫富差别、在自由贸易的名号下实行的对落后地区的掠

---

① 黄平、姚洋、韩毓海:《我们的时代——现实中国从哪里来,往哪里去?》,北京:中央编译出版社2006年版,第154页。

② 吴树青先生在"《新自由主义评析》出版座谈会"上的发言,2004年6月10日。

夺性开发和贸易等现实进行批判性分析，从而掩盖了这种不平等的结构本身正是政治性安排的一部分。

从1998年起，《读书》杂志、《天涯》杂志和其他一些刊物陆续发表了若干有关历史资本主义的理论和历史探讨，从理论、历史和现实（尤其是金融危机）等方面极为有力地回击了新自由主义的市场神话。在这一讨论中，卡尔·波拉尼、布罗代尔的理论和马克思的政治经济学传统提供了重要的思想资源，在一种政治经济学的或经济史的批判视野中，批判的知识分子试图重新检讨历史资本主义的主要特点及其与当代经济危机的联系，分析新自由主义有关政治与经济、国家与市场、自然与社会、国家与社会的二元论，这些理论预设被展示为一种历史的虚构和意识形态。①

2014年，郑永年在《一个自由放任改革时代的终结？》一文中，具体详实地分析了新自由主义经济学在中国的作为。文章说，1992年中共十四大提出“社会主义市场经济”，意味着中国正式告别计划经济，“在走上资本主导经济道路的同时开启了中国经济融入世界的过程”，自由主义和市场化成为中国经济的主旋律。其间，新自由主义经济学实际上发挥了主导作用，主要影响在于中小型国有企业的民营化（中国特色的“私有化”）和福利的市场化。若说前者还有一定必然性、必要性的话，那么后者则导致了诸多始料未及的后果。郑永年写道：

在企业和资本获得自由的同时，社会就没有那么幸运了。……传统上计划经济负责的领域如医疗、教育、住房等逐渐市场化和货币化。20世纪90年代后期，新自由主义首先进入医疗领域，使得这个领域成为暴富领域，其主体医院、医生、制药商成为暴富者，同时直到2003年，中国一半以上的居民没有医疗保险。1997年亚洲发生金融

① 汪晖：《中国“新自由主义”的历史根源——再论当代中国大陆的思想状况与现代性问题》，见《去政治化的政治：短20世纪的终结与90年代》，北京：生活·读书·新知三联书店2008年版，第98—160页。

> 危机,当时的人们把应付危机仅仅理解成为维持高GDP,结果导致了教育领域的产业化。……2008年世界金融危机之后,住房的产业化也愈演愈烈,房地产成为中国的经济支柱。至此,中国所有主要的社会领域都被货币化和市场化。①

事实上,新自由主义的后果远不仅限于此,除了大规模下岗失业问题和世纪末几近崩溃边缘的三农问题,许多社会经济问题同样广受关注。比如,由于政府监管不力而导致的食品安全问题、水污染问题、豆腐渣工程等。尤其是,贫富差距问题日益突出,中国从改革开放初的一个相对公平的社会,发展为一个两极分化不断加剧的社会。根据北京大学中国社会科学研究中心发布的《中国民生发展报告2014》:处于社会顶端的1%的富人占有全国三分之一以上财产,而最底层25%的家庭仅拥有全国财产总量的1%;根据国家统计局的数据,用于衡量贫富差距的基尼系数从1978年的0.3上升到2003年的0.46,超过了国际公认的0.4这一警戒线。郑永年最后指出,"客观地说,在过去的十来年里,中国政府也开始了医疗和义务教育改革,在社会保障方面也努力不少,也有一些制度上的建树。但这些努力远远抵消不了医疗、教育和住房等重大社会领域的'新自由主义'所带来的恶果。看病难、看病贵、房价居高不下等问题始终存在"②。

在批判与反思新自由主义的思潮中,最引人注目的当属所谓新左派或新左翼。何谓"新左派"?新左派自然是针对老左派而言的。如果说老左派是指那些固守正统马克思主义的左翼势力,以坚持阶级斗争、无产阶级专政、同资本主义社会势不两立等为标志,那么新左派则包括形形色色新马克思主义流派或左翼势力,如学界包括传播学界影响深远的西方马克思主义。传播研究两大分支之一的批判学派,也可被归入新左派或新左翼的思想谱系。不过,在90年代中国的社会政治语境中,新左派更

① 郑永年、钱继伟:《一个自由放任改革时代的终结?》,载《文化纵横》2014年第4期。
② 同上。

像一种污名化修辞，通过“左”的标签而将对手置于尴尬地位。按照甘阳的说法[①]，新左派和新自由主义的交锋在逻辑上无法成立，因为相对于新左派的应是新右派而非新自由主义。在他看来，新左派也好，新自由主义或新右派也罢，均属自由主义，只不过一个是自由左派，一个是自由右派。自由左派继承罗斯福的“新政”传统，并与“第三条道路”相呼应；自由右派则秉持里根、撒切尔的保守主义倾向，并与国际资本相契合。具体说，自由左派更注重民主，自由右派更强调自由，所谓“穷人爱民主，富人爱自由”；自由左派强调社会公平，自由右派更突出经济效率，所谓“效率优先，兼顾公平”；自由左派更倾心独立自主，自由右派更痴迷“国际接轨”。总之，自由右派认为，中国问题的关键在于看得见的脚踩住看不见的手，故需进一步解开束缚市场的各种管制，同时建立一套西式政制如宪政民主以及相应的意识形态。而自由左派认为，当代一切问题的根源均在于全球资本的扩张，以及野蛮的资本逻辑对国际社会包括中国社会的支配，从而导致全球性的生态危机、社会危机和精神危机，因此必须摆脱这种弱肉强食的政治逻辑，发展有利于国家、民族与人民的社会事业，包括人民民主。用郑永年的概括来说：“在很大程度上，新自由派代表了新兴富裕阶级的利益，而新左派则代表了工人、农民的利益。但事实上，新自由派和新左派都不愿把自己与任何社会力量完全结合。”[②]祝东力也对新左派作了如下总结：

> 新左派不是一个边界清晰的理论流派，它产生于90年代中后期，是对当时中国的市场化、私有化和全球化进程的一种理论化的反应。一般地说，它侧重批判资本和市场，相对淡化对国家和权力的反省。这其实微妙地表达了一种立场。所以，它更多关注中国与全球资本主义共同的问题，这种特点决定了它较多地借用西方左翼的理

---

① 见甘阳：《中国自由左派的由来》，载陈祖为、梁文韬编：《政治理论在中国》，香港：牛津大学出版社2001年版，第218—232页。

② 郑永年：《全球化与中国国家转型》，郁建兴、何子英译，杭州：浙江人民出版社2009年版，第186页。

论资源，同时也影响了其文风。所以，行文风格和西学色彩其实都只是表象，基本立场才是实质和根本。①

新闻、商品性与专业主义

当代新闻变革在三个方面齐头并进，即新闻观念、新闻业务、新闻体制。如果说80年代的变革集中于新闻观念和新闻业务，那么90年代以来新闻体制日益成为关注的焦点，从最初组建报业集团、广播影视集团、出版集团等，到新世纪文化体制改革方案等无不如此。而90年代的新闻体制变革以及一系列相应状况，归根结底无不源于轰轰隆隆的市场经济。"市场力量的迅速崛起，带来了中国社会空前活力，市场主义也很快成为朝野各方共同接受的共识。在改革的黄金时代，市场参与各方都成为经济增量的受益者，市场也因此成为自由、平等、效率和公平的代名词。"②原《经济日报》总编辑艾丰1999年接受武汉大学新闻学院教授樊凡访谈时，将新时期以来的新闻变革归纳为十点，既勾勒了新闻演化的专业内容，也显示了市场经济的潜在背景与力量：

> 其一，从以阶级斗争为纲转到以经济建设为中心，凸显新闻的信息功能，满足人的信息需要；其二，从回避现实矛盾到面对现实矛盾，推进新闻的舆论监督功能的实现，复活人的主体意识；其三，从灌输式到讨论式，从舆论一律到舆论不一律，尊重受众发表不同意见的权利，体现新闻传播过程中人与人的互动；其四，从终极式报道到动态式、进行式报道，使人参与到事件发展的进程中；其五，从单侧面报道到多侧面报道，重建新闻的客观理性精神；其六，从单纯强调新闻的指导性到注重新闻的服务性，强化了新闻为人而存在的价值；其七，从单向新闻传播到受众参与性的增强，使新闻传播更能再现社会文

① 祝东力：《两个周期内的中国——90年代初以来经济社会与思想简评》，载《文化纵横》2014年第4期。

② "封面选题：自由放任时代的终结"编者按，载《文化纵横》2014年第4期。

化意义的建构,更能满足参与传播的人们对文化意义的分享;其八,新闻媒体从单一功能向多种功能的转变,又在多功能的建构中分化出多种新媒体,全面覆盖人的生活领域;其九,从多媒体竞争到多种媒体的优势互补,形成了多样性统一的媒介文化世界;其十,从非市场化转向媒介市场的建构,强化媒介经营管理意识。①

从90年代以降的具体情形看,新闻传播主要受制于三方面的强力影响:一是以市场经济为主导的社会动因,都市报以及财经媒体的盛行就是突出一例;二是以网络、手机、移动互联网等新媒体为核心的传播技术革命;三是以所谓全球化为标志的国际大环境,其中新自由主义思潮的潜在影响更是首屈一指。90年代初,一场有关新闻商品性的讨论,拉开了新一轮新闻变革的序幕。讨论焦点集中于新闻是否有商品性,或说有,或说无(新闻不是商品,记者不是商人)。2013年,陈力丹将双方理据概括如下:

批判新闻商品性的说法主要有:价值规律断然不能支配属于上层建筑的新闻事业,绝不能用市场经济规律替代无产阶级党性原则。认为鼓吹新闻的商品性是新闻改革主旋律中的不协调音符,为有偿新闻寻找理论依据,而有偿新闻是新闻商品化的集中表现。新闻作为精神产品,其价值难以量化。报纸的价格,并非是新闻的价格,就商品的交换价值来说,新闻是不能买卖的。新闻是一种意识形态,并非是物质形态,因而就不可能具备商品的属性。新闻具有社会责任,所以它不能是商品。新闻媒介的运作机制是导向机制,不能是商品机制。

肯定新闻是商品的说法有:在市场经济条件下报纸是意识形态的一个重要的方面,但报业作为一种产业,又属于经济范畴,新闻产品是商品,新闻事业也是有偿的,新闻机构与新闻受众之间的关系从

① 转引自单波:《20世纪中国新闻学与传播学·应用新闻学卷》,上海:复旦大学出版社2001年版,第8页。

价值法则来说是等价交换的关系。新闻事业必须产业化,在保持社会主义性质的前提下千方百计增加其产品的数量和品种,大力开辟产品销售市场。有的文章还谈道,节目作为电视机的软件,是和它的硬件一起被消费者看成商品的,就像新闻之于报纸一样。精神产品和它的载体一起,被商品经营者卖给了消费者。①

针对新闻商品性的论争,1995 年李良荣教授提出一种调和观点——双重属性:一方面具有形而上的意识形态属性,故需坚持党性原则;一方面具有形而下的信息产业属性包括商品性,故需开拓市场,服务公众。②这一观点得到普遍认可,为新闻媒体的"事业性质,企业管理"之定位提供了理论依据。在这一理论下,新闻业开始向市场化方向突飞猛进。其间,按照李良荣的分析,报业形成周末版、晚报、都市报的三次热潮,广播电视形成"新闻立台"与"娱乐立台"的齐头并进。③

相对于 80 年代"党性与人民性"等高度政治化议题,新闻商品性讨论针对一个看似非政治化的话题展开,既契合着将市场作为中性工具的思路,也体现了一种去政治化的趋向。而后来的历史事实日益显现,新闻业一旦走向市场,追求市场化、商品化、资本化,就势必产生一系列相应的政治后果,就难免导向去政治化,"党性与人民性"的政治价值与传播伦理就随之发生变异,并不断遭遇或明或暗的挑战。对于新闻的商品化、市场化、资本化等问题,严肃的讨论一向关注种种新闻乱象,如虚假报道、有偿新闻、变相广告、新闻民工、新闻的娱乐化庸俗化等,而其中致命症结恐怕还在于赵月枝教授尖锐指出的政治化问题:"西方资产阶级正是通过媒体的商业化和市场自由化来巩固其话语权,实现意识形态领导权的。如果中国还希望建立社会主义话语体系,如果共产党领导的新闻事业希望

---

① 陈力丹:《从三次新闻商品性的讨论看中国的新闻学研究》,载《西南民族大学学报(人文社会科学版)》2013 年第 8 期。

② 见李良荣、沈莉:《试论当前我国新闻事业的双重性》,载《新闻大学》1995 年第 2 期。

③ 见李良荣、戴苏苏:《新闻改革 30 年:三次学术讨论引发三次思想解放》,载《新闻大学》2008 年第 4 期。

坚持党性与人民性一致性的言说,共产党在媒体治理体制和机制问题上,就不得不认清和面对这一现实——如果让媒体走商业化、市场化和资本化之路,必然会导致资本主义话语体系和资产阶级话语霸权的建立。……在这个问题上,任何鼓吹媒体和文化产业不仅能赚大钱,而且还能打赢意识形态战争的说法,如果不是别有用心的意识形态烟幕弹,就是痴人说梦。"①

如果说关于新闻商品性的讨论,为媒体的商业化、市场化、资本化打开了思想通道,那么随后都市报的异军突起,则拓展了新闻与市场联姻的现实空间。以 1995 年《华西都市报》创刊为标志,都市报在 90 年代中期登上报业舞台,并以旺盛的市场生命力成为媒体变革的弄潮儿。经过十年发展,截至 2004 年,全国已有七百多家都市报。由于都市报的迅猛发展,90 年代的媒介生态发生了明显变化。首先,新闻业在经济上逐渐自立,开始摆脱单纯依赖财政拨款的窘境,一些媒体甚至成为财大气粗的"暴发户",由此媒体在相当程度上也成为一种"利益集团",在党和人民的耳目喉舌之外有了自己的政治经济盘算。同时值得深思的是,"公共领域""公共空间"成为一套流行的学术话语或政治话语,预示了媒体应当并可以自行其是的思想逻辑。其次,报道方式和风格日趋都市化与市民化,从正大光明的宣教开始转向家长里短的絮谈。90 年代初中央电视台《东方时空》栏目,以"讲述老百姓自己的故事"赢得青睐,后来"民生新闻"更将这种趋势推向絮絮叨叨,婆婆妈妈。失去政治方向与价值追求的去政治化媒体,在逐利的市场化新闻实践中日益陷入琐屑庸常。最后一点,由于大众媒介在当代文化生活和社会领域的突出功能,媒体的都市化和市民化趋势无疑也推动了大众文化和消费主义的汹涌泛滥。

面对市场大潮和以都市报为先锋的"市场化媒体"的冲击,主流媒体不得不起而应对。90 年代初,扩版之风乍起,上海《文汇报》《北京日报》《北京晚报》等报纸相继扩版或出版周末增刊,随之迅速蔓延整个报界,

① 〔加〕赵月枝:《被劫持的"新闻自由"与文化领导权》,载《经济导刊》2014 年第 7 期。

几乎所有报纸都从4版变为8版、12版、16版……中国报纸由此进入所谓“厚报时代”:《深圳商报》日出40版;《广州日报》几经调整,将周末版扩至40版;《南方都市报》达到128版;《计算机世界》更创下200余版的纪录。扩版之风既来自市场经济对各种信息的渴求,也源于市场条件下新闻媒体对广告的依赖。发展至今,媒体早已不靠销售维持,而主要由广告支撑,其收入的大头来自广告。这一变革影响深远,2007年南方报业传媒集团新闻研究所尹连根等指出:

> 在中国的报界有个非常时髦的词,叫“有效发行”。有效发行其实就是能给报纸带来广告投放的发行,本质上就是有钱发行。那么在广东,什么地方最有足够的经济实力投放广告?当然是珠三角地区。所以,广州的报纸无一例外地首先压缩在非有效发行地区的发行量,然后压缩在非有效发行地区的版面。在广州,由于地产广告在报纸广告中所占份额很高,所以广州报界向来极少刊登有关地产商的负面新闻。①

随着新闻竞争的白热化,为了所谓眼球经济或注意力经济,90年代中期报纸杂志一度充斥“四色报道”:“红色的秘密(披露领导人的秘闻趣事而真假莫辨),金色的诱惑(对大款、大腕的挥金如土津津乐道),黄色的刺激(对淫秽内容的大肆渲染),黑色的恐怖(对暴力凶杀的详尽描绘)。”②在这种情况下,虚假新闻开始泛滥、职业道德不断下滑等,都是人们经常诟病的问题。为了获取更多广告收益,一些媒体甚至不惜牺牲新闻的生命——真实,饮鸩止渴地竞相抛出耸人听闻而荒诞不经的天方夜谭。2001年7月22日,《北京青年报》刊登了一篇报道——《美国医生操刀换人头》,传统媒体和网络媒体纷纷转载。后经调查,原来是一篇错误百出的虚假报道,是记者根据怀特医生1999年在《科学美国人》月刊上的

---

① 尹连根、王海燕:《论大陆媒体人利益角逐的常规路径——以广州三大报业集团为主要考察对象》,载《当代中国研究》2007年第2期。

② 程天敏:《我看“社会大特写”》,载《新闻界》1998年第2期。

一篇文章改写而成的。由于翻译原因，报道多处曲解作者原意，把原文的科学设想当作现实存在。针对此类新闻乱象，熊蕾批评道：

> 在这种风气的影响下，一些小报低级趣味泛滥，“知识性变成了性知识，趣味性变成了性趣味，指导性变成了性指导，读者称有些法制报纸为教唆犯，它们刊登一些作案的手段和细节，甚至有性挑逗的描写”。
>
> 即使不是娱乐性传媒，新闻的娱乐化趋势在90年代以后也有愈演愈烈之势。“‘时尚’‘消费’‘娱乐’等先后成为报刊的卖点和竞争的主题。传统意义上的新闻在整个报纸中所占分量却不断下降。人们阅读报纸不再仅仅是为了获知新信息、新知识，或接受政治教育，而逐渐是为了消遣、实用。”在新闻娱乐化的影响下，以政治、思想、国内外形势等为报道内容的“硬”新闻的数量逐渐减少，而介绍人物、报道受众感兴趣的事件以及对受众有用的事件的“软”新闻，特别是对一些丑闻、离奇古怪的事件的报道大幅增加；对所谓“热点”猛炒爆炒；对明星、名人穷追不舍；以耸人听闻来博一时的轰动效应。有些电视媒体甚至发展到对矿难、绑架人质等灾难性新闻报道时，也做出会死多少人或人质要多少天获救的“有奖竞猜”，受到了公众的谴责。①

面对虚假新闻汹涌泛滥的局面，上海《新闻记者》杂志2002年组织评选了一次年度“十大假新闻”。本想做一次了事，有道是“人要脸，树要皮”，不料虚假报道未见收敛，依然如故，而且愈演愈烈。结果，当初谁也不曾料到这个“奖项”居然一年一评，延续至今，已经评选了十二轮。其中“获奖”作品大多出自市场化媒体与网络媒体，由此可见虚假报道层出不穷，络绎不绝，纷至沓来，防不胜防。评选2008年度十大假新闻后，主

① 熊蕾：《报，还是不报？——近30年中国媒体新闻价值观的变迁》，2008年1月6日，华声在线“熊蕾的博客”，http://blog.voc.com.cn/blog.php? do = showone&type = blog&itemid = 424309。

办者不由悲叹："抗战八年，虽然漫长，终获胜利。然而，本刊评选年度假新闻，也已经整整八年，却尚未见到胜利的曙光。可见新闻打假之难！这是八年前我们不曾想到的。原以为只要竖起新闻打假的大旗，呼啦啦立马就会聚集起浩浩荡荡的讨伐大军，不消半个时辰，假新闻便'谈笑间樯橹灰飞烟灭'。如今反思，我们过于善良，高估了媒体人的自律力；我们过于天真，低估了假新闻的生命力。现在方知，因为毒草的孳生，离不开合适的土壤，光拔草而不除根基，必定如春韭，割了一茬又一茬。看来，这场持久战恐怕远无停战之日。"①

在市场大潮下，不仅市场化媒体的假冒伪劣新闻前赴后继，一些主流媒体也同样陷入结构性困境，包括市场与导向二律背反以及频频传出的"封口费""金元宝"事件等。在工作压力、经济压力与生存压力下，一些新闻人越来越像唯利是图的商人而非铁肩担道义的记者，也开始想方设法追逐个人利益，甚至不惜牺牲公众利益。前述诗人与商人的分野，在这里也得到相应体现，就像揭露美国商业媒体弊端的影片《惊曝内幕》(*The Insider*)的台词所言：你是新闻人，还是商人！以至于90年代流传着类似的顺口溜：一流记者炒股票，二流记者拉广告，三流记者拿红包，四流记者写外稿，五流记者写报道……如下这般"新闻商人"早已司空见惯：

> 1. 收"红包"，即目前在报界已经"合法化"的所谓"车马费"。这种"红包"一般都是某公司或单位开一个面向所有媒体的新闻发布会，然后给所有与会记者一份通稿和一个红包。这种红包价值不等，高的500到1000元，低的也许仅50元。腿脚勤快的记者若经常跑这种发布会，也能积少成多，集腋成裘。2. 有偿新闻。这在中国报界又有一俗称，即"软稿子"。言外之意是"拿了人家的钱手软"。由于目前中国报业广告市场竞争激烈，报纸广告普遍存在把关不严、有钱辄登的倾向，因此虚假广告不少，久而久之，广告效果并非很好。相对而言，新闻则有着中立、可信等品质，传播效果优于纯粹的广告。

① 贾亦凡、陈斌、阿仁：《2008年十大假新闻》，载《新闻记者》2009年第1期。

何况,通过媒体的正式渠道刊登广告所支付的广告费用要远高于通过私人渠道刊登新闻所需要打点的费用。所以,无论从效果还是从费用的角度来说,有偿新闻都比广告更受广告客户青睐。现实中,有偿新闻也是编辑记者一个重要的工资外收入来源。3. 佣金。中国的人情社会和非制度化生存的本质,决定了一个人事业的成败和境遇的顺逆很大程度上仰仗于手中社会资源的多寡,而不是遵纪守法程度的高低。正是在这样一个大背景下,那些依靠工作关系而建立起大量人脉的编辑记者便有了可用武之地,即通过牵线搭桥、从中斡旋、为当事人或趋利或避害,从中获取佣金,这类费用又称“打点费”“好处费”等。4. 拉广告。在采编与广告之间没有截然分开的报社,部分编辑记者之所以热衷于拉广告,原因有三:首先,编辑记者没有广告业务员的广告任务压力,没有完不成任务的风险成本;其次,编辑记者能拥有相对较高的、一定比例的广告提成;再次,得益于手中的新闻平台,记者比广告业务员更容易使广告商买账。访谈中,笔者被告知,有些记者一年光广告提成就可以拿到 30 万元。5. 编辑记者个人开公司。[1]

2003 年,中国人民大学“中国新闻传播法制建设研究”课题组对 55 家媒体的 1000 多名新闻人作了问卷调查,结果显示:将近四分之三的受访者对记者拉广告的行为表示赞同或态度暧昧;超过五分之四的受访者对自己的栏目拉赞助表示同意或态度暧昧;六分之五以上的受访者对接受采访对象的招待表示同意或态度暧昧;将近一半的受访者对接受采访对象的现金馈赠表示同意或态度暧昧。[2] 据此,陈力丹教授认为:“我国新闻从业人员的职业意识和对于基本职业规范的遵循状况,仍然十分

---

① 尹连根、王海燕:《论大陆媒体人利益角逐的常规路径——以广州三大报业集团为主要考察对象》,载《当代中国研究》2007 年第 2 期。

② 见郑保卫、陈绚:《传媒人对“有偿新闻”的看法——中国新闻工作者职业道德调查报告》,载《新闻记者》2004 年第 5 期。

低下。”①

面对市场风云变幻，因应新闻诸多变局，特别是媒体公信力危机，舶来的新闻专业主义或专业主义，顺理成章地取代了已被80年代新启蒙窒息的“无产阶级新闻学”“社会主义新闻学”，成为90年代以来的主导性专业理念，日益广泛地左右着新闻实践、新闻教育、新闻研究。所谓新闻专业主义或专业主义，原是美国社会政治与商业媒体环境的产物，理论上是指一个市场主导的社会中，新闻媒体既不依附于权力，又不受制于市场，力求保持独立、客观和公正——公信力。为此，还形成一套相应的操作手法，如只提供信息、不发表观点；既提供这一方观点，也提供另一方意见等。应该说，新闻专业主义流入中国确在专业操作层面，为化解市场化弊端提供了一种值得借鉴的参考，如陆晔与潘忠党所分析的：

> 市场的诱惑进一步威胁新闻从业者尚未厘清的专业主义理念，新闻与娱乐界限的模糊甚至消失、电视与网络媒体的凸显，会使新闻进一步走向媚俗和消费主义的通俗文化领域，使之日益失去符合专业主义原则的新闻话语所应当具有的理性和批判精神。这将是在宣传模式瓦解之后进一步改革的最大挑战。
>
> 因此，我们今天讨论新闻专业主义的建构也具有了前瞻的意义。只有新闻从业者的专业社区非常牢固地以专业主义话语得到整合，才能抗拒市场对严肃新闻话语的侵蚀；只有将建立在专业主义基础上的对媒体、对新闻工作者的期待变为全社会文化价值体系的一部分，才能抵御纯粹市场导向的新闻话语的蔓延。②

但同时又不能不清醒地看到，新闻专业主义即使有一定合理性或科学性，对维护媒体公信力与报道真实性在操作层面更有直接裨益，但其专业核心理念及其相应的社会政治价值，与社会主义中国的政治传统以及

---

① 陈力丹：《2004年新闻传播学研究的十二个新鲜话题》，载《新闻界》2005年第1期。

② 陆晔、潘忠党：《成名的想象：中国社会转型过程中新闻从业者的专业主义话语建构》，载《新闻学研究》（台湾）2002年第4期。

马克思主义新闻观又存在一系列深刻而内在的差异、冲突或对立。就此而言,90年代以来新闻专业主义在业界与学界的盛行及其主导地位的逐渐确立,也就成为一种典型的去政治化或去政治化的政治。以专业主义的核心理念“新闻自由”为例,90年代末的一场学界论争如今回头来看,既应和着新自由主义的时代潮流与社会背景,又为新世纪的新闻格局奠下了“去政治化的政治”的思想根基。讨论双方实际上都没有提供多少实质性的思想进展,借用的理论资源及其范式既像旧曲新翻,争鸣的专业话题及其取向又像新启蒙与老左翼的斗气交锋。一方发挥的无非是正统无产阶级新闻学传统,即八九十年代执掌中国人民大学新闻学院的何梓华教授阐发的思想[①],而另一方则秉持新启蒙的价值言说,隐含着“一种制度(国际接轨),一种自由(普世价值)”的思路。虽然这场专业讨论与同一时间波及广泛的“新自由主义”与“新左派”之辩并无直接关系,但时代背景和精神氛围又一脉相通。特别值得一提的是,无论新自由主义与新左派之辩,还是新闻自由之争,无不身处同一社会历史状况:数千万城市工人下岗以及主人翁地位与尊严的沦丧,数亿农民面临李昌平上书朱镕基总理的现实——“农民真苦、农村真穷、农业真危险”。就此而言,倒是批判学者提供了更为宽阔的历史视野和更为深邃的思想启发:

> 不可否认,在当下中国的“新闻自由”舆论中,存在着事实上的资产阶级价值观和话语霸权。一个重要的表现是,西方自由主义新闻理论和美国宪法第一修正案成了中国“新闻自由”言说的理论和世界历史及现实的参照。
>
> 任何一部宪法都明言保障公民的言论自由,但这并不等于新闻界的自由,更不等于私人所拥有的已经成为跨国财团的媒体机构的自由。当下流行的“新闻自由”言说有意无意混淆了两个相关但并不一致的自由主体:公民的言论自由,还是作为特定社会组织机构的

① 见何梓华:《两种社会制度,两种出版自由》,见中国新闻学会编:《新闻自由论集》,上海:文汇出版社1988年版,第139—159页。

新闻媒体的自由?

虽然作为个体的公民的出版自由是宪法保障的,但在一个社会成员对物质和文化资源的占有不平等的社会里,如何最大限度地实现最大多数公民——宪法序言和总纲里的"人民"的出版自由,是一个非常具体而又复杂的制度设计问题。中国在改革开放前,媒体不但为党和国家所有,而且由国家财政支持,不从事任何商业牟利活动。但过去二三十年以来,随着媒体的商业化和媒体自身变成了利益集团,随着中国社会的阶级分化,这个问题就变得很复杂了。

今年(2014年)初,著名媒体改革家麦克切斯尼(Robert McChesney)在一篇文章中就建议,新闻应该成为公共产品。既然大型网络提供商和谷歌这样的互联网公司本身就不是自由市场竞争的结果,而是特定国家政策的产物,它们就应该像美国的公路系统那样,成为公有或非营利的机构。这种激进的新闻改革言论有很强的社会主义色彩,但时至今日,国内新自由主义学者过滤进来的西方"新闻自由"理论,还是美国冷战时期最具反共色彩的新闻自由理论。

尤其需要指出的是,这种带有新自由主义意识形态色彩的"新闻自由"诉求,可能会劫持人民的表达权利。一方面,它可能被业已商业化和利益集团化的媒体机构所劫持,从而使"新闻自由"变成媒体机构的自由;而媒体机构则以公民自由之名为特定的阶级利益服务,进而谋取一己之私。另一方面,在国际语境下,"新闻自由"在很大程度上已被美国前国务卿希拉里所宣称的"信息自由流动"和"网络自由"的话语所劫持……①

这场新闻自由的争论最后由于外力介入戛然而止,但这个问题并未因"不争论"而销声匿迹,相反始终伴随当代中国及其新闻传播的进程,而且愈发广泛地深入新闻业与新闻学,结果是新自由主义及其新闻观的盛行而非马克思主义及其新闻观的确立。在青年学者王维佳看来,这一

① 〔加〕赵月枝:《被劫持的"新闻自由"与文化领导权》,载《经济导刊》2014年第7期。

去政治化政治的进程80年代以来始终遵循着他所称的一套"统一的政治逻辑":从文法到商品,进而到产业的理论变革和实践变革,实际上都是这个逻辑在起作用。[①] 2008年纪念改革开放三十周年之际,赵月枝针对西方媒体在西藏问题以及圣火传递上的歪曲报道,在《新闻大学》撰写文章,同样谈及这一去政治化的政治及其政治逻辑:"我们崇拜美国的第一宪法修正案,向往它所体现的自由主义境界,甚至暗暗希望它成为'普世'法律。当然,我们更景仰美国国父们的伟大、英明和民主精神。但是,我们好像缺少对新闻自由,尤其是我们所理解的美国宪法第一修正案所规定的负面自由的法理的、历史的和社会的认识。"[②]

(三)新世纪:再政治化

大转型,全球化

一个幽灵,全球化的幽灵,在世界游荡……

如果说"历史终结论""文明冲突论"与"全球一体论"(全球化),相继成为90年代以来盛行的三种世界性话语,并填补了后冷战时代的意识形态真空,那么世纪之交,风头最健,乃至一枝独秀的无疑当属全球化了。全球化是仁慈的福音,还是阴谋的陷阱?是发展的过程,还是既成的事实?是自然趋势,还是人为操纵?是"云之君兮纷纷而来下",还是"旃裘之君长南下而牧马"?有关论述纷纷攘攘,莫衷一是,而无论如何,21世纪的中国已与世界形同一体,世界的问题往往就是中国的问题,而中国的问题同样也是世界的问题。

上节谈到90年代以降,新闻传播具体受制于三方面的影响:市场经济、新媒体与全球化,其中新媒体与全球化新世纪以来更是备受瞩目。实际上,新媒体同属全球化的有机构成,"互联网是全球化的一个典型隐喻,

---

① 见王维佳:《媒体融合背后的政治隐忧》,2014年,未刊稿。

② 〔加〕赵月枝:《为什么今天我们对西方新闻客观性失望?》,载《新闻大学》2008年第2期。

如果说什么东西长得最像全球化,甚至就是全球化的典型,那就是互联网"[①]。关于新媒体与全球化的滔滔之论,用汗牛充栋早已远远不足以概括,与此同时,从历史视野与哲学视角有机融合的层面透视这一现象及其趋势者则又寥寥无多,赵汀阳的《现代性的终结与全球性的未来》当属一例。在他看来,现代观念能成功解决现代问题,却未必能够解决全球时代的新问题,坚持用现代性理解全球性,思维和行动必定自我受挫。既然现代游戏正在终结而全球游戏正在全面展开,那么就需要反思现代什么事情正在被严重挑战。为此,他提出运算单位的概念,相信运算单位才是定义各种价值、规则和制度的存在论条件。而现代有两个决定性的运算单位:一是个人,一是民族国家。所有现代价值观、游戏规则和知识建构,都是按照这两个运算单位来确定的。比如,有了个人,就有了自由、个人权利等价值,市场、竞争、法治无不依附个人运算单位。民族国家也一样,现代国际政治均以民族国家的运算单位作为依据,从而解释了主权、国际法、霸权、权力均势等。而正在进入的全球游戏则与之不同,其间决定性的运算单位已经成为"网状存在",互联网就是典型。从存在论上说,全球时代的决定性存在单位是关系而非实体,关系决定实体,实体存在服从关系存在,关系存在决定了新游戏的有效行为和规则。一句话,共在决定存在。

于是,在新的全球游戏中,最大生存机会不再是一个实体对自身进行全方位的防卫,而是充分利用网络式的关系存在路径去发展,争取成为网络关系中纲举目张的关键点,从而支配整个网络关系。网络关系当然并不限于互联网,而指全球游戏的各种类型的关系存在。如果仍以现代的运算单位看问题,美国和中国看上去就是最大受益者。假如换作全球游戏的运算单位,那么最大受益的存在单位不是任何国家,而是另外一些虽然仍然属于某些国家但同时在超越国家的实力单位。这些超越国家的实力单位中,目前最大受益者是金融体系和媒体体系,后者包括网络、手机

---

① 赵汀阳:《现代性的终结与全球性的未来》,载《文化纵横》2013 年 4 月号。

以及将要出现的新媒体。换言之,金融体系和媒体系统才是目前全球游戏中的最大赢家,才是这个世界上最大的权力,即全球化时代的“世界之王”,甚至比大国更有影响力和支配力。赵汀阳认为,全球的金融体系和媒体系统目前虽然还受制于某些国家,但从实际运作和前途上看,这些网络状的权力正在以自己的方式生长着,在全世界像蜘蛛一样到处结网,像水一样无孔不入地流动,慢慢控制行为空间和言论空间的一切可能性。因此,金融和媒体成为新的专制形式,即实际上最大的权力,这种专制其实早就开始了,只是越来越明显。随着全球游戏的发展,还会出现多种同样具有网络式关系特征的权力,凡是能像网络般生长的权力都会是全球游戏的权力集团成员。全球游戏新专制的特点是,它依赖的不是政府、军队和警察,而是通过提供普遍、全面的“最好服务”,使所有人为了得到必要的服务而自愿被支配。故服务就是权力,更准确地说,资本、技术和服务三位一体的结合就是权力。以后,前卫的观念未必来自思想家,而可能来自新游戏的创作者,如支付宝、谷歌、QQ、微博、微信等。赵汀阳最后归结道:

> 据说生物技术和电子技术还将有惊人的发展,以至于不久的将来就能够为所有人提供彻底全方位的服务,可以想象,人们将在得到一切所需的方便的同时也被全面支配和控制,舒舒服服地被控制。资本绝不会错过与新技术合作而成为普遍权力的机会。未来的权力将具有越来越明显的超越政府和国家的能力,也许可以称之为“超越权力”(Transcendental powers)。在这里,我并不是在批判新权力,而是在反思新游戏的存在状况。任何游戏都存在权力结构,新游戏必定有新权力,取消权力结构的游戏是难以想象的。问题在于,世界很可能会与新权力同流合污,我们只能指望世界与新权力同流而不合污。因此必须思考世界需要什么样的配套秩序和游戏规则来保证世界免于疯狂,来保证每个人的生活意义。①

① 赵汀阳:《现代性的终结与全球性的未来》,载《文化纵横》2013 年 4 月号。

了解新技术与世界媒体发展史的人都知道，从19世纪中叶电报的发明以及全球性电报网络的迅速搭建，到19世纪末电话的普及与在世界范围的广泛应用，从20世纪初无线电通信技术的成熟以及奠基其上的无线电广播突飞猛进，到二战前后发明成功并在20世纪中叶全面影响全球人类的电视，进而到世纪之交的互联网的无孔不入，现代世界权力关系的每一步拓展与深化无不依托于、受制于网络化的传播新技术，西方世界的霸权体系一刻也离不开四大全球通讯社、美国三大广播公司、BBC、CNN、《纽约时报》《泰晤士报》《时代周刊》等。中国自90年代全面推进市场经济，特别是2001年加入世界贸易组织（WTO）以来，也开始介入全球化潮流与全球化体系——主流的表述始终是"经济全球化"。同时，社会变迁与新闻变革自然同这一全球性网状权力关系息息相关，同样离不开赵汀阳所说的全球性的金融体系和媒体系统。对此，祝东力概括的六点变化，深刻触及了世纪之交经济社会与思想文化的大转型：

首先，伴随国有企业的彻底改造，工人群体的身份完成了转型。在计划经济时代和公有制体系内，工人享有就业、医疗、住房、教育、养老等社会经济权利，因此成为政权主要的依靠对象。在"文化大革命"和80年代末的政治动荡中，工人群体都是一支稳定性的力量。但是，经过急剧的国企改革和下岗潮，到90年代末，体制内的传统工人阶级已转型为资本逻辑支配下的雇佣劳动者。

第二，由于90年代后期经济衰退的加剧，包括国企职工大规模下岗，农村剩余劳力进入城市第二、三产业的通道被阻塞；同时，乡镇企业陷于困境，继而进行产权制度改革，集体所有制大多改为私营企业，农村贫富分化；另外，1996年粮食生产过剩，一方面生产成本连续增长，另一方面粮价低落，谷贱伤农。世纪之交，这些因素叠加在一起，导致"三农"问题爆发，成为公共议题。1999年12月，温铁军发表《三农问题：世纪末的反思》一文，影响颇巨，此后"三农"研究成为社科界和政策研究界的显学。

第三，短短几年内，经济社会关系逆转，为新中国成立以来所罕见,它对城乡社会秩序、心理秩序的冲击造成了严重的失序失范,更是新中国成立以来没有先例的。被甩出改革和发展进程的大量弱势人群本能地寻求各种精神安慰,寻找各种信仰……

第四,1994 年人民币大幅贬值后,中国逐步形成了出口导向型经济。……2001 年,中国加入世贸组织,实质是全面参与全球产业分工,承担中低端制造业的产品生产,从而与美国的金融、高科技,欧洲的高端制造业,中东、拉美、俄罗斯的能源和原材料输出,共同构成全球产业体系。

第五,经济关系、社会关系根本调整,使"两阶级一阶层"(工人、农民和知识分子)的传统社会宣告解体。作为这种变局的反映,2002 年初陆学艺主编的《当代中国社会阶层研究报告》一书问世,反响剧烈。

第六,经济社会关系的丕变在执政党的纲领和核心文件中得到了及时概括和反映。2000 年 2 月,江泽民提出"三个代表"思想,在世纪之交重新表述了党的宗旨。……这意味着执政党完成了深刻的转型。

总之,随着国企改造完成和中国加入 WTO,世纪之交,改革与开放两个方面同时抵达划时代的转折点。经济转型、社会转型、执政党转型同步进行,它们的重要性尚未得到充分认识。①

依他之见,这一大转型对思想文化产生强烈震动,理论界出现了新左派,创作上产生了底层文学。文学出身的祝东力,对底层文学自然更多敏感的体认,他的分析在相当程度上也触及当代文学(文艺)的普遍状况与致命症候:

底层文学出现在新世纪初,曹征路的中篇小说《那儿》(2004 年)是较早的一篇。底层文学主要以同情的笔调去审视、刻画上述十大

① 祝东力:《两个周期内的中国:90 年代初以来经济社会与思想简评》,载《文化纵横》2014 年第 4 期。

阶层中的最后三个阶层——产业工人、农业劳动者和城乡无业失业半失业者，或者说，以农民、农民工和城市贫民为描写对象。但是，由于1985年以后文学“向内转”，纯文学观念占支配地位，对于表现社会现实，当代作家们普遍缺乏思想和艺术的积累。这极大地限制了底层文学的成就，结果，其作品的影响基本上仅限于文学界，难以进入公共话题。例如，底层文学中的农村题材作品，与同期曹锦清的《黄河边的中国》(2000年)或李昌平的《我向总理说实话》(2002年)等社会学著作相比，就影响力而言，没有一部能望其项背。考虑到中国文学，包括五四以来新文学的伟大传统，底层文学的这种状况的确是文学界失职的表现，准确地说，文学其实已经失去了承担社会公共话题的能力。①

中国社会的这一大转型，乃同世界的大转型息息相通密不可分。在这一历史巨变中，市场与社会形成一系列波及全球的角力与较量。波兰尼论及这一问题的经典之作《大转型：我们时代的政治经济起源》(*The Great Transformation*: *The Political and Economic Origins of Our Time*)，在新世纪引发全球性关注绝非偶然现象。正如弗雷德·布洛克2001年为新版《大转型》写的导言所述：“许多当代的社会科学家——人类学家、政治学家、社会学家、历史学家和经济学家——都已经从波兰尼的论述中得到了理论启发。”②《大转型》与哈耶克的《通往奴役之路》问世于同一年，即1944年。作为新自由主义之父，哈耶克不遗余力地鼓吹市场原教旨主义；与之相对，波兰尼的“《大转型》提供了迄今为止对市场自由主义——相信不管是民族国家社会还是全球经济都可以而且应该通过自发调节的市场来组织——最强有力的批判”③。如果说哈耶克是90年代中国精英

① 祝东力：《两个周期内的中国：90年代初以来经济社会与思想简评》，载《文化纵横》2014年第4期。

② 〔美〕弗雷德·布洛克：《〈大转型〉导言》，见〔英〕卡尔·波兰尼：《大转型：我们时代的政治与经济起源》，冯钢、刘阳译，杭州：浙江人民出版社2007年版，第14页。

③ 同上书，第10页。

的膜拜偶像,“哈耶克的书随处可见,中国可能是哈耶克最大的思想市场”[①],那么,随着新世纪新自由主义江河日下以及全球乱象,波兰尼的思想则越来越得到有识之士的心仪,“对于理解21世纪之初的全球社会所面临的两难困境,这本书是必不可少的”[②]。斯蒂格利茨在为2001年《大转型》修订版撰写的前言中说道:“波兰尼常让人感觉到,他是在直接针对当下问题发言。他的观点——以及他的关切——与1999年和2000年在西雅图和布拉格大街上那些反对国际金融组织的动乱者和示威者们提出来的问题是一致的。”[③]波兰尼以历史与逻辑有机统一的雄辩论证有力证明,自发调节的市场从来没有真正存在过,它不过是一个自由主义的神话或乌托邦。他在《大转型》开篇处,就写下了一段有名的话:“一个自我调节的市场概念,意味着一个十足的乌托邦。在不消除社会的人性和自然本质的情况下,从时间上来说,这种制度根本就无法存在。它在物质上会毁灭人类并把人类的环境变为一片荒野。”这一核心思想,同哈佛大学教授、自由主义经济学家加尔布雷斯倒不谋而合:“哈耶克和弗里德曼鼓吹的那种市场经济,在历史上从来没有存在过,今天的世界上也不存在,未来也不可能存在。如果存在的话,是人类的灾难。”[④]20世纪七八十年代后的人类社会的现实,特别是后冷战时代的乱象也充分证明,“一个所谓自发调节的市场经济可能会演化为黑手党资本主义——以及一个黑手党政治体系——很不幸,在这个世界的一些地方,这种担心是真实而迫切的”(斯蒂格利茨)[⑤]。

理解《大转型》的关键是“嵌入”。王绍光对此作了简明扼要的说明:

---

① 王绍光:《波兰尼的〈大转型〉与中国的大转型》,北京:生活·读书·新知三联书店2012年版,第7页。

② 同上书。

③ 〔美〕约瑟夫·斯蒂格利茨:《〈大转型〉前言》,见〔英〕卡尔·波兰尼:《大转型:我们时代的政治与经济起源》,冯钢、刘阳译,杭州:浙江人民出版社2007年版,第1页。

④ 转引自王绍光:《波兰尼的〈大转型〉与中国的大转型》,北京:生活·读书·新知三联书店2012年版,第12页。

⑤ 〔美〕约瑟夫·斯蒂格利茨:《〈大转型〉前言》,见〔英〕卡尔·波兰尼:《大转型:我们时代的政治与经济起源》,冯钢、刘阳译,杭州:浙江人民出版社2007年版,第8页。

如果人类的经济关系“嵌入”社会关系，那么，如此构成的现实状况可以被称为“社会市场”。近代资本主义文明之前，经济关系都是嵌入社会关系、伦理关系之中的；而市场仅仅是社会的附属特征，绝不是最重要的，是工具而不是目的。[①] 反之，如果社会关系嵌入经济关系，那么，就形成了“市场社会”：经济关系不仅脱离社会，而且社会关系都受制于经济关系，即人的关系都变成商品，可以买卖交换。[②] 简言之，一旦所有东西都商品化，就形成市场社会。《大转型》的核心思想就是用社会市场抑制市场社会，用市场“嵌入”社会的运动抵制市场“吞噬”社会的运动。这一双向运动不仅构成近代历史的“大转型”，也成为当今世界的“大趋势”。随着新自由主义的全球肆虐，“社会”吸收“市场”的反向运动更成为新世纪以来的世界性潮流。比如，美国的“占领华尔街运动”，比如中国推行的一系列“新政”：1999 年，启动西部大开发计划；2002 年，启动城市低保；2003 年，支持三农，税费改革，筹建新型农村合作医疗体系；2004 年，降低农业税，推进农村“三项补贴”；2005 年，部分取消农业税；2006 年，全面取消农业税，免除西北地区农村学杂费，推行城市廉租房；2007 年，农村义务教育免费，新农合，廉租房，农村低保，城市全民医保；2008 年，城乡义务教育免费，全民实现新农合，全面推进廉租房、城市全民医保、农村低保……[③]至于从 2007 年提出“生态文明”的国家战略，到 2012 年十八大进一步明确“把生态文明放在突出地位，融入经济建设、政治建设、文化建设、社会建设各方面和全过程，努力建设美丽中国，实现中华文明永续发展”，更是“社会”吸纳“市场”的“大转型”。据此，王绍光总结道：

> 在 20 世纪 90 年代短暂地经历了“市场社会”的梦魇之后，中国已出现了蓬勃的反向运动，并正在催生一个“社会市场”。在社会市场里，市场仍然是资源配置的主要机制，但政府通过再分配的方式，

---

① 王绍光：《波兰尼的〈大转型〉与中国的大转型》，北京：生活 · 读书 · 新知三联书店 2012 年版，第 25 页。

② 同上书，第 14 页。

③ 同上书，第 105 页。

> 尽力对与人类生存权相关的领域进行“去商品化”,让全体人民分享市场运作的成果,让社会各阶层分担市场运作的成本,从而把市场“嵌入”社会伦理关系之中。
>
> 中国的情况似乎印证了卡尔·波兰尼有关人类社会发展的观察:市场力量的扩张或早或晚会引发旨在保护人、自然和生产组织的反向运动;保护性立法与其他干预是这种反向运动的特征。①

同样,依照中国人民大学政治学系欧树军的分析,波兰尼“所谓世界的大转型就是市场力量的扩张和反向的社会保护运动,就是经济自由主义与政府干预主义的拉锯战”,只可惜19世纪“反向的社会保护运动并没有取得成功,否则就不会有一战、大萧条和二战。而今日世界的大转型,只不过是又重新回到了两百年前,回到了一百年前”②。面对这一局面,中国改革也走到一个历史节点。2012年,中共十八大宣示:不走老路,不走邪路,坚定不移地走中国特色社会主义道路。一年后十八届三中全会,又制定了全面深化改革的总目标和路线图:“全面深化改革的总目标是完善和发展中国特色社会主义制度,推进国家治理体系和治理能力现代化。”如何实现这一总目标及其路线图,虽然面临种种现实的抉择与利害的冲突,但有一点看来不断明确,也赢得日益广泛的共识,那就是一个自由放任的时代应该结束了,市场吞噬社会的历史应该终结了。《文化纵横》2014年第4期的“封面选题:自由放任时代的终结”,就对此作了专题探讨:

> 中共十八大以来,随着一种新的、自觉的、主动的时代精神迅速登场,自由放任的时代落幕了。
>
> 没有人有足够的智慧和胆量预言这个新时代。我们只是看到,随着一个个贪腐官员的落马,过去的潜规则一一失效;随着一项项规

① 王绍光:《波兰尼的〈大转型〉与中国的大转型》,北京:生活·读书·新知三联书店2012年版,第105页。

② 欧树军:《我们需要什么样的政治经济学》,载《文化纵横》2014年第4期。

定的出台，过去的默许退让一一被废止；在意识形态领域，他也不再回避自己的主张，而是表现出强烈的好恶爱憎。……令所有人吃惊的是，这个政党有着如此坚韧的生命力，它可以随着时代的变化，不断迸发出自我革命式的调整能力。①

文化政治的对冲

从世纪之交的新左派与新右派（新自由主义）之争开始，再政治化趋势就日益明显。所谓再政治化，不仅是指面对日益突出的社会问题与日益尖锐的社会矛盾，无法继续就事论事地进行技术性应对，而必须重拾总体性的政治化思路，即使具体而微的现实问题、矛盾纠葛、利益冲突，也不能不被置于公平正义的人间正道层面审视，而且，更重要的还在于，再政治化意味着重新审视并在新的历史条件下全面复兴社会主义传统及其政治价值。换句话说，应对"问题"，离不开"主义"。不管白猫黑猫、不看道路方向、不问人心向背，一句话不谈政治原则以及政治意识形态的正当性与正义性，而只是一门心思地追求经济增长，追逐个人利益，已经导致层出不穷而尖锐复杂的社会政治问题，也使任何解读思路与解决方案都不能不带有鲜明的政治意味与政治价值。金一南谈及的一件事情意味深长：

2008 年 6 月 28 日"瓮安事件"发生时，我正好在贵州给省委中心组讲课。石宗源书记那天没来听课，因为"瓮安事件"发生，紧急到前方处理去了。瓮安县委书记王勤不抽烟、不喝酒、不打麻将、不进歌舞厅，七年内让瓮安的 GDP 翻了一番，抓经济建设有成绩。当石书记找他谈话追究责任时，他觉得冤得不行，说党的要求我都做到了，GDP 也翻了一番。石书记说，你现在不要讲这个，你就说说县委、县政府、县公安局怎么都让人给烧了？②

① 《文化纵横》编辑部：《一个时代的落幕》，载《文化纵横》2014 年第 4 期。

② 金一南：《我们取得了前所未有的进步，也充满了前所未有的挑战》，见本刊编辑部：《问题中国，进步中国——关于制度模式选择与话语体系构建的研讨》，载《经济导刊》2014 年 8 月号。

事实上，此类事件包括数千万城市下岗工人及其家庭困窘、数亿农民包括边疆少数民族的边缘化，且不说与此相应的医疗、教育、住房等民生问题，已经严重危及"人民共和国"的立国之本，如此众多的民众从国家主人翁沦为所谓"弱势群体"，怎能不唤起国祚时运何去何从的严肃思考，怎能不引起对于政治问题的关注与激辩？留英中国学者林春在新中国成立六十周年时，撰写了一篇思想丰富、内涵厚重的长文《马克思主义与中国在世界历史中定位的政治》，开宗明义就提出关乎中国命运与前途的再政治化问题：

> 当前的辩论，无论用哪一种理论体系的语言，集中于对于全面"接轨"的必要和必然性的宣称与从根本上反对接受一个剥削压迫、危机重重且继续破坏社会及自然环境的全球秩序这两者之间的选择。其中指称、概念、意义、解释和想象等冲突背后，是中国的前途命运之争。这场斗争无疑牵涉到不同的社会经济利益，从而高度政治化，凸显路线和意识形态对民族发展的决定性指导作用。①

林春这里提及两种"路线与意识形态"，说白了无非是三十余年来貌似渐行渐远而实则一刻不离的"两个阶级、两条道路、两条路线"，或宽泛意义的姓社姓资问题。事实表明，再政治化过程正是按照这样两条对冲的政治路线展开的，日益广泛、日趋尖锐的思想交锋不断使扰扰攘攘的"多元化"聚焦于二元对立。下面先分别看看两线发生的一系列典型的文化政治事件，由此显现新世纪以来日益激烈缠斗的政治路线图。这两条对冲的政治路线图，一是新自由主义，一是中国特色社会主义。

---

① 林春：《马克思主义与中国在世界历史中定位的政治》，载《领导者》2010 年第 8 期（总第 35 期）。

新自由主义及其文化政治事件

1. 2003年小说《沙家浜》事件

2003年第一期浙江大型文学期刊《江南》，刊出一部薛荣的中篇小说《沙家浜》。2月18日《浙江日报》发表文章《小说〈沙家浜〉在宣扬什么》，批评小说“严重践踏了人民的情感，污蔑了人们心目中的英雄形象”，“有严重政治错误”。3月，沙家浜镇与新四军历史研究会以“常熟市百万沙家浜人民”的名义，向《江南》杂志社提交了抗议书，并表示“将保留通过法律途径进行诉讼的权利”。4月25日，《文汇报》发表郝铁川的文章《小说〈沙家浜〉不合理不合法》，其中写道：

> “阿庆嫂”“郭建光”在人们的心目中，已成了勇敢和正义的化身。把“阿庆嫂”描写成“潘金莲”，把“郭建光”描写成“奸夫”，这就极大地践踏了为绝大多数人的心理所认同的民族精神，而正是在这一点上，它违反了当代民法“公序良俗”的原则。

2月至3月，浙江省作协连续召开四次党组扩大会议，《江南》主编、副主编与会，决定《江南》第一期停止销售。7月15日第四期《江南》，以杂志社的名义刊登了《我们就刊发小说〈沙家浜〉的学习与认识》的书面道歉信，称：

> 不应该受西方价值观念的影响，以完全错误的所谓“后现代主义”、所谓“实验文本”来取代严肃的革命文学。革命京剧《沙家浜》中的英雄形象源于生活，高于生活，是典型人物。这些英雄形象已深植于广大人民群众心中，不能因江青篡夺了革命文艺工作者的成果而予以简单否定，反其道而行之。这种极端的做法是违背生活真实和革命文艺规律的。出现这一问题的另一原因是……丧失了应有的政治敏感性，导致政治把关不严，导致了小说《沙家浜》的发表，引起了不良的社会影响。这一深刻教训，我们将永远铭记。

这一事件并非偶发的个案，事实上类似情况新世纪以来频频发生，不断冲击着公序良俗的底线，包括“恶搞”董存瑞、黄继光、刘胡兰、雷锋、狼牙山五壮士等革命先烈。

2. 2004 年“沈崇事件”

众所周知，历史上的“沈崇事件”，是指1946年的平安夜，在北平东单操场，美国大兵强奸北京大学学生沈崇一事。事件披露后，引起全国人民的极大愤慨，舆情汹汹，民怨腾腾，各地纷纷举行声势浩大的游行示威，国统区五十万学生罢课反美，北京大学、清华大学等名校师生挺身而出，站在斗争一线，慷慨激昂，奔走呼号，从而沉重打击了美蒋统治，配合了风起云涌的人民解放战争。

而这里所谓“沈崇事件”，则指 2004 年一位学者在深圳作的两次演讲，引用所谓“美国解密档案”，解读所谓“沈崇案之谜”，声称案件过程中没有“暴力痕迹”，不存在“强奸”，还转述说：“原来沈崇本人为中共地下党员，她奉命色诱美军，与他们交朋友，然后制造强奸事件以打击美军和国民党政府，结果证明相当成功。”[①]所以，结论是“政党在利用个人遭遇实现预期目标”[②]。2005 年，这篇演讲还收入《2004 年中国最佳讲座》一书（长江文艺出版社）。2009 年，多家网站转载此文[③]，引起轩然大波。美国问题专家华庆昭先生，2010 年 4 月 6 日在中国社会科学院世界历史所的一场学术报告会上捎带谈及这个问题：

> 2009 年 12 月 24 日，也就是圣诞前一天，国内一个知名网站发表了一篇文章，据说是原来发表在一家知名出版社出版的 2004 年中国讲座的书上。文章是给一宗 1946 年圣诞夜在北京发生的案件翻

---

① 原文出自蔡咏梅：《百年中国十大政治悬案》，载《开放》（香港）1999 年第 11 期。

② 见谢泳：《关于沈崇事件的一些历史材料》，见李公明选编：《2004 年中国最佳讲座》，武汉：长江文艺出版社 2005 年版，第 97—119 页。

③ 例如，网易 2009 年 5 月 20 日编发《美国解密沈崇案：哪个才是事实真相？》，http://history.news.163.com/09/0520/11/59OK2JDE00011247.html；凤凰网 2009 年 12 月 24 日编发《解密沈崇案证据：一场毫无暴力痕迹的“强奸”》，http://news.ifeng.com/history/zhongguojindaishi/200912/1224_7180_1486072_2.shtml；等等。网络转载的谢文，标题各异，但内容均摘自《2004 年中国最佳讲座》一书。

案的。

翻案文章自称以某个在美国的中国人手中握有的美国档案材料为据，指名道姓说此案是"毫无强暴痕迹的'强奸'"。而且剑指中共，说它如何将个案变成了公众事件。[①]

华先生对出现这样的文章义愤填膺。因为，他在美国海军部亲自看过此案的美国档案，跟翻案文章所说南辕北辙，大相径庭。当时，他为撰写《从雅尔塔到板门店》一书，在美国查阅了大量一手资料，包括沈崇事件档案，此书后来以严谨、厚重著称学界。他说，且不说此案据中方档案所载早已是铁证如山，美方的档案所载同样如此，至于说沈崇是地下党，引诱美国大兵，打击蒋家王朝云云，不过是国民党特务编造的拙劣桥段，当时就遭到揭露和痛斥。而这一可笑伎俩如今又被当作学术新发现，如获至宝，广为传播，则恐怕不只是学风不严谨、学术不端正的问题了。[②]

3. 2006 年《中国青年报》"冰点事件"

《中国青年报》的"冰点周刊"创刊于 1995 年报纸改革的热潮中，创刊号刊发的《北京最后的粪桶》一炮走红，奠定了周刊别具一格的新闻定位：关注普通人生的不普通故事，追求新闻更广泛、更持久的社会意义。创刊之初发表的作品颇受关注，包括据以改编为电影的《乔安山的故事》。进入新世纪以来，伴随社会的大转型与思想的大分流，《冰点周刊》的"大冰点"也日益凸显新自由主义的文化政治色彩，不断冲击主流政治的底线，直至 2006 年 1 月 11 日刊发中山大学教授袁伟时的《现代化与历

---

① 华庆昭先生 2010 年 4 月 6 日在中国社会科学院世界历史研究所的学术报告，见中国世界史研究网：《从收藏点到数据库：历史资料研究手段的变迁》，2010 年 7 月 20 日，http://iwh.cass.cn/news/110848.htm#。

② 参见当年过来人的文章《沈崇事件与抗议美军暴行再回顾》(马句、宋柏)、《驳关于沈崇事件的一种谬说》(李凌、胡邦定、沙新)，载《百年潮》2010 年第 4 期；《对"沈崇案"的一点看法》(石天河)，载《书屋》2010 年第 10 期。2015 年第 1 期《纵横》刊发《我对沈崇的一次访谈》，作者为香港文物收藏家许礼平，《新华文摘》2015 年第 6 期予以转载，也算为此画上盖棺论定的句号。原刊"编者按"写道：2014 年 12 月 16 日，沈峻在北京病逝，享年 88 岁。沈峻原名沈崇，是 68 年前"沈崇事件"当事人……本文作者依据该事件实物资料，采访沈崇本人，撰成此文，对该事件作出澄清，以飨读者。

史教科书》。文章谈的是中学历史教科书,但针对的却是“反帝反封建”的近代史叙事及其政治价值。文章坚称,义和团一类反抗、斗争、革命行动属于反人道、反文明的罪行,而帝国主义列强反倒是“建立比较合乎多数人和多数国家长远利益的‘正义’秩序”。所以,近代中国的唯一出路就是向西方列强学习,“千方百计争取一个和平的国际环境,为国内的改革和建设赢得充分的时间”。有关主管部门在责令“冰点”停刊整顿的文件中写道:“《冰点周刊》刊发中山大学历史学教授袁伟时的文章《现代化与历史教科书》,极力为帝国主义列强侵略中国罪行翻案,严重违背历史事实,严重违背新闻宣传纪律,严重伤害中国人民的民族感情,严重损害《中国青年报》的形象,造成了恶劣的社会影响……”①

这一文化政治事件耐人寻味的地方还在于,1 月 24 日停刊整顿翌日,周刊编辑就在网上发表了一篇抗议书,回避历史观与价值观的核心问题而将停刊整顿定性为一个“新闻自由”事件。3 月 1 日,冰点宣布复刊,原主编、副主编免职。复刊后第一篇文章由中国社会科学院学部委员、原近代史研究所所长、中国史学会会长张海鹏撰写,题为《反帝反封建是近代中国历史的主题》,一目了然地重申了主流的历史观与价值观。但是,同样耐人寻味的是,这篇文章又没有被列入周刊的出版序号之中。

如同前述沙家浜事件,冰点事件也不是一个孤立的个案,而是 80 年代以来新启蒙思潮在文化政治领域,如文艺界、学术界、新闻界的一系列综合运动的自然结果,体现了如今统称的“历史虚无主义”。就像国史专家李捷指出的,历史虚无主义并非“虚无”历史,因为历史不可能虚无,而是虚无历史中蕴含的社会政治价值,即从哪里来、往哪里去的道路选择。② 历史观与价值观在这里若合一契,形同一体,又如近代史的两种范式或路径——革命化或现代化,各自隐含着一整套社会政治与价值愿景。

① 共青团中央宣传部:《关于对中国青年报冰点周刊错误刊发〈现代化与历史教科书〉的处理决定》,2006 年 1 月 24 日。

② 转引自李小佳:《不能以猎奇的心态读党史——访中国社会科学院副院长、当代中国研究所所长李捷》,载《解放日报》2013 年 10 月 31 日。

至于革命化的范式与路径，既如张海鹏的文章《反帝反封建是近代中国历史的主题》所体现的，又如林春的长文所概括的：

> 20世纪中国革命党和知识界的一个共同认识，是帝国主义不容许中国发展出自己的民族资本主义，自由的也好，集权的也罢。丧权辱国的不平等条约之下，半殖民地的买办资产阶级和反动的国家政权剥夺了中国走上其中任何一条道路的机会，只剩下革命一途来解决当时深重的民族、社会和个人危机。在这个意义上，马克思主义史学家们没有说错：是帝国主义的干涉断送了中国的自然发展。这个判断同时亦是反帝反封和民族解放的政治宣言。
>
> 革命为中国挣脱资本主义发展的"铁律"奠定了基础；新中国的现代化也确实证明社会主义是克服落后的捷径。[①]

其实，这也是陈独秀早就提出的观点："中国政治纠纷之根源，是因为封建式的大小军阀各霸一方，把持兵权、财权和政权，法律舆论全归无效……解决现在的中国政治问题，只有集中全国民主主义的分子组织强大的政党，对内倾覆封建的军阀，建设民主政治的全国统一政府，对外反抗国际帝国主义，使中国成为真正的独立国家，这才是目前扶危定乱的唯一方法。"[②]

4. 2007年上海历史教科书风波

2006年9月，上海师范大学教授苏智良主编的高中历史教科书，在上海市投入使用。9月1日《纽约时报》北京分社社长周看（Joe Kahn），发表报道《毛去哪了？中国修改历史教科书》，一时引发关注和激辩。翌年9月，上海市教委决定停用这套教科书。据原中国人民大学校长、中国史学会会长李文海等七位专家的审读结论：这套教科书思想混乱；"淡化

---

① 林春：《马克思主义与中国在世界历史中定位的政治》，载《领导者》2010年第8期（总第35期）。

② 陈独秀：《对于现在中国政治问题的我见》，载《努力周报》第18期，1922年9月3日。

意识形态”“非意识形态化”表现比比皆是；离开马克思主义唯物史观，只讲现象不讲本质；在政治方向、理论方向、学术方向上都存在严重错误等。

其实，这一历史叙事既同这些年央视热播的一系列剧目如《大国崛起》《走向共和》《公司的力量》等一脉相承，更与数不胜数的文章著述、解密揭秘、重写历史等遥相呼应。另外，价值失序、历史虚无以及袁腾飞一类“史上最牛历史教师”满嘴跑舌头等，不仅在中学历史教学中不足为奇，而且此类鲜明的去政治化或再政治化意味在大学文史课堂上更是屡见不鲜。新疆大学教授高波论及的新闻学院的重要课程“中国现当代文学”的情形实际上已成一种常态：

> 早年的“中国现当代文学”教学，注重宣传讲解革命和进步的作家作品，完全摒弃其他作家作品，这固然有其偏颇，但改革开放后，尤其是近二十年来的“现当代文学”教学，在所谓“注重文学审美特性”的旗号下，又走了另一个极端：注重凸显那些表现文人情调、追求精致形式的作家作品，呈现为一种内容狭隘、风格疲软的“小资文学”或“文人文学”。
>
> 比如在现今的“现代文学”教学中，徐志摩、沈从文、张爱玲等被讲得越来越多，而革命文学、左联文学、延安文艺以及赵树理、孙犁等人的作品，却越来越少。再如，一部由名牌大学中文系编选的“权威教科书”，当代文学的“必读书目”，连在大陆几乎毫无影响的台湾诗人和作家的作品都选了不少，可就没选新中国成立后影响广泛而深远的“红色经典”，其偏颇可见一斑。
>
> 更应当警惕的是，这样的偏向是打着“文学教育去意识形态化”的旗号进行的。直观地看，一些“海外汉学家”的文学观，已经在“中国现当代文学”的研究和教学中发挥着不小作用。而这些“海外汉学家”的文学观，在体现“西化文学观”的背后，正体现着“西方价值观”。主张在现当代文学的教学中“去意识形态化”，有的是糊涂不知所以地被人牵着鼻子走，有的则是居心叵测，暗度陈仓地“搞另一

种意识形态化”。①

这里提到的中国现当代文学的海外汉学家，首屈一指的当属近些年来在国内学界炙手可热的夏志清（1921—2013）。他的《中国现代小说史》（1961）同施拉姆等的《报刊的四种理论》一样均属毫不掩饰的“冷战学术”，而在当代中国学界却受到最高礼遇和高度赞誉，溢美之词，不绝于耳，书店版本，琳琅满目，以至于现当代文学言必称夏志清，就像传播学一度言必称施拉姆。已故学者何满子曾借批驳附逆文人胡兰成张爱玲夫妇而对夏志清及其《中国现代小说史》指斥如下，而这一认识在当今国内学界几为孤家寡人的“空谷足音”了：

> （张爱玲）在不少学者和准学者之间相当风靡，这原因在很大程度上归“功”于美籍华裔夏志清在《中国现代小说史》中的蓄意吹捧。《小说史》推出于冷战初期中美尚未建交之时，是为美国情报机构提供的了解中国的情况资料，以学术著作的面貌推行其反共反华的观点。当然其中也有歪打正着的部分，如阐述了被国内所冷落了的沈从文的文学成就，显扬了在中国只注意其学术成就的钱钟书的小说《围城》等。但其主旨却在于颠覆“五四”新文学以来的鲁迅传统……为了贬抑鲁迅和中国新文学，才蓄意“发现”出“西风派”和“鸳蝴派”小说的张爱玲来与之争席。匪夷所思的是，国内有些学者、准学者竟将夏志清的反华谬论奉为玉旨纶音，跟着起劲地叫卖张爱玲，可谓咄咄怪事。②

5. 2007 年电影《色·戒》事件

这部好莱坞导演李安执导的影片，挟张爱玲之人气、激情戏之噱头，2007 年登陆国内各大影院，一时媒体热炒，“好评如潮”。普通人关心原版洁版的性爱暴露镜头，文化人高谈永恒的人性、伟大的爱情，直至首都大学生联名上书文化部——“严打汉奸文化”，人们才恍然意识到这部赤

① 高波：《文学课重现代轻当代讲偏了》，载《环球时报》2014 年 8 月 16 日。

② 何满子：《这不是反了么？》，载《文学自由谈》2006 年第 2 期。

裸裸赞美汉奸的电影之历史虚无,价值混乱。在这部大红大紫的影片中,罪大恶极的汉奸丁默邨即易先生的原型竟风流倜傥,有情有义,而抗日英烈、壮烈殉国的郑苹如即女主人公原型对穷凶极恶的敌伪则"春心萌动"。针对影片的新闻报道,熊蕾批评道:"2007 年国内新闻媒体对电影《色·戒》几乎是一边倒地赞扬,已经很可以说明近三十年中国主流新闻媒体价值观的变化倾向,到了怎样的程度。"①《读书》杂志的一篇文章,更是对此作了力透纸背的思想透视:

> 从思想层面来讲,《色·戒》巧妙地呼应了当前中国由来已久的主流话语——用个体生命消解宏大叙事,并视之为人的解放。这股思想潮流,本质上就是"不讲政治",不讲性政治也不讲时代政治,消解历史意识,高扬人性旗帜,认为人性具有先天的超越性,而政治必定局限于一时一地,而且是暴力的、反人性的。也就是说,这种"不讲政治的政治"才是《色·戒》影迷们的心理支点。
>
> 这种"只谈风月,不谈风云"的取向,这种"不讲政治的政治",恐怕已经成了当代中国真正主流的政治。《色·戒》不过是个小小的例证。这股潮流的形成,或许在某些具体情境或具体作品中包含着应对舆论监管的现实策略,但我觉得主要还是与 20 世纪 80 年代以来重新解读中国历史(特别是 20 世纪革命史),以及当前全球化、资本主义化的消费社会有关。它是一种自觉的,甚至集体无意识的时代潮流。这种"不讲政治的政治",主打的正是"人性"这张牌,它的具体表现方式往往是"情感",并附加审美包装。典型作品如《泰坦尼克号》,那是超越贫富、超越阶级乃至超越生死、超越时间的"爱"——呵呵,唯一没超越的是性别,那会影响它的普适性。
>
> 其实,没有人能做到纯粹的"不讲政治",无非是有选择地讲,讲什么,怎么讲,判然有别。所谓"人性",不过是另一种形式的政治和

① 熊蕾:《报,还是不报?——近 30 年中国媒体新闻价值观的变迁》,2008 年 1 月 6 日,华声在线"熊蕾的博客",http://blog. voc. com. cn/blog. php? do = showone&type = blog&itemid = 424309。

历史批判。在当代中国的文化语境中，它往往指向20世纪乃至近代以来的革命史，通过批判革命的暴力，表达个体的悲剧，来否认革命这个所谓“宏大叙事”的合法性，并为今日形形色色的利益阶层铺路。[①]

以所谓永恒的“人性”反衬革命的“暴力”，正是80年代新启蒙话语从控诉“文化大革命”到颠覆近现代革命史的习见套路，至于用个体的悲剧批判革命，否认革命斗争的正当性、正义性、合法性，“为今日形形色色的利益阶层铺路”的文艺作品，更是五花八门，层出不穷，包括90年代以来频频引发政治激辩的《丰乳肥臀》等小说，以及形成一次次文化政治事件的影视作品，除了《色戒》，他如《走向共和》(2003)、《大国崛起》(2006)、《集结号》(2007)、《南京！南京！》(2009)、《金陵十三钗》(2011)等。

6.“揭秘”“解构”诸事件

2014年春晚，青年歌唱演员王芳以一曲《英雄赞歌》，将亿万国人的思绪带回激情燃烧的岁月：“烽烟滚滚唱英雄，四面青山侧耳听”……王芳祖父是董存瑞的战友，父母在她出生前就打定主意：如果是儿子就叫王成，如果是女儿就叫王芳。这是根据巴金小说改编的影片《英雄儿女》中的人物。不料，王芳演唱一结束，竟遭到污言秽语的漫天叫骂、人身攻击、无端诋毁：“整容了吧？”“跟哪个高官睡了？”……[②]如此骇人听闻、匪夷所思的现象，这些年来一波未平，一波又起，不断冲击着常人的心理底线。而之所以频频掀起滔滔浊浪，是同种种所谓揭秘真相、解构历史的新潮话语息息相关的。这些连绵不绝的话语在近乎狂欢的乖戾心态中，“用细节的小真实来颠覆历史的大道理”[③]，“热衷于以小博大、以偏概全，用小考证颠覆大历史，用局部之真颠覆历史之真，把民族解放、人民革命的大时

---

① 所思：《只谈风月，不谈风云？》，载《读书》2008年第4期。

② 见王芳：《新的时代仍需歌唱英雄》，载《环球时报》2014年6月13日。

③ 黄平：《诉诸群众，改变思想和舆论环境》，见本刊编辑部：《重建社会核心价值观共识——中国媒体现状检讨(二)》，载《经济导刊》2014年第6期。

代描绘为大灾难、大悲剧”①。从刘胡兰、董存瑞、黄继光、雷锋等真人真事,到《暴风骤雨》《沙家浜》等文艺作品,从抗日战争到抗美援朝,从土地改革到人民公社,几乎无一幸免,仿佛几万万民众参与、千百万仁人志士流血流汗的历史,都成为一部莫名其妙的荒诞剧。2013 年,年届百岁的新闻学泰斗甘惜分先生挺身痛斥:

> 当前,我们要注意一些别有用心的、在否定党的历史上做文章的历史虚无主义错误倾向。比如,有些人质疑《刘胡兰英勇就义》新闻稿的真实性。1947 年,我作为新华社晋绥总分社的负责人,亲自把《刘胡兰英勇就义》的新闻稿编发给新华社总社。17 岁的小姑娘把自己的脑袋伸到铡刀里,她的勇敢强烈地震撼了我,我相信也能强烈地震撼其他读者,她的勇敢是促使我发出这条新闻的最重要原因。稿件的原稿长一点,新华社当时主张短新闻,文字力求简练。我就把这条新闻压缩至几百字,发到了新华社总社。毛泽东为刘胡兰题字“生的伟大,死的光荣”,新华社还播发了题字。我是这一新闻事件报道的亲历者。一些人想借此来歪曲否定党的新闻史的做法是立不住脚的,我们对历史虚无主义的错误倾向要保持高度的警惕。我后来还亲自到了刘胡兰的故乡,亲眼看到了那口铡刀。②

与之相对,时贤与新潮又对李鸿章、袁世凯、蒋介石等极尽赞美、褒扬、讴歌。同样,南霸天、收租院、刘文彩等土豪恶霸也被纷纷“平反”,摇身一变成为天字第一号的“大善人”,北京大学中文系温儒敏教授说道:

> 他们可以“同情”土改运动中被镇压的地主阶级,而对千百万农民的翻身解放却无动于衷。在他们的笔下,新中国成立之后的新中国完全是精神沙漠,而少数敏感文人的体验就足以代替千百万普通

① 金一南:《我们取得了前所未有的进步,也充满了前所未有的挑战》,见本刊编辑部:《问题中国,进步中国——关于制度模式选择与话语体系构建的研讨》,载《经济导刊》2014 年 8 月号。

② 转引自马献忠:《我只是新闻规律的探索者——访中国人民大学荣誉一级教授甘惜分》,载《中国社会科学报》2013 年 9 月 25 日。

中国人的命运。[1]

这方面最突出的，当属所谓“民国范儿”。不知从何时起，狼烟动地、风雨如晦的民国，突然有了美不胜收、妙不可言的“范儿”。人间奇闻，莫过于此，天下戾气，于斯为盛。作家李存葆的散文名篇《沂蒙匪事》，呈现了民国一个活生生的、令人毛骨悚然的人间地狱，同英国汉学家贝思飞(Phil Billingsley)的学术名著《民国时期的土匪》一样，有力地表明了如此显而易见的基本事实：“民国时期是个天下大乱的时期，根本不像现在人吹的，简直是黄金时代。天下大乱，最最倒霉的是谁？是老百姓，不是知识分子。知识分子再不舒服，也跟老百姓没法比。你不能把全部历史都写成知识分子的受苦受难史。”[2]

7. 2008 年“零八宪章”

2008 年 5 月 12 日，汶川地震，震动世界。22 日，《南方周末》发表“本报编辑部”文章《汶川震痛，痛出一个新中国》，称“国家正以这样切实的行动，向全世界兑现自己对于普世价值的承诺”，第一次公开提出“普世价值”一说。对此，哲学家赵汀阳予以批驳：

> 有的媒体认为汶川救灾所以伟大是因为向世界承诺和表现了西方的“普世价值”，这种歪曲事实的解释令人吃惊也令人失望。如果中国救灾所表现的无非是西方价值观，那么西方就不会对中国救灾所显示的力量感到出乎意料和吃惊了，很显然，假如中国和西方的所作所为大同小异，就根本不值得西方惊讶了。汶川救灾证明的不是西方的普世价值，而是证明了中国价值就是普世价值；不是中国向西方交出的答卷，而是中国人对中国精神的一种发展和再创造。可以想象，救灾英雄们恐怕很少读过《圣经》、奥古斯丁、洛克、康德、伯林、海耶克、罗尔斯之类，也恐怕很少读过《独立宣言》和《人权宣言》之类，在救灾英雄们身上奔腾的是中国心，恐怕不是西方心。

---

① 温儒敏：《文学研究中的“汉学心态”》，载《文艺争鸣》2007 年第 7 期。

② 李零：《鸟儿歌唱：二十世纪猛回头》，北京：北京大学出版社 2014 年版，第 275—276 页。

> 什么样的价值才有资格成为普世价值?什么才是检验价值的标准?很显然,没有哪一种价值观能够评价另一种价值观,没有哪一种价值观是其他价值观的规范和标准,没有哪一种价值观是最高权威,否则的话就变成精神独裁和思想专制了。检验价值观的标准必定落在价值观之外,必定落在话语之外,所谓有理不在声高。因此,我们有理由说,事实是检验价值的标准。①

随后不久,由刘晓波牵头、海内外"自由知识分子"联合签名的所谓《零八宪章》出台,并提出一套明确的政治主张。②

李零在2014年的新著中一针见血地指出,普世价值"背后是典型的美国意识形态",就像新儒家"后面是典型的国民党意识形态"③。而如今这一思潮已经颇为蔓延。玛雅博士就写道:"现在从官方到民间,从高层到基层,鼓吹西方'普世价值'的不乏其人,在学界,普世派的声音相当强势。中国今天最大的问题是什么?是我们自己对中国道路的认识问题。很多人,包括很多党政官员,对我们国家的道路和制度没信心,从骨子里认同西方的所谓'普世价值'。对改革的方向也有争议,很多唱衰者其实就是'改革者'们自己。"④俄罗斯科学院院士、远东研究所所长季塔连科也认为,"受西方思潮影响,中共党内的确有戈尔巴乔夫式的人物,有西方'普世价值'的倡导者"⑤。

8. 2009年"敦促"事件

2009年,向以揭秘解构示人的《炎黄春秋》⑥,在共和国六十华诞前刊

---

① 赵汀阳:《事实是检验价值的标准——汶川救灾与"普世价值"》,见陈明、朱汉民主编:《原道》(第十五辑),北京:首都师范大学出版社2008年版,第79页。

② 2009年,刘晓波因涉嫌煽动颠覆国家政权罪被逮捕。

③ 李零:《鸟儿歌唱:二十世纪猛回头》,北京:北京大学出版社2014年版,第247页。

④ 转引自蒋云鹤:《唱响中国 增强崛起正能量——专访〈道路自信:中国为什么能〉作者玛雅》,载《决策与信息》2014年第5期。

⑤ 转引自玛雅:《中国之路:人民共和国的现代化之路——专访清华大学国情研究院院长胡鞍钢教授》,载《决策与信息》2012年第11期。

⑥ 《中华读书报》2014年9月10日发表的秋石文章《毛泽东〈论鲁迅〉发表的真实经过》,又对《炎黄春秋》一篇文章中的莫名其妙的说法予以了澄清。

发奇文[1],作者是位当年华东野战军的参谋。文章称毛泽东的广播稿《敦促杜聿明等投降书》出自他的手笔,因而出文集时将“收回版权”“物归原主”。文章一出,舆论哗然。其实,此事关键在于,纵然指挥淮海战役的当事人均已谢世,即便所谓“原稿”无迹可寻,人证物证都已缺失,但有一点却是毫无疑问:谁有资格有实力,“敦促”名将杜聿明及其麾下十数万国军精锐放下武器?小参谋还是大统帅?中国人民大学教授高放在《百年潮》上撰文,提及罗竹风亲口对他谈的一个细节:《敦促》一文由淮海前线新华社记者陈其五起草。陈其五(1914—1984),安徽巢县人。1934年考入清华大学,参加“一二·九”运动,翌年参加新四军。解放战争中,任华东野战军宣传部部长兼新华社华东前线总分社社长。《安徽省志》也记载道:他“起草了《敦促杜聿明等投降书》……对瓦解国民党军起着重要的宣传作用”[2]。

醉翁之意不在酒。“敦促”事件,不过是没完没了贬抑开国领袖的又一案例而已。此类子虚乌有的说辞看上去真真假假,而且貌似颇有来头,以至于中央权威部门都不得不公开辟谣。

2012年8月8日,北京大学社会学系教授马戎在接受《解放日报》记者采访时说道:“我们不应简单、轻率地毁掉英雄和偶像。有些重要历史人物,片面宣扬他们的所谓‘污点’,受到损害的不仅仅是这一个人。真正受到影响的,是一个时代在人民心目中的形象和地位,是国家和民族的凝聚力。”[3]

9. 2013年“新年献词”事件

2012年11月29日,新任中共中央总书记、中央军委主席习近平与新

---

① 见庄重:《谁是〈敦促杜聿明等投降书〉的作者》,载《炎黄春秋》2009年第7期。

② 安徽省地方志编纂委员会:《安徽省志·人物志》第66卷,北京:方志出版社1999年版,第492—493页。转引自高放:《再谈毛泽东〈敦促杜聿明等投降书〉的起草者》,载《炎黄春秋》2011年第1期。

③ 转引自夏斌:《所谓“还原”,不能偏离历史大方向——当前值得注意的一些历史研究和传播现象谈》(上),载《解放日报》2012年8月8日。

一届中央政治局常委,在国家博物馆参观《复兴之路》展览后发表讲话,第一次提出"中国梦":何为中国梦?我以为实现中华民族的伟大复兴就是中华民族近代最伟大的中国梦,因为这个梦想凝聚和寄托了几代中国人的一种夙愿,它体现了中华民族和中国人民的整体利益,是每一个中华儿女的一种共同期盼。

此后,"中国梦"成为上下热议的话题。2013 年元旦,《南方周末》"新年献词"也就此着墨,文章主旨在最初拟定的标题中一目了然——"中国梦,自由梦,宪政梦"。于是,由此引发了一场风波,剑指宣传主管部门及其领导,说其删改了社论,侵犯了"新闻自由"。其实,这一事件的关键还在于"宪政",因为,宪政一词及其所指,在当下中国政治语境中已被扭为美国式的三权分立及其"普世价值",而完全不含一百年来辛亥革命、中国革命,特别是新中国宪政体制的历史性建树,如党的领导、依法治国与人民当家做主等内涵。

2013 年 3 月 17 日,新任国家主席习近平在十二届全国人大一次会议闭幕会上,再次系统阐述"中国梦"的内涵:中国梦归根到底是人民的梦,必须紧紧依靠人民来实现,必须不断为人民造福。他还用"三个必须",指明"中国梦"的现实路径:必须走中国道路;必须弘扬中国精神;必须凝聚中国力量。[①]

10. 2013 年"曼德拉逝世报道"

2013 年岁末,南非前总统曼德拉去世,以中央电视台为代表的中国媒体,进行了一场出色的、铺天盖地的、配合西方媒体的政治宣传,给人留下十分深刻的印象。如果说,前述案例多为有意识的政治行为,那么此次大规模报道却充分彰显了新闻界的政治无意识或集体无意识。对此,清华大学学者王维佳观察了一天央视的直播报道后,写下一篇令人深思的文章《中国媒体如何报道曼德拉逝世》:

① 习近平:《在第十二届全国人民代表大会第一次会议上的讲话》,2013 年 3 月 17 日,载《人民日报》2013 年 3 月 18 日。

南非的种族和解不是哪个英雄人物缔造的结果，更不是冲突双方本着和平的意愿自然形成的结果。曼德拉固然是一位优秀的政治家，也曾经是一位伟大的革命家，有着高尚的人格和巨大的魅力，但是这位在冷战发展关键阶段被困于牢狱之中毫无行动自由的老人，不可能给20世纪90年代南部非洲的政治局面带来决定性影响。他只不过是新的政治条件下各方都可以接受的、很容易被塑造成民主和平偶像的最佳人选而已。曼德拉入狱前和入狱后的两个年代，不仅对南非来说是各种政治条件极为不同的时代，对整个世界来说同样如此。南非人民为了解除种族隔离而做出的努力奋斗从来都不局限在这个国家内部，而是一个重要的国际事件，在这个事件发展的过程中，中国起到的作用也是举足轻重。

翻阅相关的历史文献，我们会发现，从20世纪50年代开始，南非的反种族隔离运动就一直保持着与中国共产党高层领导的通信，毛泽东和周恩来在每一封回复给对方的电文中都对这些抵抗运动表示出毫无保留的支持。不仅如此，如果离开中国、苏联和古巴等国对南非周边多个国家民族独立和社会经济建设事业的持续支援，离开这些国际力量对南非国内抵抗组织的直接帮助，南非的反种族隔离斗争不可能获得长期发展的条件和动力。如果我们像今天的新闻报道一样，把南非种族间的最终和解完全归结于开明政治人物的相互妥协，就等于掩盖了中国曾经参与其中的、长达数十年的国际主义力量支持非洲人民抵抗运动的伟大历史功绩，而这恰恰是欧美国家乐见其成的舆论导向。

如果我们能够对南非种族间和解的长期历史做出复盘，就可以很容易发现媒体报道中存在的严重问题：

首先，媒体动辄长达半个多小时的电视新闻和占据数个版面的成千上万的报道文字，并没有透过曼德拉这个个人看到真正的历史过程，而是用尽全力、不厌其烦地去塑造一个“全球公民典范”，一个似乎是凭借着强大的道德感召力就能够促成世界和平的个人英雄。

可以说,这样的舆论效应,正是欧美国家大力抬举曼德拉想要达到的目的。

其次,媒体的报道竭尽全力展示曼德拉"和解"的和"非暴力"的一面,不仅掩盖了历史事实,而且通过在政治理念上否定暴力与和平的辩证法,显露了明显的保守立场。在这样的报道框架下,一个人生史被有选择地展开叙述:那个年轻的、危险的、革命家的曼德拉未曾存在,而爱好和平、反对暴力的曼德拉则永世长存!

最后,在曼德拉的故事中,媒体所强调的政治正确性是一种基于种族身份平等的承认政治。似乎南非社会的所有矛盾就集中于不同肤色的人是否能够消除歧视和隔阂,相互尊重,只要基于种族肤色的矛盾解决了,一个理想的社会就建成了。在忽视非洲大陆整个殖民历史和结构性不平等问题的前提下,这样的叙事很容易建立起来。……然而,冷战后的和解,正像今天媒体宣传的论调一样,将南非社会的根本矛盾归结为种族歧视,只要解决了承认问题,就等于解决了社会矛盾问题,几百年的殖民和殖民的遗产就一笔勾销。正是在这个意义上,今天关于曼德拉和南非的媒体报道框架仍然"无意识地"起到了掩盖社会根本矛盾的作用。

以上所列举的种种现象在这一整天有关曼德拉的媒体报道中绝不是个别问题,而是普遍倾向。行文至此,我自己也感受到媒体的可怕力量,它们通过每一个新闻事件和新闻人物塑造着大众的政治观念,成就一种简单而保守的舆论氛围,让重要的政治讨论和重要的历史事实被排除在公共视野之外。①

以上列举了十个案例,而类似案例其实大同小异,不胜枚举。这些案例的共同点与着力点,都在于历史观、价值观与世界观,而这也正是此路再政治化的核心。正如北京大学教授李玲所言:"媒体今天的问题是一个表象。一些媒体出现的问题,背后是党性、人民性、真实性的缺失,是人生

① 王维佳:《中国媒体曼德拉逝世报道的问题》,载《青年记者》2014年第1期。

观、世界观、价值观的混乱或者丧失。这反映出我们党思想和舆论阵地相当程度的丢失。”①

中国特色社会主义及其文化政治进程

与上述再政治化路线相对的这一再政治化路线，无疑声势浩大，也更加引人注目。下面先简要梳理一下新世纪以来，中国特色社会主义的文化的政治进程。

2004 年：中共中央马克思主义理论研究和建设工程开始全面启动。这一俗称的“马工程”涉及九大学科，包括新闻学，主要致力于科学研究、人才培养、理论推广、思想传播等，旨在为中国特色社会主义道路奠定牢固坚实的思想根基，故有党和国家的“一号工程”“生命工程”之谓。

2006 年：中共中央十六届六中全会提出培育“社会主义核心价值体系”的战略目标，如今称为社会主义核心价值观，并通过各种形式如火如荼推展开来。

2010 年：云杉的《文化自觉、文化自信、文化自强》在《红旗文稿》连载发表，可以说体现了执政党对文化政治问题的系统思考、全面审视和深刻把握。

2011 年：中共中央十七届六中全会提出文化体制改革的总目标，将文化自觉、文化自信、文化自强以及文化大发展大繁荣作为国家发展的核心战略。

2012 年：党和国家以三十多年来罕见的规格与规模，隆重纪念毛泽东《在延安文艺座谈会上的讲话》发表七十周年，包括胡锦涛总书记的批示——“《讲话》始终闪耀着伟大的真理光芒，《讲话》所指明的方向和道路始终是我国文艺事业发展必须遵循的正确方向和道路”、在北京人民大会堂举行座谈会等。《人民日报》任仲平发表文章：

---

① 李玲：《解决中国的问题，需要新一轮的社会主义复兴》，见本刊编辑部：《话语自信与话语体系的建立——中国媒体现状检讨（三）》，载《经济导刊》2014 年第 7 期。

> 延安文艺座谈会召开。第一次系统阐述党的文艺观,第一次明确表明文艺工作的基本方针,第一次科学回答文艺创作与批评中的重大问题……毛泽东所作《在延安文艺座谈会上的讲话》,成为自有无产阶级文化运动以来最重要的中国化马克思主义文化理论著作。
>
> 从《讲话》到《决定》,从革命文艺的雄壮乐曲到文化强国的伟大实践,从文化唤醒民众、文化发动民众到文化服务民众,"以人民为中心",中国共产党找到了一条中国特色社会主义文化发展道路。①

2013 年:习近平在全国宣传思想工作会议上发表"8 · 19 讲话",提出"经济建设是党的中心工作,意识形态工作是党的一项极端重要的工作"的思想。他强调,能否做好意识形态工作,事关党的前途命运,事关国家长治久安,事关民族凝聚力和向心力。历史经验表明,经济工作搞不好要出大问题,意识形态工作搞不好也要出大问题。必须坚持两手抓、两手都要硬。只有把意识形态工作这一手抓紧抓牢,中国发展才能有更为扎实的根基。宣传思想工作的根本任务,"就是要巩固马克思主义在意识形态领域的指导地位,巩固全党全国人民团结奋斗的共同思想基础"。

2014 年:秋风送爽时节,习近平主持召开了文艺工作座谈会,在听取了铁凝、尚长荣、阎肃、许江、赵汝蘅、叶辛、李雪健等文艺界人士发言后,发表了长篇讲话,如同 72 年前毛泽东主持并发表《在延安文艺座谈会上的讲话》。根据公开报道,习近平讲话的主要精神包括:

> 文艺事业是党和人民的重要事业,文艺战线是党和人民的重要战线。
>
> 推动文艺繁荣发展,最根本的是要创作生产出无愧于我们这个伟大民族、伟大时代的优秀作品。
>
> 在文艺创作方面,也存在着有数量缺质量、有"高原"缺"高峰"的现象,存在着抄袭模仿、千篇一律的问题,存在着机械化生产、快餐

---

① 任仲平:《文化"为人民"的历史跨越 创作源于人民》,载《人民日报》2012 年 5 月 22 日。

式消费的问题。文艺不能在市场经济大潮中迷失方向，不能在为什么人的问题上发生偏差，否则文艺就没有生命力。低俗不是通俗，欲望不代表希望，单纯感官娱乐不等于精神快乐。

繁荣文艺创作、推动文艺创新，必须有大批德艺双馨的文艺名家。我国作家、艺术家应该成为时代风气的先觉者、先行者、先倡者，通过更多有筋骨、有道德、有温度的文艺作品，书写和记录人民的伟大实践、时代的进步要求，彰显信仰之美、崇高之美。

社会主义文艺，从本质上讲，就是人民的文艺。文艺要反映好人民心声，就要坚持为人民服务、为社会主义服务这个根本方向。这是党对文艺战线提出的一项基本要求，也是决定我国文艺事业前途命运的关键。要把满足人民精神文化需求作为文艺和文艺工作的出发点和落脚点，把人民作为文艺表现的主体，把人民作为文艺审美的鉴赏家和评判者，把为人民服务作为文艺工作者的天职。

艺术可以放飞想象的翅膀，但一定要脚踩坚实的大地。文艺创作方法有一百条、一千条，但最根本、最关键、最牢靠的办法是扎根人民、扎根生活。应该用现实主义精神和浪漫主义情怀观照现实生活，用光明驱散黑暗，用美善战胜丑恶，让人们看到美好、看到希望、看到梦想就在前方。

一部好的作品，应该是把社会效益放在首位，同时也应该是社会效益和经济效益相统一的作品。文艺不能当市场的奴隶，不要沾满了铜臭气。

文艺是铸造灵魂的工程，文艺工作者是灵魂的工程师。好的文艺作品就应该像蓝天上的阳光、春季里的清风一样，能够启迪思想、温润心灵、陶冶人生，能够扫除颓废萎靡之风。广大文艺工作者要高扬社会主义核心价值观的旗帜，把社会主义核心价值观生动活泼、活灵活现地体现在文艺创作之中，用栩栩如生的作品形象告诉人们什么是应该肯定和赞扬的，什么是必须反对和否定的，做到春风化雨、润物无声。要把爱国主义作为文艺创作的主旋律，引导人民树立和坚持正确的历史观、民族观、国家观、文化观，增强做中国人的骨气和底气。

……①

2009年新中国六十大庆之际，《人民日报》的人民论坛发起“未来10年10个最严峻挑战”的问卷调查，得到专家学者、干部群众以及社会各界的广泛关注与参与。最终入选的“环境危机凸显”“贫富差距拉大”“基层干群冲突”等十大挑战中，“主流价值观边缘化危机”名列其中。由此看来，上上下下、方方面面都已认识到意识形态问题的生死攸关，迫在眉睫。而如何应对危机，化解风险，目前还任重道远并存在诸多不确定因素。其间，马克思所谓每日每时干预社会生活的新闻传播关系尤大，特别是事业单位、企业经营的二元化新闻体制，以及新闻观、新闻学、新闻教育等内在变异，无不隐含着矛盾重重，隐患深深。苏联解体，殷鉴不远，也就更令人多了一层真切的现实感与深切的危机感。

新闻雾霾危及国本

言及当今新闻界，似乎无人不指摘，而对其中主要问题及其症结，则见仁见智，莫衷一是。一个最受关注的问题当属新媒体，以及传播新技术条件下的社会分化、动荡、危机。由于新媒体新技术的革命性冲击，许多人意识中似乎不由自主，甚至不假思索地假定了看似不言而喻的前提：所有问题无不源于新媒体、新技术，不管是新媒体造的福，还是新技术惹的祸。于是，一窝蜂涌向新媒体，一股脑琢磨新技术，就像目前盛行大数据、云计算、媒体融合等流行语。然而，眼见新媒体疆域彩旗飘飘，鼓声阵阵，千军万马，声势浩大，苦心孤诣经略了十多年，非但未见扭转战局，反而愈发陷入被动。换言之，琢磨了十多年新媒体、新技术，问题非但没有缓解，

① 《习近平主持召开文艺工作座谈会强调 坚持以人民为中心的创作导向 创作更多无愧于时代的优秀作品》，载《人民日报》2014年10月16日。

更不用说解决，反而有变本加厉之势。有鉴于此，是否需要换个思路看问题呢？站在地球上看，太阳显然绕着地球转，而从太阳系中看，则地球其实绕着太阳转。与此相似，新媒体的问题及其根源表面上在于技术形态，而实际上还是在于新媒体所由发生发展并环绕不去的现实社会，具体到新闻、文化或传播，新媒体的问题及其根源还是一种精神恍惚，失魂落魄，即所谓核心价值观日渐消解、式微或沦丧。认清这一点，首先需要破解那个看似不言而喻的媒介决定论或技术决定论的前提——一望而知又是一个去政治化的逻辑。

对此前提及其逻辑，可从两方面辨析，一是技术，一是社会。技术上，科技史专家江晓原教授在质疑互联网的系列文章中作了入情入理的深入剖析，如《那条"长尾"其实是虚幻的》(2010)一文对蛊惑人心的"长尾理论"(The Long Tail)的批驳，无异于在一切为新媒体兴高采烈、为新技术呼风唤雨的乌托邦热望上酣畅淋漓地浇了一桶冷水。他以吃饭设譬，平常人家一顿饭四菜一汤已经比较丰盛，如果加到一百个菜如何，一万个菜又如何，结果可想而知。对于有限的生命、时间和精力来说，长尾理论的"无限选择"，不仅完全没有用处，而且还是荒谬的、有害的。[①] 尽管互联网、新媒体提供了理论上的无限可能以及浩如烟海的选项，可实际上也使古老的选择问题更为凸显。一个人吃什么不吃什么，看什么不看什么，在千万亿海量选项中显得何等渺小，无奈，微不足道。于是，新闻与新闻学的存在前提及其逻辑——选择，即在林林总总的事实中选择报什么而不报什么等，不仅未像有人急煎煎、想当然宣称的化为乌有，反而愈发突出，愈发重要了。所谓自媒体、人人都是记者、个个都有麦克风的"信息共产主义"，不过是听上去很美的海市蜃楼，启蒙主义乌托邦的又一场南柯一梦：

> 不错，当冯小刚说"微博就是我的冯通社"时，他的感觉不是幻觉，因为他是名人，他的微博会有千千万万人关注，所以他随便发一

① 江晓原：《科学外史Ⅱ》，上海：复旦大学出版社2014年版，第45—50页。

> 句闲言碎语,确实"全世界都能看到"。但"发言权"的真正意义是什么呢?当然是指你说的话能够被公众听到。谁都明白,如果你对着墙壁说一句话,这不叫发言权。那么千千万万芸芸众生的微博,"全世界"有人去关注吗?①

从社会方面看的一个显见问题是,由于一味琢磨新媒体,便自然而然将"为人民服务"变成"为网民服务",无形中将网民等同于人民。尽管明眼人心里头也清楚,二者不可同日而语,甚至风马牛不相及,可实践中或潜意识里还是不由自主地将网民与人民视若一体,混为一谈。于是,但见从政府到媒体、从业界到学界,风风火火,热热闹闹,一天到晚围着网民打转转儿,包括《焦点访谈》等栏目也常常忙不迭地听风是雨回应着微博微信的闲言碎语,甚至让所谓大 V 时时处处牵着鼻子走,一惊一乍,不遑宁处。

稍作分析即可明了,网民不过是人民中的特殊群体,在人口学意义上根本无法等同于人民大众或人民群众。王绍光曾举美国学界的话说:世上有三种谎话,一是谎话,二是无耻的谎话,三是数据。② 如果对数据不进行历史的观照与哲学的反思,那么任何数据包括时下风行的大数据、云计算便如自然万物一样,不仅什么都说明不了,而且有可能成为似是而非的大忽悠。遗憾的是,这种风气挟实证科学之势日渐盛行。以中国互联网络信息中心(CNNIC)半年发布一次的《中国互联网络发展状况统计报告》为例,如今常见征引诸如此类的统计数据:截至 2013 年,全国网民达到 6.18 亿,网络普及率 45.8% 等,以此说明新媒体何等沧海横流,如何改天换地。这种空洞的数据,就缺乏一种历史的、社会的、人间烟火气的洞察。别的不说,仅看网民构成与分布:上述同一时段,20 岁至 49 岁者占 67.2%,高中以上学历者占 52.1%,有固定收入者占 86.7%,绝大多数

---

① 江晓原:《科学外史 Ⅱ》,上海:复旦大学出版社 2014 年版,第 59 页。

② 转引自潘维、玛雅主编:《人民共和国六十年与中国模式》,北京:生活·读书·新知三联书店 2010 年版,第 221 页。

分布在北京、上海及中东部省份。[①] 也就是说,网民的主体为年富力强之人,不仅教育程度、社会地位相对较高,而且大多集中在发达地区,特别是城镇。郑永年教授世纪初的结论,在新媒体瞬息万变之际依然适用:“绝大多数互联网用户都位于富裕的东部沿海地区,例如北京、山东、上海、江苏、浙江和广东。这种情况自互联网在中国开始发展以来就没有改变过,并且在未来一段时间内也不太可能会改变。”[②]

2014 年清华大学博士生、北京外国语大学青年教师王晶研究了历次 CNNIC 统计报告后发现,即使网民群体逐步趋向多元化之际,在所有阶层中也是严重不平衡的。汝信、陆学艺和李培林主编的《2002 年:中国社会形势分析与预测》勾画了当代中国十大阶层,而按照当年统计,前八个阶层的人数比例为 52.9% ,其余农林牧渔劳动者为 44% 。与之形成鲜明对比,当年 CNNIC 数据显示,农林牧渔网民只占总数的 1.3% 。即便在农村网民快速增长的今天,农林牧渔劳动者也仅占网民总数的 6.6% 。[③] 王维佳、杨丽娟研究新浪微博上的“吴英案”讨论也发现了类似问题,高达 88% 的博主身份为学者、媒体人、企业管理者以及律师,也就是说都市精英与知识分子占据绝对优势。作为网络舆论的意见领袖,这群活跃的公共政治议题参与者掌握了相当的经济资本、文化资本和社会资本,他们对重要公共事件的态度和判断高度一致,在网络上具有巨大的舆论动员潜力。[④] 郑永年教授也认为:“网民几乎不能代表普罗大众,因为他们大多是受过高等教育的年轻男性。”[⑤]

---

① 中国互联网络信息中心(CNNIC):《第 33 次中国互联网络发展状况统计报告》,2014 年 3 月 5 日,中国互联网络信息中心官方网站,http://www.cnnic.net.cn/hlwfzyj/hlwxzbg/hlwtjbg/201403/t20140305_46240.htm。

② 郑永年:《技术赋权:中国的互联网、国家与社会》,北京:东方出版社 2014 年版,第 53 页。

③ 王晶:《最美好的时代?最糟糕的时代?——对崛起的中国互联网络民意的反思》,载《新闻记者》2015 年第 1 期。

④ 见王维佳、杨丽娟:《“吴英案”与微博知识分子的“党性”》,载《开放时代》2012 年第 5 期。

⑤ 郑永年:《技术赋权:中国的互联网、国家与社会》,北京:东方出版社 2014 年版,“英文版序言”,第 26 页。

无论是实证性的研究,还是常识性的感受,无不表明网络舆情看上去声势浩大,铺天盖地,而实际上既不能代表亿万人民的现实民意,特别是农村基层、城市平民、老少边穷、少数民族等,甚至也并非全体网民的真实诉求。貌似中性的技术根本不是人人平等的工具,而往往成为区隔社会的壁垒,就像私家车与自行车或如私家车中的高档车与低档车。与此相似,即使暂且不论政治经济、社会文化、权力关系等,仅就传播技术而言,历史与现实也无不显示,越是高科技,越是新媒体,就越是形成传播空间的社会分层,就越是可能形成新的话语权力的金字塔而不可能成为全体人民参与的“公共领域”。“再封建化”的舆论场中,普通民众即便偶然发发声,也如汪洋大海里的一朵浪花,即生即灭,无声无息。事实上,作为“高精尖”“高上大”的利益表达和利益博弈场,新媒体更多属于“大嗓门”及其追随者即所谓“粉丝”的意见平台或狂欢舞台。这里,信息沟意味着少数人的发言权、话语权越来越强,而多数人的发言权、话语权越来越弱。国外一系列相关研究的结论也说明了这一点:

> 新兴的信息技术释放出了新的权力和财富的不平等,并因此强化了信息富有人群和信息贫乏人群、活跃者和冷漠者之间的鸿沟。全球鸿沟和社会鸿沟的扩大,意味着互联网政治以极不相称的方式使精英受益。
>
> 信息富有人群和信息贫乏人群之间的数字鸿沟也阻碍了有效的公民参与。因为信息技术,例如电子邮件、新闻组(Usenet)和互联网,是不均衡分配的、滥用的和设计来使不对称权力关系具体化的,所以它为实现一个更加公正和人道的社会秩序施加了巨大的阻碍,而非推动一个强健的公共领域的发展。
>
> 进入一个数字化公共领域的门槛很高,这包括获得或购买价格高昂的硬件、操作和驾驭新媒体环境所需的大众文化普及,以及有效参与公共领域讨论和辩论所需的高级阶段的学习,即沟通技能和批评性思维。因此,许多处于下层阶级的人无法参与公共交流和政治

活动，也无法用他们自己的语言来发出他们的关切和需求。①

面对这些错综复杂的状况，积极应对新媒体的时候，就不能不调整战略性研判失误，特别是将网民等同于人民，就不能不更多关注“无声”的亿万人民及其心声。作为“党和人民的耳目喉舌”，任何时候都绝不能忽视真正“沉默的大多数”，因为他们才是人民共和国政治合法性的基石与政权正当性的源泉，正如“人民当家做主”一语所示。清华大学博士生苗伟山的实证性结论，也说明了这一点：

> 网民不能代表中国大众，正如卡斯泰尔(Castells)论述的，中国互联网上追求民主的仅仅是很少的一部分知识分子。根据《社会蓝皮书:2014 年社会形势分析与预测》，中国互联网中 300 名左右的意见领袖对网络舆论的形成起到重大作用。……网络使用主体的特征因此决定了线上和线下的巨大反差，正如网络上一则广为流传的微博“如果你每天看新浪微博，你会感觉中国明天就会爆发革命；如果你每天去菜市场，你会感觉中国一百年之内都不会发生革命”②。

由此可见，新媒体也好，新技术也罢，虽然对当今社会形态与新闻生态构成显而易见的冲击，但新媒体并非新闻舆论场乱象丛生的根源与症结，网上的问题归根结底还在于网下，真正的问题及其根源在于新媒体之外的社会，特别是文化政治的混乱与失序，新媒体说到底无非体现、放大与传播着日益混乱与失序的文化政治。如今，新闻传播领域的一个突出现象是，很多新闻宣传主管部门一天到晚疲于奔命，穷于应付，一事一决，辛苦备至，可惜只顾关注下游的“险情”，左一道指令，右一通提示，而往往无视也无暇顾及上游的“洪峰”。何谓上游及其洪峰？概言之，就是所谓“立主脑”(李渔《闲情偶寄》)，其中包括相辅相成的两个侧面——人与

---

① 郑永年:《技术赋权:中国的互联网、国家与社会》，北京:东方出版社 2014 年版，第 101—103 页。

② 苗伟山:《中国网络群体性事件:基于媒体多元互动的分析路径》，载《新闻与传播研究》2014 年第 7 期。

思。人之不存,思将焉附;思之不存,人将何谓。而这一上游问题,归根结底在于政治意识形态及其文化价值。如同前述一系列新自由主义再政治化表现,新闻传播再政治化也集中于历史观、价值观和世界观,新闻观无非是历史观、价值观和世界观的体现。在记者群体的历史观、价值观和世界观总体上日益偏倚与变异之际,任何关乎"马克思主义新闻观"的想法与做法,大多只能治标而无法治本,因为根本问题不在于此而在于历史观、价值观和世界观——主脑,问题出在下游而根子源于上游。而时下貌似成为主流的一套历史观、价值观和世界观,即使从乐观角度看也无非沉溺于80年代的"新启蒙"话语,就像文化学者黄纪苏的形象比喻,停在三十多年前的历史方位"原地踏步",踏出的深坑快把自己活埋了。[①] 至于精英媒体与媒体精英的"改弦易辙",更可谓"司马昭之心,路人皆知"了。

综上所述,如今媒体与舆论环境的乱象丛生,包括2013年《新快报》为其记者陈永洲涉嫌虚假报道而被警方拘留一事,先是叫板"敝报穷骨头还有那么两根"旋即公开道歉的闹剧,2014年警方披露原《21世纪经济报道》网络版"21世纪网"大规模新闻敲诈的利益链,央视财经频道郭振玺、芮成钢被查等,除了有偿新闻、有偿不闻、新闻腐败、新闻欺诈等利益问题,追根溯源乃在于观念形态的混乱与价值体系的失序。借用王岐山谈论反腐败的"三段论",如果说反腐目标依次为"不敢贪"(惩罚机制)、"不能贪"(制度约束)、"不想贪"(精神情操),那么,应对新闻乱象的最高境界也应在于记者及其观念所决定的"不想为"。当上上下下朝朝暮暮惊扰于新媒体的"狼来了"之时,殊不知无论新媒体旧媒体,把握话语与话语权的其实同属一类人以及同一类政治意识形态。如果人还是同样的人,而观念也还是同样的观念,那么新媒体、新技术只能使问题更多,乱象更甚,而绝不会由于掌控了新媒体、新技术,就能一举化解新闻传播领域的乱象丛生。一句话,关键不在于新媒体或新技术,看看新媒体大本营美国就知道了,而在于人与思即主脑,在于记者及其历史观、价值观和世

---

① 黄纪苏:《从国企改革看中国改革的基本思路》,载《天下》2012年第3期。

界观。

需要强调的是，人与思的问题并非天然如此，更非本性如此，没有谁天生离经叛道反潮流。观念形态的形成除了现实生活的所见所闻，所思所感，如贫富差距、官员贪腐、世风日下、礼崩乐坏等，更是由于日复一日的新潮思想熏染，一点一滴的文化价值塑造。一些八九十年代成长起来、如今占据新闻媒体咽喉要道的骨干精英就不说了，且看一批批八零后、九零后学子从学校课堂上接受的新闻教育，到现实中接触的影响其历史观、价值观和世界观的书籍、报纸、杂志、电影、电视，更不用说网络手机新媒体，则“马克思主义新闻观”以及“马克思主义在意识形态领域的指导地位”“全党全国人民团结奋斗的共同思想基础”等观念形态，究竟还有多大感召力，就可想而知了。至少，新一代心目中的偶像早已不是“勿忘人民”的穆青等人民记者，而是以其显赫身份乐此不疲地充任新贵势力喉舌并汲汲于谋取个人名望利益最大化的新闻明星了。再以新闻院系的学士、硕士、博士学位论文为例，如今从开题到答辩的流行模式是：首先，得有一套理论，而所谓理论无一例外都是西方学者的思想，而且绝大多数都是美国人的观点，中国学者的任何研究及其成果不入这个理论法眼。清华大学新闻与传播学院曾为博士生开列 20 部参考书目，除华裔加拿大学者赵月枝的《传播与社会：政治经济与文化分析》，一度全是西方学者甚至主要是美国学者的著述。而类似情况在各大新闻院系大同小异。其次，得有方法，而所谓方法通常来说无非是定量统计的一套实证路数，除此之外的其他研究路径都不能算方法，至少不算“科学方法”。这也是一种典型的科学主义或科学至上主义。科学的功用值得相信，但科学的主义不必迷信。看似悖论的一点是，当国际国内的前沿学术思想对科学的局限与问题越来越清醒之际，我们的新闻传播研究对科学的迷思却越来越浓重，仿佛只要祭起科学的大纛，便可横扫天下无敌手了。三十多年前，施拉姆的冷战学术——传播学，就是以“科学”之名在中国内地盛极一时，并使“不科学”的新闻学——以马克思主义为指导的、体现无产阶级政治意识的学术话语退居边缘。如今，美国实用哲学基础上的一套实证方法又以“科学”的说辞,恨不得驱逐一切“非科学”的方法,把中国的新闻传播学科也弄成一间巨大的实验室,堆满瓶瓶罐罐的“试剂”,汇集林林总总的“样本”。江晓原教授在《科学的三大误导》一文中论述的问题,简直就像针对新闻传播研究而言的:科学等于正确,科学技术能够解决一切问题,科学是至高无上的知识体系。[①] 2007 年一份由院士集体通过、以中国科学院和中国科学院院部主席团名义在报刊上发表的《关于科学理念的宣言》,已经态度鲜明地表示:“避免把科学知识凌驾于其他知识之上。”而当下新闻传播学,却依然把科学及其方法奉在珠穆朗玛峰上顶礼膜拜。最后,在西方或美国现成理论与一加一等于二的方法基础上,再将中国的某个新闻传播案例套入其中,从而证明或证伪西方的理论。不仅新闻学子的论文多为这一套路,就连一些学者文章也大抵如此。虽然此路研究及其著述即便如一朵奇葩不无价值,也不否认其存在意义,但总不能以一花独放而扼杀百花齐放。再看看学界,貌似形成中世纪欧洲教会似的“独立王国”,包括与之相应的一整套“独立”的机制和“自由”的理据如“价值中立”,使得“非我族类”的东西针插不入,水泼不进,既以文化权力而同政治权力分庭抗礼,又对青年学子与学者形成不得不就范的精神压力与利害关系,从而让官方的文化领导权往往形同虚设,常常悬置半空。

鉴于新闻界以及新闻学越来越成为再政治化的主阵地,新闻、媒体、传播等也就自然越来越成为意识形态领域的“核心关切”。2014 年,《经济导刊》编辑部举行的“中国媒体现状检讨”研讨会,既是这一“核心关切”的一次集中展现,又对其中关系重大的社会政治与新闻命题,进行了富有洞察的战略思考并展示了新时期以来难得一遇的“我民族独立之精神,自由之思想”(陈寅恪)。会上,近二十位海内外各路专家学者,对中国媒体的病症与病灶作了力透纸背的解剖,《经济导刊》也用三期连载了其中一些要点,其编者按语将政治标准和价值取向出现严重偏差的新闻

---

① 江晓原:《随缘集》,上海:复旦大学出版社 2011 年版,第 281—290 页。

传播现象称为“重度雾霾”，指出“一个时期以来，随着我国对外开放和市场改革不断深入，新闻和舆论自由度加大，一些媒体在西方意识形态和话语体系的影响下，政治标准和价值取向出现了严重偏差。这种偏差折射出我国舆论、思想界的价值混乱和意识形态错位，表明在意识形态领域西强我弱的局势下，我们的话语权和舆论阵地在相当程度上严重丢失。”①

最后需要特别说明，即使眼下文化政治与新闻传播发生了一系列变异，显现诸多值得忧思与反思的问题与想象，但大多数普通新闻工作者依然肩负着“党和人民”的使命，信守着人间正道与新闻理想，承担着大量日常的新闻报道，从而使新闻传播的大船在激流险滩中依然沿着主航道奋力前行。对此，还是得有充分估计和基本判断，否则就无法解释民族复兴的中国梦不断展现着越来越清晰的前景，越来越光明的未来。特别是，十八大以来，国家政治面貌焕然一新，人民群众为之欢欣鼓舞，就像毛泽东《新民主主义论》一文中的形象描绘，“全国人民有一种欣欣向荣的气象，大家以为有了出路，愁眉锁眼的姿态为之一扫”②。以习近平为总书记的党中央，在一步步推进“四个全面”战略部署之际，也在文化政治与意识形态领域包括新闻传播方面力挽狂澜，推行了一系列卓有成效的方针策略，包括习近平两手抓、两手硬的“8·19讲话”和在文艺工作座谈会上的讲话，相继成立国家安全委员会、中央网络安全和信息化领导小组等。

本部分开篇提到鲁迅先生的话：地上本没有路，走的人多了，也便成了路。“却顾所来径，苍苍横翠微。”三十余年来中国社会与新闻传播一路风风雨雨，发生了惊心动魄而润物无声的变化，沧海桑田，欲辩忘言。这里，只是从政治意识形态角度，对专业领域的演化及其错综复杂的社会背景略作探析，在“茫茫九派流中国”的一片烟云中，瞩望“沉沉一线穿南

① 本刊编辑部：《中国媒体现状检讨》，载《经济导刊》2014年第5期。
② 《毛泽东选集》第二卷，北京：人民出版社1991年版，第662页。

北”的变革之轨迹、踪影与脉络:新时期新闻传播路如何一步步走过?经过哪些沟沟壑壑,曲曲折折?又有哪些令人怀想的光荣与梦想,朝乾夕惕的顿挫与沮丧?特别是,如何从习近平所言“中华民族5000多年的文明史,中国人民近代以来170多年的斗争史,中国共产党90多年的奋斗史,中华人民共和国60多年的发展史,都是人民书写的历史”①这一总思路与连续统上把握新时期的新闻传播,更是兹事体大的学术课题与思想命题。为此,勉力提炼并试图描绘了80年代高度政治化、90年代去政治化与新世纪再政治化的粗线条,由此贯通并显现新时期以来新闻传播的大转型、大趋势。其间,对于社会政治问题而言,无论采取什么立场,不管秉持什么主张,说到底无不围绕社会主义这个当代中国的最大政治或核心政治,具体而通俗地说就是“共产党领导人民走中国特色社会主义道路”,要么干扰之,要么坚守之,要么祛除之,要么复兴之,要么不情不愿,要么自觉自愿,所谓文化自觉以及相应的学术自觉,首先离不开这种政治自觉。

三十年河东,三十年河西。经过三十余年来的步步演进,中国社会也许又抵达了一个历史节点。中国社会科学院国家文化安全与意识形态建设研究中心副主任兼秘书长朱继东,在十八届三中全会召开之际撰文提议,早日做出一个经得起历史考验的“关于改革开放以来党的若干历史问题的决议”,全面总结改革开放的成就与经验、问题与失误,如同1945年《关于若干历史问题的决议》和1981年《关于建国以来党的若干历史问题的决议》,以明确什么是要坚定不移坚持的,什么是完成历史使命需要停止的,什么是应该纠正的:“20多年来,社会主义市场经济取得巨大成就,但也暴露出一些问题。市场主体追求利润最大化,难以完全实现个人利益与社会利益的统一;市场的自发性、盲目性和波动性带来破坏和浪费,甚至引发周期性经济危机;市场机制不能自动解决社会公平问题,贫富差距扩大;还有些地方把教育、医疗、住房等与人民生活密切相关的领

① 习近平:《在纪念毛泽东同志诞辰120周年座谈会上的讲话》,新华社,2013年12月26日。

域盲目推向市场，国企私有化过程中出现对国有资产流失的质疑。问题根源主要是有些领导干部过于强调市场经济，忽视了其社会主义属性，导致盲信市场等错误思潮泛滥，并引发信仰迷失、道德滑坡、贪腐横行、环境污染等问题。"[①]国防大学教授卢周来2014年发表文章，也从政治经济学角度"呼唤新一轮思想解放"：

> 在今天的中国学界尤其是经济学圈内，批评资本与企业家，与为政府合理行为辩护，已经被认为是一个可能危及"饭碗"的高危行为；而另一方面，主流经济学家仍然坚持认为，市场化不够，政府管得过多。包括波兰尼批评过的劳动力与土地市场化，被主流经济学家认为"远远不够"。
>
> 所以，要发起社会保护运动的前提，也可能是需要一场类似当年真理标准大讨论那样的思想再解放。
>
> 与35年前的思想解放相比较，这一轮思想解放应该有自己的特色。35年前，因为得益于毛泽东时代几乎剪除了一切利益集团，改革的最大阻碍其实来自于传统教条式马克思主义观念，因此，改革以真理标准大讨论开头。35年后的今天，对收入分配这项事关中国未来的大改革，阻碍最大的已不是旧观念，而是既得利益——这恰与35年前相反。因此，这一轮思想解放，也必须反其道而行之。必须高树公平正义这杆社会主义旗帜，以观念凝聚共识，以主义的旗帜汇聚力量，去压倒特殊利益集团，去拆散旧的既得利益格局。[②]

就新闻传播以及更广泛的思想文化来说，回望新时期，最大的问题也正在于邓小平提醒的"一手硬，一手软"。如今，不管是汲取国际共产主义运动的历史经验，特别是苏联解体、东欧剧变的巨大悲剧，还是回味葛兰西所论文化政治与文化领导权思想，不管是探寻新中国的立国之路，还是领会共产党与共和国领袖对文化政治的深邃思虑，都让人更真切地体

① 朱继东：《该对改革开放做历史总结了》，载《环球时报》2013年11月9日。
② 卢周来：《破除既得利益集团的策略选择》，载《文化纵横》2014年第2期。

会了现代社会与现代政治的要义。如果说,既往一切社会形态的政治正当性与合法性大多来自血亲血缘、宗教神学、强权暴力等,那么现代政治则往往奠基于凝聚人心而天下归心的文化政治,特别是一整套哲学意识形态——"主义",美国政治哲学家列奥·施特劳斯称之为"政治的哲学化"。借用法国思想家阿尔都塞的话说:"任何一个阶级如果不在掌握政权的同时对意识形态国家机器并在这套机器中行使其领导权的话,那么它的政权就不会持久。"[①]意大利学者弗朗科·里沃尔西说得更直截了当:

> 阶级冲突的真正战场不在别处,而在于是否有能力提出一种独立的、广为传播的世界观。而这正是"领导权"所涉及的领域,在这里,所谓领导权就是阐发和传播具有聚合力的那样一种思想的能力。[②]

新时期或已成为一个名实渐远的时代,而新时期落幕,中国梦开启,周虽旧邦,其命维新。开国领袖毛泽东曾经满怀豪情地说过,我们的事业是正义的,而正义的事业是不可战胜的。什么时候,中国的媒体、中国的记者、中国的新闻传播学,都能够自觉自信地挺起脊梁,重树我们的事业是正义的,而正义的事业是不可战胜的这一精神旗帜,而不是汲汲于产业效益、做大做强,更不是一心追攀普世价值的海市蜃楼,甚至驴唇不对马嘴地将中国梦解读为变相的美国梦,民族复兴才可能真正拥有保驾护航、凝心聚气的传播利器。一百多年前仁人志士的暮鼓晨钟,今天听来依然振聋发聩——"国之利器,不可假人"(陈炽)。

---

① 〔法〕路易·阿尔都塞:《意识形态和意识形态国家机器》,见陈越编译:《哲学与政治:阿尔都塞读本》,长春:吉林人民出版社 2003 年版,第 338 页。

② 〔意〕弗朗科·里沃尔西:《葛兰西与左翼的政治文化》,见〔意〕萨尔沃·马斯泰罗内编:《一个未完成的政治思索:葛兰西的〈狱中札记〉》,黄华光、徐力源译,北京:社会科学文献出版社 2000 年版,第 113 页。

七、新中国与新文化的一部经典

（一）

1977 年，国史上一个寻常而奇崛的年份，用《万历十五年》的英文书名来说，貌似“无足轻重”的年份（*A Year of No Significance*）。此前一年，以华国锋为首的政治局以非常手段，解决了江青反革命集团问题，结束了“无产阶级文化大革命”；此后一年，中央工作会议以及紧随其后的十一届三中全会召开，全面开启了“改革开放”年代。

1977 年，在笔者自己的人生历程中也是印象深刻。上一年，高中毕业，上山下乡；下一年，成为恢复高考的首届大学生，即所谓“七七级”（今人以为七七级自当七七年入学，其实七七级与七八级同年入校，同年毕业，相距一个学期而非一个学年）。作为业余“音乐爱好者”，自己留在这一年的鲜明记忆当属一批“解禁”作品——《洪湖赤卫队》《黄河大合唱》《长征组歌》以及音乐舞蹈史诗《东方红》……这些排山倒海的黄钟大吕，激荡着历史风云，洋溢着时代气息，铸就了中国现代音乐以及现代文化迄未逾越的高峰。特别是《东方红》，更以沧海横流的史诗性和大江东去的精气神，象征性地展现了一个古老民族追求复兴的生命意志与心路历程，英风飒飒，生机勃勃，蔚为壮观，动人魂魄，也在自己心底留下荡气回肠的悠远回声。而此时，距离这部文化经典的问世已十三年了。

1964 年 10 月 2 日，又逢金风送爽时节，《东方红》作为国庆十五周年献礼作品在人民大会堂上演。风乍起，吹皱一池春水，而《东方红》则好似一颗精神原子弹，在新中国文化领域卷起惊涛拍岸的千堆雪。巧的是，同月 16 日，新疆戈壁大漠间炸响中国第一颗原子弹，当天晚上，毛泽东、刘少奇、周恩来、朱德、陈云、邓小平等领导人在人民大会堂接见剧组全体成员，周总理宣布了这一消息，事先提醒大家控制一下情绪，免得地板承受不了冲天而起的喜悦浪潮。由此，《东方红》剧组最早获悉了这一捷报。至于《东方红》山呼海应的精神感染力，从一位清华学子发表在《人民日报》上的文章中也可略见一斑：“看了音乐舞蹈史诗《东方红》以后，我的心久久不能平静……这不仅是一场很好的歌舞，而且是一部中国革命的巨大史诗，是党领导下的四十多年革命斗争的缩影，是对我们进行阶级教育和革命传统教育的好教材，它赋予我们巨大的精神力量，给我们上了生动的一课。”文章题为《上了生动的一课》，作者胡锦涛。

从此，这部由周恩来总理一手挂帅、云集当时全国一流艺术家的音乐歌舞作品，就同交响诗《嘎达梅林》《红旗颂》，管弦乐曲《瑶族舞曲》《北京喜讯到边寨》，小提琴曲《梁山伯与祝英台》《帕米尔之春》，钢琴协奏曲《黄河》，歌剧《江姐》《洪湖赤卫队》，芭蕾舞剧《红色娘子军》《白毛女》《沂蒙颂》，电影《阿诗玛》《刘三姐》，现代京剧《沙家浜》《杜鹃山》等音乐精品，一同在新中国的文化星空上熠熠生辉。其中，不仅凝聚着新中国六十余年来一脉相承的文化精神，而且体现着现代中国一以贯之的文化政治，国庆三十五周年的《中国革命之歌》和六十周年的《复兴之路》，也从一个侧面表明了这一点。由此说来，把握了《东方红》的文化蕴含，也无异于感悟了现代中国的立国之魂。

作为歌、舞、诗、画的综合性创作，《东方红》以革命英雄主义与革命浪漫主义的手法，抒写了“不愿做奴隶的人们”在毛主席、共产党领导下，追求国家独立、民族解放、人民自由的苦难历程。下列家喻户晓的曲目，凝练传神地勾勒了这一曲折历程以及这部经典的文化政治意味，汇成了一幅“长夜难明”到“雄鸡一唱”的东方红图景：

序　曲

歌舞：《葵花向太阳》

歌曲：《东方红》

第一场：东方的曙光

舞蹈：《苦难的年代》

歌曲：《北方吹来十月的风》

歌曲：《工友歌》

歌曲:《农友歌》(领唱:王昆)

歌曲:《工农兵联合起来》

第二场:星火燎原

表演唱:《就义歌》

舞蹈:《秋收起义》

表演唱:《拿起武器闹革命》

舞蹈:《井冈山会师》

歌曲:《双双草鞋送红军》

歌曲:《井冈山》(领唱:寇家伦)

歌曲:《三大纪律八项注意》

歌舞:《打土豪分田地》

歌曲:《八月桂花遍地开》

第三场:万水千山

表演唱:《红军战士想念毛泽东》

舞蹈:《飞夺天险》

歌曲:《飞跃大渡河》

歌舞:《情深意长》(独唱:邓玉华)

舞蹈:《雪山草地》

歌曲:《过雪山草地》

歌舞:《陕北会师》

歌曲:《会师歌》

歌曲:《七律·长征》(领唱:贾世俊)

第四场:抗日的烽火

表演唱:《松花江上》(领唱:张越男、李光羲)

歌曲:《义勇军进行曲》

表演唱:《抗日军政大学校歌》

表演唱:《到敌人后方去》

歌曲:《游击战》

歌舞:《游击队之歌》

表演唱:《大生产》

歌曲:《南泥湾》(独唱:郭兰英)

歌舞:《保卫黄河》

第五场:埋葬蒋家王朝

表演唱:《团结就是力量》

歌曲:《坐牢算什么》

舞蹈:《进军舞》

歌曲:《中国人民解放军进行曲》

舞蹈:《百万雄师过大江》

歌舞:《欢庆解放》

歌曲:《解放区的天》

歌曲:《人民解放军占领南京》

第六场;中国人民站起来

乐曲:《国歌》

歌舞:《伟大的节日》

歌曲:《没有共产党就没有新中国》

歌曲:《赞歌》(独唱:胡松华)

舞蹈:新疆舞

歌曲:《毛主席祝您万寿无疆》(独唱:才旦卓玛)

歌曲:《歌唱祖国》

全场合唱:《国际歌》

围绕这部经典,流传着一系列传奇般的故事。如《东方红》从动议到上演不过一个半月,涉及七十多个单位,三千七百多人,包括三十多首歌曲、九部大型舞蹈、十八部歌舞表演、十八段朗诵等。再如,总导演周总理忙完一天的国务活动后,常常深夜一两点钟来到剧组,和大家一起讨论,大到思路,小到细节,无不亲力亲为,广为流传的《赞歌》就是根据他的意见创作的,而这首名曲本身又近乎一个传奇。当时,周总理审看开国一段场景后，觉得应该再加一曲男高音蒙古长调，以烘托新中国旭日东升的恢宏气象。于是，年轻的满族歌唱家胡松华“临危受命”，连夜赶到剧组，以刚刚深入草原牧区的鲜活灵感，通宵达旦，一挥而就，一首脍炙人口的佳作就此诞生，风行天下：从草原来到天安门广场，高举金杯把赞歌唱……

在新中国的开国元勋中，文采风流不乏其人，毛泽东、朱德、陈毅、叶剑英等诗作自是脍炙人口，周恩来的文化品位与艺术修养同样传为佳话。中共中央文献研究室副主任陈晋，曾为毛泽东、周恩来、邓小平三人的退休生活做过如下合乎逻辑的设想：毛泽东一生嗜书如命，自然高卧终日，手不释卷；周恩来高人雅致，邀集作家艺术家，高谈阔论，畅叙幽情；而邓小平则是平民风格，更乐意同家人在一起，尽享天伦之乐。有这样热衷文化、尊崇艺术的总理与导演，《东方红》的成就也就顺理成章了。当然，周总理首先是一位政治家，所以一开始他就明确指出，《东方红》是部政治作品，用现代学术语言来说，他清晰地将其定位于“文化政治”。同时，他为《东方红》确立了“史诗”的基调：“要采用史诗的写法”“中国革命本身就是一首壮丽的史诗”“努力做到用艺术形式将中国革命这首史诗再现在舞台上”。

笔者曾就《东方红》的精神内涵与艺术魅力，向原中央党校的李书磊教授就教，他的一个观点一语中的，令人茅塞顿开：审视这部史诗之作，最适于用古代文论的核心范畴——“气象”。确实，《东方红》给人最直观、最深刻、最难忘的感触，就是那种吞吐日月、浑然一体的气象。气者，气息悠长，气韵生动，气冲斗牛，气吞万里，气势如虹，力拔山兮气盖世之谓也，其实一切生命也无不凝聚为一口气。而象者，可观、可感、可闻之形象也、意象也。气象既属于美学的境界、艺术的境界，更体现着一种整体的生命状态与时代精神。如果说慷慨悲歌壮怀激烈的沉雄气象为古典时代所推重：“身既死兮神以灵，魂魄毅兮为鬼雄”“风萧萧兮易水寒，壮士一去兮不复还”“秦时明月汉时关，万里长征人未还”……那么《东方红》则是现代中国一部气吞山河的闳放豪迈之作，“万里赴戎机，关山度若飞”，借用吴建民博士对“气象”的阐发：

> 雄浑的“气象”是生命力强旺蓬勃的体现。这种“气象”雄壮宏大,有着强健刚劲、勃勃跃动的生命力……对此种“气象”的观照,也就是对蓬勃生命力的观照……观照这种“气象”,观赏者能够获得生命力的鼓舞和激励,从而产生无穷的审美快感。①

总之,《东方红》既是新中国文化艺术的一次巡礼,也是现代音乐舞蹈在科学的、民族的、大众的新文化道路上的又一座里程碑,实现了周总理所期许的目标:“努力做到政治和艺术的统一、内容和形式的统一。要具有新鲜活泼的、为中国老百姓所喜闻乐见的中国作风和中国气派。”

(二)

就社会进程及其象征意味而言,《在延安文艺座谈会上的讲话》发表以来的七十年既是现代中国即新中国诞生、成长、壮大的时期,也是现代文化即新文化日益自觉、日渐丰满、日趋成型的阶段。以延安为标志,如果说之前的中国政治与文化还处于半土半洋的氛围,就像当时的文字半文半白,那么经过风起云涌的时代潮流洗礼,当代中国的社会政治与文化精神已经彻头彻尾“现代化”了。虽然时下对民国“范儿”的想象蓊蓊郁郁,频见时贤口吐莲花,弄得列强侵凌、军阀割据、民不聊生的旧中国,貌似“比西施还美、比王昭君还美,还比得上杨贵妃”,但终归不过是一点“白头宫女在,闲坐说玄宗”的思古幽情,浩浩汤汤的现代潮流早已渐行渐远,恰如四五运动的天安门诗抄所言:“中国已经不是过去的中国/人民也不是愚不可及……”而这一切浓郁蓬勃的现代气息,都点点滴滴体现于本书前言所谓“新中国与新文化”,体现于主导新中国与新文化的历史动因——中国革命与中国共产党。

中国革命与中国共产党是以全新的现代面貌登上历史舞台的,其中蕴含着极其丰富的现代意味,洋溢着焕然一新的现代气息。诚然,中国革命的主体来自泥腿子,中国革命的道路是农村包围城市,中国革命的领袖

---

① 吴建民:《古代文论中的“气象”观》,载《衡阳师范学院学报》2004年第2期。

也常带着乡土气，但若据此将这一重塑世界、再造中国的运动视为“改朝换代”“农民起义”等，那么就失之毫厘谬以千里了。不说别的，如下历史镜头便意味深长：长征途中，野外露营，围着一团团篝火，红军将领或用德语朗读《共产党宣言》，或用法语高歌《马赛曲》，或跳起风风火火的俄罗斯水兵舞……按照陈晋的说法，这支革命队伍其实是很“洋”气的，而所谓洋气就是现代气。这种洋气或现代气不是个人偏好问题，也不是时代风尚问题，而是现代潮流或世界潮流洗礼、浸淫、涤荡而焕发的一种精神气象。众所周知，鸦片战争一声炮响，万世一系的天朝体制或天下体系宣告失灵，日渐崩颓，中华帝国由此一步步汇入现代世界体系。在这个血与火的苦难进程中，从生产方式到社会制度，从思想观念到行为模式，中国无不发生着或翻天覆地或习焉不察的变化，其中至关重要的当属中国人作为现代政治共同体的觉醒，以及相伴相生的现代国家与现代文明。不言而喻，没有自觉自醒的现代政治民族，就不可能开创自强自立的现代国家与现代文明，而政治独立与精神觉醒始终离不开一种文化自觉，离不开现代文化的建设与传播。可以说，从晚清到民国，从毛泽东到邓小平，这一觉醒与崛起、复生与再造的社会进程始终连绵不绝，一以贯之，新中国与新文化始终相伴相生，一脉相连。如果说“中国人从此站起来了”是现代中国的独立宣言，那么毛泽东的《新民主主义论》则为这种现代文化拉开帷幕：“我们不但要把一个政治上受压迫、经济上受剥削的中国，变为一个政治上自由和经济上繁荣的中国，而且要把一个被旧文化统治因而愚昧落后的中国，变为一个被新文化统治因而文明先进的中国。一句话，我们要建立一个新中国。建立中华民族的新文化，这就是我们在文化领域中的目的。”[①]

大致说来，这一自觉自醒的历史进程，已经经历了三个时期或三次浪潮。第一次浪潮是五四运动。这场决定现代中国命运与方向的运动，既是波及广泛的思想解放与文化启蒙运动，又是旧邦新造的社会政治工程，

① 《毛泽东选集》第二卷，北京：人民出版社 1991 年版，第 663 页。

既以李大钊、胡适、鲁迅、陈独秀以及《新青年》、德先生、赛先生等文化符号彪炳于世,又以学生罢课、工人罢工、“外争国权,内惩国贼”以及马克思主义的传播、共产党的诞生等政治事件闻名天下。以往与当下总有对五四的片面解读,或突出其思想文化的启蒙意义,或强调其社会政治的历史功绩,而五四的救亡与启蒙可以说第一次鲜明体现了现代中国的政治自觉与文化自觉,标志着中华民族作为一个现代政治民族的自觉与自醒。第二次浪潮是以三四十年代鲁迅与延安为象征的左翼新文化运动,“鲁艺”文化人已显示这一现代文化大河奔流的宏阔声势:茅盾、周扬、丁玲、萧军、冼星海、周立波、光未然、贺敬之、刘白羽、李焕之、郑律成、何其芳、陈荒煤、艾青、张庚、吕骥、刘炽、严文井、孙犁、秦兆阳、马烽、西戎、冯牧、古元、江枫、华君武、吴印咸、蔡若虹、张仃、王朝闻、穆青、崔巍、陈强、王昆、于蓝、王大华……左翼新文化运动不仅确立了新中国立国之本——《新民主主义论》所阐发的“科学的、民族的、大众的”宗旨,体现了“古为今用,洋为中用,百花齐放,推陈出新”的文化意识,而且产生了一批洋洋大观的现代文化经典,迸发着一种鲜明的、生机勃勃的现代精神,如常常提及的有哲学社会科学领域一批马克思主义中国化成果,包括《矛盾论》与《实践论》(毛泽东)、《大众哲学》(艾思奇)、《社会学大纲》(李达)、《甲申三百年祭》(郭沫若)、《中国通史简编》(范文澜)、《中国的地主与农民》(陈翰笙)、《经济学》(薛暮桥)等;文学作品有《子夜》(茅盾)、《激流三部曲》(巴金)、《骆驼祥子》(老舍)、《屈原》(郭沫若)、《雷雨》与《日出》(曹禺)、《呼兰河传》(萧红)、《太阳照在桑干河上》(丁玲)、《李有才板话》(赵树理)、《大堰河——我的保姆》(艾青)、《王贵与李香香》(李季)等;音乐作品有《义勇军进行曲》(聂耳)、《松花江上》(张寒晖)、《黄河大合唱》(冼星海)、《游击队歌》(贺绿汀)、《五月的鲜花》(阎述诗)、《白毛女》(马可等)等;电影有《风云儿女》(田汉、夏衍)、《渔光曲》与《一江春水向东流》(蔡楚生)、《桃李劫》(袁牧之)等;新闻有《中国的西北角》(范长江)、《经历》(邹韬奋)、《包身工》(夏衍)等;另外还有大量译介的现代世界优秀文化成果,包括《共产党宣言》(陈望道译)、《资本论》

(郭大力译)、《铁流》(曹靖华译)、《钢铁是怎样炼成的》(梅益译)、《西行漫记》(胡愈之策划)……真可谓千岩竞秀,万壑争流,风光无限,气象万千。左翼新文化传统及其文化自觉与政治自觉,既延续着五四新文化的现代精神,又奠定了新中国的文化政治与文化领导权,在传承五四精神的基础上全面开辟了新中国的新文化。具体说来,这种新文化一方面构成对抗当时国民党黑暗政治及其封建文化与买办文化的崭新气象,一方面为新中国确立了政治格局与文化方向,最终形成不可逆转的现代趋势:

> 当毛泽东在抗战最艰苦的阶段描绘一种新民主主义政体时,他同时也是在描述一种前所未有的新民主主义文化;而 1949 年以后的社会主义国家形式的确立过程,本身也是社会主义文化意识的确立过程。可以说,20 世纪中国革命的高潮,也是近代中国人政治自觉和文化自觉最为明晰的时刻。①

第三次浪潮则以邓小平时代为契机,既涉及改革开放的一整套政治经济的革新探索,更关乎思想文化领域的精神解放,从而大大激发了中国人的政治自觉与文化自觉,形成一百年来前所未有的国家强盛与精神独立的时代气象。正如美国汉学家艾恺接受《人民日报》记者采访时说到的:"几十年的发展,中国人的思想发生了很大的变化,思想更为活跃和开放,视野更加开阔,社会更加包容,中国传统文化所蕴藏的生命力再次绽放出来。"其间,又可分为两次思想解放高潮,一是三十年前的真理标准大讨论,一是如今的文化自觉潮流,前者的关键词是实事求是,后者的关键词是文化自觉。特别是当下这一更为艰巨、更为重大的思想解放潮流,既源于以费孝通为代表的自觉自省意识,又得益于国家战略大力推进的现实运动——中华民族伟大复兴的中国梦。

将《东方红》置于这种语境中审视,当能更加深切地理解其中的文化政治及其现代意味,进而透视现代文化及其建设与传播的内在规律与外在条件,并汲取历史的镜鉴与思想的启迪。随着中华民族作为独立自主

---

① 张旭东:《离不开政治的文化自觉》,载《文化纵横》2012 年第 2 期。

的现代政治共同体展现出越来越清晰的历史使命,文化已经成为国家发展与民族复兴的核心命题。

如今,上上下下对文化的重视非比寻常,文化产业更是如雷贯耳。然而,文化之为“文而化之”的精神食粮,并非有钱能使鬼推磨的。联系《东方红》的经验,除了领导人亲力亲为、艺术家不计名利等时代背景,首先还在于将文化置于现代政治与现代国家的高度,从而将文化建设与国家建设、文化自觉与政治自觉相提并论,而不是局限于泛泛的“丰富生活”“调剂身心”“吹拉弹唱”“风花雪月”。其次,将文化作为文化,正心诚意,痴心向往,而非种种现实功利的“敲门砖”,诸如“政绩”“利润”“收视率”“发行量”。诚然,文化需要市场,也离不开阿堵物,正如文化人也得安居乐业,据说一些人心目中“代表先进文化”的美国,就是将文化与产业一锅煮的——恐怕大多属误读。但是,市场再发展、再繁荣,阿堵物哪怕堆成喜马拉雅山,也堆不出《卡门》《天鹅湖》《英雄交响曲》,同样堆不出《东方红》《黄河大合唱》《梁山伯与祝英台》。因为,归根结底,文化是灵魂的翔舞、精神的欢歌、生命的悸动,更是现代国家的立国之魂与精神家园。倘以“非文化”“伪文化”,乃至“反文化”追求文化,则无异于南其辕而北其辙。道理很简单,既然没有对文化的向往与痴迷,一门心思只想以“文”谋“利”,那么文化又怎能发展,如何繁荣呢?文化学者黄纪苏的一个批评深中肯綮:“电视台广大职工也有他们的苦衷:我们也不想下三滥,但上面定了产业化大方向,下了收视率、广告收入硬指标,不下三路,我们不得下岗么?”[①]东方演艺集团的步步落败及其董事长顾欣2015年终于锒铛入狱,无非提供了一个最新而又不足为奇的案例。在其所谓产业化改革名号下,不仅一大批艺术家沦为雇佣劳动者,包括周恩来总理一手培育的著名的东方歌舞团不知所终,而且也无异于再次提示我们:青年马克思抒发畅想的人生何尝不是社会主义文艺念兹在兹的境界:

> 我们现在假定**人**就是**人**,而人对世界的关系是一种人的关系,那

① 黄纪苏:《漫议文化重建》,载《文化纵横》2011年第4期。

么你就只能用爱来交换爱，只能用信任来交换信任，等等。如果你想得到艺术的享受，那你就必须是一个有艺术修养的人。如果你想感化别人，那你就必须是一个实际上能鼓舞和推动别人前进的人。你对人和对自然界的一切关系，都必须是你的**现实的个人**生活的、与你的意志的对象相符合的**特定表现**。如果你在恋爱，但没有引起对方的爱，也就是说，如果你的爱作为爱没有使对方产生相应的爱，如果你作为恋爱者通过你的**生命表现**没有使你成为**被爱的人**，那么你的爱就是无力的，就是不幸。①

（三）

《史诗〈东方红〉创作者口述史》（清华大学出版社 2013 年版），是由多位年轻的清华北大学人一同完成的，而总其成者是黄卫星副教授。黄卫星，湖北蕲春人，硕士生与博士生阶段均师从蒋孔阳先生高足、马克思主义实践美学权威张玉能教授，博士学位论文《审美价值观的传播与建构》由人民出版社付梓。

采访录中的人物既是《东方红》的主创人员，又是新中国与新文化的风流人物，从作曲家周巍峙到词作家乔羽，从歌唱家王昆、才旦卓玛、李光羲到舞蹈家欧米加参，从毕业于北京大学的陆祖龙到受业于清华大学的茅沅……他们不仅为《东方红》付出自己的艺术心血，而且各以一串串经典之作续写了现代文化的华美篇章：《志愿军战歌》《我的祖国》《英雄赞歌》《让我们荡起双桨》《情深意长》《映山红》《瑶族舞曲》《北京的金山上》……从这些访谈录里，我们听到看到最多的是周总理、精品、经典、丰碑、里程碑、精气神、激情燃烧、空前绝后等，同时还有他们对文化艺术的真切感受与朴素思考：

欧米加参：当时参加《东方红》演出的演员，基本各有各的故事。

① 《马克思恩格斯文集》第 1 卷，北京：人民出版社 2009 年版，第 247—248 页。

我们经历过旧社会，也经历过新中国，所以有一种直观的生活体验，知道应该怎么表现。当时排练的时候基本上是义务劳动，但大家都很开心。记得很清楚的是，总理那个时候作为总导演，对于整个文艺界都是很熟悉的，谁到了谁没到，总理都记得的。演员的精神状态也跟现在很不一样。后来排练的《复兴之路》，取材、灯光、技巧、音乐等技术层面都特别好，但是总感觉在精神状态上现在的演员是体会不到的。比如现在很多演员走穴，我总觉得心里特别扭，因为我最开始就是像走穴一样，到处流浪，到处挣钱，最后成了人民的文艺工作者，开始了新的生活，不再卖艺了。可是现在的文艺工作者又回去了，只要给钱我就唱，有点像轮回啊。现在说文艺工作要这样要那样，我觉得我们当时靠的就是一个延安文艺座谈会的精神。

邓玉华：我挺拥护毛主席《在延安文艺座谈会上的讲话》。因为，我觉得我们的文艺就要为人民服务。有一段时间批判，说文艺为政治不对。那要看怎么说，一个资本主义，一个社会主义，你说是不是政治？这就是政治。社会主义国家的文艺要不要为社会主义服务？你不能避开这个性质，不说为政治服务，不说不等于不存在。什么是社会主义？爱祖国，爱中华民族，就相当于你爱你的家，爱你的爸爸妈妈，兄弟姐妹，要团结、要友爱、要互相帮助，56个民族大团结，这是不是政治？这都是政治。文艺就要为政治服务。

周巍峙：现在大多数艺术家都奔着钱，给歌星写歌5万、10万，却和人民没有交流。有一篇文章批评演员“请天上飞的下来看看”。很多时候节目只要表演完，演员就马上坐飞机走了。有时候配音都没有配好，他也不管，演出结束后拿了钱就坐飞机走了，因为下一个表演在等着他。

陆祖龙：我觉得现在是国家富了，但艺术团体不行了。除了部队的艺术团体，部队有钱，其他的艺术团体都不行啊，都要倡导产业化，

> 市场化。我爱人本来是北京歌舞团的，但现在变成一个演艺公司了。改制后也搞舞剧，但花了几百万，演不了几场就不演了。为了生存，去跟旅游公司订合同，跑到旅馆和餐厅里去演出。可能我看得片面了。当然也有些剧场本来就是市场化的，有的改革也成功了，就像杂技现在改革了就很好，衣服也很漂亮，演出效益很好。但我觉得文化艺术团体不能全部走向市场化，国家还是应该担负起来。全世界绝大部分国家都有自己养着的文艺团体，好的艺术家都是国家养着的，没有说自负盈亏的，文化艺术与市场不能等同。
>
> ……

本书的文化人身上，焕发着一种九死未悔的时代精神；采访他们的青年学人身上，透露着一种薪火相传的精神气息。而如今，这种精神传承已由星星之火而渐成燎原之势，文化研究与传播研究的新动向可堪欣慰。举例来说，《制造“国民”：1950—1970年代的日常生活与文艺实践》一书，就收录了多篇可圈可点的文化研究成果：安徽师范大学传媒学院丁云亮的《识字的政治——1950年代上海工人的学文化运动》、上海社会科学院张炼红的《“红色经典”的想象政治与“革命中国”的认同困境——以〈沙家浜〉史事演义为个案》、复旦大学中文系倪伟的《社会主义文化的视觉再现——“户县农民画”再释读》、海南大学人文传播学院张硕果的《1950年代早期上海的电影文化论争与改造——从“文艺可不可以为小资产阶级服务”讨论到“文艺整风学习运动”》［博士论文《论上海的社会主义电影文化(1949—1966)》一节］等。这些年轻学者的著述无不显示了思想文化波涌浪翻的新潮流，就像复旦大学中文系副教授倪伟对户县农民画的阐述：

> 这场雄心勃勃的文化革命，目标在于创造一种与封建传统文化和资产阶级文化都迥然不同的崭新的文化形态，它召唤“工农兵群众”，希望这个长久以来被认为卑贱的社会群体能够独立地担当其创

造新的文化、新的历史的重任。[1]

数风流人物,还看今朝。黄卫星博士及其年轻群体,同样属于这脉文化传承的后起之秀,属于中国现代文化建设与传播的风流人物,伴随中华民族自立于世界民族之林的崛起以及文化自觉、文化自信、文化自强的意识,他们的心血也将融入东方红的风云画卷。

① 倪伟:《社会主义文化的视觉再现——“户县农民画”再释读》,见罗小茗编:《制造“国民”:1950—1970年代的日常生活与文艺实践》,上海:上海书店出版社2011年版,第265页。

八、重思中国传播学

何谓传播学？按大道至简的理解或定义，传播学是探讨人类传播现象及其规律的学问。不言而喻，人类一切活动都离不开传播，少不了传播。曾子“一日三省”，属于发生在自身的传播；“相看两不厌，唯有敬亭山”，是人与自然万物的对话；“故人具鸡黍，邀我至田家，开轩面场圃，把酒话桑麻”，是人际交往；至于现代传播活动，更是触目皆是，举世滔滔，看看“低头一族”就可想而知了。

传播活动，古今皆然。而研究传播成为一门学问与学科，则是伴随现代资本主义的兴起而出现的。因为，资本主义的市场扩张，全球拓展，导致人类信息空前涌流，促使社会交往空前活跃，形成《共产党宣言》论述的世界历史图景，用鲁迅的话说：“无穷的远方，无数的人们，都和我有关。”于是，针对信息、传播与交往的探讨，也就自然形成了。特别是二战前后电子媒介的迅猛发展，现代传播更如大江东来，汹涌澎湃，新闻报道、广播电视、竞选演讲、商业广告、战争宣传、危机公关等，日益广泛地影响着人类世界与社会生活。为此，新闻学、政治学、社会学、心理学、语言学等，尤其高度关注，纷纷展开研究，从而相互交叉，不断融汇，最终在美国形成一种专门的学科——传播学(communication)。

传播学及其兴起除了传播科技的直接作用，更值得关注的还在于现代世界的政治、经济、文化、社会、心理等背景。一个直接而明显的事实是，美国传播学的基本理论与研究方法，主要问题与学术关切等，无不契合二战前后美国社会的政治、经济、文化等演化脉络。2015 年是世界反法西斯战争胜利 70 周年。二战期间，美国就有一大批政治学者、社会学者、心理学者投身宣传研究，许多成果为战后传播学在美国的形成奠定了基础。再如，二战后的冷战更是极大地推动了美国传播学进程，美国传播学奠基人施拉姆参与的《报刊的四种理论》就是冷战的产物。所谓四种理论，其实只是两种，也隐含着两大阵营的对峙，一种是“自由主义理论”，一种是“极权主义理论”。当然，传播学也不乏契合传播规律的科学内容，如议程设置、意见领袖等传播学概念如今都融入人们的日常用语。

上面讲的多是美国的情况，难道传播学只是美国的学问吗？当然不是。除了国际学界占据主导与主流的美国传播学，西方马克思主义传统的欧洲批判传播学也颇有声势。如葛兰西的文化霸权或文化领导权思想、法兰克福学派对资本主义异化问题的文化反思、英国的文化研究学派与传播政治经济学研究、福柯的话语权力思想、布尔迪厄的文化资本理论、阿尔都塞的意识形态国家机器等一批法国思想学说，以及哈贝马斯对公共领域的阐发等，无不对传播学的形成与发展产生了深刻影响，对人类传播理论的贡献不在美国实用实证的研究之下。

不过，作为一门学科，传播学又不能不说是一门美国的学问，或源于美国的学问。虽然一般不这么明说，也不这么理解，而是将美国传播学当作放之四海而皆准的普遍科学。所谓“国际接轨”，无非就是按照美国的理论、方法、思路等研究传播，发表成果。比如，中国的新闻传播院系有个习见现象，研究生的论文开题与答辩往往会问到：你的研究用了什么理论？而这里说的理论，实际上是美国某家某派的学说、观点等。假如你的研究没有以这样那样的美国传播学理论为依据，那么无论选题再有价值，也无论思路再有新意，研究再有水平，都好像不入流，甚至不合格。相反，如果照猫画虎、移花接木地与所谓国际接轨，即便是用众所不知的语言讲众所周知的常识，也是一等一的学问。这一状况与趋势，姑且称之为“趋美国化”。

中国全面引进与推进传播学或美国传播学研究，约在 20 世纪 80 年代初，距今已经三十多年。尽管冷战正热的五六十年代，中国人民大学新闻系已将《报刊的四种理论》翻译出来，供内部批判，而 80 年代大规模展开的恰恰是施拉姆一路的冷战传播学，与此同时，欧洲传统的批判研究则门前冷落车马稀。其间，一个看似矛盾的情况是，美国传播学被视为客观普适的科学，而欧洲批判理论如传播政治经济学，则由于同马克思主义道统关联密切而被视为非科学的意识形态。这一状况与趋势，就是常说的

"去政治化"。去政治化有两类,一是不讲政治,不问政治,不关心政治,一是去掉一种政治,再讲一种政治,即所谓"去政治化的政治"。80年代以降的思想文化气候,既可见日渐远离政治的趋势,蔓延至今遂有小清新、小确幸一路政治冷漠,又不乏种种"去政治化的政治"。而无论如何,结果是趋美国化与去政治化在此汇流,渐渐构成今日传播学的总体格局,中国如此,他国亦然。

我们需要重新反思的,就是这种总体格局。三十年河东,三十年河西,今日的中国与世界既不同于三十年前,更迥异于六十年前。一方面,当初适用自身需要的美国社会科学包括传播学,由于陷入自娱自乐的内卷化,越来越失去思想的活力与学术的敏锐,就像华裔美国学者黄宗智批评的:"今日美国一般的社会学、政治学系,对学生们要求的是首先建立所谓'理论'或模式,然后才做经验研究,这种认识方法的结果之一是模式堆积如山,绝大多数十分庸俗。"[①]留美传播学者李金铨在2014年的一篇专业文章中的看法所见略同:

> 20世纪70年代,我初入研究院就读时,新闻系内部密集出现以下的"理论":议程设置(agenda setting)、知识鸿沟(knowledge gap)、使用与满足(uses and gratifications)、沉默的螺旋(spiral of silence)、认知共同适应(co-orientation)、第三者效果(third-person effect)、涵化(cultivation)、框架和铺垫(framing, priming)、创新扩散(diffusion of innovation),等等。这些"理论"的生命力不等,有的一开始就有气无力,有的刚提出时颇有新意,但因为长期孤立使用,过劳而透支,很快呈现疲态。几十年后,我都快退休了,看过各种走马灯似的流行,抓住几个老题目不断再生产,固然资料累积很多,但见解增加几许?何况连这类"内部理论"也长久不见有人提出,而整个学科生态又满于划地自限,不作跨学科互动,其理论贫瘠的尴尬境况可想而知。坦白

① 黄宗智:《经验与理论:中国社会、经济与法律的实践历史研究》,北京:中国人民大学出版社2007年版,第545页。

说,今天在美国有些大学博士课程,可以狭窄到从上述的“理论”选择一个题目,写一篇不痛不痒的论文,就可以拿到学位了。①

另一方面,更值得我们深思的是,这样一路传播学在整体思路上是否束缚了我们的学术想象力与创造力,对迅速发展、急剧变化的中国来说,其核心概念与基本理论是否足以有效地解释现实,更不用说有益地改变现实了。正如不止一位学者指出的,与其他人文社会科学相比,中国传播学已经无法与当代中国及其传播实践展开生机勃勃的对话。那么,原因何在呢?除了美国传播学自身的生命力萎缩、解释力下降等,关键恐怕还在于这套学术话语的理论预设与核心关切即使不说与中国社会大相径庭,至少也是颇异其趣。如前所述,美国传播学源于二战前后自身的一系列社会历史语境,由于尊奉资本主义市场经济、民主政治、自由至上美国梦等,更由于世界霸主的野心与地位,而形成一路特色鲜明的学术旨趣以及研究内容。如果说美国经济学的理论预设是利益最大化,政治学的核心关切是分权制衡,那么传播学的理论预设与学术关怀可否归结为实用主义的观念形塑呢?如政治传播的形象塑造、商业传播的品牌营销、文化传播的价值推广等,说到底都致力于实用哲学基础上对人的观念的影响与塑造,如同基督教传教追求的目标,极而言之就成为“洗脑”(brainwashing),美国人发明洗脑一词看来并非偶然。

既然如此,那么假如超越这一理论预设与核心关怀,以开放的学术视野、鲜活的问题意识审视中国社会及其传播,是不是能够发现全新的、被遮蔽的核心问题呢?如果说经济学的中国血统是经世济民,政治学是小康大同,文艺学是气韵意境,那么传播学的关键词可否归结为理想主义的世道人心呢?具体说来,自古及今,中国人的传播行为及其观念在个人层面讲求正心诚意,在社会层面讲求将心比心,在天下层面讲求心心相印,这一切无不关乎人心或世道人心。厦门大学新闻传播学院教授陈嬿如有部著作《心传:传播学理论的新探索》,“心传”一语颇为传神地触及中国

① 李金铨:《传播研究的典范与认同》,载《书城》2014年第2期。

传播的核心旨趣。人类历史上,恐怕没有比中国人更在乎人心了,仅看流传不息的民谚俗语就可略知一二:足寒伤心,民怨伤国;屋漏在上,知之在下;兄弟同心,其利断金;大势所趋,人心所向;众心成城,众口铄金;人心不古,世风日下……从世道人心的视角入手,也许更能深切洞明地切入中国社会及其传播肌理,从而把握人间正道与传播正道。你看,飞将军的"桃李不言,下自成蹊",诸葛亮的"鞠躬尽瘁,死而后已",周恩来总理的"周公吐哺,天下归心"等,说到底无不在于正心诚意,他们的美名天下扬,并不是源于刻意的传播,而是来自心悦诚服的倾心。自然的倾心与人为的洗脑,不说大相径庭,也是颇异其趣的。立足观念形塑的美国传播学面对难以形塑的对象如穆斯林时,充其量只能设身处地地"理解",所谓"我不同意你的观点,但我誓死捍卫你的表达权利",就像赵汀阳挑明的,无非是温和的原教旨主义而已。而立足世道人心的中国传播与传播学,则在"礼不往教"之际,更着眼于心有戚戚焉的"接纳",由此形成一种由近及远和而不同的传播生态,如心平气和、政通人和、天下大同——显然比观念形塑的传播与传播学包含远为丰富的人文社会历史蕴含。

反思中国传播学也好,重构中国传播学也罢,归根结底无不基于中国社会的历史传统与文化逻辑,正如美国传播学无不基于自身历史传统与文化逻辑而繁衍生息。因此,我们只有真正了解中国,才能明白传播何为,学问所在。那么,不妨扪心自问一下,我们是否了解中国或者说自己了解的是怎样的中国呢?历史的中国?现实的中国?发展的中国?问题的中国?城市的中国?乡村的中国?内地的中国?边疆的中国?影像的中国?想象的中国?宝马香车,夜夜笙歌,还是热血、辛劳、眼泪、汗水的中国?诸如此类,纷繁错综,横看成岭侧成峰,远近高低各不同。清华国学院 2014 年编辑出版了一本演讲录,包括五位国学院导师的学术报告,总题为《全球史中的中国文化》,从各自专业角度对中国历史文化进行了深入浅出的剖析。如果说《全球史中的中国文化》着眼于历史中国与文化中国的解读,那么今年"中国好书奖"获奖图书《中国为什么能》,则可谓对现实中国与政经中国的剖析，汇聚了对十五位具有战略思维的专家学者的访谈，如曹锦清、史天健、王绍光、张文木、金一南、林毅夫、胡鞍钢、潘维……这些剖析解读虽然各抱地势，取舍万殊，但都有一个大写的中国，借用许纪霖的话说："什么是现代中国，这一被认为是过于宏观和空疏的大问题，需要再次提出来引起我们的思考，因为任何一个微观的研究，都要借助某种宏观的知识背景，即使不研究宏观问题，也总是会自觉或不自觉地依赖于某一个或几个理论预设或者框架背景；而任何一个微观领域的研究，其真实的意义也只能放在宏观的知识背景里面才能获得理解。"①

我们知道，中国是一个历史悠久、人口众多、内涵丰富的国家。怎么认识中国，了解中国，把握中国，人们往往也像盲人摸象各执一端。对此，毛泽东的一篇经典文章《论十大关系》，提供了一种哲学认识论的思路与方法。也就是说认识中国特别是现代中国，离不开十个相反相成的关系或相辅相成的矛盾，中国特别是现代中国从哪里来，往哪里去，就取决于这十大关系或矛盾，原文的表述是：重工业与轻工业、农业的关系；沿海工业与内地工业的关系；经济建设和国防建设的关系；国家、生产单位和生产者个人的关系；中央和地方的关系；汉族和少数民族的关系；党和非党的关系；革命和反革命的关系；是非关系；中国和外国的关系。虽然十大关系及其表述如今不见得一一适用，正如马克思一百多年前的具体提法如今不见得一一恰切，但十大关系中的认识论和方法论却依然是理解现代中国的"要领"。按照十大关系的思路与方法，重思中国传播学有四组关系尤为突出，构成不可或缺的思想维度：一是城市与乡村的关系，一是内地与边疆的关系，一是古代与现代的关系，一是中国与世界的关系。习近平与北京大学师生座谈时，提到国有四维，礼义廉耻，"四维不张，国乃灭亡"。重思中国传播学是不是也有四个命运攸关的思想维度，四维不张，学乃灭亡。

---

① 见许纪霖、刘擎主编：《何谓现代，谁之中国？——现代中国的再阐释》，上海：上海人民出版社 2014 年版。

先看城市与乡村的关系。

在世界几大文明体系中,中华文明的乡土色彩最为鲜明,先秦的耕战、千百年来的耕读传家与游牧经济、现代费孝通提出的"乡土中国"等,都可谓这一中华文明的突出表征。即使汉唐盛世、宋元明清出现了当时世界上罕见的国际大都市长安、洛阳、汴梁、临安、金陵、北京等,也同样与乡土中国水乳交融,城乡始终存在一种有机互补的结构,就像《水浒》《金瓶梅》《红楼梦》以及"三言二拍"等明清小说中的生活图景。"昨日入城市,归来泪满巾,遍身罗绮者,不是养蚕人。"宋人张俞这首《蚕妇》,是孩童都熟悉的作品。且不论作品主题,仅看进城出城,家常便饭,就反映了一种自如的城乡关系。随着近代列强入侵,出现了一批半殖民地的条约口岸城市,打破了传统中国的城乡格局,一种新的城市文明不仅带来现代的一整套生活方式,而且由于这种新型城市更与全球资本主义体系相关联,即《共产党宣言》所言,"它使农村从属于城市""使东方从属于西方",从而同乡土中国的农耕游牧传统渐行渐远,中华文明由此遭遇数千年未遇之变局。城里人对乡下人的歧视,如"乡巴佬"等流行语,就是这一新型城乡关系习焉不察的例子。世纪之交的三农问题与当下新三农问题——农民工、失地农民和村落终结,也无不源于这一城乡结构引发的千年变局与百年动荡。从现代文学中,当可以直观地感受这一巨变:鲁迅的《故乡》、茅盾的《子夜》、老舍的《骆驼祥子》、萧红的《呼兰河传》、沈从文的《边城》、丁玲的《太阳照在桑干河上》、赵树理的《三里湾》、柳青的《创业史》、浩然的《艳阳天》、路遥的《平凡的世界》、刘亮程的《凿空》……北京大学青年学者贺桂梅在一篇近作中,论述赵树理的"乡村乌托邦"时更是尖锐指出:

> 新世纪中国的最大变化在于,它实际上已经成为一个"城市国家"。这个剧烈的城市化过程,是以乡村社会的停滞、破坏乃至崩解为前提的,因此世纪之交提出的"三农"问题才格外严峻。在新的城乡关系结构中,如何修复乡村社会并在传统社区基础上重建"公共

性”,成为重要议题(黄平、温铁军等)。[①]

对城市与乡村的关系,如今上上下下越来越意识到其民族存亡、文明永续的意义。从每年的中央一号文件,到十八大以来着力推进的美丽中国——“看得见山,望得见水,记得住乡愁”,从习近平的绿水青山就是金山银山,到他强调把中国人的饭碗牢牢端在自己的手中,都表明一种日渐明确的忧患意识,即中华民族伟大复兴的中国梦历史性、宿命性地取决于城市与乡村的有机关连。2015 年中共中央第 22 次集体学习的主题就是城乡关系,习近平主持学习时说:要把工业和农业、城市和乡村作为一个整体统筹谋划,建立城乡融合的体制机制,形成以工促农、以城带乡、工农互惠、城乡一体的新型工农城乡关系。与此相应,近年来,一批传播研究成果,也在城市与乡村的维度上纷纷展开,有些博士论文做出颇富新意的探讨。不过,传播学总体上还延续着 20 世纪 80 年代“新启蒙”的思想逻辑。受制于这套逻辑的中国传播学,正如赵月枝教授在《重构中国传播学》一文中的批评,不仅是西方中心主义的,而且也是城市中心主义的。2015 年两会期间有部环保纪录片,一度引起网民热议,这部涉及雾霾的作品为赵月枝教授的判断提供了传播实践领域的一个最新佐证。破土网上有篇文章分析得不无道理:

> 雾霾的危害并不仅仅面向中产阶级,但它却是中产阶级最为关切的污染。城市对空间的特有配置,让城市居民与土壤和河流隔离开来,因此土壤和水污染对于他们而言,并不具有切身的意义。只有城市上空的大气,无视城市对空间的安排,同样笼罩在所有阶层的头顶。因此,大气污染是中产阶级最为可见的污染,他们比所有人都更需要蓝天。然而,对于身处农村空间中的穷人而言,土壤和水就是直接的生产和生活资料,相比于蓝天,干净的土壤和水对他们更有用处,因此他们也是土壤污染和水污染最直接的受害者。
>
> 农村的污染程度远大于城市地区,农村居民为此承受的健康损

---

① 贺桂梅:《赵树理的乡村乌托邦》,载《中华读书报》2015 年 4 月 29 日。

> 失也远大于城市。然而,底层民众因此承受的环境苦难,与公共舆论对它们的关注程度并不匹配。这部分是因为……对舆论报道的压制,但在更大程度上,还与农村居民缺乏公共舆论的话语权有关。于是,那些比雾霾要更为严重的环境污染,我们看不见也触不到,它们不被表征,而仅仅以一种高风险、不确定、无边界的形态,与千千万万底层民众的生活缠绕在一起,成为他们的梦魇。[①]

再看内地与边疆的关系。

如果说城市与乡村的关系虽说恍恍惚惚,但还在视野之中,那么内地与边疆的维度则日渐从人们意识中消弭殆尽了,只剩下类似萨义德揭示的“东方学”图景——遥远的、神秘的、传奇浪漫的、异域风情的。比如,无论新闻传播学,还是新闻传播业,不难觉察一种潜在的社会心理,在记者、学者、学生看来,中国差不多就等于内地,中华民族基本上就等于汉族,中文更是等于汉语,对毛泽东念兹在兹的问题要么浑然不觉,要么以高高在上的心态遥望辽远边疆,中央民族大学青年学者关凯称之为“挟现代性以自重”的优越感。近年来由于边疆问题凸显,又形成一种西方式的“恐怖主义”想象,自觉不自觉将少数民族与恐怖分子联系起来。某江浙名校的青年学者甚至觉得西部又穷又破又乱,索性丢弃算了。尽管这只是个别极端例子,但令人深思的是,对费孝通提出的“多元一体”的政治文化共同体,对赵汀阳阐发的“天下”以及“中华大家庭”,有多少人具有“了解之同情”(陈寅恪)、“温情与敬意”(钱穆)呢?又有多少人不把多民族当“包袱”,不把民族问题当“麻烦”,不把少数民族当“外人”呢(郝时远)?诗人沈苇在人文百科全书似的《新疆词典》中,讲述了一个耐人寻味的故事。有位少数民族兄弟去北京旅游,回家后邻居问观感,他回答道:北京不错,就是太偏远了。听了这个故事,有些人会发笑,殊不知可笑

① 夏永红:《环境治理的政治学》,破土网 http://www.groundbreaking.cn/huanbao/1210.html。

的可能是自己。按照今天世界地图,上边是北半球,下边是南半球,“南北对话”“南南合作”都是基于这一地理认识。而在古代阿拉伯的世界地图上,现在的南半球却在上边,而北半球在下边。猛一看以为阿拉伯人幼稚可笑,而稍一琢磨就明白真正幼稚可笑的是我们自己呀。与之相似,边疆与内地的维度也是同样道理。

清华大学国学院姚大力教授在题为《多民族背景下的中国边疆》的演讲中,以超越现代性的宏阔历史视野,揭示了多民族统一国家的前世今生,从中华民族历史文化和中国国家建构的漫长过程中提炼了三个主题词:由南到北、由北到南、由东到西。所谓由南到北,是指史前人类从南方进入中国境内,在寻求生活资源的艰苦迁徙中不断分化、不断融合的历程:“他们在全国各地留下了许许多多的史前文化遗迹,创造出一幅中国史前文化多头起源、多元发展,并在早期人类拓宽自身生存空间的过程中互相发生交互影响的灿烂画面。”[①]这一历史进程约在公元前两千年,随着夏商周三代在华北的兴起而结束,中华文明也由此出现雅斯贝尔斯说的“轴心时代”以及文明的突破,有了定居农业,有了牲畜养殖,有了文字,有了城郭,有了诸子百家。公元后第一个一千年,华北或中原又成为中国历史文化不断向前推进的动力所在,历史变迁的空间节奏开始从“由南向北”转为“由北向南”,如南北朝的人口大规模南迁,宋元时代的南渡与江南地区的开发。

不管是由南到北,还是由北到南,都是雨养农耕文明的拓展,主要分布于有名的胡焕庸线以东。胡焕庸线是以历史地理学家胡焕庸命名的,他从东北鸡冠上的黑河到云南的腾冲画出一条直线,中华版图由此分为东西两大板块。这条线与300至400毫米的年降雨量分界线走向一致,此线以东,年降雨量在300至400毫米以上,以西在300至400毫米以下。胡焕庸线又称黑河—腾冲线,也是农业与游牧经济的分界线,汉族农耕文明及其传播停在这条线不是偶然的:“把这根线叠加到中国各民族分

---

① 转引自清华国学院编:《全球史中的中国文化》,北京:北京大学出版社2014年版,第152页。

布图上，就不难看出，在它以东，除去朝鲜族、壮族、侗族、傣族等其他几个农耕民族外，占绝大部分是汉族人口。在它以西，则是广大的少数民族聚居区。所以它也可以被大致看作是汉族与其他少数民族分布区之间的划分线。”①而将胡焕庸线东西两大板块融合起来，逐渐形成浑然有机的文明共同体，这一丰功伟业就不能不提到边疆少数民族，特别是自古以来各少数民族王朝对中华历史文化与中国国家建构的历史性贡献了。按照姚大力教授分析，这就是公元第二个一千年间由东到西的历史过程：

> 把幅员广大的西部非汉人区域巩固地纳入统一的多民族国家版图，也就是历史中国的国家建构从东到西覆盖到今天的全部中国版图的任务，就历史地落在诸如元、清这样的少数民族王朝的肩上。
>
> 把过去几千年内中国国家建构的历史进程，理解为仅仅由内儒外法的专制君主官僚制这一种模式之起源、发展和演变所支配的看法，并不完全符合历史的事实。它实际上是由内儒外法的专制君主官僚制和以辽、金、元、清等政权为代表的内亚“边疆”帝国体制这样两种国家建构模式反复地相互撞击与整合的过程。如果没有满族、蒙古族和藏族等民族对创建中国多民族统一国家的贡献，就不会有今天这样版图规模的现代中国。
>
> 由于两种不同的国家建构模式相互整合的历史传统，中国的形成才可能与这个世界上几乎所有其他现代国家不同，不是诞生于旧式帝国的瓦解和分裂之中，而能够基本完整地将帝国时代的国家版图转换为现代中国的疆域。②

这里，边疆帝国模式对中华民族历史文化和国家建构的伟大贡献，不仅在于形成一种多元一体的文明格局，也就是美国政治学者白鲁恂说的，中国其实是一个民族国家伪装下的文明国家，而且在于提供了一种更具包容性的政治理念，如清帝国对满洲实行八旗制度，对蒙古实行盟旗制

---

① 清华国学院编：《全球史中的中国文化》，北京：北京大学出版社 2014 年版，第 159 页。

② 同上书，第 160—165 页。

度,对中原实行行省制度,对西南少数民族实行土司制度,对西北回疆实行伯克制度,对西藏地区实行政教合一制度——是谓一国多制。可想而知,在这一系列因地制宜的治理模式中,蕴含着对不同生活方式与文化传统"发自内心的尊重"。新中国的民族区域自治制度以及处理港澳台问题的一国两制,追根溯源也都源于这一伟大的文明传统。这种传统既为中华民族生生不息奠定了必不可少的根基,又与内地汉文化的精神气质若合一契,正如在新疆生活工作了十多年的王蒙所言:"祖国各地,包括新疆、西藏等少数民族聚居区,文化上有着相当接近的追求与走向。其传统文化在总的方向上是一致的,比如:敬天积善、古道热肠;尊老宗贤、崇文尚礼;忠厚仁义、和谐太平;勤俭重农、乐生进取等。"①

上述两个思想维度,对重思中国传播学有什么意义呢?简言之,如果缺乏城市与乡村、内地与边疆的思想维度,那么,就难免出现台湾新儒家徐复观当年反思国民党组织机构的致命缺陷时揭示的问题:"横向不到边,纵向不到底。"所谓横向不到边、纵向不到底,是指这套西方中心主义与城市中心主义的传播与传播学即使适用,也多限于东部地区,更关注"北上广"发达状况,包括网民、中产阶级、消费主义、商业文化、个人自由,甚至拜金主义、"普世价值"等意识形态迷思,而在广大的基层乡村与西部边疆则往往圆凿方枘,甚至格格不入。比如,香港的回归说到底是人心的回归,中华民族大家庭的平等、团结、和谐、友爱归根结底也在于人心政治,人类命运共同体更是同样离不开人与人的相亲、心与心的相通,这一切都无法指望去政治化的美国传播学理论提供灵丹妙药,更无法指望一些虚情假意、雕虫小技的传播技巧,而需要立足于中华文明的传播传统——正心诚意、将心比心、心心相印。

以上重点谈了四维中的两维,城市与乡村的关系、内地与边疆的关系。下面再简单说说其他两个同样关系重大的维度——古代与现代、中

① 王蒙:《与边疆一起奔向现代化》,载《人民日报》2014 年 7 月 7 日。

国与世界。如果说城市与乡村、内地与边疆更体现了内生性关系，那么古代与现代、中国与世界则更蕴含着外在性制约。由于这两个关系维度及其相关问题有点老生常谈了，这里只需有针对性地提示一二。

古代与现代、中国与世界的问题，简言之就是古今中西四个字，重思中国传播学也落在古今中西的坐标系，相信其他学科也不例外。关于古今中西，有一点需要特别关注。如今说起中华民族伟大复兴的中国梦，要么祖述秦皇汉武、唐宗宋祖、一代天骄，要么心仪当下世界第二大经济体，以及各方人士乐观预期中国经济赶超美国的愿景，而对辉煌的古代如何崛起为当下不是王顾左右而言他，就是七嘴八舌，莫衷一是。换言之，我们对伟大的古代越来越感到豪情万丈，对崛起的当下越来越觉得理直气壮，而对由古变今的转化过程，具体说对鸦片战争以来，特别是共产党诞生、新中国成立以来的历史意味则好像越来越恍恍惚惚语焉不详。而恰恰这一点构成古今中西的命门，牵一发而动全身的关键，“群山万壑赴荆门”，这就是现代中国的“荆门”，没有这一点，群山万壑就像群龙无首了。对此，宪法党章固然有明确表述，一系列重要文献也有权威论述，习近平两个三十年的思想更是直指要害，然而，时下精英知识界及其影响的舆论场却日益弥漫着五光十色、乱花迷人的历史虚无主义。这里的虚无主要针对的，就是伟大的古代与崛起的当下之间的百年风云，特别是共产党、新中国的光荣与梦想，在此期间如果有什么值得一提的，也好像只剩下不堪回首的一系列痛苦记忆——弯路、错误、灾难、浩劫等，据说晚清与民国除外。1938 年抗日烽火中，诗人艾青写了一首诗《我们要战争——直到我们自由了》，今日重温是不是也可以多少唤醒一点渐行渐远的历史记忆呢：

让我们流着眼泪
送走古老的中国
腐朽的中国
送走那
高利贷的

包身工的
学徒的
童养媳的
一切写了卖身契的奴隶的中国

不要怜恤让我们送走那
挤满了鸦片烟鬼的
走私的、流氓的
军阀的
官僚的
汉奸的
敌探的中国

在他笔下，如同五四新青年、延安新文人共同认识的，“国家的独立，和人民的自由、幸福，不是由于祈祷获得的，而由于广大人民的鲜血和一片被蹂躏得糜烂了的土地所换取来的。现代中国的建设的基础不是奠定在空想和梦幻的沙滩上，而是奠定在它的人民的英勇牺牲所表现出来的意志的花岗岩上的”(《诗与时代》)。另一方面，正如一位国史学者李捷颇有洞见地指出的，历史虚无主义之虚无还不在于虚无历史，因为流血流汗的历史，改天换地的历史，不可能上下嘴唇轻轻一碰就真的化为一缕青烟，历史虚无主义本质上虚无的还是历史中的价值，也就是共产党领导人民创立新中国、开辟社会主义道路的意义。古今中西的关系维度如果模糊了这一关键性的历史与价值，就无法理解伟大的古代怎么成为崛起的当代，中华民族伟大复兴的中国梦就真成为前不着村、后不着店的空中楼阁了。同样，模糊了这一关系重大的历史与价值，中国传播学以及其他学科，也就难免沦为惶惶不可终日的丧家之犬。“群山万壑赴荆门”，这也是中国传播学的“荆门”。

梁启超先生曾将中国分为三段论：一是中国之中国，二是亚洲之中国，三是世界之中国。从古代的“中国之中国”一步步成为如今的“世界之中国”，关键正在于鸦片战争以来“古今中西”的凤凰涅槃。换句话说，如今我们所面对、所身处的中国，已是一个在古今中西的交互作用中浴火重生的新中国，就像五四新诗人郭沫若热切向往的“凤凰涅槃”的新中国。不管我们多么热爱传统文化，弘扬国学儒学，不管怎样尊孔读经，喜爱琴棋书画，汉字书法，唐诗宋词，四大名著，四大发明，我们都不能不面对一个显而易见的事实：祖先的荣光都已随风飘去，我们活生生面对的、身处的已是经过现代风雨洗礼的新中国、新文化。我们只能在历史给定的舞台上，建设新中国，发展新文化，包括新的学术思想。在这种新文化包括新的学术思想中，我们当然需要而且必须继承优秀的中国文化，需要而且必须扬弃优秀的他国文化，但所有这一切都不是为了成为古人，更不是为了成为外人，而是为了古为今用，洋为中用，百花齐放，推陈出新，一句话，为了我们的新中国，为了我们的新文化。

拿传播学科来说，随着中国发展的历史进程，特别是两个一百年目标日渐逼近以及相应的文化自觉日渐凸显，如何在传播学科中体现中国人在传播理论与传播实践中的立场、观点与方法，改变传播研究亦步亦趋、唯人马首是瞻的总体格局已经成为大势所趋，人心所向。中国数千年幽远的文化传统，从诸子百家的传播思想，到因人而异、因地制宜等传播习俗，尤其是百年来中国道路的探索与实践，如马克思主义的传播、新文化新思想的深入人心、无产阶级文化领导权的兴衰起落、党性人民性的现代传播意识等，都在广阔领域留下丰富厚重的遗产。我们需要而且应该发掘自己的一切优秀基因，但目的在于发展、繁荣现代中国的传播文化，而非陶醉于先人的荣光。同样，我们需要而且应该学习一切先进的传播理论与实践，不管是美国还是英国，也不管是俄罗斯还是加拿大，只要有益于我们的自主创新，都只管拿来，为我所用。而这里的关键在于以我为主，也只能以我为主，不能也不可能以古人为主，以外人为主。传播学科有个说法叫本土化，对此我有点不以为然。因为，本土化预设了一个高高在上的东西——往往是美国的东西，而这个东西一出生就好像具有不言而喻的普适性，无可置疑的真理性，人们只需结合各自不同的本土实际，将这个居高临下的东西转换成各种各样在地的东西，这就是本土化及其实质。实际上，稍微追问一下就明白，美国传播学不是本土的吗？不是根据本土实践而生成发展的吗？离开美国本土，这些东西从哪里来呢？黄宗智从实践角度明确指出，“世界上没有放之四海而皆准和古今皆准的绝对、普适真理。任何理论都有它一定的历史和社会背景，都得通过当时的环境来理解”，“意图普适的理论，其历史背景都是特殊的，与特殊理论的不同最终只在于其话语权力”，“大家千万不要迷信追求任何超越实际的全能性理论，因为它只可能是通过强权而建立的意识形态”①。马克思和恩格斯的一段精彩论述，对我们理解所谓本土化问题尤有启发，他们在批评德国哲学家搬弄法国的社会主义文献时写道：

> 在这种著作从法国搬到德国的时候，法国的生活条件却没有同时搬过去。在德国的条件下，法国的文献完全失去了直接实践的意义，而只具有纯粹文献的形式，它必然表现为关于真正的社会、关于实现人的本质的无谓思辨。②

中国传播学是20世纪80年代，从全面引进美国传播学开始建构的，在其学习阶段难免亦步亦趋，而如今无论美国传播学，还是中国传播学都面临危机，需要全面反思与重构。基于对中国社会历史文化的理解与把握，特别是城市与乡村、内地与边疆、古代与现代、中国与世界的关系维度，我们应该首先思考与明确中国传播学的理论预设与核心关切。为此，这里尝试提出世道人心的命题作为一种考虑，包括个人层面的正心诚意、社会层面的将心比心、天下层面的心心相印。这样一脉传播传统致力追求的不是高高在上的改变观念，而是多元一体的心平气和、政通人和、和而不同。最后，笔者想用两句前辈大家的名言，作为重思中国传播学以及类似问题的基本原则，并作为本部分内容的结束语，两句话又是清华园两处景观的标志：一是陈寅恪的“我民族独立之精神、自由之思想”，一是闻一多的“诗人主要的天赋是爱，爱他的祖国，爱他的人民”。

---

① 黄宗智：《经验与理论：中国社会、经济与法律的实践历史研究》，北京：中国人民大学出版社2007年版，第527—529页。

② 《马克思恩格斯文集》第2卷，北京：人民出版社2009年版，第57—58页。

九、文化自觉视野下的中国新闻业与新闻学

八十年、九十年、一百年

2011年有两个举国关注和纪念的日子：中国共产党成立九十周年和辛亥革命爆发一百周年。如果说辛亥革命开启了现代中国的历史进程，那么中国共产党的诞生则开辟了现代中国的前行道路，从中华民族以及现代国家建设的历程看，更是具有开天辟地的意义。对此，胡锦涛在庆祝中国共产党成立九十周年大会上的讲话有段凝练的文字：

> 九十年来，我们党团结带领人民在中国这片古老的土地上，书写了人类发展史上惊天地、泣鬼神的壮丽史诗，集中体现为完成和推进了三件大事。
>
> ……
>
> 这三件大事，从根本上改变了中国人民和中华民族的前途命运，不可逆转地结束了近代以后中国内忧外患、积贫积弱的悲惨命运，不可逆转地开启了中华民族不断发展壮大、走向伟大复兴的历史进军，使具有五千多年文明历史的中国面貌焕然一新，中华民族伟大复兴展现出前所未有的光明前景。

2011年11月7日也迎来新华通讯社建社八十周年的纪念日。当此时，特别是文化自觉意识日渐觉醒并进入党和国家战略层面之际，回顾新华社的峥嵘岁月就不仅具有例行的庆典意味，更显现了耐人寻味的深远内涵。巧的是，新闻出版总署两位署长领衔主编的“九十周年重点图书”《中国红色记者》也在此时问世，包罗广泛，洋洋大观，让人想起范敬宜为《李庄文集》所作之序中的那段意气风发的文字：“其前，有王韬、梁启超、章太炎、邵飘萍、瞿秋白、张季鸾、邹韬奋等为之先驱，怀救国忧民之心，挟横扫千军之笔，雄辞伟论，振聋发聩。其后，有范长江、胡乔木、恽逸群、邓拓、吴冷西、乔冠华、刘白羽、华山、穆青等为之后继，崛起于寇深祸亟、民

族危亡之际。或驰骋于抗日救国、民族解放之疆场,或纵横于环境险恶、血雨腥风之敌后,铁骨贞怀,不愧一代英杰。至若乱世能横戈立马,以笔代枪,盛世能夙兴夜寐,殚精竭虑,以其文、其声感召万众者,不可胜计……”①

新华社八十周年庆典的当天下午,由笔者主持的国家精品课“中国新闻传播史”按惯例及教学安排,组织清华新闻学子前往斯诺曾经执教的燕京大学旧址(今属北京大学),在未名湖畔、临湖轩旁的斯诺墓前,现场上了一堂革命报业的课——从斯诺、范长江一路谈到延安《解放日报》、新华社。散课时,夕阳在山,暮霭四起,一支清幽短笛从湖畔飘然而来。伫立斯诺墓畔,缅怀为现代中国前赴后继的仁人志士,包括一批批以笔为旗的新闻记者,胸中怎不“把酒酹滔滔,心潮逐浪高”。不日,又得到《新闻业务》惠赠的《新华社建社80周年纪念特刊》,一气读完,愈发感怀,思绪翩跹。纪念特刊编得用心,别有创意,上部以作品为主,下部以记者为主。作品不是一般文选,而是“散落在教科书中的时代脚印:语文课本里的新华社作品”。其中包括两个板块,一是对语文教科书所选新华社作品的综述,以及对若干名篇“背后的故事”的系列追踪;二是从人民教育出版社的中小学语文课本里选的40篇新华社作品。相应于共产党九十年历史的三大时段,则第一段的作品有《狼牙山五壮士》《刘胡兰慷慨就义》《沸腾了的北平城》(刘白羽)、《我三十万大军胜利南渡长江》(毛泽东)等,第二段即新中国前三十年的作品有《谁是最可爱的人》(魏巍)、《人民英雄永垂不朽——瞻仰首都人民英雄纪念碑》(周定舫)、《红旗插上了珠穆朗玛峰》(郭超人)、《大庆精神大庆人》(袁木、范荣康)、《县委书记的榜样——焦裕禄》(穆青、冯健、周原)等,第三段即改革开放以来的作品有《科普创作的巨匠——伊林》(文有仁)、《中国士兵的塑像》(贾永、吴瑞虎)、《领导干部的楷模——孔繁森》、《别了,不列颠尼亚》(周婷、杨兴)……如此创意与编排不仅独树一帜,引人入胜,而且将新闻同现代中国及

① 范敬宜:《新闻典范在咫尺——〈李庄文集〉序》,载《人民日报》2005年4月8日。

其广阔的历史风云融为一体,显现了更加丰富的社会蕴含。坦率地说,初闻这一选题策划时,还想当然地以为遴选工作比较简单,谁料工程之浩繁远远超过编选者的想象:“在人民教育出版社的数据库里,新中国成立后的中小学语文科类图书共收藏了 1948 本,其中中学语文科类图书共收藏 1373 本,有全日制十年制、九年一贯制、九年制义务教育等多种版本,每种版本又有多次修订版,有时一年就修订 4 次。同时,人教社在选用稿件时,重新进行了删改或摘编,一些稿件还重拟了标题。”①

如果说从教科书的海洋中寻找并遴选 40 篇新华社作品如此费心的话,那么从八十年云蒸霞蔚的新华社记者里推出八位代表就得独具慧眼了。纪念特刊的下部《情系群众 笔著春秋 新华星空 璀璨耀世》,围绕新华社历史上的八位名家做文章,也暗含八十周年纪念之意:

20 世纪 30 年代的瞿秋白

20 世纪 40 年代的华山

20 世纪 50 年代的穆青

20 世纪 60 年代的黄昌禄

20 世纪 70 年代的彭迪

20 世纪 80 年代的冯东书

20 世纪 90 年代的邵云环

21 世纪的张严平

每位名记者均由三部分内容构成,一是本人或今人讲述的“记者生涯”,二是专家学者的“作品评介”,三是一篇代表作:瞿秋白的《中国能否抗日?》(节选),华山的《踏破辽河千里雪》,穆青的《因为分配了土地》,黄昌禄的《苦聪人有了太阳》,彭迪的《同床异梦,夜长梦多》,冯东书的《重访昔阳人》,邵云环的《悲壮的贝尔格莱德》,张严平与刘大江、张丽娜的《明天,太阳照常升起——献给汶川灾区的父老乡亲》。

犹念三十年前大学毕业时,笔者与新华社老记者赵慎应相识,这位随

---

① 王萍、王丽:《在书山上朝圣》,载《新闻业务·新华社建社 80 周年纪念特刊》(上),2011 年第 42 期,第 43 页。

十八军入藏的第一位新华社记者,以新闻名篇《毛主席的队伍进入拉萨》著称。在他的感召和推荐下,笔者跃跃欲试,热望进入新华社新疆分社,以遂新闻学子之夙愿。可惜失之交臂,至今仍觉怅然。如今,回望新华社名家名作,联想八十年的光荣与梦想,以及共产党九十年、辛亥革命一百年的天翻地覆慨而慷,崇仰与钦佩之情油然而生,瞻之在前,仰之弥高,就像编者王清颖借诗人歌德与阿赫玛托娃的诗句表达的心情:"身于一个大事纷至沓来的岁月的慨叹与激情。"同时,何谓新闻?何谓记者?何谓新闻记者的责任感、使命感与荣誉感?何谓新闻研究与教育的立足点?这些看似寻常的问题,在铅华洗尽、尘埃落定的名家名作前愈发彰显了恒久的意义。因此,除了专业的教育和精神的洗礼,两部纪念特刊也触发了笔者的零星感悟,不揣浅陋写在这里,既是借新华社建社八十年向中国记者致敬,也是对自己的警醒与反思。

新闻:历史的初稿

香港报人董桥说:新闻是历史的初稿,历史是新闻的定稿。西方新闻界也有类似看法与说法,如新闻是历史的第一稿。从新闻史上看,古今中外的一流记者无不站在时代的最前列,就像战地记者卡帕的名言所示——"你拍得不够好,是因为你离前线不够近",或用一位新华社记者的生动表述,记者要"弹在现实社会绷得最紧的那根弦上"(任贤良)。通过历史,我们知道自己从哪里来;通过新闻,我们知道自己正往哪里去。

八十余年来,新华社记者同所有中国记者一样,与时代同行,与人民同在,不仅亲历中国革命、国家建设、改革开放、世界风云等一系列重大历史进程,而且以真切、鲜活、丰富、细腻的笔触记录现代中国的风雨历程,见证人类社会的世事沧桑,笔走风云,心系天下,朝晖夕阴,气象万千。正如马克思、恩格斯在《〈新莱茵报·政治经济评论〉出版启事》中所言:"报纸最大的好处,就是它每日都能干预运动,能够成为运动的喉舌,能够反映丰富多彩的每日事件,能够使人民和人民的日刊发生不断的、生动活泼的联系。”[1]以黄昌禄及其报道为例。在海内外新闻界，黄昌禄一向以民族与边疆报道知名。新中国前三十年，他一直扎根云南、青海等地，报道少数民族的社会生活，反映边疆地区的巨大变化。为了采访报道少数民族与边疆地区，他曾经系统调查了许多民族的历史、政治、文化、风俗，还努力学习一些少数民族语言，他在《民族情》一文里写道：

> 语言，真是打开人们心灵的钥匙。傣族兄弟见我这个远方来的记者竟能够用他们民族的语言互相交谈，便完全把我当作自己人了。他们争相邀请我住进他们的竹楼里，帮我制作了傣族服装，还给我取了个傣族名字——艾松……以后我每次到西双版纳，人们都不说“你又来了！”而是说：“你又回来了！”[2]

正是凭着这样的专业精神以及踏实过硬的专业功力，黄昌禄写下了一批反映少数民族翻身解放、走向新生的新闻佳作，同郭超人的百万农奴翻身解放等系列报道相映生辉。尤其是名篇《苦聪人有了太阳》，对一个鲜为人知的民族及其苦难做了细致入微的报道：

> 火，在苦聪人的生活中成了最重要的东西。但森林中没有火柴，要取火，得找一个晴天，把晒干了的芭蕉根放在地上，再用两根竹竿来回摩擦，要连续不停地摩擦半天，竹竿磨热了，迸出点火花，掉在芭蕉根上，才着起火。因此，当苦聪人搬家的时候，一定不能忘记把火种带走，他们出外狩猎和采集时，也必须留个人在家看守火种。有时，夜里刮起大风，把芭蕉叶的屋顶吹跑了，雨水落下来。全家人就用自己的身子去遮住火，不让雨水把它淋熄，哪怕身上烧起了泡，也不能离开。

此类文字同《西藏木犁即将绝迹》（郭超人）、《通天河上的悲欢——

---

① 《马克思恩格斯全集》第10卷，北京：人民出版社1998年版，第115页。

② 黄昌禄：《民族情》，载《新闻业务·新华社建社80周年纪念特刊》（下），2011年第43期，第48页。

一位藏族老艄公30年生活的变迁》(赵淮青)等新闻报道一样,点点滴滴地介入并推动了社会政治的历史性变革,同时也以敏锐的洞察力切入并触及了学界孜孜求索的思想性命题。

为有源头活水来

无论是新华通讯社,还是《人民日报》《光明日报》《经济日报》《北京日报》《解放日报》《文汇报》、中央人民广播电台、中央电视台、中国国际广播电台等媒体,都为现代中国留下了卷帙浩繁的历史初稿以及思想命题,犹如一幅活灵活现的《清明上河图》。而这些新闻篇章之所以历久弥新,首先都在于记者及其报道“接地气”,同现实生活和亿万人民的社会历史实践息息相通,而这也正是新中国新闻业最基本、最重要、最核心的传统。早在延安整风中,以《解放日报》改版为标志的新闻业与新闻学就已确立了这一传统,陆定一的著名新闻定义更将辩证唯物主义和历史唯物主义的精髓贯穿于新闻之中。自此,新闻业就将这一精髓书写在自己的旗帜上,使之成为中国新闻人的座右铭。如今新闻界的“走基层、转作风、改文风”,也是对这一传统的发扬光大。诸如华山在战争年代“跟战士一道没日没夜地行军、作战”,新中国成立后在三门峡建设工地一待五年,在林县断断续续住了十几年,写下报道红旗渠的名篇《劈山太行侧》;穆青六访兰考、七下扶沟、八进辉县;黄昌禄三十多年行走于少数民族地区;冯东书走遍东西南北的偏远乡村……这些新华社记者的传奇故事,已经足以说明一个貌似简单的道理:你想知道梨子的滋味吗,那么你就亲口尝一尝;你想了解事实、报道新闻吗,那么你就深入人民与现实生活,体味每天新鲜的太阳。前任新华社社长李从军更是断言:

> 深入实际、深入基层、深入群众是编辑记者自身成长成才的必由之路,舍此别无他途。在新华社历史上,无论革命战争年代、和平建设时期,还是改革开放时期,涌现出来的杰出编辑记者都是践行这一

要求的楷模。[①]

一生从事民族报道的黄昌禄，又以自己的新闻生涯对此作了具体诠释：

现在有的年轻同志可能很难理解，为什么我们不愿留在首都北京，而要千方百计争取到边疆工作？原因只有一个，我坚信新闻最丰富的源泉在基层，在人民群众中。我国是由56个民族组成的多民族国家，云南是我国民族最多的省区，世居少数民族就有20多个，人称“民族博物馆”。这些兄弟民族在旧社会备受歧视和压迫，新中国成立后，在党的民族平等、团结、进步、共同繁荣发展的政策指引下，分别从原始公社末期、奴隶制社会、封建农奴制社会等不同发展阶段，跨越几个世纪，共同走上社会主义道路。这种历史性巨变，加上各民族绚丽多彩的文化、独特的历史和风土人情，以及边疆地区的壮美山河，都是新闻报道取之不尽的源泉。[②]

按说，这些道理属于尽人皆知的常识，各种教科书里也写得清清楚楚，明明白白，原本不需要多费口舌。然而，不知何时起，诸如此类的常识在一波未平一波又起的新潮侵蚀下，被一点点消解，一层层解构，一步步变得模糊、混乱，甚至颠倒。仿佛不需要专业，不需要调查，不用讲政治，不用有文化，甚至不需要训练有素的记者，包括一百年前的进士记者黄远生说的“四能”，即能走、能想、能听、能写，而只需镇日宅在写字楼，上上网，玩玩手机，iPad这个，iPhone那个，一切不旋踵即可轻松自如“搞掂”。于是范敬宜自嘲打油诗里的新潮景观自然也就屡见不鲜、不足为怪了：

朝辞宾馆彩云间，
百里方圆一日还，

① 转引自唐润华：《我们的路》，载《新闻业务·新华社建社80周年纪念特刊》（下），2011年第43期，“刊首语”。

② 黄昌禄：《民族情》，载《新闻业务·新华社建社80周年纪念特刊》（下），2011年第43期，第46—47页。

群众声音听不着,

小车已过万重山。[1]

面对“二十年目睹之怪现状”,如今重温前辈记者的新闻道路,尤其富有启发、警策和现实意义,如四十多年从事乡村报道的冯东书:

在从事新闻工作的四十余年间,冯东书的足迹踏遍祖国东西南北的山山水水:东到黑龙江省抚远县,南到海南省三亚市,西到新疆帕米尔高原脚下的乌恰县,北到黑龙江省漠河县,并对全国多数贫困地区进行过调查。

冯东书的名字也俨然成为深入调研的代名词……一位老记者在博客中写道:“当年新华社记者冯东书坐拖拉机下乡,我也在太行山上用脚板‘量’路;那收获,绝对比如今坐小车下去采访大得多,也丰富得多。”这句话并不是虚言。在被誉为“新西行漫记”的《告别饥饿1978》一书中,我们可以领略到冯东书“上穷碧落下黄泉”的调研所结出的硕果。

冯东书到农村调研的故事流传很广,至今还能从新华人的口中听到一些趣闻逸事。如他出差调研到某分社,分社门卫看他头发凌乱、衣衫褴褛,不像新华社记者,倒像是个叫花子或者上访者。[2]

新闻学的“走、转、改”

当下,新闻界“走基层、转作风、改文风”正如火如荼,清风徐来,气象一新,如当年延安《解放日报》改版推动解放区新闻界转变“三风”——学风、党风、文风。受新闻界影响,学术界也在酝酿“走、转、改”,中国社会科学院已经率先启动。对此,新闻传播学是否更应该有所反思,有所作为

---

① 转引自刘鉴强:《如果有来生,还是做记者——范敬宜谈新闻记者的修养》,载《新闻记者》2002 年第 6 期。

② 万小广:《创作者永远是自学者——关于农村记者冯东书》,载《新闻业务·新华社建社 80 周年纪念特刊》(下),2011 年第 43 期,第 80 页。

呢？因为，新闻传播学一方面同新闻实践以及社会政治血肉相连，命魂相系，离开社会历史的新闻传播学更是无本之木，无源之水；另一方面，近一二十年来新闻传播学在取得突出进展之际[①]，也日益暴露出若干不容忽略的隐患和值得反省的弊端。特别是脱离实际、游说无根的现象越来越突出，早已引起各方关注与诟病。当年病榻上的华山就曾托人转告穆青："我和穆青都不是从研究新闻的定义和理论做起的……现在有些人搞新闻研究，是关起门来从定义出发进行研究的。新闻的定义和新闻理论是需要研究的，但中国无产阶级的新闻实践更值得研究，应该从新闻实践来探讨新闻的理论，而不是相反。"[②]大约同时，正在攻读硕士学位的研究生王慧敏（现为《人民日报》浙江分社社长），有一次同导师范敬宜讨论论文时整了一套一套西方传播学原理，结果得到一通当头棒喝："新闻是门实践学科，没必要搞那么多复杂的理论，更不要言必称西方。现在一谈做学问，就从西方书籍中去找理论根据。这种风气很不好，至于写作，咱们老祖宗有很多宝贵经验，为什么非要从西方去生搬硬套？"[③]当然，作为一门学科和学问，新闻传播学自有相对独立和超越的学术关怀与理论体系，不宜简单地，甚至庸俗地混同于经验式探讨，或曰"记者式研究"（黄旦）。但"从新闻实践来探讨新闻的理论，而不是相反"，对新闻传播学来说却是放之四海而皆准的不二法门。就如这里所说的学术研究"走、转、改"，并不是让学者都像记者走基层那样，而是指走进丰富多样的新闻实践与社会历史，特别是将立足点转到中国问题与中国土壤，进而把握其现象，研究其问题，探究其规律，确立其话语。

反观新闻界的问题固然有社会大环境与自身小环境的原因，但新闻研究与教育的一些混乱乖谬也难辞其咎。既无实践经验，又无学科根基的"潮人"，口吐莲花，扰扰攘攘，更使新闻业与新闻学狼烟动地，尘土飞

---

① 见丁柏铨：《论新闻学的学科影响力》，载《现代传播》2011 年第 6 期。

② 参见穆青：《难忘华山》，载《中国记者》1998 年第 9 期。

③ 王慧敏：《教诲将伴笔耕老——我与老师范敬宜的点滴往事》，载《光明日报》2014 年 2 月 21 日。

扬。深层次问题暂且不论,诸多乱象同延安整风时期的“三风”不无相似,大略说来,一是学风,一是文风。比如,当年言必称希腊、言必称马列,现在则是言必称美国、言必称西方,美国如何如何所以中国如何如何、西方如何如何所以中国如何如何,几乎成为学界普遍的思维定势和话语逻辑——学习借鉴另当别论。再如,深受新自由主义熏染,原教旨市场万能意识也渗透于新闻学界,给新闻业造成有目共睹的创巨痛深。《文汇报》总编辑徐炯对“走、转、改”之症结的剖析,归根结底也涉及食洋不化的学风:

> 这些年,我们对媒体“商品性”的一面,对媒体运作管理“企业化”的一面,恐怕已经看得太重;而且恕我直言,恐怕也没有看懂。
>
> 比如把采写范围收缩到城市,放弃农村,据说是要重点服务城市读者,因为对于广告商,城市人群更有价值。又据说这样可以压缩采访成本,提高“投入产出比”。又比如对记者工作的考核,简单搬用“计件取酬制”。当记者开始算计自己的“成本”和“投入产出比”,“速战速决”“跑量”“不去远郊”,把现成材料简单改写甚至“扒网”,都在所难免。[①]

文风问题同样触目皆是,泛滥成灾。当学界批评新闻媒体的党八股之时,殊不知不少研究也充斥着味同嚼蜡的陈词滥调。中国社会科学院荣誉学部委员谷源洋先生就此批评道:现在,一些学者尤其是年轻学者,理论表述云山雾罩、艰涩难懂,以为越抽象越见理论功底,这是严重的误解,也是学术研究的歧途……学者要学会把高深的理论表达得通俗易懂,这是一种非常重要的能力;否则,理论就只能是自说自话,曲高和寡。[②]特别是深受党八股、洋八股浸淫的年轻学子,对中国历史、中国社会、中国新闻传播实践往往不屑一顾或略知皮毛,却动辄搬弄时髦理论、研究方法

---

① 徐炯:《用心更多,才能收获更多——对“走基层、转作风、改文风”的几点思考》,载《新闻记者》2011年第11期。

② 转引自肖国忠:《用专业精神做专业的事——知名专家谷源洋谈国家社科基金项目评审和成果鉴定》,载《光明日报》2011年11月23日。

或宏大叙事，连篇累牍，言不及义。[①] 对照延安整风时期毛泽东的《改造我们的学习》，联系今日学界诸多乱象，觉得何其相似乃尔：

> 对于自己的历史一点不懂，或懂得甚少，不以为耻，反以为荣。特别重要的中国共产党的历史和鸦片战争以来的中国近百年史，真正懂得的很少。近百年的经济史，近百年的政治史，近百年的军事史，近百年的文化史，简直还没有人认真动手去研究。有些人对于自己的东西既无知识，于是剩下了希腊和外国故事，也是可怜得很，从外国故纸堆中零星地检来的。
>
> 有一副对子，是替这种人画像的。那对子说：
>
> 墙上芦苇，头重脚轻根底浅；
>
> 山间竹笋，嘴尖皮厚腹中空。
>
> 对于没有科学态度的人，对于只知背诵马克思、恩格斯、列宁、斯大林著作中的若干词句的人，对于徒有虚名并无实学的人，你们看，像不像？[②]

众所周知，如同范长江、邓拓、穆青等一大批新闻记者一样，甘惜分、方汉奇、丁淦林等老一辈新闻学家，其文其学也无不实事求是，静水深流，一派大家之象，堪为今日新闻传播学及其“走、转、改”的典范。与其言必称美国，言必称西方，暖风熏得游人醉，直把他乡当故乡，何如继承发扬这一脚踏实地的优良学统？与其鹦鹉学舌地搬弄或者卖弄党八股、洋八股，何如继承发扬范文澜、郭沫若、钱穆、蒋梦麟、冯友兰、谢国桢、潘光旦、费孝通、张荫麟、朱光潜等一代大家的朴实诚笃，深入浅出？而一旦扭转甚嚣尘上的不良学风与文风，像甘惜分先生念兹在兹的“立足中国土，回到

---

① 厦门大学教授陈嬿如将为学之人分为三类：一类像蚂蚁，做“知识搬家”工作；一类像蜘蛛，搜肠刮肚，不断地“吐丝结网”，凭着“才气”构筑宏大的理论网络；一类像蜜蜂，用 20 世纪 80 年代《萌芽》杂志一个专栏的标题形容，就是“采来百花酿新蜜”。北京航空航天大学教授张文木则分四种：一是以事说理即实事求是；二是以理说事；三是事理分离，或就事论事或就理论理；四是既无理，也无事，而是方法先行。

② 《毛泽东选集》第三卷，北京：人民出版社 1991 年版，第 798—800 页。

马克思”,则不难发现现代中国及其新闻实践原有多少值得探究的学术话题,又蕴藏着多少珍贵的学术思想资源,借用方汉奇先生的比喻,我们原本守着一座取之不尽、用之不竭的“富矿”,大可不必捧着金饭碗讨吃讨喝。

新世纪以来,随着中国的和平发展与世界的风云变幻,人文社会学科日渐显现鲜明的文化自觉意识,即陈寅恪先生所谓“独立之精神,自由之思想”之本意,对既往偏颇的反思和对未来道路的自省已成为学术思想界的普遍趋势。2004 年设立的一年一度颇具影响的中国文化论坛,在纪念改革开放三十周年的 2008 年度会议上,就集中反省了三十年来的中国人文社会科学。① 论坛编辑的年度报告“总序”,则重点阐释了意义深远的文化自觉:

> 可以用费孝通所说的“文化自觉”这一命题来界定所谓“对中国文化主体性的理论思考和实践关怀”……“文化自觉”这一命题中的“文化”涉及经济、政治、法律、教育、学术和其他领域的方方面面;这一命题中的“自觉”表达的是在全球化的处境中对于中国文化自主性的关切和思考,而这一关切和思考不可能不涉及中国如何在开放条件下寻求经济、政治、法律、教育、学术等领域的独特的变革道路这一现实问题。
>
> 我们强调中国的变革有着自身的“独特的道路”是基于两个方面的基本认识:第一,中国是个古老的文明,又经历了现代的革命和 30 年的改革,中国的变革必然是一个立足于自身的传统与现实而展开变革与创新的过程,那种简单照搬现成模式的方式不仅在历史中曾经导致灾难,也会在现实中将中国的变革引向歧途;第二,当代全球化浪潮包含着一种支配性的逻辑和同质化的趋势,中国的变革一方面离不开向其他文化与社会的学习和借鉴,但另一方面又必须在

① 详见苏力、陈春声主编:《中国人文社会科学三十年》,北京:生活·读书·新知三联书店 2009 年版。

> 开放中确立自身的自主性。所谓“和而不同”,表达的正是这种开放性与自主性、关联性与多样性之间的辩证关系。……只有基于一种深刻的“文化自觉”,人们才能避免盲目的自卑与自大,真实地理解我们置身的这个多样性的世界及其面临的挑战。[①]

以新华社建社八十年为标志的中国记者,在费正清所言“伟大的中国革命”中已创造了异常丰富而别开生面的新闻业绩,形成了一整套新闻实践、新闻思想、新闻体制、新闻传统等。我们的新闻传播学是不是有想象力、创造力、生命力,归根结底还在于能不能以高度的文化自觉和文化自信对此做出自己的思想建树,将如此丰厚的专业遗产化解为历史与逻辑有机统一的学理与学统。倘能如此,则对中国,甚至对世界的新闻业和新闻学都将具有意义非凡的学术贡献,就像中国道路为人类社会开辟的前景与希望。

---

① 黄平主编:《乡土中国与文化自觉》,北京:生活·读书·新知三联书店 2007 年版,“总序”。

十、学界也当改文风——从学术文体谈开去

执教新闻传播学三十年来,有个疑惑若隐若现,萦绕于心:学术研究应有怎样的文体与文字?具体说来,除了言之有物、言之成理,学术著述是否容许突破一板一眼的论文体?学问之道可否如兵法所云,水无常势,兵无常形,只要胜利就师出有名?条分缕析的逻辑能否容纳形象灵动的思路与文辞?理性的表达与形象的呈现是南辕北辙还是对立统一?文体仅仅关乎形式?文字仅仅属于工具?如此等等。

也许心性所在,偏好所向,笔者对既有内涵又有灵气、既有思想又有文化的著述情有独钟,而引人入胜的首先是文体与文字等,就像语言总是显露着文明的第一缕晨曦。古往今来,出色著述多有独到的文体与文笔:先秦诸子、司马迁的《史记》、司马光的《资治通鉴》、钟嵘的《诗品》、古希腊哲学、《五灯会元》《古兰经》、帕斯卡尔的《思想录》、马克思恩格斯的《共产党宣言》、弗洛伊德的《精神分析引论》、王国维的《人间词话》、费孝通的《乡土中国》、黄仁宇的《万历十五年》、李泽厚的《美的历程》……真是恍若山阴道上行,山川自相映发,应接不暇,仅看王国维那段脍炙人口而意境幽深的文字即可略见一斑:

> 古今之成大事业、大学问者,罔不经过三种之境界:"昨夜西风凋碧树,独上高楼,望尽天涯路。"此第一境界也。"衣带渐宽终不悔,为伊消得人憔悴。"此第二境界也。"众里寻他千百度,蓦然回首,那人却在灯火阑珊处。"此第三境界也。

至若新闻传播领域,奇山异水天下独绝的风景同样让人目不暇接。不算林林总总的各国名作,仅仅范长江的《中国的西北角》、马南邨(邓拓)的《燕山夜话》、《梁厚甫通讯评论选》、范敬宜的《总编辑手记》、甘惜分的《一个新闻学者的自白》、方汉奇的《中国近代报刊史》、李金铨的《超越西方霸权》等中文传世之作,或萧萧肃肃,风清月白,或浩浩汤汤,山高

水长，就已是蔚为大观了。年轻一辈也不乏其例，清华大学新闻与传播学院郭镇之教授的博士论文《中国电视史》、中国人民大学新闻学院高钢教授的《新闻报道教程——新闻采访写作的方法与技术》、厦门大学新闻传播学院陈嬿如教授的《心传：传播学理论的新探索》等，既学问俨然，又文采斐然。

遗憾的是，文体或文字在新闻传播学科不仅一直“妾身未分明”，而且往往不无“雕虫小技”“华而不实”“不科学”“不严谨”之嫌。乃至富有灵气的修辞、浑然天成的比喻、各领风骚的文体等，隐隐然有如淡妆浓抹的风流女子，人们常常避之犹恐不及，仿佛一旦有染就玷污了正大光明的科学羽毛，就降低了峨冠博带的学术水平。传播研究更是只谈学术价值，不论文体文字，充其量在“科学研究”之余，关注一下“言而无文，行之不远”。时贤觉得，中国的传播研究之所以落后（当然是相较西方或美国），一是没有科学理论，一是没有科学方法，故需以科学的理论和方法“改造我们的学习”。与此相应，有个虽未明言却颇为通行的观念：文体越板正越好，文字越奥博越好，好像唯其如此，才见水平。此类想法并非毫无道理，尤其面对就事论事的课题式研究、经验式研究或黄旦教授所言“记者式研究”，基本的研究规范与严谨的学术表达尤为必要，笔者也曾如此主张并身体力行，1995 年还在《现代传播》上著文，少年气盛地侈谈《学统与学院派》。然而，结果并不乐观，除去漫天塞地的“理论平移”“话语旅行”“鹦鹉学舌”“人云亦云”（学习借鉴或学术训练另当别论），由于文体与文字不入法眼，“机械性僵硬”的问题也日甚一日，犹如科举时代的八股文。于是，传播之学越来越高深莫测之际，也越来越像会记账单、实验报告、病理解剖图、工程规划表等，无怪乎“童子莫对，垂头而睡”。如此学问，如此著述，如何激发科学研究的问题意识，以及生命力、创造力与想象力呢？且不说究天人之际、通古今之变、成一家之言，更不说解释世界、改变世界。北京大学教授曹文轩就此谈道：

> 不知从何时开始，我们认定了一种共同的学术文体，以为学术表达，就一定得是这种语体和格式。加之对所谓“学术规范”愈来愈严

> 厉的强调,我们看到了一道枯燥无味的风景:一年一度的硕士生、博士生的学位论文,在用同样的语体、同样的格式表达同样的观念。对个性化表达的无休止地打压,使大量的学术论文成为学术公文。格式化的培养机制以及有关学术机构对学术著作的若干明文规定,最终使学术著作成了无性别、无调性、无具体写作人的公共文体。对这种文体的合法性、合理性,我们从未有任何论证。我们也视而不见那些被我们研究、被我们奉若神明的经典思想家们,其学术表达却并非都是"规范化"的。
>
> "公共文体"的特征:依仗成串的抽象术语、各种抽象性程度很高的概念以及各种理论资源(大多为外来),明确标榜使用了何家的研究方法,再加上一系列固定不变的写作格式和要求。它最大的敌人是形象化语词,以及形象化的语词表达。形象化似乎是与规范化冲突的,是天敌。我们在潜意识中接受了一个看法:对形象化的接纳必将导致学术性的降低,甚至最终会毁掉学术性。因此,我们看到在学术著作中对形象化语词的回避。从文章著作的题目到文中的表达,都力求术语以及抽象性语词,并形成了一个没有加以证明的共识:术语越多,运用抽象性概念越多,就越具有学术性。近几十年的学术文章、著作的写作过程,实际上是一个不断贬抑、轻看和驱赶形象化语词的过程。①

此处所说的"谢氏文体",是指北京大学谢冕先生的学术著述。这位当代诗坛的批评家,一方面以别开生面的思想呼应中国现代诗的崛起,一方面也以形象丰满的文辞拂去日积月累的八股尘埃,为学术界吹来一缕春草碧色春水绿波的清风:一个世纪的背影、暴风雨的前奏、和新中国一起歌唱、死水下面的火山、在新的崛起面前、暗流涌出地表……如下灵光乍现的文字,更是这种谢氏文体的典范:"一旦新诗潮涌起,恍若密云的天空透进了一线炫目的光亮。这对于陷入庸常的诗界而言,不啻是一声惊

① 曹文轩:《"谢氏文体"——又一种批评》,载《中华读书报》2012年8月1日。

天的雷鸣。”显然,谢冕先生对文体与文辞具有鲜明的自觉意识,正如曹文轩教授所言,他崇尚形象化词语,坚信形象化词语同样具有入木三分的理性力量:

> 这些看似非学术化表达的句子,在他看来,不是一般的陈述句,而是意思圆满的判断句。“崛起”“一起歌唱”“背影”“暗流”……不仅是对一种状态的描摹,也是对一种性质的判断。它们与“同构”“吊诡”“悖反”“场域”之类的抽象术语,具有同样的理性功能。①

此类反思与批评虽然针对精神性的人文学,但未必不适用于实践性的社会科学,包括新闻传播学。作为揭示普遍联系、探究一般规律的社会科学,是不是只宜用“学术公文”以及一分不多、一分不少的逻辑实证主义语言呢?耐人寻味的是,早年写出《逻辑哲学论》的维特根斯坦,晚年走向相反方向,并以推崇日常语言的《哲学研究》清理了前期思想。就文体与文字而言,晚近一批华人学者的著述也提供了耐人寻味的范本:曹锦清的《黄河边的中国:一个学者对乡村社会的观察与思考》、阎云翔的哈佛大学博士论文《私人生活的变革:一个中国村庄里的爱情、家庭和亲密关系(1949—1999)》、王迪的《街头文化——成都公共空间、下层民众与地方政治,1870—1930》、吴毅的《小镇喧嚣:一个乡镇政治运作的演绎与阐释》、应星的《大河移民上访的故事——从“讨个说法”到“摆平理顺”》等。应星教授的这部博士论文尤为典型,不看注释就像一部长篇小说或报告文学,有对话、有人物、有情节、有场景,一波三折,引人入胜。除了严谨的事实爬罗与细密的文献剔抉,这种学术文体以及表达也使研究对象得到“全方位、多角度、立体感”的呈现,达到日本学者沟口雄三论述中国问题时所希冀的“多体、多面、多角”的境地。

其实,如前所述,古今大家的表达并不都是正襟危坐,且不说孔子、苏格拉底、释迦牟尼等谈话体经典,即使现代学术著述同样千岩竞秀,百舸争流,万类霜天竞自由,黑格尔的《哲学史讲演录》、索绪尔的《普通语言

---

① 曹文轩:《“谢氏文体”——又一种批评》,载《中华读书报》2012年8月1日。

学教程》、梁启超的《中国历史研究法》、郭沫若的《甲申三百年祭》、陈旭麓的《近代中国社会的新陈代谢》等，均为学术史上的里程碑。特别是，索绪尔与陈旭麓的经典之作甚至都是由弟子根据生前授课素材整理而成的。作为一种对比，当下学术评价机制常将此类著述排斥在外，只认峨冠博带的所谓“学术专著”。按照时新标准，许多对学术思想贡献丕大的名山之作不知该属何方神圣，更不用说北京大学洪子诚先生关于当代文学、清华大学徐葆耕先生关于电影、复旦大学葛兆光先生关于思想史等精彩的课堂讲录了。

那么，说来说去，学术研究应有怎样的文体与文字呢？尽管难有放之四海而皆准的标准答案，但百家争鸣、百花齐放总是学术共同体的最大公约数吧。换言之，不同的学术思想竞相鸣放而不必独尊一家，不同的学术流派包括风格竞相绽放而不必我花开后百花杀。由此，庶几形成一种刘勰揭橥、巴赫金阐发的众声喧哗的“场域”：“慷慨者逆声而击节，酝藉者见密而高蹈；浮慧者观绮而跃心，爱奇者闻诡而惊听。”

末了，借机想对一位卡莱尔所谓“诗人英雄”或列宁所谓“文化英雄”略表由来已久的心仪，这就是学者出身的张承志。他对山川大地与精神天宇的赤子情怀，对人民生活及其“心灵史”的礼赞，对“伪学”及“伪士”的敬而远之，对文字出神入化的感悟与把握等，构成当代中国的一抹恒远亮色，尤其是“以笔为旗”的气象，在一片倒伏的降旌中愈发虎虎生风，猎猎招展，不需更多置喙。这里只想特别提及一点，即其文体与文字所彰显的形而上意味：在浑然天成的字里行间——无论文学还是学术，既充盈着清洁的精神、丰润的人生、自然的情怀，又洋溢着学识、真知与启示的神采。20 世纪 80 年代，当笔者懵懵懂懂进入学术领域时，他的一句暮鼓晨钟的话不时回荡心中：印刷垃圾的黄土高原深深淹没了学术思想的金矿。在世纪之交那篇不似论文而胜似论文的《人文地理概念之下的方法论思考》中，他满含深意呼唤道：

从文明母亲的胎液里爬出来的孩子，在高等学府或上层社会，在思潮、教科书和恩师论文的烟海里被改造。无疑，书本的知识，尤其是必要的基本知识是绝对必要的。但是,已经到了指出的时候:求学有时也如断奶,"学者"好像特别容易发生异化。不能否认,一部分人在认知的路上南辕北辙,他们傲慢地挣脱着健康的母体,从不回头,越来越远。

旧的时代该结束了,泥巴汗水的学问刚刚登场。我们只是呼唤真知实学,我们只是呼吁,一种不同的知识分子的出现。[①]

这篇境界辽远的学理文章作为开篇,被收入张承志的学术文集《常识的求知》(三联书店 2012 年),文集自序中有段平淡而灼人的文字,宛似西部大漠的刺目阳光:

我摸索着用文字的形式,去完成学者的题目。也用这样的语言,竭力地反抗了来势汹汹的异化、对学术初衷的背离,以及侵犯民众文化权利的大潮。[②]

而这,也是这部小书遥遥瞩目的境界——纵不能至,心向往之。

---

① 张承志:《常识的求知:张承志学术散文集》,北京:生活·读书·新知三联书店 2012 年版,第 7—8 页。

② 同上书,"自序"第 2 页。

代后记

学术何为 前沿安在

——兼谈文化政治与文化自觉

无论是学术及其前沿，还是文化政治与文化自觉，都是天大的题目，这里只想结合自身情况，谈一点粗浅的治学心得，借用钱锺书先生的妙喻，但愿诸君能从一滴水里尝出大海的滋味，而不至于面对一块砖头想象万里长城的雄姿。

笔者是20世纪50年代生人，叨陪末座赶上五零后，也就是十年国庆的1959年。为此，在人民军队中扫盲、曾为新中国浴血沙场的老父亲为笔者起名"建国"，这个名字伴随了笔者的童年，潜意识里也似同共和国的命运连在一起。如同今天的八零后、九零后，五六十年代出生的人也有其鲜明共性，借用张炜的《你在高原》里一位人物的道白："时代需要伟大的记忆！这里特别要提到50年代出生的这一茬人，这可是了不起的、绝非可有可无的一代人啊……瞧瞧他们是怎样的一群、做过了什么！他们的个人英雄主义、理想和幻觉、自尊和自卑、表演的欲望和牺牲的勇气、自私自利和献身精神、精英主义和五分之一的无赖流氓气、自省力和综合力、文过饰非和突然的懊悔痛哭流涕、大言不惭和敢作敢为，甚至还要包括流动的血液、吃进的食物，统统都搅在了一块儿，都成为伟大记忆的一部分……我们如今不需要美化他们一丝一毫，一点都不需要！因为他们已经走过来了，那些痕迹不可改变也不能消失……"①

这茬人的一个历史烙印，是"文化大革命"初的"老三届"和"文化大革命"后的"新三届"。作为"文化大革命"后的首届大学生，也就是新三届的第一届——"七七级"，笔者从1984年执教高校，今年已经三十年了。其间求学经历与心路历程犹如知人论世三部曲：起初，见山是山，见水是水；然后，见山不是山，见水不是水；最后，重又见山是山，见水是水。刚好三十年来，每十年都有两部体现心迹的著述：80年代为《传播学引论》和《全球新闻传播史》；90年代为《唐代文明与新闻传播》和《符号透视：传播内容的本体诠释》（2012年再版更名为《传播符号论》）；晚近十年为

① 张炜：《你在高原》，北京：人民文学出版社2010年版，"自序"，第2页。

《中国新闻社会史》和《新中国新闻论》。也可谓“三史”与“三论”。

20世纪80年代，从社会到学界都感觉像是解放区的天，万象更新，春光明媚，听听当年名曲就不难领略时代的气息：《在希望的田野上》《浪花里飞出欢乐的歌》《我们的生活充满阳光》《边疆的泉水清又纯》……那时学术氛围也比较宽松，学人生活更是单纯，能写文章就写文章，不写文章也无人催逼，可以从容地读书、思考、辩驳，随心所欲，探寻真知。于是经过差不多十年积累，1993年出版了处女作《传播学引论》（2013年付梓“第三版”）。另外，《全球新闻传播史》虽然出版于2005年，2007年还荣膺国家精品教材，但基本框架、主要内容与核心思路无不形成于80年代。

在自己的求学经历与心路历程上，90年代的博士论文《唐代文明与新闻传播》是个转折，也是个跃升。从80年代著述看，学术兴趣在传播理论，由此兼及西方新闻业。这种为人作嫁的理论移植或经验照搬，后来渐渐无法满足自己的学术旨趣和探索兴趣。于是，思想触角先从经验学派延伸到更具历史人文气象的批判学派，同时结合与反思中国实际，时间约在90年代初。1995年报考博士时还想探究批判学派及欧洲传播思想，《传播符号论》就是这种思路的余波，而眼下同曹书乐博士一同主持并将付梓的教育部重大项目成果《欧洲传播思想史》则是青年时代的学术回声了。在方汉奇先生门下受业后，思想与学术发生转向，一方面自西徂东转向中国，更关注安身立命的故国家园，一方面聚焦社会历史，思考文化政治，探究“唐代文明与新闻传播”就是一次尝试。不过，当时还处于自为状态，后来才开始进入自觉状态，而无论如何，博士论文都是一次方向性的调转。

大家知道，中国学术有汉学、宋学之分，史学、经学之别。汉学注重言必有据，小心求证，类似于事实判断；而宋学着眼意义阐发，构建宏大叙事，更近乎价值判断。与此相似，史学与经学之别也大抵如此。如果说博士论文前的著述偏于宋学、经学，凌空蹈虚，天马行空；那么攻读博士后，旨趣日益转向朴实的汉学、史学。其间，逐渐体味一个道理：求学问道的化境不在于博学多闻，引经据典，学富五车，才高八斗，也不在于构建浑然一体的自洽理论，而在于历史与逻辑的统一。历史是指人们的所作所为，所思所感，古往今来实际存在或发生的现象，均可归入历史；逻辑则指林林总总的理论体系、思想认识、观点主张等。换言之，历史是事物或社会的演变过程，而逻辑是对这一过程的思想再现、理性把握、价值判断。单纯讲述历史，把人们在某一方面或领域的所作所为讲清楚已属不易，如司马迁的《史记》、司马光的《资治通鉴》、希罗多德的《历史》等；而单纯阐述理论，逻辑上有条有理，一脉贯通，同样也不简单，所谓究天人之际，通古今之变，成一家之言，如柏拉图、亚里士多德、阿奎那、康德、黑格尔等。单纯的历史与逻辑都不简单，而将两者统一起来更不容易，至于历史与逻辑达到高度统一则难乎其难了。因为，所谓高度统一，意味着事情与事理若合一契，浑然天成，犹如两情相悦，彼此情投意合。这种境界，用耳熟能详的话说就叫"实事求是"。"实事"是历史，是实际存在或发生的现象；"求是"属于逻辑，即人的认识所把握的现象之间的内在关系及其演化规律。有学者认为："历史和逻辑的统一，是马克思主义方法论的核心，是马克思、恩格斯从事一切学术研究的基本原则，是辩证唯物主义和历史唯物主义的活的灵魂。"①实际上，追求历史与逻辑的统一乃是天下学问的共性，有抱负、有建树的学者无不孜孜于逻辑层面的事理与历史层面的事实相互吻合，区别仅仅在于吻合的程度，程度高则水平高，程度低则水平低。一句话，各门学科与各路研究说到底无不致力于历史与逻辑的统一，或更通俗的说法"实事求是"。90 年代中后期读博期间，关于学术与思想孰重孰轻的讨论一度热闹非凡。有人认为学术是第一位的，只有立足学术才能谈论思想；相反，有人主张思想是第一位的，没有思想，学术只是一堆没有意义的断烂朝报。各路争鸣此起彼伏，后来王元化先生一锤定音：有思想的学术和有学术的思想。而学术与思想的统一其实也就是历史与逻辑的统一。

---

① 臧知非：《历史与逻辑的统一：田昌五先生史学方法与史学思想初论》，载《山东大学学报》2004 年第 3 期。

2001年调入清华，学术生涯渐入佳境。李白曰：生不用封万户侯，但愿一识韩荆州。清华学子的好奇心、想象力和批判性，每每使笔者获益良多，教学相长，洵非虚言。可以说，如果不是这么多青年才俊，像下棋一般摆出一盘盘让人头疼的棋局，逼着自己不得不起而应战，并且还得打起精神，不敢懈怠，那么也很难想象眼下进抵的学问之境。同时，清华的"行胜于言"以及"不唯书、不唯上、不唯洋，只唯实"等传统，对自己的思想学术更有润物无声的影响。所谓"行胜于言"，并非贬抑"言"，更非否定"言"，而是期望"言"融于"行"、"言"益于"行"，言与行或理论与实践应该有机统一。否则，宁肯多做少说，也不愿放言空论，言不及义——这个"义"既是理论层面的意义，也是实践层面的大义。于是又渐渐领悟，无论学术与思想的统一，还是历史与逻辑的统一，都还只是学问的一方面意义，也就是静态层面的意义。除此之外，学问还有另一方面的价值，也就是动态层面的功能。如果说静态层面的意义在于解释世界的话，那么动态层面的价值则在于能动地改变世界。人类社会层出不穷的知识、此起彼伏的学说、各领风骚的理论，包括当下同新闻传播密切相关的福柯的话语理论、布尔迪厄的文化资本理论、萨义德的东方学理论、哈贝马斯的交往理论等，无不涉及学问的动态层面及其价值。马克思说得好：哲学家们只是用不同的方式解释世界，而问题在于改变世界。如果说解释世界的关键是历史与逻辑的统一，那么改变世界的化境就是理论与实践的统一。

清华期间的"社会史"与"新闻论"，不妨说是以上认识的思想记录。《中国新闻社会史》有三个版本。先是2007年的上海交大版，这个版本归功于上海大学戴元光教授，如果不是他的美意和促迫，就不会有这部别具一格的著述。2008年，又有清华第二版，也就是"插图本"，体系、内容、形式多有改观。第三版是新中国成立六十年前夕的"插图本"第二版，虽然还不满意，但毕竟尽了已有的心力。第三版问世后，在比利时根特大学任教的李漫博士写了一篇学术书评，提出一些颇有启发的思想话题。后来，上海东华大学的涂鸣华博士和南开大学的吴风博士又写了两篇书评，分别刊于《山西大学学报》和《新闻战线》，其中一些批评意见尤其令人受益。由于这方面的探索与实践，笔者主持的中国新闻传播史课程先后荣膺清华大学、北京市和国家精品课。至于《新中国新闻论》，与其说是一部深思熟虑的专著，不如说是一点读书、思考与探究的札记。这些不无困扰与矛盾的札记，既源于现实世界与新闻实践的激发，也来自各路学子与学者的砥砺。其中，批判多于建构，反思多于分析，借用林春的话说，历史唯物主义的宏大叙事"必定是批判性的"。

记得陈寅恪先生谈过学问的两种意识——历史意识与审美意识，套用并承袭这个思路，为了寻求历史与逻辑的统一，践行解释世界和改变世界的宗旨，有两种意识不可或缺：一是问题意识，一是政治意识。所谓问题意识，是指认识活动中，敏锐觉察事物的变化和理论的缺憾，进而生发困惑、质疑及冲动，以求探索并解答的心理状态。问题意识是一切学问与学科的原动力，没有问题意识的研究，要么价值不大，要么自娱自乐，就像李金铨教授将时下的传播研究称为"毫无用处的精致研究"（elaborate study of nothing）①。至于政治意识，笔者喜欢《百年孤独》的作者、拉美左翼记者加西亚·马尔克斯的概括："我最美好的东西即政治觉悟，也是来自新闻工作。而政治觉悟，众所周知，是对现实的感受能力的最高表现。"②提起政治，许多学子不是敬而远之，就是拒之千里，自己当年也是如此。其实，这是对政治的误解或成见，是将政客政治与政治家政治混为一谈，而政治家政治按照中国古典的定义：政者，正也。政治是光明正大的。而且，社会生活虽然包罗万象，自古及今却无不围绕政治而展开，亚里士多德将人定义为政治动物，孙中山将政治归结为"众人之事"。马克思揭示了人类历史的根源在于经济基础，即生产力与生产关系的辩证运动，而经济基础的作用首先凝聚于政治，故列宁说政治是经济的集中体现。对政治的冷漠与疏离并不影响日常生活，或许也不影响探求新知，但

① 李金铨：《传播研究的典范与认同》，载《书城》2014 年第 2 期。

② 〔哥〕加西亚·马尔克斯：《两百年的孤独——加西亚·马尔克斯谈创作》，朱景冬等译，昆明：云南人民出版社 1997 年版，第 126 页。

若从更高的层面透视历史、认识社会、把握现实,就不能不具备高度的政治意识或政治觉悟。陈寅恪先生就是一例。虽然他是一位一心治学的纯粹学者,对政治从不关心,还曾在书信中要求毛泽东允许自己不以马克思主义指导历史研究,但其平生著述却无不蕴涵着突出的政治意识,如《唐代政治史述论稿》《柳如是别传》等。居高声自远,非是藉秋风。古往今来的一流思想家、学问家,无不具有这种家国天下情怀,或者说政治意识或政治觉悟,就像大儒张载、顾炎武等所说的:“为天地立心,为生民立命,为往圣继绝学,为万世开太平”“天下兴亡,匹夫有责”……再看欧美现当代学术思想史,哪位文人学士缺乏政治意识,从赵汀阳列举的人物及其学说上可略见一斑:“施密特的敌友理论、柏林和海耶克对积极自由和专制的批评、福柯的知识/权力分析、亨廷顿关于文明冲突、福山关于历史终结、萨伊德关于东方学、列奥·斯特劳斯理解的古今之争、罗尔斯的公正理论、哈贝马斯的交往理论、沃勒斯坦的世界体系理论、哈特和内格瑞的新帝国理论、约瑟夫·奈的软实力理论。”①我们还可以为这个序列添加一串同新闻传播研究声气相通的代表:葛兰西、阿多诺、乔姆斯基、李普曼、拉斯韦尔、英尼斯、威廉斯……西方学界的一代宗师韦伯一边讲价值中立,一边有传世名作《学术与政治》,2008 年去世的哈佛大学教授亨廷顿的博士论文《变革社会中的政治秩序》、后冷战时期的《文明的冲突》等更是堪称“讲政治”的典范。缺乏政治意识或政治觉悟,治学容或精致,也不无价值,但总归小桥流水,难免孤芳自赏,等而下之则自娱自乐、为作而作。国际问题专家张文木教授除了擅长纵横捭阖的高头讲章,还雅好短小精辟的格言之作,如“竞争,竞争,就是境界之争”。而治学的境界首先就来自政治意识,来自家国天下的政治情怀,不妨说政治是铸就大气的点睛之笔。据《新闻联播》报道,国防大学金一南教授的《苦难辉煌》已经突破百万销量,创下近年来学术著述的传播纪录。此书是抗战前的一部大历史,是国民党、共产党、共产国际与日本军阀四种政治势力在中华大

① 赵汀阳:《每个人的政治》,北京:社会科学文献出版社 2010 年版,第 9 页。

地角逐的活剧,惊心动魄,荡气回肠。其中,既有大量的细节、生动的故事、引人入胜的场景,更有高屋建瓴的政治眼光、政治意识、政治情怀。将来有谁写一部新中国的“苦难辉煌”,特别是亿万人民艰苦卓绝、改天换地的创业史,而不是几个敏感文人的满腹愁绪,一腔哀怨,卿本佳人,往事如烟,相信更如“黄河落天走东海,万里写入胸怀间”。总之,求学问道一靠问题意识,以确保研究价值;一靠政治意识,以提升学问境界。哈佛大学教授、非洲和非裔美国人研究所所长亨利·路易斯·盖茨(Henry Louis Gates),讲过一个自己初出茅庐的故事,以小见大蕴含了求学问道的深意:

> 我第一次上课面对着的是学院优等生讨论课的一小批听众。我所犯的错误,永远也不会再犯第二次。那时我刚从研究生院毕业,还沉浸在当代文学理论那些神秘莫测的专业术语中。我打算对弗雷德里克·道格拉斯(美国早期废奴运动领袖)关于奴隶的论断进行容易接受的结构主义分析,追随其错综复杂的“二元对立”的游戏。一切都有条不紊地作了图解说明,确定了形式,并做了分析。这是我最好的一次结构主义分析,简直像我周日最好的礼拜服一样层次分明:笔挺的白衬衫、锃亮的黑鞋子。但是这似乎并没有起到作用。如果你看到一个观众目光呆滞,那么实际上有一群人会感到索然无味。我大胆地完成了我的讲座;当然,我也请观众提问。“喂,老兄”,坐在最后排的一个年轻人打破了随即的沉默,“我们就想知道,布克·华盛顿(美国黑人政治家)是不是一位汤姆大叔?”①

以上结合自己的经历,谈了求学问道的一般性问题。就新闻传播学而言,又该如何理解“学术何为,前沿安在”呢?撇开具体的专业领域不论,这个问题可以归结为两个关键词——文化政治与文化自觉。

---

① 转引自〔加〕文森特·莫斯可:《传播政治经济学》,胡春阳等译,上海:上海译文出版社2013年版,第280—281页。

什么是文化政治？一言以蔽之，文化政治是现代社会或现代文明安身立命的根基。什么意思呢？我们看古人作诗讲究“意匠经营”，内心的感悟、飘忽的思绪、稍纵即逝的灵感等，无不通过意匠经营，最终形成长短不一、题材各异、风格多样的诗章。这里，意匠经营犹如看不见、摸不着的鬼斧神工，将万千感受与一腔情愫，熔铸为浑然一体的艺术结晶。同样，现代社会无论涉及多么纷繁复杂的构成机制和现实内容，包括政治活动、经济贸易、科学技术、文化教育、外交军事、医疗卫生等，最终将所有的社会存在融为一个有机的整体也离不开一种“意匠经营”。而这种看不见、摸不着而又无所不在、关系重大的名堂，我们就统称为文化政治。前面提到政治是经济基础的集中体现，而对现代社会而言，文化政治可谓现实存在的集中体现，具体包括安身立命的价值体系、生活意义、意识形态，从而涉及政治认同、价值认同、信仰认同等。众所周知，人是一种特殊生命体，而这种特殊性就在于人类高度复杂的精神性。说人是政治的动物、人是语言的动物、人是理性的动物、人是社会的动物等，都表明人是有头有脑的，是会动脑子、想问题的，一事当前，总有种种思维活动。其间，无论面上，还是心里，都得有一套于情于理说得过去的道理，人们才能心安理得，心平气和，就像电影《秋菊打官司》中的秋菊什么都不在乎，死活就想讨个“说法”。大家看过马克·吐温的小说《百万英镑》或同名电影，假如现在天上掉馅饼，平白无故给你一亿英镑——犹如当年的百万英镑，随便花，随便用，没有任何附加条件，你会怎么样呢？八成忐忑不安，纠结不已。为什么？归根结底就在于没有一个“说法”，一个说得通的道理，为什么一亿英镑掉到自己头上？于是，七上八下，惴惴不安，前思后量，起坐彷徨。个人如此，社会亦然。只不过这种“说法”或道理，在不同时代不同社会有不同形态。比如，古罗马时代，帝国及其子民凭什么统治他人，他人为什么得向罗马称臣纳贡，甚至为奴为隶？当时的“说法”或道理很简单，也很直接，那就是强权，就是暴力。谁敢不服，不服不行，否则人为刀俎，我为鱼肉，大兵压境，烧杀掳掠。再如，中世纪老百姓都臣服于国王，现在的英国王室、西班牙王室、瑞典王室等还保留着这种历史遗迹，为什么老百姓服服帖帖听从国王号令呢？因为，君权神授是当时的“说法”，天下人都认可的道理。与此相似，现代文明也有自己的一套“说法”或道理，而这个“说法”或道理显然既不能是直截了当的强权和暴力，也不能是君权神授这一类信条，这些曾经有效的“说法”或道理已经随着启蒙理性的阳光而涣然冰释，即失去政治正当性与合理性。那么现代文明用什么“说法”或道理维系天下人心呢？一句话，就是文化政治及其“主义”。各领风骚的种种文化政治及其“主义”，就是现代社会的道理：三民主义、社会主义、新民主主义、自由主义、资本主义……当年“问题与主义”之争时，胡适力主多谈问题而少谈主义，其实现代社会恰恰奠基于主义之上，包括他所推崇的杜威及其实用主义。主义乃是现代文明安身立命的根基，离开了主义，各种问题也就失去了意义。貌似强大的国民党之所以败于曾经微不足道的共产党，追根溯源不在于经济、军事、外交等实力，而在于国民党的文化政治及其主义不敌共产党，蒋介石的《中国之命运》(1943)不敌毛泽东的《新民主主义论》(1940)。正是在共产党的主义感召下，亿万民众最终形成摧枯拉朽的历史合力，推翻三座大山，建立人民共和国，如同电影《红色娘子军》主题歌唱的“共产主义真，党是领路人”。

政治的关键在于领导权或曰主导权，同样，文化政治的核心也在于文化领导权，“罢黜百家，独尊儒术”“一言而为天下法，匹夫而为百世师”等，均为文化领导权的典型象征。关于文化政治以及文化领导权，不妨看一部学术著作——中国社会科学院程巍研究员的博士论文《中产阶级的孩子们:60 年代与文化领导权》。该书以黑格尔的历史哲学、马克思的阶级分析和葛兰西的文化霸权等视角与方法，探析了西方社会的文化政治以及文化领导权问题，通过解剖 20 世纪 60 年代中期那场声势浩大的社会文化运动，提出了有别于以往印象的一个革命性结论。按照通行的定论，当年欧美那些青年人、大学生，“胡作非为”好像一点不亚于同时期的红卫兵小将，什么吸毒啊，性自由啊，校园造反啊，社会革命啊。而据程巍的研究和分析，这些中产阶级的孩子们绝非垮掉的一代，更非吃饱了撑的,他们实际上是以极低的社会代价完成了一件父辈梦寐以求的革命大业,那就是终于夺得资产阶级的文化领导权。程巍从历史与逻辑的有机统一的角度指出,资产阶级登上历史舞台后,先夺取了政治领导权,如法国大革命,然后是掌握了经济领导权,如工业革命,可一直没有控制文化领导权。所以,资产阶级即便在政治和经济上拥有绝对优势,也无法按照自身意愿再现自己的历史地位,更无法使自己的所作所为显示政治的合法性和道德的正当性。举例来说,资产阶级经过政治革命和经济革命虽然掌握了国家政权和经济命脉,但精神偶像还是已经退出历史舞台的贵族阶级,大学、图书馆、博物馆、文学艺术、学术思想等领域依然属于贵族阶级的一统天下,资产阶级腰缠万贯,财大气粗,可心里向往的却是贵族式的文化和生活,如学钢琴、跳芭蕾、听歌剧、欣赏古典绘画等。由于没有掌握文化领导权,资产阶级还总被塑造得低级庸俗,粗鄙猥琐,就像巴尔扎克笔下一身铜臭的"葛朗台""高老头"。而经过 60 年代的文化革命,资产阶级终于夺得文化领导权,从此自身形象也焕然一新,唯利是图、少文寡趣的面貌一去不返,而代之以一系列光鲜亮丽、倜傥风流、有情有义、才貌双全的形象,如电影《克莱默夫妇》。与此同时,夺得文化领导权后,资产阶级还以所谓价值中立对意识与潜意识展开一系列改头换面的工程,最明显的就是话语的变化,"一切可能使人联想到剥削和压迫的词汇,都被暗中替换成了中性的社会学术语,而左派意识形态反倒被认为是一种意识形态偏见或有害的乌托邦理论"(程巍)。比如,"资产阶级"被称为"中产阶级",提到资产阶级,难免让人想到贪婪、压迫、剩余价值等;而中产阶级俨然属于一个中性概念,想想看今日哪个"成功人士"不以中产阶级自居,不以成为中产阶级为荣呢?其实,"中产阶级"(middle class)和"资产阶级"(bourgeois)是同时出现的词语,是英国贵族和法国贵族对新兴市民阶层的命名,与德语"市民阶级"(Bürgertum)同义,当初都有贬义色彩。它们在法语和英语中分别有一个更带讽刺意味的同义词:"nouveaux riches"和"newly rich"("暴发户",又译"新贵")。再如,以"蓝领"替换"工人阶级"。工人阶级总是同斗争、罢工、五一劳动节、社会主义运动等联系在一起,而蓝领仅仅意味着衣服的颜色,社会政治意味就抹去了。再如,"血汗工厂"改称"劳动密集型企业",谁还会想到夏衍笔下的"包身工"?同样,"全球化"一词显然没有"西方化""殖民化"等含义,"代理"也没有"买办"刺目,"白领"自然比"小资产阶级"好听等。从《中产阶级的孩子们:60年代与文化领导权》一书中可以清楚看到文化政治以及文化领导权对现代社会的关键性意义——把握了文化政治以及文化领导权也就把握了一切,失去了文化政治以及文化领导权也就失去了一切,就像苏联:"一旦文化领导权旁落,苏联意识形态家的任何表述,即便是如实的表述,都被当作谎言,而反苏联的人士的任何言论,即便是不实之词,都被看作真理。"①

由此反思新中国的历次政治运动,也不难理解为什么往往同文化有关,如电影《武训传》批判、《红楼梦》研究批判、胡适唯心主义思想批判、反右、"文化大革命"……其中既涉及错综复杂的国内外社会政治背景,以及极"左"问题、权力关系、文人恩怨等,也关乎新中国的文化政治与文化领导权。对此,中国共产党诞生六十周年前夕问世的《关于建国以来党的若干历史问题的决议》已经做出实事求是的权威结论,包括有关思想文化的论述。而程巍的博士论文为此提供了新的参照和启发。与其所论相似,新中国成立后,劳苦大众虽然翻身解放,成为国家的主人和历史的主体,掌握了政治领导权和经济领导权,享有了前所未有的政治地位和经济地位,但在文化领域,领导权不可能像推翻一个阶级、一个政权那样,自然而然转移到人民大众手中。许多情况下,封建主义文化、资产阶级和小资产阶级文化、帝国主义以及买办文化等,依然会不可避免地、潜移默化地塑造人民的世界观、价值观、人生观,通过戏曲、小说、诗歌、音乐、舞蹈、绘画、电影、报刊、广播、图书馆等文化形态,点点滴滴形塑"新社会"。换句话说,人民大众虽然掌握了经济命脉和国家政权,但由于尚未完全掌握文化领导权,自己的内心世界依然可能属于他人的跑马场。如果听之任之,

① 程巍:《中产阶级的孩子们:60年代与文化领导权》,北京:生活·读书·新知三联书店2006年版,第456页。

无所作为，那么不战而屈人之兵的和平演变就不是危言耸听，数千万先烈用热血浇筑的社会主义的新中国迟早还会成为资本主义的新边疆。对此，1944 年毛泽东致延安《逼上梁山》剧组的信中有段著名论述："历史是人民创造的，但在旧戏舞台上（在一切离开人民的旧文学旧艺术上）人民却成了渣滓，由老爷太太少爷小姐们统治着舞台，这种历史的颠倒，现在由你们再颠倒过来，恢复了历史的面目……"[①]不言而喻，如果新社会的主人是人民，新中国的主体是广大劳动者，而文化领域的主角却是高高在上的帝王将相，豪门贵戚，那么，这种历史错位的政治后果也就可想而知，正如《文艺研究》杂志社社长方宁 2014 年在《人民日报》的所思所谈：

> 也许没有哪个时代像我们今天这样热衷于"帝王将相""才子佳人"。当社会的娱乐焦点集中在所谓的"英雄"，或是那些看似"成功者"的帝王将相身上时，作为历史真正主体的人民大众，只能沦为苍白平庸的看客。人民大众作为历史主体的身份，早已在今天的文艺中被模糊掉了。就这个意义而言，那些被热捧的"帝王剧""宫廷戏"，以及泛滥成灾的"才子佳人演义"，恰恰呈现出了一种文化病象，它们生产的是虚假苍白的主体，而历史真正的主体——人民大众，仅仅成了"围观"与"喝彩"的道具，这难道不值得我们深刻反省吗？[②]

改革开放以来，我们在发展经济、改善民生方面，取得了举世瞩目的成就。与此同时，毋庸讳言的是一度漠视文化政治，乃至放弃文化领导权，邓小平称之为"一手硬，一手软"，硬的是经济建设，软的是文化建设。于是，与迅猛发展的现代化进程形成反差，中国人的精神世界一步步陷入"失魂落魄""魂不守舍"的境地，即张炜形象地概括的"全民性的精神恍惚"。特别是，奠基于马克思主义与社会主义的新中国及其政治制度、政

① 中共中央文献研究室编：《毛泽东年谱（一八九三—一九四九）》中卷，北京：中央文献出版社 2013 年版，第 490—491 页。

② 张江、高建平、刘跃进、方宁、贾平凹：《文学是民众的文学》，载《人民日报》2014 年 3 月 14 日。

治理念、政治传统，由于缺乏文化政治的有力支撑，更是不断遭到前所未有的强烈质疑和严峻挑战。如今有一种流行意见，仿佛此类问题主要源于外部敌对势力，如所谓“西化”“分化”，于是要加强“话语权”，提高“软实力”。这些认识自然不无道理，也确实值得重视，但问题的关键恐怕还在自身，内因外因的辩证法同样适用于此，堡垒最易从内部攻破，特洛伊木马的故事家喻户晓。

说到文化政治，就不能不涉及文化自觉了。如果说文化政治属于现代社会安身立命的文明根基，那么文化自觉就是任何政治共同体谋求自立于世界民族之林的精神状态。通常而言，文化自觉是费孝通先生晚年提出的思想。在他看来，文化自觉是指生活在一定文化中的人，对其文化传统具有的自知之明，对过去、现在和未来持有的清醒定位，由此既不妄自尊大，也不妄自菲薄。简言之，文化自觉就是一个现代国家的人民，对自己从哪里来、往哪里去的清醒觉悟，对自己如何生活、为何生活的价值认同，就像陈寅恪所言“我民族独立之精神，自由之思想”。经过百年革命、建设和改革，如今中国社会发生沧海桑田的巨变，佝偻匍匐的“东亚病夫”不仅早已站立起来，而且精神面貌也不可同日而语。于是，文化自觉以及相应的理论自信、道路自信、制度自信等，日渐汇成一种时代心声呼之欲出，而首发其声的费孝通又在1990年用四句话十六个字表达了文化自觉的精髓：“各美其美，美人之美，美美与共，天下大同。”这里需要特别指出，文化自觉的面向在文化，但指向却在政治或文化政治。纽约大学东亚系教授张旭东颇富洞见地径直将文化自觉与政治自觉相提并论：

> 中国在近代化过程中所遭遇的危机，既是空前的政治危机，也是空前的文化危机，在应对和克服这个危机的过程中，“政治自觉”和“文化自觉”不是两个各自独立的范畴，而是在同一种历史经验中生成的意识和觉悟的两个方面：中国文化的延续、新生和再造，一刻也离不开政体的存在和力量；而现代中国政体的建设，同样也离不开文化/政治自觉的精神灌注。纵观近代中国的历史经验，我们可以说，文化/政治自觉，或者说文化政治的自觉，并不是“仓廪实而知礼节”

> 意义上的那种随着物质条件和经济技术发展程度而来的教养、礼貌、趣味和由教育、经验、专业技能支撑的自我感觉；相反，近代以来中国经济、技术，乃至一切“器物”和“制度”层面上的努力，都恰恰是由一种不断清晰化的政治自觉和文化自觉激发和推动的结果。反过来，也只有包括器物制度层面的国家形态实体及其意志，才能为进一步的文化政治意识的外在化提供基本的保护和支持。①

延安时期有位歌唱演员条件不错，后来被送到苏联学习六年，结果回来后一支中国歌都不会唱了。审视当下学界，似乎也快不会说中国话了，而常常只会说一套西式的“鬼话、童话、神话”（支振锋）。有的高校甚至规定：晋升高级职称须有海外求学经历——当然主要是欧美高校。古往今来还从未听说如此“折节下士”的。作为对比，19 世纪上半叶开国不到半世纪，美国文化之父、思想家爱默生就以一篇《美国学者》（*The American Scholar*），揭橥了美国文化的“独立宣言”，拉开了民族文化自觉以及文化振兴的序幕。而当下中国貌似普世的文化情怀，是否更多地映射着一种自我殖民的精神状态呢？留美学者刘禾指出，中国学界往往“根据什么东西不是中国的而来决定什么是中国的”。杨度后人杨念群教授更是直言不讳：能否实现中国的学术自主，不在于能否完全遵循西方意义上的“学术规范”，这个问题不证自明，无须讨论，而在于能否融会贯通现有知识资源，进而转化为讨论中国历史和现状的真问题。冯契先生的哲嗣、清华大学教授冯象以法学为例反思学界：中国法学，至少其前沿精英，应当在拒绝学术腐败的同时，培育强烈的政治意识，关注民族利益，敢于担当历史责任，像王元化那样把理论探讨的出发点放在中国的现实，而不是任何“国际规范”或“普世价值”。② 有位博士生很有学术潜质，为撰写一篇健康传播方面的学位论文，研究了某地天花接种以及灭绝问题，为此查阅了大量一手文献，收集了许多有关史料，在此基础上提出初步的分析和判

① 张旭东：《离不开政治的文化自觉》，载《文化纵横》2012 年第 2 期。

② 转引自苏力、陈春声主编：《中国人文社会科学三十年》，北京：生活 · 读书 · 新知三联书店 2009 年版。

断。遗憾的是，由于受时下学风的影响，尽管论文的资料、文献以及前期研究包括数据统计等都已昭然若揭地显露了一个基本事实及其结论：清末民国折腾了半个多世纪也未消灭的天花，随着新中国的成立以及爱国卫生运动、大规模宣传教育以及数十倍增加的接种疫苗人数而迅速终结，但初稿不仅止步于如此画龙点睛的神来之笔，还生搬硬套拉斯韦尔的模式、罗杰斯的创新扩散理论等，致使论文的立论不伦不类。其实，只要解放思想，突破这些束缚头脑的条条框框，认真直面历史事实，实事求是地探究其来龙去脉与前因后果，那么，所谓中国特色、中国气派、中国风格的学术思想以及传播理论也就呼之欲出了。这个例子既表明了文化政治与文化自觉对求学问道的关键意义，也显示了政治意识与问题意识对专业研究的突出地位。

最后应该看到，新世纪以来，日渐其多的青年学子开始萌发文化自觉与学术自觉，做出并不逊色于所谓国际水平的研究工作，就像中国人民大学教授刘海龙博士的学位论文《宣传：观念、话语及其正当化》、北京大学副教授王维佳博士的学位论文《作为劳动的传播：中国新闻记者劳动状况研究》、中国海洋大学俞凡副教授十年一剑的《新记〈大公报〉再研究》、比利时根特大学助理教授李漫博士的学位论文《元代传播考》等（均已正式出版）。而这套"新中国新闻业"丛书又是一次集中展示。对此需要特别指出，格外关注。长江后浪推前浪，江山代有才人出。相信伴随和平发展与民族复兴，我们终将迎来又一个学术昌明的春天，借用毛泽东《星星之火，可以燎原》一文中富有诗意与预见的话说："它是站在海岸遥望海中已经看得见桅杆尖头了的一只航船，它是立于高山之巅远看东方已见光芒四射喷薄欲出的一轮朝日，它是躁动于母腹中的快要成熟了的一个婴儿。"①

① 《毛泽东选集》第一卷，北京：人民出版社1991年版，第106页。